KB126187

분단시대 월남민의 사회사
정착, 자원, 사회의식

The Social History of North Korean Refugees in the Divided Era

Kim Seongbo ed.

연세국학총서 117

분단시대 월남민의 사회사

정착, 자원, 사회의식

김 성 보 편

혜안

간행사

　이 책 『분단시대 월남민의 사회사』는 남북분단과 전쟁의 격동 속에 피난 온 월남민들의 삶을 사회사의 맥락에서 분석한 연구서이다. 연세대학교 국학연구원은 민족 분단의 문제를 중요한 연구 대상의 하나로 삼아 많은 연구성과를 내온 바 있다. 그 흐름을 이어받아 국학연구원 산하 연구소인 역사와공간연구소는 월남민 구술생애사 조사연구 사업단을 만들어 구술채록과 학술회의에 심혈을 기울여왔다. 사업단은 2014년 여름부터 2017년 여름까지 3년간 월남민을 대상으로 구술채록을 하며 문헌으로는 포착할 수 없는 생생한 삶의 이야기들을 품어냈다. 그리고 2015년부터 2018년까지 네 차례의 학술회의를 개최하여 발표와 토론을 통해 서로 의견을 조율해왔다. 학술회의에는 사업단 연구자들만 아니라 평소 월남민의 삶에 관심을 기울여온 각계의 연구자들이 합류하여 보다 풍성한 성과를 만들어내었다.

　이 책에서 월남민은 하나의 모습으로 그려져 있지 않다. 이 책은 월남민을 희생자와 가해자의 어느 한쪽으로만 파악함을 거부한다. 그들은 남북분단으로 인한 체제경쟁과 전쟁의 참화 속에 피난민이 된 희생자들이지만, 또 한편으로 한반도의 갈등과 대립을 더욱 심화시키는 데에 협력한 분단과 전쟁의 행위자이기도 함이 다양한 방식으로 그려지고 있다. 아울러 필자들은 월남민의 성격을 어떻게 파악할 것인가 하는 쟁점을 넘어서서, 사회사의 안목에서 이들의 삶과 생각을 보다 입체적으로 그려내는 데에 주력하였다. 이 책의 부제인 '정착, 자원, 사회의식'에서 알 수 있듯이, 필자들은 월남민들이 어떻게 남쪽의 각 지역에 정착하게 되는지, 그리고 한국 국민으로서 생존하기 위해 어떻게 그들이 이북에서 마련했던 무형의 자원들을 활용해 왔는지 조망하며, 나아가 이들의 분단의식의 특징과 그 균열을 포착한다.

남북이 분단된 지 어언 70여 년의 세월이 흘렀다. 그렇지만 분단이 남긴 상처는 아물기는커녕 끊임없이 재생산되고 변형되며 오늘에 이르고 있다. 분단과 전쟁의 상흔이 한반도와 한국 사회의 갈등·분열의 연원이기는 하지만, 역으로 한반도와 한국 사회의 갈등·분열이 분단과 전쟁의 상흔을 계속 불러내고 있다.

남북이 서로 화해하고 협력하려면 그 전에 분단의 역사를 냉철하게 성찰하며 서로를 솔직하게 이해할 필요가 있다. 남북문제가 북미문제와 얽혀 쉽게 실마리를 풀지 못하고 있는 이 시기에, 이 책이 분단 문제 이해에 여러모로 도움이 될 수 있으리라 믿는다. 이 책을 만드는 데에 수고한 모든 분들에게 감사의 뜻을 전한다.

2019년 2월

연세대학교 국학연구원 원장 신형기

책을 펴내며

1945년에 한반도가 북위 38도선을 경계로 분할되고, 좌우대립과 남북대립, 전쟁을 겪는 과정에서, 한반도의 주민들은 남과 북을 양자택일해야 하는 처지가 되었다. 그 과정에서 경계를 넘어서는 수많은 월남민과 월북민이 발생했다. 120만 명으로 추산되는 월남민들은 북의 고향과 가족을 그리워하면서도 어떻게든 남한사회에 정착해 살아남아야 했다. 거의 모든 사회경제적 기반을 상실한 채 피난 온 사람들은 과연 어떻게 남한사회에 내려와 뿌리를 내릴 수 있었을까? 그리고 이들은 타향살이 속에서 어떻게 자신들의 정체성을 재구성하며 살아오고 있을까? 이러한 질문에 답하고자 함이 이 책의 취지이다.

지금까지 월남민을 대상으로 하는 연구는 크게 두 가지의 흐름으로 진행되어왔다. 하나의 흐름은 월남민들을 남한 반공체제 형성과정에서 그 주역의 하나로 파악하는 연구경향이다. 북한에서의 경험으로 인해 강한 반공의식을 지니게 된 월남민들은 남한에서 반공 이데올로기를 확산하는 데에 앞장섰으며 이를 통해 남북 분단체제의 고착화를 선도했다는 것이다. 월남 지식인의 반공주의는 극우 독재를 정당화하는 지배 이데올로기로 활용되거나 자유민주주의와 민족주의를 강조하며 정권에 맞서는 저항 이데올로기로 작동하기도 했다. 다만 어느 쪽이든 전체적으로는 반공체제 강화에 기여한 바가 크다고 본다. 다른 하나의 흐름은 이러한 월남민=반공전사라는 고정된 이미지를 비판하면서, 소수 정치지향적 인물들과 달리 대다수의 월남민들은 어떤 특정 이념을 가진 집단이 아니라 단지 분단과 전쟁으로 인해 피해를 입은 피난민들일 뿐이며, 이들의 성향은 매우 다양하다고 보는 탈이념적 연구경향이다.

위의 두 연구경향은 엘리트와 민중이라는 이분법의 틀 아래에서 월남민의 한쪽 측면만을 각각 강조해온 문제점이 있다. 엘리트이건 민중이건 이들은 분단과 전쟁이라는 가혹한 상황에서 삶의 터전을 상실한 난민이라는 점에서 분단체제의 피해자에 해당한다. 그러면서 동시에 대다수가 분단과 전쟁의 트라우마를 극복하지 못하고 남한사회에서 반공·반북의 분단의식을 확대하는 데에 직간접적으로 영향을 미친 점에서 분단체제 고착화의 행위자이기도 하다. 물론 이들 중에는 '고향'과 헤어진 가족에 대한 그리움이나 민족의식, 그리고 화해와 협력이라는 인도주의 정신에 입각해서 분단체제 극복에 나선 인물들도 있다. 분단체제의 희생자이자 행위자라는 월남민의 양면성을 이해함과 아울러 그 체제하에서 분단의식의 균열을 시야에 포착할 때 비로소 월남민들의 복합적인 성격을 이해할 수 있다. 그 양면성과 균열을 파악하고자 함이 이 책의 첫 번째 주안점이다.

이 책의 두 번째 주안점은 월남하는 과정에서 유형의 기반 대부분을 상실한 난민들이 어떻게 남한사회에 정착하게 되는지를 해명하는 데에 있다. 월남민들은 남한으로 내려와 정부와 사회에 의해 차별과 감시, 배제와 포섭의 과정을 거친 이후, '자유'를 위해 남한을 선택한 반공전사로서 인정받고 국민의 일원으로 편입되었다. 그러나 정부는 이들을 국민으로 인정하였을 뿐, 이들이 정착하도록 체계적인 지원을 하지는 않았다. 전국 각지에서 난민정착사업을 시행하기는 했지만, 결국 월남민들은 스스로 살 길을 모색해야 했다. 월남민들은 남하 과정에서 유형의 재산을 대부분 상실했지만, 이북 지역민으로서 습득한 지식과 문화, 직업 경험, 연결망 등 무형의 자산까지 모두 잃어버리지는 않았다.

월남민들은 무형의 자산을 활용하면서 같은 지역 출신들과 서로 협력, 교류하며 자신들의 지역적 정체성을 유지해갔다. 다만 그 지역적 정체성은 대한민국 국민이라는 정체성 안에서 재해석되고 순화된 정체성일 터이다. 이 책의 필자들은 월남민이라고 하는 대규모의 집단 이주민들이 남한의 각 지역에서 무형의 자산을 활용하며 어떻게 남한사회에 정착해 가는지, 그리고 이들이 이북 각 지역의 출신이라는 지역적 정체성을 어떻게 국민으로서의 정체성과 결합시켜 가는지 다각도로 분석하였다.

이 책은 연세대학교 국학연구원 역사와공간연구소가 2015년부터 2017년까지 세 차례에 걸쳐 개최한 '월남민 구술생애사 학술회의'와 2018년의 연세사학연구회 학술발표회 성과를 하나로 묶은 것이다. 이 공동연구에 참여한 연구자들은 문헌자료와 함께 월남민 1세대의 생애사 구술자료를 분석하였다. 월남민 구술생애사 조사연구 사업단이 한국학중앙연구원의 지원을 받아 2014년 9월부터 2017년 8월까지 3개년 간 총 159명에게서 채록한 구술 자료가 주로 활용되었다. 이와 별도로 차철욱은 개인적으로 구술 채록을 하여 연구를 진행하였다.

제1부 「월남민의 지역 정착과 공동체 형성」에서는 인천, 충남 공주,

부산, 제주도 등 4개 지역을 사례로 하여 월남민들이 어떤 계기와 과정을 거쳐 이 지역들에 정착하게 되는지를 다양한 각도에서 분석하였다. 이세영은 인천에 정착한 평안도민들과 황해도민들이 이주 시점, 정착 방법, 정치사회적 역할에서 서로 다른 양상을 보이는 점에 주목했다. 전쟁 이전에 먼저 이주한 평안도민들은 인천의 좌우대립 속에서 우익의 힘을 강화하는 데에 큰 역할을 했으며, 기독교와 근대 교육을 두 축으로 해서 뿌리를 내렸다. 이에 비해 황해도민들은 전쟁의 발발과 전선 이동으로 인해 준비 없이 갑자기 이주한 경우가 대다수이다. 이들은 생계를 위해 갖은 고생을 다했으며 점차 인천에서 경제 기반을 확보하고 동향 조직을 만들어 현재까지 강한 결속력을 유지하고 있다. 김세림은 충남 공주시 유구의 피난민 정착 사례를 통해 한국전쟁기 피난민들이 정착지를 찾아간 경로와 자신들만의 터전을 만들어가는 과정을 분석했다. 유구는 정감록에 나온 십승지라는 이유로 많은 피난민이 몰린 곳이다. 그곳에 정착한 황해도민들은 친인척을 불러모아 직조업에 종사하면서 독특한 지역 정체성을 창출해갔다.

차철욱은 부산시 남구 우암동 옛 피난민촌에서 생활하는 여성 할머니들을 조사하여, 한국전쟁 피난여성들이 어떻게 자신들의 삶을 개척해 갔는지 분석하였다. 피난여성들은 남성의 무능력과 수입 불안정 때문에 경제활동에 참여하지 않을 수 없었다. 이들은 경제활동을 통해 가부장적인 질서를 해체할 수는 없었지만, 계모임 등을 통해 능동적으로 삶의 환경을 바꾸어나

갈 수 있었다. 김아람은 제주도로 피난길에 오른 월남민들의 정착과정을 살펴보았다. 정부와 미군의 피난민 분산 배치 정책에 따라 제주도로 이주한 월남민들은 그곳에서 교회를 세우고 이를 구심점으로 삼아 서로 협력하며 살아갔다. 제주 4.3인민항쟁 사건 이후 현지 주민들이 주도한 난민정착사업에 동참한 월남민들도 있었는데, '섬안의 섬'이었던 정착사업장에서 이들은 생존을 위한 최소한의 자원도 확보하기 어려운 역경을 겪어야 했다.

제2부 「월남민의 정착 자원과 사회 연결망」에서는 월남민들이 어떻게 피난 이전에 축적해온 무형의 자산들을 활용하여 각지에 정착하게 되는지, 그리고 그 과정에서 어떻게 사회 연결망을 구축하여 상호 협력의 기반을 만들어왔는지 살펴보았다. 양정필은 월남 개성인들이 남한사회에 정착하는 과정에서 개성의 '유산'이 어떤 역할을 하는지 분석하였다. 개성 사람들은 상업 전통, 인삼 재배 전통, 강한 결속력과 유대감이라는 개성 독자의 '유산'을 적극적으로 활용함으로써 남한사회에서 대체로 성공적으로 정착하였다고 본다. 개성인 사례는 시·군 단위 출신 지역을 중심으로 월남민의 결속이 이루어진 대표적인 경우에 해당한다.

이준희와 이봉규의 연구는 서북출신 엘리트들이 어떻게 자신들의 우월한 자산을 활용하여 남한사회에 정착하게 되는지 해명하면서 그들의 결속이 학연 등과 매우 깊은 관련을 맺고 있음을 보여준다. 이준희는 평양고등보통학교 출신 월남민들이 자신의 학력을 자원으로 하여 남한사회에 관료 등 엘리트로 진출하는 과정을 분석하였다. 스스로 관서의 엘리트로 자부하던 평양고보 출신들은 남한에서도 그 학력을 최대한 활용하였으며, 서로 같은 출신으로서의 동문 의식을 유지해왔다. 이봉규는 기존의 서북민 연구가 주로 기독교, 민족주의, 반공주의에 초점을 맞추어온 데 비해, 이들의 식민지 행정 경험이 남한의 반공국가 만들기의 기술이자 자산으로 활용되는 면모를 해명하였다. 이순희와 이봉규의 연구를 통해 중상층의 이북민들이 단지 서북지역의 독특한 종교적, 문화적 기반만이 아니라 일제하의 일반적인 엘리트 진출 경로인 고등 학력과 행정 경험이라는 보편적 경로를 활용하였음이 확인되었다.

김선호는 조선인민군이었다가 남한으로 이탈한 월남병들을 연구 대상으로 삼아, 이들이 분단체제의 결과물이자 분단체제를 강화한 동력의 하나였음을 해명하였다. 월남병들은 엄격한 조사를 거쳐 '귀순자'로 인정받아 남한체제에 편입되었으며, 좌익을 토벌하면서 자신들의 월남이 완전한 '귀순'임을 증명하고 대한민국 국민으로 인정받고자 노력했다. 한국전쟁이 발발하자, 월남병들은 대부분 국군으로 참전했고, 주로 특수전 분야에서 활동했다.

제3부 「월남민의 정체성과 분단의식의 균열」에서는 월남민의 사회의식을 다양한 각도에서 분석하였다. 먼저 한성훈은 구술자료 등을 사적이면서도 정치사회변동과 뗄 수 없는 에고 도큐먼트(ego documents)로 간주하여 그 서사를 분석하면서, 월남민의 시각과 행위에 출신지, 종교와 이념,

이산가족 상봉, 전쟁 체험이 어떤 영향을 미쳤는지 살펴보았다. 그는
월남민에게 북한 출신이라는 바꿀 수 없는 사실이 남한에서 긍정과 부정의
방식으로 계속 작동하고 있으며, 고향에 대한 귀속본능이 그들로 하여금
국경이라는 경계를 넘게 하는 심성으로 작용하고 있다는 점, 그리고
불안과 고통스런 전장의 체험이 이들에게 실존의 문제를 제기하는 인생의
전환점이 되었음을 해명하였다. 다음으로 윤정란은 월남 서북민들의
정체성이 고정된 것이 아니라 남한사회의 변화 속에서 함께 변동해왔다고
본다. 특히 그는 1960~70년대의 박정희 정부 하에서 월남민들이 자신의
정체성을 보다 적극적으로 창출해가는 과정에 주목하였다. 월남 서북지역
민들은 평양이 '민족국가, 민족정신, 민족문화'의 발상지라는 자부심을
가지고 자신들이 민족을 구원하고 선도해야 한다는 선민의식을 드러냈다.
서북지역민으로서의 역사적 정체성이 박정희의 국가주의와 결합하여
민족사의 정통성으로 재정립된 것이다.

　김성보는 미국·캐나다 등 북미주 이민 월남민들을 '분단 디아스포라'의
관점에서 조명하면서, 이들의 이민 시기와 동기, 이민 이후의 북한·통일문
제 인식과 활동을 분석하였다. 그는 구술자 중에서 민족통일운동과 이산가
족 찾기 사업에 적극적인 인물들이 주로 기독교적인 배경 아래 1950~60년
대에 북미주로 이민을 한 경우라면, 북미주에서 반공·반북운동에 적극
나선 구술자들은 오히려 1970년대 말~1980년대 초에 이민한 경우가
많음을 확인하였다. 전반적으로 반공·반북 의식이 지배적인 북미주 한인

사회 속에서, 일부 월남민 이민자들은 비록 반공의식을 가지고 있으면서도 기독교의 '화해'의 정신 또는 민족 중심의 사고방식에 입각해 남북화해와 협력에 기여하는 삶을 선택하였다.

많은 분들의 도움이 없었으면 이 책은 나오지 못했을 터이다. 사업단의 공동연구원 한성훈, 이주철, 박소영, 한모니까, 이상의, 권준희, 엘리김 선생님, 학술회의와 콜로퀴엄에 참여해주신 서광선 선생님을 비롯하여 윤택림, 김귀옥, 이신철, 김보영, 김성조, 이현서, 장미현 선생님에게 감사의 뜻을 전한다. 무엇보다 구술 채록에 선뜻 응해주신 분들에게 진심으로 경의를 표하지 않을 수 없다. 특히 토론토에서 북미주 해외동포 이산가족찾기회 활동을 하면서 이 연구에 많은 관심과 따뜻한 격려를 아껴주지 않은 전순영 선생님에게 고마운 마음을 전하며, 그분이 꿈꾸는 남북화해의 시대가 활짝 열리게 되기를 소망한다. 현지에서 구술 채록에 많은 도움을 주신 여러분들에게도 감사의 마음을 전하고 싶다.

이 책의 필자 여러분, 구술 채록 과정에서 많은 기여를 해준 김영명, 김은아, 김은정, 김지훈, 남혜민, 박은영, 정다혜, 지관순, 그리고 여러 구술녹취자분들에게 감사드린다. 이 책의 출간을 지원해준 국학연구원과 힘든 편집·출판을 맡아준 혜안 출판사 여러분에게는 그저 고마울 따름이다.

2019년 2월

김 성 보

목 차

제1부 월남민의 지역 정착과 공동체 형성

제2부 월남민의 정착 자원과 사회 연결망

제1부

월남민의 지역 정착과 공동체 형성

해방~한국전쟁기 인천 지역 월남민의 정착과 네트워크 형성

이 세 영

1. 머리말

2011년 1월 대법원에서는 조봉암의 국가보안법 위반과 간첩 혐의에 대해 무죄를 선고하였다.1) 52년 만에 조봉암에 대한 사형 선고와 집행이 '사법살인'임을 인정한 셈이라고 하겠다. 이미 무죄 판결 이전부터 조봉암의 복권을 위해 움직여왔던 인천의 시민·문화계에서는 이 선고를 계기로 인천에 조봉암의 동상을 세우기 위한 모금운동을 벌였다. 여야, 진보와 보수를 가리지 않고 많은 시민이 참여하여 모금 3개월 만에 3억 원이 넘는 금액이 모일 정도로 많은 이들이 조봉암을 기념하는 데 뜻을 같이하고 있었다.2) 이에 인천시 또한 조봉암의 생가 복원과 추모공원 조성 사업 등을 추진할 계획을 밝혔다.3)

그런데 인천에 조봉암 동상을 건립하는 것에 결사반대하고 나선 이들이

---

1) 「조봉암 52년만에 재심에서 무죄 판결」, 『경향신문』(인터넷판), 2011. 1. 21.
2) 「죽산 조봉암 동상 건립 시민참여 물결」, 『시사인천』(인터넷판), 2011. 7. 20.
3) 「인천시, 죽산 조봉암 선생 생가 복원, 동상 건립 사업 및 추모공원 조성사업 활발」, 『뉴스타운』(인터넷판), 2013. 8. 13.

있었다. 이들은 여러 차례에 걸쳐 인천 자유공원의 맥아더 동상 보존, "빨갱이 조봉암 동상 건립 반대" 등을 외치며 집회를 열어 세를 과시하였다. 이런 대회를 주관한 것은 인천 지역에 정착한 월남민, 그중에서도 다수를 이루고 있는 황해도민들의 모임인 인천지구 황해도민회였다.4) 결국, 이들의 노력이 빛을 발한 덕분인지 현재까지도 조봉암 동상 건립은 불투명한 상태에 놓여 있다.

이 일련의 사건에서 주목되는 것은 바로 인천에 정착한 월남민, 특히 황해도민들이 보여준 모습이다. 약 300만의 인구가 살고 있는 인천에서, 이들은 인천에 사는 타지인, 즉 황해도민으로서의 정체성을 유지하면서 지역의 정치·사회적 사안에 적극적으로 개입하는 모습을 보이고 있다.5) 해방과 한국전쟁기에 다수의 월남민이 남한에 유입되어 들어왔음은 주지의 사실이지만, 그들은 하나의 균질적 집단이 아니며, 월남민 개개인의 정체성에는 '월남'이라는 행위적 공통성과 더불어, 출신 지역의 차이로부터 오는 개별성, 나아가 남한의 어느 지역에 정착하였는가로부터 유래되는 지역민으로서의 차이점까지 갖추고 있음에 주목할 필요가 있다고 생각한다.

인천은 그 지리적 특성 등으로 인해 해방 직후부터 많은 월남민들이 유입되어 왔으며, 한국전쟁을 거치며 다수가 인천에 정착하여 현재까지도 인천 지역사회의 주요한 구성원으로 활동하고 있다. 따라서 월남민들이 인천에 들어온 계기가 무엇이며, 그 정착과정은 어떠하였는지 살펴봄으로

---

4) 「'맥아더장군 동상보존 및 조봉암동상 건립 반대 결의대회' 열려」, 『인천in』(인터넷판), 2012. 10. 24.
5) 김귀옥에 따르면 월남민은 초기 분단국가 형성기에 정치, 경제, 군부 등에서 큰 역할을 하였다. 그들은 대개 서울에 집중하면서 사회단체를 포함한 여러 공동체를 형성하여 사회세력화하기도 하였다. 이후 한국전쟁으로 이동한 대규모 월남민을 흡수하여 반공국가의 굳건한 동반세력으로 역할을 하게 되었다(김귀옥, 「해방직후 월남민의 서울 정착」, 『典農史論』 9, 2003, 64쪽).

써, 그들이 남한사회에서 만들어낸 월남민 정체성의 성격을 이해해보고자
한다. 이는 동시에 인천 지역의 역사적 특수성을 밝히는 작업이기도
할 것이다.

월남민 집단에 주목한 연구는 상당히 축적되어 왔지만, 인천에 정착한
월남민에 대해서는 그다지 많다고 할 수는 없다. 최근 지역사·도시사
연구가 새로운 경향으로 나오는 가운데, 인천학 연구의 차원에서 인천
정착 월남민이 다루어지고 있다.6) 이런 연구 중에서는 황해도민의 인천
정착과 정체성 형성을 인구지리학적 측면에서 접근한 연구가 주목할
만하지만, 인천 거주 월남민 중 오직 황해도 출신만을 대상으로 한 한계가
있다.7)

따라서 본고에서는 비록 인천 정착 월남민을 전부 출신도별로 살펴보지
는 못하더라도, 대다수를 차지하는 황해도민과 평안도민을 중심으로
이들이 전쟁을 전후하여 인천이라는 공간에 어떻게 자신의 터전을 새로
만들어 가는지 정리해보고자 한다. 그리고 월남민의 유입은 인천 지역사회
를 어떻게 요동치게 했는지, 또한 인천의 지역성 속에서 월남민의 정착은
어떤 모습을 보이는지 이해해보고자 한다. 이를 위해 인천에 관한 여러
문헌 자료 및 인천에 정착한 월남민 1세대의 생애사 구술 자료를 활용하였
다. 본고에서 활용한 구술 자료의 제공자는 <표 1>과 같다.8) 인천 정착
월남민들 상당수는 자신의 개인정보가 드러나는 것을 꺼려하였다. 혹시라

---

6) 李賢周, 「해방 직후 인천의 귀환 戰災同胞 구호활동―『대중일보』기사를 중심으로
―」, 『한국근현대사연구』29, 2004 ; 李賢周, 「해방후 인천지역의 戰災同胞 귀환과
사회변화」, 『인천학연구』4, 2005 ; 류제헌·김정숙·최유리, 「인천시 아이덴티티
형성의 인구·문화적 요인」, 『인천학연구』13, 2010.
7) 김정숙, 「仁川市 황해도민의 정착과 정체성 형성」, 한국교원대학교 교육대학원
석사학위논문, 2007.
8) 본고에서 활용한 인천 정착 월남민의 생애사 구술자료는 한국학중앙연구원이
후원하고 연세대학교 역사와공간연구소가 실시한 '월남민 구술생애사 조사연구'
사업의 결과물이다.

도 자신들의 구술 내용이 북한 당국에 넘어가고 그로 인해 북한에 거주하는 친척들에게 피해가 갈 것을 우려해서였다. 그들의 의사를 존중하여 가명을 사용하였다.

〈표 1〉 연구인용 구술자 현황

성명(가명)	성별	출생년도	출신지	면담자
이강일	남	1926년	황해도 재령군	이세영
조진유	남	1931년	황해도 연백군	이세영
황선호	남	1933년	황해도 장연군	이세영
구자홍	남	1933년	황해도 송림시	김아람
김고은	여	1933년	황해도 안악군	이세영
한숙명	여	1934년	황해도 은율군	이세영
최강기	남	1934년	황해도 벽성군	이세영
류수형	남	1935년	황해도 옹진군	이세영
고태준	남	1936년	황해도 장연군	김아람
홍정한	남	1938년	황해도 연백군	이세영
장길상	남	1944년	황해도 신천군	이세영
이삼수	남	1926년	평안남도 평양시	이세영
차지현	남	1930년	평안남도 진남포	이세영
최경석	남	1934년	평안남도 강서군	이세영
정재구	남	1938년	평안북도 영변군	이세영
남태림	남	1944년	평안남도 평양시	이세영

2. 월남민의 인천 유입

1) 해방 후 평안도민들의 월남

해방 직후부터 38선 이북에 거주하던 사람들이 다양한 동기를 갖고 이남으로 내려왔음은 기존의 연구들을 통해 밝혀져왔다. 해방 직후에는 주로 친일파와 '민족반역자'들의 월남이 있었고 모스크바 3상회의 결정 이후에는 기독교인과 우파 민족주의자들의 월남이 이루어졌다. 토지개혁에 불만을 가진 지주 세력 등의 이탈도 있었다.[9] 한편 이 같은 정치사상적

동기와는 별개로 생활난, 구직, 상용, 향학 등의 이유로 월남한 이들도
있었다.[10] 한국전쟁이 일어나기 전까지 월남민은 대부분 서울지역에
집중되고, 일부는 인천을 포함한 경기도와 강원도로 이동하였다.[11]

　1946년 후반기부터 월남민의 남한 유입이 본격화되었다. 특히 1946년
중반 이후 북한의 토지개혁과 종교 탄압 등으로 인해 남하하기 시작한
월남민의 규모는 같은 해 말경 이미 40만 명을 돌파하였다.[12] 1947년
5월 전후로 쇄도하는 월남민 가운데 인천으로 들어온 사람은 5만여 명에
달했다. 인천에 소재한 관할 제1관구 경찰청은 같은 해 6월중 북한지역에서
월남한 동포의 수를 54,344명으로 집계하였다. 1947년 5월말 현재 서울에
거주하는 월남민 수가 11만 2천여 명이라는 통계에 비추어 본다면, 인천
또한 월남민들이 선호하던 정착 지역임을 알 수 있다. 인천도 서울과
마찬가지로 월남민 통제지역임에도 불구하고 5만 명이 넘는 월남민들이
들어온 것은 항구도시일 뿐더러 서울과 인접한 공업도시라는 점이 크게
작용했던 것으로 보인다.[13]

　인천으로 들어오는 월남민의 이동경로는 주로 배편으로 옹진을 출발하
여 청단으로 내려와 기차를 이용, 토성을 거쳐 개성에 이르는 길이었다.
전쟁 이전 인천에 들어온 월남민은 대개 평안남북도 출신들이 대부분이었
다.[14] 전쟁 이전 내려온 월남민들은 본인의 선택에 의한 것이기에 어느

---

9) 이주철, 「통일후 월남인의 북쪽 토지처리를 생각한다」, 『역사비평』 33, 1996,
　127쪽.
10) 김귀옥, 앞의 글, 2003, 71쪽.
11) 『인천광역시사 2, 인천의 발자취』, 인천광역시사편찬위원회, 2002, 763~764쪽.
12) 그런데 월남민의 규모를 파악하는 것은 상당히 어려운 일이며, 연구자에 따라
　천차만별을 보이고 있다. 월남민의 규모 등 통계나 수치의 정확성의 검토는
　필자의 역량을 벗어나므로, 여기에 인용되는 수치들은 하나의 추세로서 이해하는
　것이 낫다. 월남민 규모 파악의 어려움에 대해서는 김보영, 「분단과 전쟁의
　유산, 남북 이산(분단 디아스포라)의 역사」, 『歷史學報』 212, 2011 참조할 것.
13) 이현주, 앞의 글, 2005, 256~259쪽.

정도 경제적인 채비를 갖추고 내려오는 경우가 많았다.

   그런데 요즘 월경하는 전재민은 거의 침구와 우선 입을 옷가지는
   자기들이 준비해 가지고 온다고 한다. 현금도 거의 천 원 정도는 가지고
   있다고 한다.15)

   그렇다고는 하더라도 월남민의 정착이 쉬운 것은 아니었다. 무엇보다도
주택난이 심각하였다. 인천항을 통해 한반도에 제일보를 디뎠던 미군은
인천에서도 미군정을 실시하였는데, 인천 미군정은 귀속재산 문제에
대한 공식 지침이 나오기도 전인 1945년 10월초에 이미 인천의 일본인
재산을 관리, 처리할 적산관리국을 인천시청 내에 두었다. 적산관리국은
초대국장에 법조인 김세완(金世玩),16) 배속 군정관 무헨 중위, 쏘야 중위,
공공재산과장 이구범(李九範), 공장회사과장 고유강(高遊綱), 농지과장 민
충식(閔忠植), 사유재산과장 이응윤(李應允), 선박운수과장 이관영(李寬英)
등을 두었고 11월 1일부터 사무취급을 시작하였다.17)
   적산관리국의 적산 관리는 허점이 많았던 것으로 보인다. 인천에서
적산주택과 점포에 대한 불하는 공식적으로는 1947년 8월경부터 시작되
었다.18) 하지만, 이미 적산관리국이 설립된 직후 인천 인민위원회는 일본
인 적산의 비합법적 매점행위와 월남인에게 사용을 허용하는 등 불합리한
적산처리 관행을 중단할 것을 요구하고 있었다.19) 당시 적산관리인들의

---

14) 이현주, 위의 글, 2005, 257~258쪽.
15) 『대중일보』, 1947. 11. 18(이현주, 위의 글, 2005, 258쪽에서 재인용).
16) 1894년생, 황해도 출신, 경성전수학교 졸업, 제주지방법원장, 헌법위원회 위원,
    1954년 대법관 재직.
17) 「인천군정청에 적산관리국 신설」, 『자유신문』, 1945. 11. 9.
18) 「各區의 敵産住宅과 店鋪 仁川 開城 同時에 拂下開始」, 『동아일보』, 1947. 10. 9.
19) 이성진, 「해방기 인천 좌익운동가 박남칠 자료 연구」, 『인천학연구』 7, 2007,
    317쪽.

부정부패는 심각하였다. 인천신문은 1946년 5월 5~7일 3일 연속으로 인천시청 적산과장의 부정행위를 보도하였고, 이로 인해 미군정 방첩대 (CIC)에 전 직원이 체포되는 보복조치를 당하기도 하였다.[20] 또한 '모리배' 의 발호도 심각하였다. 모리배들이 미리 일본인들에게 돈을 주고 차지한 주택의 수가 인천에서만 1천여 채에 달했는데, 이는 인천에 산재한 전체 일본인 소유주택의 5분의 1에 달하는 규모였다.[21]

이런 허점을 틈타 어느 정도 연줄이나 재산이 있었던 월남민들은 적산주 택에 들어가 살 수 있었으며, 일제시기 일본인 거주지였던 중앙동, 송월동, 전동(지금의 동인천동) 등에 평안도 출신 월남민들이 집단 거주하였다. 정재구는 월남한 당시 전동 부근에 적산가옥이 많아서 집을 구하는 것이 별로 어렵지 않았다고 기억하였다.[22]

2) 한국전쟁기 다수 황해도민들의 피난

한국전쟁의 발발은 인천의 월남민 판도를 크게 뒤흔들었다. 무엇보다도 황해도민들이 대거 인천으로 들어오는 계기가 되었다. 이들은 전쟁을 피해 급히 피난을 오게 되어 경제적으로 전쟁 이전의 월남민에 비해 어려운 처지였으며, 전쟁이 금방 끝나리라 보고 잠시 피신하려는 생각으로 단신 월남한 이들이 많았다.

전쟁기간과 50년대를 걸쳐 인천에 들어온 황해도민의 규모를 정확히 알기는 어렵다.[23] 다만 <표 2>를 보면, 1950년대 인천에 거주하던 '피난

---

20) 「스틸맨 中佐談, 虛僞報道때문-仁川新聞事件」, 『중앙신문』, 1946. 5. 12. 문제가 됐던 이는 적산관리국 공장과장 노재룡이었는데, 흥미롭게도 노재룡은 3년 뒤 자신의 회사 자금을 거액 횡령하여 체포당한다(「鉛筆회사 사장님 거액횡령코 피체」, 『동아일보』, 1949. 9. 6).

21) 이현주, 앞의 글, 2005, 260쪽.

22) 정재구의 구술, 2017년 3월 18일 채록.

민'이 대략 7만여 명 정도 되는 것으로 집계되었다. 이 피난민의 대부분은 황해도민이라고 보아야 할 것이다. 그렇지만 피난민 인구수에 대한 기록은 정확성을 신뢰하기는 어려울 것으로 보인다. 1954년 말 74,366명이던 피난민 수가 2년 뒤인 1956년 말에는 93,011명으로 약 2만 명이 급증하더니, 그 다음해인 1957년 말에는 58,189명으로 급감하고 있다. 원주민의 수가 꾸준히 증가세인 것을 볼 때 이 같은 피난민수의 요동은 이해하기 어렵다. 따라서 정확한 수치보다는 원주민 대비 피난민의 비율을 보는 것이 더 의미 있을 것인데, 인천시 총인구에서 피난민의 비중은 대략 30%에 달할 정도였다. 한 도시에 이 정도 규모의 인구 집단이 단시간에 유입된 것은 결코 작은 사건이 아니었다.

〈표 2〉 인천시 총인구와 구호대상자 추이

년도	총인구			구호대상자		
	원주민	피난민	합계	원주민	피난민	합계
1952년말	181,375	75,376	256,751	67,695	63,433	131,128
1953년말	188,982	77,932	266,914	35,640	41,060	76,700
1954년말	187,902	74,366	262,268	10,416	22,755	22,171
1956년말	202,907	93,011	295,918	14,511	16,942	31,448
1957년말	243,343	58,189	300,529	13,723	15,833	29,757

출전 : 『仁川市史 上』, 仁川直轄市史編纂委員會, 1993, 471쪽 ; 『仁川 市勢一覽』, 인천시, 1954~1957년.
비고 : 1955년말 기록은 누락되어 있다.

이때 들어온 대규모의 황해도민들은 우선 동구 송현동과 만석동에 피난민촌을 형성하였다. 특히 피난민들이 대거 모여 살던 송현동 산1번지 는 '수도국산'으로 불렸다. 1909년 일본인들에 의해 인천시에서 노량진을 잇는 상수도 공사를 진행, 인천시 일대에 수돗물을 공급하기 시작하면서 산꼭대기에 배수지를 설치하게 되었는데 이를 가리켜 '수도국산'이라

---

23) 이임하는 1953년 9월 시점 경기도에 거주하는 월남민을 263,068명으로 추정하였
다(이임하, 「한국전쟁기 유엔민간원조사령부의 인구조사와 통제」, 『사림』 33,
2008, 68쪽).

〈그림 1〉 1950년대 인천시와 월남민들의 주 정착지역

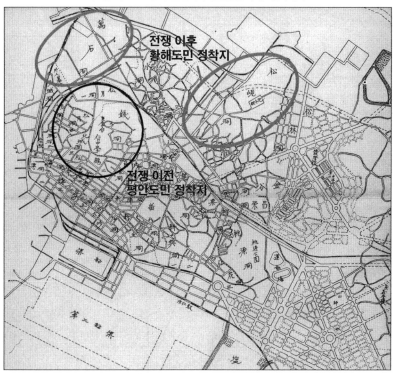

전쟁 이후
황해도민 정착지

전쟁 이전
평안도민 정착지

출전 : 『仁川 市勢一覽』, 인천시, 1954.

부르기 시작했다. 수도국산 달동네는 '도시 저소득층의 밀집 주거지'로서 1900년대 초 일본군이 전동 부근에 주둔하면서 전동에 거주하던 주민들이 이주하였던 것이 시초였다.[24] 이강일의 구술에서도 이를 확인할 수 있었다.

> 면담자 : 그러면 인천에 어디 살고 계셨어요?
> 구술자 : 여기 송현동.
> 면담자 : 그때 송현동이 아까 그 수도국산 있는 데. 그렇죠. 거기에 피난민들

---

24) 김정숙, 앞의 글, 2007, 30쪽.

이 많이 와서 살고….

구술자 : 그때는 뭐 꽉 찼어. 송현동, 시장까지 전부 다 피난민. 맨 피난민이
야.

면담자 : 같이 그렇게 살고 있었던 거네요. 다 그냥 피난민들 사는 데서.

구술자 : 근데 문제는 그때 우리 집 사람이 시장에서, 옷가게에서 누비,
그걸 해주고.[25]

또한 전쟁 중 인천에는 피난민을 위한 수용소가 만들어졌다. 동구
만석동과 중구 북성동 일대에 천막식 수용소가 자리 잡고 있었다.[26]
한편 지금의 인하대 자리에도 피난민 수용소가 존재하고 있었다. 장길상은
전쟁 중 인천으로 피난하여 피난민 수용소에서 생활한 것을 기억하였다.

구술자 : 우리 같은 경우에는 그러고 있는데 난민들을 위해서 지금 인하대
자리에요. 인하대학교 자리가 옛날에 미군 원조를 받아가지고 난민들
을 위한 수용소를 지었더라구요. 난민수용소를. 그래가지고 거기가
한 300호 정도. 굉장히 많이 크게 지었어요. 거기에 뭐 집을 하나
지어가지고 누가 어떻게 지었는지 모르겠는데 하튼간 거기서 그러니까
51년도 10월, 11월 정도부터 거기에 난민수용소에서 살기 시작을 하면
서 인천에 정착을 한 거죠. 근데 그게 53년도인가 해가지고 인하대학교
가 생기면서 이승만 대통령이 하와이 교민들 뭐 몇 주년 해가지고
인하대학교를 만들면서 그거를 다 없애버렸어요. 거기서 흩어진 사람
들이 지금 저 주로 많이 간 게 독쟁이 뭐 이런 데 사는 사람들이
다 거기 사람들 옛날에 흩어진 사람들이에요. 독쟁이, 학익동, 용현동
일대의 사람들이 주로 거기에 입주한 사람들이 흩어져 살았죠.[27]

장길상의 구술처럼 황해도민들이 초기 정착지에서 이주하여 2차적으

25) 이강일의 구술, 2015년 12월 5일 채록.
26) 김정숙, 앞의 글, 2007, 30쪽.
27) 장길상의 구술, 2016년 4월 8일 채록.

로 정착한 곳은 주로 용현동 독쟁이 고개였다.[28] 최강기 또한 독쟁이 고개에 정착하여 살게 되었다.

> 구술자 : 용현동에 독생이 고개라 해가지고 아주 피난민들이 그냥 바글바글했어요.
> 면담자 : 독생.
> 구술자 : 독생이 고개. 지금 용현 1동이에요. 거기가. 그래 살았고.[29]

이처럼 인천은 한국전쟁을 전후로 대규모의 월남민이 유입되었다. 분단과 전쟁의 틈바구니에서 월남민들의 우선적 과제는 생존하는 것, 그리고 생활을 꾸리는 것이었다. 그 과정은 개인의 노력에 기반을 둔 것이었지만, 그렇다고 해서 순전히 개별적으로 이루어진 것은 아니었다. 다음 절에서는 월남민들이 어떻게 인천 지역사회에서 경제적 정착을 해 나가는지 살펴보도록 하겠다.

3. 월남민의 지역사회 정착

1) 좌우 대립과 우익 청년단 활동

면담자 : 전쟁이 나기 전까지 한 2~3년 정도 서울에서 계속 계셨나요?

---

28) 독쟁이는 덕자이에서 비롯되었다고 한다. 덕은 가파른 곳, 곧 언덕을 가리키는 우리 옛말이다. 우리나라 곳곳에 있는 덕골, 덕촌, 덕곡, 덕실 등이 모두 여기서 나온 이름이다. 자이는 산이나 고개를 뜻하는 잣에서 시옷이 떨어져 나간 뒤 발음이 조금 바뀐 것이다. 덕자이는 언덕배기를 가리키는 말이며, 덕잣>덕자이>덕장이>독쟁이로 바뀐 것이다(출처 : 디지털인천남구문화대전 홈페이지>인천남구향토문화백과>삶의 터전(지리)>자연지리>지질·지형>독쟁이 고개).

29) 최강기의 구술, 2016년 3월 24일 채록.

구술자 : 아니요, 서울에서 못 이게, 아무래도 불편하니까 서북청년회라고
서울 고학생회관 밑에 무슨 지대라 그래서 지금 기억이 거기 이제
살기 힘들고 해서 서북청년단에다 가 있게 된 거예요, 거기는 이북에서
온 사람들인데 고학생회관에서도 거기로 내려가서 의식주를 해결했죠,
그래가지고 고게 들어서 제주도 가게 된 거예요. 국민경비대로.[30]

평안도 출신으로 전쟁 이전에 단신 월남한 이삼수는 서울에서 생계가
막막하던 차에 의식주를 해결해준다는 소문을 듣고 서북청년단에 가입하
게 되었다. 서북청년단은 이 시기 대표적인 우익 청년단체였지만, 일반
단원으로 가입하는 데에는 굳이 강력한 이념적 동기가 필요한 것은 아니었
다. 월남민들은 타향에서의 생활을 영위하기 위하여 청년단과 같은 조직에
가입하였으며, 청년단 또한 이처럼 세를 불림으로써 남한에서 정치적·경
제적 입지를 다져나갈 수 있었다.[31] 서울뿐만 아니라 인천 지역에서도
해방 이후 다양한 우파 성향의 청년단체가 조직되었으며, 좌우 대립이
격화되는 가운데 이들은 인천 지역의 사회주의 운동을 분쇄하는 데 큰
역할을 하게 되었다.[32]

본래 인천은 이 시기에 '제2의 모스크바'라고 불릴 정도로 사회주의
운동이 활발했던 곳이다. 일제강점기부터 인천에는 당시 내로라하는
사회주의자가 거주하고 있었다. 대표적 인물로는 인천에 처음 사회주의

---

30) 이삼수의 구술, 2016년 1월 12일 채록.
31) 이 시기 서청이 월남 청년들에게 어떤 위상이었는지에 대해서는 김귀옥, 앞의
글, 2003, 78~80쪽 참조할 것.
32) 해방 정국기 인천의 청년단체로는 다음과 같은 것들이 있었다. 괄호 안은 지도자의
이름이다. 인천보안대(이왕옥), 인천학생치안대(김영배), 평안청년회(송태윤), 서
북청년회 인천지부(현석종), 대한건국청년회, 혁신탐정사 인천지사(이상준), 대한
독립청년단 인천시특별지단, 광복청년회 인천특별지회(최광성), 대동청년회 인
천시단(김영일), 민족청년단 인천지단(김영), 서북학련 인천지부(윤창후), 전국학
련 인천지부(위인환), 대한청년단 인천시단(김득하)(『인천광역시사 2, 인천의 발
자취』, 2002, 780쪽).

사상을 유포한 유두희, 미곡상조합 사무장 이승엽, 비강업조합장 조봉암, 적색노조 김삼룡 등이었다. 그러다보니 인천의 우파는 상대적으로 세가 약하였었는데, 평안청년회를 중심으로 하는 우익 단체가 결성되면서 인천의 좌우 대립이 극심해지게 되었다.[33)]

평안청년회 인천지부는 1946년 7월에 설립되었다. 사회주의 진영에 비해 열세였던 인천 우익 진영의 한민당 지부장 곽상훈과 국민회 부지부장 정해궁이 1946년 5월경 서울의 평안청년회 본부를 방문하여 부위원장 선우기성에게 협조를 요청하였다. 이에 평청 측에서는 인천에 지부를 설치하기로 결정하였으며, 회원들을 인천에 내려 보내기 시작하였다. 이들은 신분을 속여 공장에 취업한 후 정보 수집을 하며 공장 내 '전평(조선 노동조합전국평의회)'을 무너뜨리기 위한 준비를 하였다. 후속으로 평청 총무부장 송태윤이 이끄는 30여 명의 청년들이 내려와 지부 결성을 준비하여, 7월 31일 답동 '정토사' 회관에서 평안청년회 인천지부 결성식을 열게 되었다. 당시 임원은 지부장 송태윤, 총무국장 현석종, 실천국장 석재민, 상임위원 이량, 김태식 등이었다.[34)]

평안청년회 인천지부는 인천에 흩어져 있는 월남 평안도 청년들을 결집시켜 조직을 확대하였으며, 해방 후 다양한 노동운동을 활발하게 전개하고 있던 인천 지역 전평 산하 노조를 파괴하는 데 앞장섰다. 평청

33) 이성진, 「인천 이보운의 기독교 청년운동과 사회주의 활동 연구」, 『통일 이후 신학연구 1』, 신앙과지성사, 2008, 143쪽.
34) 金英一, 『激動期의 仁川』, 東亞社, 1986, 557~558쪽. 김영일의 기록에 따르면 송태윤은 평남 용강 태생으로 平二중학을 거쳐 '신경공대' 광산과를 졸업한 학사로, 유도 4단의 문무를 겸비한 엘리트였다. 이후 서울대 교수로 재직한다. 현석종은 개천 태생의 문인으로 잠시 청년단에 몸 담았으나 얼마 후 동향 선배의 권유로 인천신문사에 입사, 사회부장으로 일하게 되었으며, 석재민은 강서 태생으로 열혈 청년이었는데 얼마 후 가족을 데려오려고 북쪽 고향으로 떠난 후 소식이 끊겼다. 이량은 평북 정주 태생으로 일제 때 만주군에 복무한 경력이 있어 후에 국군에 입대, 육군 특무대에서 고급장교로 복무하게 되었다.

인천지부는 미군정과 경찰,[35] 사업주의 지원·비호 아래 조선기계제작소, 동양방직 등 인천 전평 산하 노조가 있는 공장에 본격적으로 침투해 노조원을 협박, 회유, 테러 등 온갖 방법을 사용해 탈퇴를 강요했다. 또한 김두한이 지휘하는 우익테러단체 대한민주청년연맹도 가세하여 무자비한 폭력으로 인천의 전평 산하 노조를 분쇄하였다. 전평이 분쇄된 공장에는 평안도 청년들이 취업하여 대한노총을 결성하였다.[36]

한편 인천 지역에 거주하던 황해도민 청년들도 조직을 만들었다. 이들은 황해회 인천지부로 결집하였는데, 1946년 11월 황해회 인천지부 조직책으로 김태준 청년부장이 임명받아 조직을 운영했다. 당시 인천시장의 협조로 인천에 거주하는 황해도민수를 조사 의뢰하였던 바 1,780가구가 있다는 것을 확인하고, 1947년 3월 16일 장덕수 중앙회장 및 도민 500여 명이 참가한 가운데 인천시 공보관에서 황해회 인천지부 결성대회를 개최하고 초대 회장에 함효영을 선출하였다. 당시 발기인으로 함효영, 최기호, 오응화, 장한모, 최동수, 최병준, 송경준, 안후생, 표양문, 이승준, 문정주, 이성재, 서재현 등이 참여하였다.[37]

인천의 우익 조직들이 점차 세를 갖춰가자, 평안청년회와 조선알미늄회사 강윤철(康潤喆) 관리인을 중심으로 한 함경도 청년과 황해도민회 청년들이 참여하여 서북청년회 인천지부 결성준비가 진행되었다. 서청 인천지부 결성식은 1946년 12월 14일 열렸으며, 동 지부는 1947년 1월 서북청년회 경기도 본부로 명칭을 변경하였다. 서청 경기도 본부는 이후 대동청년단

35) 김영일의 기록에 따르면, 평청 인천지부가 설립될 즈음 인천 경찰서장에 윤무준이 부임하였다. 1910년생인 윤무준은 평남 중화 태생으로 일찍이 도일하여 중앙대학 법과를 마치고, 고등문관 사법과에 합격한 후, 해방 이후 평양 대동경찰서장 직을 맡았다. 그후 월남하여 경찰에 투신하였다. 평청 인천지부장 송태윤과 윤무준은 학교 동창 사이였다(金英一, 위의 책, 1986, 559쪽).

36) 이성진, 앞의 글, 2008, 167~169쪽. 각 공장별로 평청 인천지부가 어떻게 전평 노조를 분쇄해 가는지에 관해서는 金英一의 책에 자세히 나와 있다.

37) 『仁川 이북도민 발자취』, 이북5도 인천광역시 사무소, 2009, 221쪽.

인천시단으로 흡수·통합되었으며, 대동청년단 인천시단은 대한청년단 인천시단으로 이어지면서 인천 지역 내 우익 청년단의 흐름을 이어갔다.[38]

이처럼 월남민들은 서북청년회로 대표되는 우익 청년단 조직을 통해 인천 지역에서 자신들의 정치적 입지를 확보해갔다. 그런데 이 과정은 동시에 인천 지역 내에서 월남민의 경제적 입지를 강화하는 과정이기도 했다.

인천은 일제하에 공업도시이자 항구도시로서, 전쟁 중에는 군수기지로서의 역할도 수행하면서 경제가 발전해 있었다. 일제는 인천에 북부, 남부, 부평 등 3대 대공업지구를 설정하고 그 규모를 확대시켜 나갔는데, 패전 무렵에는 조선기계(朝鮮機械), 일본차량(日本車輛), 조선이연금속(朝鮮理硏金屬), 일립제작소(日立製作所), 동지제작소(東芝製作所) 등 손꼽을만한 공장만도 155개나 인천에 자리잡고 있었다. 이 공장들 대부분은 일본인들이 운영하던 것이었다. 미군정은 이 공장을 적산으로 다루었는데, 1945년 10월 27일 인천시 상공과와 인천시 군정관 스틸맨 소령과의 협의에 의해 공장 이관의 승인에 관해 합의하였다. 이에 따라 1945년 10월초 항공자재를 생산해 오던 만석동의 대성목재가 민간인에게 관리 위임된 것을 시작으로 송현동의 조선대동제강(朝鮮大同製鋼), 학익동의 삼릉전기(三菱電氣) 조선 제작소, 일본제분 인천공장(대한제분으로 개칭), 화수동의 조선동지전기(朝鮮東芝電氣), 금고동의 조선인촌공업(朝鮮燐寸工業) 등 유수한 공장들이 속속 관리 위임되었다.[39]

앞서도 살펴보았듯이 사회주의 세가 강하였던 인천에서 공장 노동자들은 적산기업의 자치운영회를 조직하고 재산보호와 공장가동을 위해 노력하였는데, 필연적으로 적산기업의 관리권을 위임받은 재력가들과의 충돌

---

38) 金英一(김태식)은 서청 경기도 본부 감찰위원장, 단장, 대동청년단 인천시단 3대 시단장, 대한청년단 인천시단 부단장 등을 역임하였다.

39) 『인천광역시사 2, 인천의 발자취』, 2002, 727~728쪽.

이 발생하게 되었던 것이다. 여기에 우익의 선봉대로 적극 개입한 월남민들은 전평 노조 분쇄를 위한 수단의 일환으로 공장 취업을 할 수 있었다. 평청 인천지부는 비어있는 일본인 관사 4천 6백 채를 접수하여 월남민 청년들의 주택 문제를 해결하기도 하였다.[40] 즉, 전쟁 이전 인천에 들어온 월남민들은 좌우 대립을 통하여 경제적인 정착의 실마리를 찾아나갔다고 할 수 있을 것이다.

2) 상업 활동과 미군 기지의 경제적 효과

한국전쟁으로 인해 월남민의 정착은 새로운 전기를 맞이하게 되었다. 전쟁 이전 인천의 좌우 대립이 월남민들의 지역 정착을 규정하는 요인이었다면, 전시와 휴전 이후 월남민의 인천 정착에 있어서는 인천이 가진 지정학적 가치가 중요한 요인이었다고 할 수 있을 것이다.

전쟁 기간 대거 유입된 황해도민들은 당장의 끼니를 걱정해야 할 상황이었다. <표 2>에서 보았듯이, 1952년말 인천의 구호대상자 수는 131,128명으로서 당시 인천 총인구수 256,751명의 51.1%나 되는 막대한 수였으며

---

40) 이성진은 김두한의 대한민주청년연맹(이하 한청)이 인천의 적색노조를 분쇄하고 노조원을 추방한 후 공장 관사 4천 6백 채를 접수하여, 평청 인천지부에 넘겼다고 보았다(이성진, 앞의 글, 2008, 168~169쪽). 그 결과 평청 인천지부는 청년회원들에게 공장관사를 배정해 주었다는 것이다. 이성진은 이에 대한 출처를 밝히지 않았는데, 현재까지는 김두한의 회고록이 유일한 자료로 보인다. 김두한은 회고록에서 공장관사 4천 6백 채를 접수하여 월남민 청년들이 들어가 살 수 있도록 나누어주었다고 기록하였다(金斗漢, 『피로 물들인 建國前夜 金斗漢回顧記』, 延友出版社, 1963, 163~172쪽). 그런데 김두한의 회고록은 사실관계 여부를 엄중히 따져봐야 할 필요가 있다. 인천 우익 청년단의 활동에 대한 김영일의 기록에서 한청이 인천에 내려왔던 것은 확인이 되지만, 이들이 관사를 접수하였다는 기록은 없다. 오히려 평청과 한청은 전평과의 투쟁과정에서 서로 불화하여 비협조적이었음을 엿볼 수 있다. 이 문제에 대해서는 보다 추가적인 자료 발굴과 사실관계 확인이 필요하다.

이들 중 원주민이 67,795명으로 51.6%였고 피난민이 63,433명으로 48.4%에 달하였다. 전체 피난민 중 요구호 피난민 수는 압도적이었다. 그렇지만, 시간이 흐르면서 구호대상자 수는 감소해 갔다. 유엔, 한국 정부 등에 의해 피난민과 월남민 등의 전재민에 대한 정착사업이 대규모로 추진되었으며, 각종 산업시설을 복구하여 생산 기반을 구축하고 미군부대가 인천에 주둔하게 됨으로써 기회가 확대되었기 때문이었다.41)

전쟁 중에는 취업자가 총인구의 10%에 불과하였으나 휴전이 성립된 1953년 말에는 취업률이 43%로 증가되었고 다음 해에는 50%를 넘어섰다. 휴전성립 이후에 취업률이 증가한 이유는 전쟁 후에 따르는 소비재물품의 소비증가추세와 외국원조물자 및 전쟁잔해물의 거래가 활발하여져 일시적으로 호경기를 맞았기 때문이며, 1955년 이후부터는 점차 평시의 경제구조로 돌아가게 되었다.42)

인천이 경제적 안정을 찾아가게 된 데에는 그 지리적 입지가 중요한 원인이었다. 특히 인천항을 통해 원조물자 등이 들어오다 보니, 그것을 빼돌려 암거래를 한다든지 하는 편법도 제법 성행할 수 있었다. 홍정한은 원조물자를 빼돌려서 생계를 꾸렸던 기억을 말해주었다. 인천항으로 들어온 원조물자는 하인천43)에서 기차를 통해 서울로 운송되었고, 그 과정에서 사람들은 기차의 원조물자를 빼돌려 생활에 보태쓰곤 하였다.

구술자 : 여기 피난민… 피난민 생활이 뭐 형편없어. 여기 피난민들만 모여가지고, 기차가 여기 하인천에서, 여 하인천에서 기차가 여 이렇게 지금은 동부아파트인데 기차 고치는 기관 뭐라고 하나, 그 공장이었어

---

41) 양영조, 「한국전쟁 시기 인천의 특징과 성격」, 『인천학연구』 2-1, 2003, 259쪽 ; 최원규, 「한국전쟁 중 국제연합민사원조사령부(UNCAC)의 전재민 구호정책에 관한 연구」, 『전략논총』 8, 1996, 150~151쪽.
42) 『仁川市史 上卷』, 仁川直轄市史編纂委員會, 1993, 471~472쪽.
43) 하인천은 지금의 인천역 일대를 지칭하는 인천 지역민들의 표현이다.

요. 그래서 기차가 다니는데 이 기차가 와가지고 하인천으로 해가지고 이렇게 해서 서울로 가고 그러는데. (중략) 그거뿐이 아니라 이쪽에 석탄을 실어가지고, 기차에 싣고서 서울로인가 전국으로 가는데, 석탄 차에 여기가 시커멨다고. 우리 같이 어린 놈들이 기차에 발발 거리고 올라가가지고는 밀어 떨어뜨리면 밑에서 그저 마대가지고 와서 그거 걷어다가 쌓아놨다가 그걸 또 팔아가지고 생활에 보태 쓰고. 또 어떤 사람은 솜을, 원조 물자보면 아주 그냥 강하게 기계로다가 압축을 시켜가지고 철로다 묶어놓은 거거든요? 그걸 또 떨어뜨려가지고 그걸 그냥 여럿이 가까스로 집에 가져가가고는 그거 터뜨리면 안 되거든. 그거 터뜨리면 엄청 넓어진다고. 근데 그걸 집에 가서 잘못 터뜨려가지고 그냥 그거 고생하느라… 그거 갖다가 또 팔아서 생활들 하고.[44]

또한, 전쟁 발발로 인해 미군이 다시 한국에 주둔하게 되면서 미군 기지는 지역 사회에서 중요한 생계의 원천이 되었다.[45] 1970년대 초 닉슨 독트린으로 인해 미군이 감축되기 전까지 주로 인천 남부에 다수의 미군 기지가 존재하고 있었다. <그림 2>에서 확인되는 바 인천 시내에는 '캠프 에딘바라(Camp Edinburgh)', '깨소린' 보급소(Gas Point), 한국 조달처 (Korean Exchange), '몬로(Monroe)', 군용선수송대(MSTS), 헌병대(PMO), 기 지공병대(Post Engr.), '레드비치(Red Beach)', '새틀(Seattle)', 미군기지우체 국(US Base Post Office), 월미도, '제브라(Zebra)' 등의 미군 시설(Military installation)이 위치하고 있었던 것이다.

구술자들 중 상당수는 미군부대에 장·단기적으로 취업해서 생계를 꾸렸던 경험을 가지고 있었다. 황선호는 인천의 미군부대에서 "20년 동안 근무하고 부평 가서 20년 동안 근무해서 40년 동안" 경비원으로 근무하였다.[46] 장길상은 미군 유류공장에 많게는 800~900명의 종업원이

---

44) 홍정한의 구술, 2016년 4월 1일 채록.
45) 양영조, 앞의 글, 2003, 260쪽.
46) 황선호의 구술, 2016년 4월 8일 채록.

〈그림 2〉 인천의 미군 기지, 1960년대로 추정

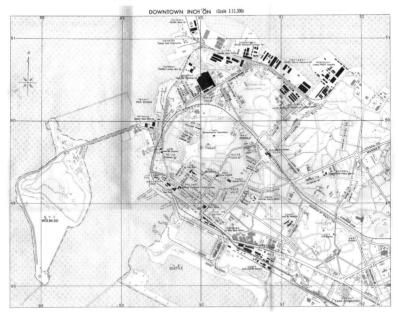

출전 : 부평역사박물관

고용되었다고 구술하였다.

> 구술자 : 그래가지고 인천으로 배가 와서 연료를 파이프라인으로 해가지
> 고 끌여들여가지고 거기서부터 일선으로 드럼통으로 해서 보내기도
> 하고 파이프라인 해가지고 옛날에 경인선 철도가로다가 이만한 유류
> 송유관, 송유관이 있었어요. 그리로다가 보내고 그러는데 거기가 큰
> 유류공장이 있어서 거기에들 많은 사람들이 용역된 거죠. 용역해서
> 일 하는 사람들이 한 때 많았을 때는 거의 한 800~900명까지 됐다는
> 거로 알고 있는데.
> 면담자 : 거기가 용현동 쪽이에요?
> 구술사 : 서기가 시금 용현, 인하대학교 억 아세요? 인하대학교 억 뒤에
> 지금 아파트 짓죠? 거기가 전부 다 옛날에 유류창이에요.[47]

인천 항만사령부 노무처에서 군속으로 30년을 넘게 근무하였던 조진유는 미군부대에는 자신과 같은 월남민들이 다수 근무하고 있었다고 기억하였다.[48]

한편 현재도 캠프 마켓(Camp Market)이 남아 있는 부평은 한국전쟁 이후 인천과 서울을 잇는 전략적 가치로 인해 주한미군의 전략 후방기지로서의 역할을 담당하게 되었다. 부평의 미군 시설은 캠프 마켓(Camp Market), 캠프 하이예스(Camp Hayes), 캠프 그란트(Camp Grant), 캠프 타일러(Camp Tyler), 캠프 테일러(Camp Taylor), 캠프 해리슨(Camp Harrison), 캠프 애담스(Camp Adams) 등이 도시의 대부분의 영역을 차지하고 있었으며, 이를 통칭하여 'ASCOM(Army Service Command)'이라고 불렀다. <그림 3>에서 알 수 있듯이 미군은 부평을 'ASCOM City'라고 불렀다. 따라서 부평의 미군 기지에도 많은 수의 월남민들이 군무원으로 취업을 하곤 하였다.[49]

한편 미군부대는 취업의 기회만을 제공한 것은 아니었다. 오히려 미군 물자를 빼돌려 암시장에 유통시킴으로써 많은 돈을 손에 쥐는 월남민도 나올 수 있었다. 구자홍은 이미 전쟁 중 피난 시절 대구에서 미군 물자를 암시장에 빼돌렸고, 그 덕분에 피난 시절을 어렵지 않게 보낼 수 있었다. 이후 군복무를 마친 그는 미군부대 경비원으로 취업하여 적극적으로 물자 반출에 앞장섰고, 이것을 통해 시내에 공장을 세울 정도의 부를 쌓을 수 있었다.

면담자 : 대구에서 부대 노동 하셨던 때는 언제예요?
구술자 : 피난 나와서, 대구 가서 있다가, 대구에서 열두 명이 부대 노동 했다니까. 그 기차 방통에서 이제, 짐 나르고. 나는 또 이제 좀 약빨라서

---

47) 장길상의 구술, 2016년 4월 8일 채록.
48) 조진유의 구술, 2016년 4월 17일 채록.
49) 이삼수의 구술, 2016년 1월 12일 채록.

〈그림 3〉 부평의 미군 기지, 1960년대로 추정

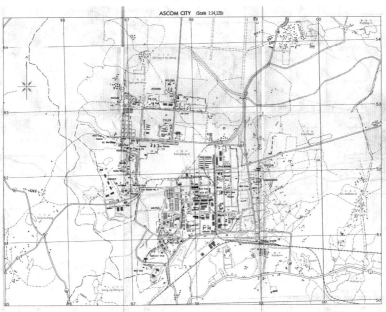

출전 : 부평역사박물관

    짐 나르라면 미국놈들 꺼 도둑질해서 나가서 팔아먹고. (웃음) 그래서
돈을 잔뜩 벌었지, 나는.
면담자 : 아 그때 벌써 돈을 벌으셨어요?
구술자 : 아 양놈 꺼 훔쳐가지고 파니까. 근데 부산 아이들이, 대구 아이들
    이, 쌩쌩이라 그래, 옛날에. 쌩쌩이들이. 아 요놈들이 "야 너 이리
    와봐. 이것 좀 내다주면 돈 좀 줄게." 그래 가지고 내다 주니까 돈을
    주더라고 아 그게 맛 들어가지고 나도 같이 했지, 뭐. 돈 잔뜩 벌어가지고
    왔어. 그 열두 명을 내가 다 먹여 살렸다니까.
(중략)
구술자 : 거, 거. 그거 사가지고 살았지. 미군부대 댕길 때. 피난 나와서
    미군부대 일했거든. PX, 가드, 경비.
면담자 : 그건 언제쯤? 입대하기 전에?
구술자 : 군대 갔다 와서 그거 했지 뭐.

면담자 : 군대 갔다 와서….

구술자 : 그거 하면서. 돈 생겨서 공장 사고, 땅도 사고 그랬지.

면담자 : 그럼 공장 가시기 전에, 만화공장 가시기 전에 그거 하신 거예요?

(중략)

구술자 : 응. 미군, 미군부대 피난 나와서, 거기 가 하니까 안 되겠어.
미군부대가 월급을 많이 주잖아. 한국 사람하고 하면 얼마 안주고.
또 도둑질하느라 쏘아댕기고. 쌩쌩이들 불러서 경비가 뜨니까. 정문에
두 명이 서면 나는 후문에 한참 서 있거든. 난 후문으로 간다고. 왜?
후문에 저 쌩쌩이들 도둑질 하는 놈들을 우리 몇 명 들어가다 쌕
들어가. 그럼 양키시장에 돈을 이만큼 주는 거야. 도둑질 하고 나가는데
알아서 해 그러면 피하거든. 그럼 물건 가지고 훔쳐가지고 도망갔다
양키시장 가면 돈을 받았으니까 이만큼씩 주지. 그러니까 송월동에다
집 샀지.50)

구자홍의 구술에도 나오듯이 당시 인천의 중앙시장 내에는 양키시장이
라고 부르는 구역이 존재하였다. 그런 정도로 당시에는 미군부대에서
나오는 다양한 물자들이 공공연하게 거래될 수 있었던 것이다.

시장은 미군부대와 더불어 황해도민들의 생계에 중요한 역할을 담당한
곳이었다. 황해도민들은 상업 활동을 통해 인천에서 기반을 만들어갔다.
연고지가 없이 월남한 이들은 용현시장이나 배다리 중앙시장을 근거로
한 노점상을 시작으로 상업 활동을 하였다. 신포시장을 기점으로 한복을
짓거나, 중앙시장에서 노점에 재봉틀을 가져다 놓고 미군부대 등에서
나오는 군복을 수선하기 시작한 것이 오늘날 양키시장과 중앙시장을
따라 줄지어 있는 한복상가의 시작이었다.51)

인천시는 개항 이래 서해 최대의 항구도시이자 최대 소비지였다. 해방
후에도 인천의 상업무역은 활발히 전개되었다. 인천항은 해방 전부터

---

50) 구자홍의 구술, 2015년 12월 5일 채록.
51) 김정숙, 앞의 글, 2007, 32~33쪽.

<표 3> 인천시 시장 규모와 매매고 현황 추이

연도	시장명	점포수	매매고(단위 : 圜)					
			농산물	수산물	직물류	축산류	기타잡품	합계
1953	중앙시장	803	5,220,000	6,600,000	52,246,000	-	36,000,000	100,048,000
	신포시장	35	4,250,000	565,000	-	-	3,500,000	8,315,000
	청과시장	38	3,237,000	-	-	-	-	3,237,000
	어시장	4	-	5,750,000	-	-	-	5,750,000
	가축시장	-	-	-	-	42,800,000	-	4,280,000
	합계	880	12,707,000	12,915,000	52,264,000	42,800,000	39,500,000	160,168,000
1954	중앙시장	699	27,000,000	1,700,000	4,000,000	-	1,800,000	34,500,000
	신포시장	130	8,800,000	290,000	450,000	-	350,000	9,890,000
	어시장	25	-	500,000	-	-	-	500,000
	송월시장	111	4,800,000	360,000	150,000	-	210,000	5,520,000
	신탄시장	-	-	-	-	-	3,000,000	3,000,000
	청과시장	-	21,000,000	-	-	-	-	21,000,000
	가축시장	-	-	-	-	5,245,000	-	5,245,000
	합계	965	61,600,000	2,850,000	4,600,000	5,245,000	5,360,000	79,650,000
1957	중앙시장	621	109,800,000	36,000,000	157,680,000	-	498,960,000	802,440,000
	송현시장	61	3,600,000	2,888,000	-	2,880,000	45,000,000	54,376,000
	신포시장	87	18,000,000	17,280,000	8,640,000	8,640,000	62,640,000	115,200,000
	송월시장	101	35,100,000	17,280,000	8,640,000	5,760,000	54,000,000	120,780,000
	숭의시장	32	5,400,000	2,880,000	-	-	14,400,000	22,680,000
	청과시장	-	257,086,749	-	-	-	-	257,086,749
	어시장	7	-	10,080,000	-	-	-	10,080,000
	신탄시장	-	-	-	-	-	-	-
	합계	910	428,996,747	863,200	17,496,000	1,728,000	68,400,000	1,382,642,749

출전 : 『仁川 市勢一覽』, 인천시, 1954년, 1955년, 1957년.
비고 1 : 『仁川 市勢一覽』 1956년도판에는 시장 매매고가 집계되어 있지 않음
비고 2 : 1957년도 시장별 매매고 합계는 기재되어 있지 않아, 직접 합산하였음. 1957년도 각
시장별 매매고 수치 조사는 오류가 많은 것으로 보임.

1949년까지 부산항이 수출항으로서의 기능을 하였던 반면 수입 중심의
항구로 역할 하였다. 1948년 12월 인천시의 직종별 인구분포현황을 보면
총 52,272세대 중 1위는 상업에 종사하는 9,427세대, 2위는 공업 6,999세대
였다.[52] 한국전쟁 이후 수만 명의 월남민의 정착과 항만을 중심으로
한 공업의 발달로 전국 각지에서 산업인력이 모여들어 시장은 번창하였고
시장의 규모도 대형화되어 갔다.[53] <표 3>과 <표 4>를 통해 1950년대

52) 『仁川市史 上』, 1993, 447~450쪽.

〈표 4〉 1958년 인천 공설시장 현황

명칭	취급품목	점포수	1년간 매상액(원)
중앙시장	日用雜貨, 포목, 洋品, 食料, 紬冊(주단(紬緞)으로 추정됨)	731	116,841,696,000
신포시장	〃	247	1,535,200,000
송월시장	〃	107	125,600,000
숭의시장	〃	36	12,000,000
송림시장	〃	197	2,500,000
신포어시장	生鮮	1	18,000,000
신흥신탄시장	炭	-	-
가축시장	家畜 구입 판매	1	-
중앙도매시장	靑果物, 菜蔬	1	238,836,800
숭의분장	菜蔬	1	76,193,000
부평분장	菜蔬	1	108,250,000

출전 : 『仁川 市勢一覽』, 인천시, 1958년.

인천 내 시장의 현황과 규모를 짐작해볼 수 있다.

1950년대를 거치며 인천의 시장은 점차 그 수도 늘어났고, 거래규모도
커져갔다. 그 중에서도 가장 압도적인 규모와 매출을 자랑하는 시장은
중앙시장이었다. 중앙시장은 일제강점기부터 시장이 개설되기 시작하여,
1949년 송현동, 전동, 숭의동, 도원동 등 각지의 노점 자유상인들이 결성한
소성자유시장자치회가 합동하여 발족하게 되었다.[54] 신포(新浦)시장과
신탄(薪炭)시장은 1951년에, 그리고 송월(松月)시장과 숭의(崇義)시장은
1957년에 각각 설립되었다.[55] 월남민들은 중앙시장을 지칭할 때 배다리시
장이나, 양키시장이라고 많이 지칭하였다.[56] 이는 크게 보면 모두 같은
시장이지만, 자세히 들여다보면 약간의 차이가 존재하였다. '배다리'라는

---

53) 『仁川商工會議所 九十年史』, 인천상공회의소, 1979, 534쪽.

54) 유동현, 「거대한 성채와 넓은 광장」, 『굿모닝인천』 2015년 1월호, 43쪽.

55) 『仁川商工會議所 九十年史』, 1979, 534~535쪽.

56) "중앙시장이라는 데가 있어요. 거기서 에 그 당시에 그 양키시장이라고 했습니
다."(최경석의 구술, 2016년 1월 12일 채록) ; "헌데 그 배다리시장도 이북사람들이
상권을 다 가지고 있었어."(차지현의 구술, 2016년 1월 12일 채록)

지명은 배가 닿는 곳이라는 뜻으로, 중앙시장의 동쪽에 인접하여 주로 노점상이 모인 시장을 의미하였다. 한편 양키시장은 중앙시장의 일부분을 이루고 있되, 주로 미군부대의 물자가 유통되는 구역으로 현재의 동인천역 북광장에 위치하고 있었다.

요컨대, 1950~60년대를 거쳐서 황해도민들은 중앙시장과 신포시장, 송현시장 및 용현시장의 상권을 장악하였다. 특히 당시 중앙시장의 운영권을 가지고 있던 사람이 장연군 출신으로 장연군민들은 중앙시장에 터를 잡기가 수월하였다고 한다.[57] 중앙시장은 60~80년대까지만 해도 시장 상인의 절반 가량이 황해도 출신이었다. 그들은 미군들이 입던 군복바지, 담요, 양말, 텐트 등을 깨끗이 빨고 꿰매서 팔거나, 미군 PX 물건인 초콜릿, 미제 통조림, 과자, 화장품 등을 시장에 내놓았다. 60~80년대 중앙시장은 전성기였다. 사람들끼리 어깨를 부딪칠 정도로 문전성시였고 황해도 출신 중에는 돈을 많이 번 상인들이 생겨났다. 경제력을 확보한 이들은 시장 상가를 소유하거나 주변의 건물을 매입했고, 서울로 떠난 사람도 꽤 되었다.[58]

이렇듯 한국전쟁을 거치면서도 인천은 항구도시이자 공업도시, 유통의 중심지이자 미군 물자의 집산지로서의 장점을 가지고 있었던 바, 인천 지역에서 황해도민들이 상업에 종사하게 된 것은 자연스러운 선택이었다. 하지만 한편으로는 전쟁의 혼란기에 피난민들이 제대로 된 교육 기회를 놓쳤기 때문에 다른 직업을 선택할 기회가 제한되었던 것도 이유였다. 류수형은 휴전 이후 혈혈단신으로 어떻게든 고등학교를 졸업하여 이후

---

57) 규모 면에서 중앙시장에 버금가던 용현시장도 있었다. 황해도민들이 초기 정착지로부터 이주하는 과정에서 상당수가 용현동 독쟁이 고개에 정착하였다. 1957년 원주민의 땅을 빌려 시장이 들어서기 시작하였는데 시장 상인의 절반 이상은 역시 황해도민이었다고 한다(김정숙, 앞의 글, 2007, 34~35쪽).

58) 이용남, 「잠시 외출, 긴 정착⋯ "이젠, 인천이 내고향"」, 『굿모닝 인천』 2015년 6월호, 21~22쪽.

고위관직에 오를 수 있었다. 그는 황해도민이 공직에 많이 진출하지
못한 가장 중요한 이유로 저학력을 꼽았다.

> 면담자 : 그러면 당시에 고향 분들이 좀 이렇게 공무원이나 이런 경찰
> 공무원이나 일반 공무원에 많이 계셨나요? 같은 고향 분들, 황해도나
> 뭐 이런.
> 구술자 : 그렇게 많은 편이 아니었어. 왜 그러냐. 공무원이 되려면 고등학교
> 를 나와야 하잖아요.59)

〈표 5〉 인천상공회의소 임원 중 월남민(1954~1964)

시기	총 임원수	월남민 임원(미수복 경기도 포함)
초대(1954년 1월)	34	채호(蔡浩) 부회장60) 이덕근(李德根) 감사61) 이학재(李鶴在) 감사62) 이형종(李炯鐘) 의원63) 성원택(成源澤) 의원64) 이한업(李漢業) 특별의원65)
2대(1957년 1월)	23	이덕근(李德根) 부회장
3대(1960년 1월)	24	이덕근(李德根) 부회장 김준성(金埈成) 의원66) 김종훈(金宗塤) 특별의원67)
4대(1961년 8월)	14	이덕근(李德根) 회장 윤종구(尹宗九) 상임의원68) 박영수(朴永壽) 감사69)
5대(1964년 8월)	15	채호(蔡浩) 회장 윤종구(尹宗九) 상임의원 김용해(金龍海) 상임의원70) 박영수(朴永壽) 감사

출전 : 『仁川商工會議所 九十年史』, 1979에서 재구성.

---

59) 류수형의 구술, 2016년 4월 11일 채록.

60) 본적 함북 경성군 어대율읍, 1909년생, 28년 간도동흥중 졸, 39년 만주대만상사전
무, 40년 함북 남양상의상임의원, 51년 협신화학경영, 56년 경인일보사장, 57년
조선삼공대표, 59년 인천곡물협회 회장(이하 인천 상공회의소 임원의 이력은
『仁川商工會議所 九十年史』를 이용하여 정리하였다).

61) 본적 평남 순천군 원탄면 고삼리, 1916년생, 42년 일본대 전문부 중퇴, 48년

1950년대에 들어서, 인천은 다수의 월남민들이 유입하여 정착하게 되었다. 이 과정에서 경제적 성공을 거둔 월남민들은 인천 지역사회의 유지로 편입되어 갈 수 있었다. <표 5>는 공법인(公法人) 인천상공회의소가 발족한 1954년부터 10년간의 인천상공회의소 임원 중 월남민을 정리한 것이다. 1954년 이전 인천상공회의소 임원의 이력 분석이 완성된다면 보다 전모가 드러날 터이다.[71] 어쨌든, 1954년 이후 인천상공회의소에는 월남민 경제인이 꾸준히 임원으로 선출되었으며, 1961년 이후에는 회장직에 오르기도 하였다. 이 임원진의 출신을 정리해보면, 황해도가 4명,

---

조선화학 전무, 인천상의 2대, 3대 부회장 역임, 58년 경기도 공업협 부회장, 인천화학 사장.

62) 본적 경기도 개풍군 홍교면 홍천리, 1915년생, 32년 송도고보 졸, 36년 개풍군 서기, 51년 인천서 직물업 경영, 동년 인천직물공업조합장, 52년 인천고무공업사 중역.

63) 본적 황해도 연백군 호남면 송야리, 1922년생, 39년 연백농업학교 졸, 50년 홍익대 졸, 43년 체신서기 임명, 인천우체국 근무, 51년 대한통신사 기자, 53년 문화고무공업사 대표.

64) 본적 경기도 장단군 장남면 고량포리, 1920년생, 39년 송도중학교 졸, 40년 인천시 근무, 51년 중앙시장 번영회 감사, 53년 인천시 양품상 조합 부조합장.

65) 본적 황해도 재령군 하성명 갈산리, 1898년생, 15년 한문 수료, 20년 일본 동경 일어강습소 수료, 35년 함북수산조합 청진지부장, 47년 조선수산개발부사장, 51년 경기어연 이사장.

66) 본적 흥남시 동흥리, 1917년생, 35년 흥남상업 전수중퇴, 37년 정미소, 제분소 경영, 41년 흥남상의 의원, 51년 경흥운업사 창설, 인천고물상 조합장.

67) 본적 황해도 장연군 용연면 복귀리, 1916년생, 52년 단국대 졸, 43년 조선보문시험 합격, 52년 고등고시 합격, 59년 대한제분 인천공장장.

68) 본적 경기도 개성시 자남동, 1918년생, 34년 개성 원정보통교 졸, 37년 송도고보 졸, 39년 재봉기 조립판매업, 46년 숭의직물공장 대표.

69) 본적 평남 평양시 소양리, 1907년생, 37년 경성법전 졸, 37년 평양지방법원 서기, 45년 동평양 금융조합 이사, 54년 태안주조장 경영.

70) 황해도 평산군 출생, 1924년생, 42년 일본성기상업 졸, 54년 홍대 3년 수료, 48년 학익국교 교사, 52년 성린보육원 설립, 63년 인천도시관광이사.

71) 임의단체 시절 임원진 중에서 이덕근과 이한업은 확인되었다(『仁川商工會議所 九十年史』, 1979, 1380~1381쪽).

미수복 경기도가 3명, 평안도와 함경도가 각기 2명으로, 황해도 출신이 월남민 중에서도 경제 분야에서 일정한 입지를 확보하였음을 유추할 수 있다.

4. 월남민 네트워크의 형성과 정체성

1) 장로교회의 전파와 교육 사업 전개

월남민들은 인천 지역에 정착하여 살아오면서 대개 인천을 "제2의 고향"으로 부를 정도로 애착심을 보이고 있었다. 그렇지만, 그들은 월남민 1세대로서의 정체성을 유지하고 있다. 이러한 월남민 정체성은 주로 자신의 출신도, 즉 평안도나 황해도 등에 맞춰져 있다. 본 절에서는 월남민들이 인천에서 자신들의 정체성을 유지하는 데 있어 그들이 만들어간 사회적 연결망(네트워크)이 어떤 역할을 하였는지 살펴보고자 한다.

인천의 평안도민들은 주로 종교계와 교육계에 진출하여 서로 도움을 주고받으며 정착해 나갔다. 인천은 감리교 선교 지역이었는데, 평안도 출신 월남민들에 의해 장로교가 뿌리내리는 계기가 되었다. 그들은 단지 교회 설립으로 끝나는 것이 아니라 사립학교 설립에도 힘을 쏟았다. 평안도민들에게 있어 교회와 학교는 그들 정체성의 핵심 기반이 되는 것이었다.[72] 김상태는 월남한 기독교인들의 반공주의는 종교 이데올로기의 뒷받침을 받았다는 면에서 '성스러운 반공주의'라고 정의하기도 하였

---

72) 한말 이래 평안도에서 기독교는 단순한 종교가 아니라 근대문명을 의미하는 것이었다. 평안도민들의 종교와 교육에 대한 심성에 대해서는 金相泰, 「近現代 平安道 出身 社會指導層 硏究」, 서울대학교 국사학과 박사학위논문, 2002, 43~50쪽 을 볼 것.

다. 이들의 반공투쟁은 곧 '기독교 수호투쟁'이 되며, 공산주의와 기독교의
대립은 '악마와 천사간의 전쟁'으로 발전한다. 반공투쟁에 나선 기독교인
들은 성전에 참여한 군대 곧 '십자군'이 되며, 이 전쟁에서 희생된 사람들은
'순교자'가 된다는 것이다.[73]

또한 평안도민의 종교활동은 다분히 정치활동과 깊은 관련을 맺고
있었다. 월남민들이 만든 대표적인 기독교 교회의 하나인 영락교회는
1945년 10월 월남한 한경직 목사와 월남민 27인에 의해 1945년 12월
'베다니 선교교회'라는 명칭으로 출발하여 1946년 11월 영락교회로 개칭
하였다. 미군정의 협조를 받아 물적 토대를 갖추게 된 영락교회는 단순한
종교단체가 아니라 기독 월남민들의 생활공동체이자 월남하여 서울에
온 기독교도들이 서울생활에 적응할 수 있도록 도와주는 안전망의 역할도
수행하였다. 뿐만 아니라 영락교회는 반탁운동, UN 감시하의 단독선거
단독정부 수립운동을 전개하는 데 앞장섰다. 또한 한경직 목사를 주축으로
제주 4·3항쟁이나 '여수·순천사태' 때에는 유격대나 인근 주민에 대한
선무활동을 전개하기도 하여 해방공간에서 영락교회는 '반공운동의 보루
이자 시발점'으로 역할을 하였다.[74]

인천에 내려온 평안도민들 또한 인천에 그들의 교회를 설립하는 일부터
시작하였다. 인천의 대표적인 피난민 교회는 제일장로교회로서 이 교회는
1946년 10월 19일 14명의 월남 기독교인이 서울 영락교회 여전도회의
파송을 받은 한병혁[75] 목사와 함께, 인천시 중구 전동 1번지 조남철

---

73) 金相泰, 위의 글, 2002, 126~127쪽.

74) 김귀옥, 앞의 글, 2003, 81~82쪽.

75) 1904년 평북 의주군 고진면 낙원동 출생, 1924년 평북 선천읍 신성중학교 졸업,
    1932년 중군 산둥성 화북신학교 졸업, 1936년 평북 삼산노회에서 목사 안수,
    1941년 장로회 봉천노회장, 1947년 장로회 평양노회장. 1946년 인천제일교회
    목사, 1947년 대구제일교회 목사, 1955년 용산 소재 삼일교회 초대 목사 위임,
    도미, 1969년 3월 미국 나성복음성서교회 초대목사.

집사 집에서 창립 예배를 드리면서 시작되었다. 교세가 커지면서 중구 송학동 2가 18번지 일본인 교회를 접수하여 예배드리고 있던 30~40명의 교인들(송학동 교회, 침례교파)이 교회 건물을 양도하여 주었고, 1946년 11월 9일 현재의 제일교회 자리에 위치하게 되었다.[76] 1947년 5월 16일에는 초기 제일교회 발전에 큰 기여를 한 이기혁 목사[77]가 부임하였다.

이기혁 목사 재임 기간 동안 제일교회는 인천에 성공적으로 정착하였을 뿐만 아니라 교세를 적극적으로 확장할 수 있었다. 그런 배경에는 제일교회에 출석하는 교인들이 인천 지역사회와 긴밀한 연관을 맺고 있었던 점이 중요하다.

> 구술자 : 그리고 인천제일교회가 인적 자원이 참 많았어요, 초창기에. 그때는 왠가 하니 이 미군 계통에는 이요한 박사라고 있는데, 그분 아버지가 이상균가 하는데, 이상규? 이상규. 어르신인데 미국에 유학도 해고(하고) 그 다음에 상해 임시정부에 그쪽에 가서 일도 하면서 거기에서 결혼을 한 분이 바로 이, 이요한 박사의 부모예요.
>
> 면담자 : 예예.
>
> 구술자 : 부모. 거기 있다가 인천으로 저 자리를 잡으면서 그분이, 그러니까 미국 관, 미국 사람 관계는 잘 알 거 아니에요?
>
> 면담자 : 영어도 잘 하시고.
>
> 구술자 : 예, 영어도 잘 하고. 그분이 인천중학교 저 영어 선생도 했어, 그 어르신이. 하면서 우리 목사님의 완전히 그 하나의 보조역을 많이 했죠, 목사님 하는 거. 그래 군수사령부니 항만사령부가 그 사람이 마음대로 해요. 그리고 우리 그 교회에 그 적, 그 땐 거기도 전부 적산이니까. 적산가옥을 누가 담당을 했는가 하니 그분 동창. 이상규

---

76) 『仁川第一敎會 三十年史』, 대한예수교장로회 인천제일교회, 1976, 55~59쪽.
77) 1898년 12월 28일 평북 용천군 양광면 송산리 출생, 1930년 평양신학교 졸업, 1947년 5월 16일 인천제일교회 부임, 1957년 장로회 경기노회 노회장, 1962년 장로회 총회장, 1983년 국민훈장 동백장 서훈.

선생의 미국 동창이 관재국 담당으로 와 있었어요. 예. 그러니까 뭐.
그래서 이기혁 목사님이 그걸로 해가지고 교회 땅이고 학교 땅이고
전부 다 가계약만 한 거야, 그때 무조건. 그래가지고 저 대지가 그렇게
됐습니다. 그러니까 그분이 계셨죠. 그 다음에 초대, 아니 3대 인천시장
하던 박학전 목사라고, 박학전 목사. 인천시장.

면담자 : 3대 인천시장을 하셨던.

(중략)

구술자 : 그 목사님이죠, 그분도. 그분이 또 저 한국판유리공장 전무로
　　　있으면서 판유리공장 처음에 들어온, 전무로 있으면서 우리 교회 출석
　　　했는데 하나의 동역자 비슷하게 했어요. 또 그렇지, 서재현 장로님이라
　　　고. (중략) 지금 서경석 저기 지금 그… 서경석 씨잖아요? 지금, 서경석
　　　목사.

면담자 : 서경석 목사님. 예예.

구술자 : 그 부친이에요, 그분이. 그분도 저 외국에서 저 박사학위 받은
　　　분인데 그분도 우리 장로교, 장로로 시무했고. 그러니까 대외적이나
　　　뭐나 아주 막강한 그, 그런 힘이 있었어요, 그때는. 그러니까 원조니
　　　무슨 그 대, 뭐 대정부 사업이니 그런 데는 아주 그냥, 아주 쉬웠죠.
　　　그래서 우리 이 목사님이 참 참모를 잘 뒀다고 생각했어요.[78]

　구술자의 기억에서도 알 수 있듯이, 제일교회에는 이상규, 박학전,
서재현 등 평안도 출신 '엘리트'들이 출석을 하였으며, 이들은 자신들의
능력과 인맥을 교회의 발전을 위해 기꺼이 제공하였다. 교인들의 적극적인
협조 속에 제일교회는 인천 지역 장로교회의 메카로 성장해나갔다. 제일교
회는 이후 제2에서 제8에 이르는 장로교회들이 새로이 생겨날 때 직간접적
으로 많은 도움을 주었다.[79] 또한 전쟁 이전 인천을 통해 들어온 월남민이
나 전재동포들은 인천에 숙소를 정하거나, 연고자를 찾을 때까지 교회

---

78) 정재구의 구술, 2017년 3월 18일 채록.
79) 『인천제일교회 60년 사료집』, 제일교회60년사료집발간위원회, 2007, 259쪽. 한편
　　인천제삼교회의 초대 목사는 영락교회 한경직의 동생인 한승직이었다.

건물에 여장을 풀고 묵어갔다.[80]

제일교회가 인천 지역사회와 관련을 맺는 또 하나의 방법은 바로 교육사업이었다. 제일교회도 평안도민의 전통을 이어받아 제일 먼저 교육사업에 발을 들였다. 그들은 교회 주변의 적산을 인수받고, 미군으로부터 건축 자재와 물자를 알선 받아 무궁화 유치원을 설립하였으며, 1949년 3월에는 월남민 미취학 자녀의 교육이 시급하다 하여 유치원을 무궁화 공민학교로 전환하였다. 전쟁의 곤란 속에서도 제일교회의 교육 사업은 더욱 확장되었다. 그들은 1952년 교회 안에 여자중학교를 세우고, 1954년 12월 31일 재단법인 제일학원으로 인가를 얻어 1955년 3월 29일 학교 명의를 인성여자중학교로 개칭하였다. 제일학원은 인천초등, 인성여중 및 인성여고, 다비다 모자원을 갖춘 인천 유수의 교육기관으로 발전해 가게 된다.[81] 그리고 이처럼 전시, 전후의 어려운 시기에도 제일교회가 교육사업을 확장해갈 수 있었던 데에는 관계, 재계와 교회가 교인들을 통해 연결될 수 있었던 것이 주효하였다.[82]

제일교회 이외에도 평안도민들은 인천에 많은 교육기관을 설립하였다. 평북 정주 출생의 노진철은 1954년 재단법인 인숭학원을 설립하였고, 이어서 1969년 대헌공고 및 대헌공업전문대학(현재의 인천재능대학교)을 설립하였다. 평북 의주 출생의 홍석련 장로는 1967년 2월 숭덕여중·고를 세웠다. 평남 용강 출생의 백인엽은 인천에 선인학원을 설립하였다. 선인학원은 초창기 인천시 교육기관의 3분의 1 정도를 차지할 정도로 막강한 영향력을 지니고 있었다.[83] 한편, 인천의 공립학교인 인천중학교·제물포고등학교의 초대 교장 길영희, 인천고등학교 교장 이인관도 모두 평안도

---

80) 『仁川第一敎會 三十年史』, 1976, 73쪽.
81) 위의 책, 1976, 81쪽.
82) 『인천제일교회 60년 사료집』, 2007, 261쪽.
83) 김정숙, 앞의 글, 2007, 32쪽.

출신이었으며, 이들도 평안도 월남민들과 관계를 맺으며 교육 사업을 해 나갔다.[84] 길영희의 경우, 도산 안창호로부터 많은 사상적 영향을 받았다고 알려져 있어 평안도민의 교육 전통의 흐름을 계승한 인물로 평가받고 있다.[85]

평안도민들이 이처럼 인천에 적극적으로 교회를 세우고 교육 사업을 펼친 것에 비해 황해도민들의 정체성과 네트워크 형성에서 종교는 중요한 요소가 아니었다. 다만 인천제이교회는 제일교회에서 분립되었지만 황해도 출신 월남민들이 다수 모여 있었다.[86] 그 외에도 황해도 출신 피난민들이 위주가 되어 세운 교회도 있는데, 이들은 대개 전쟁 이후 미군의 원조를 받아 교회 건물을 세울 수 있었다.[87]

2) 한국전쟁 경험의 공유와 도민회 조직

평안도민의 정체성이 조선후기 이래로 이어져 온 것을 지켜간 것이라면, 황해도 출신 월남민들의 그것은 한국전쟁의 영향을 받으며 생겨났다. 구술에 응했던 월남민 중 많은 수가 황해도 인근의 섬에서 유격대 활동을 한 경우가 많았다.

구술자 : 이북에서 황해도의 경우는 6·25가 났을 때, 6·25가 날 때 미국 사람들이 여기 왔지만 전쟁을 하려면 상대를 알아야 전쟁을 할 거

---

84) 정재구의 구술에 따르면, 인천중학교에서 영어를 가르친 이상규는 길영희와 매우 친한 사이였다고 한다. 이상규의 부인은 선우황인데, 선우황은 독립운동가인 선우훈(鮮于燻, 1892. 11. 11.~1961. 5. 18)의 딸이다.

85) 吉瑛羲先生記念事業會 편, 「우리 學校 校風은 무엇인가?」, 『吉瑛羲先生追募文集 第五增補版』, 법문사, 1999 ; 「吉教長先生께서 보신 安島山先生」, 같은 책.

86) 인천제이교회는 1948년 9월 설립되었다. 조대 이승길 목사와 2대 이삼성 목사는 황해도 황주군 출신이었다.

87) 홍정한의 구술, 2016년 4월 1일 채록.

아니에요. 어디에 뭐가 있는지 알아야 전쟁을 한단 말이죠. 그래서 미국 사람들이 예를 들어서 벽성군이면 벽성군, 아니면 해주면 해주. 장연이면 장연. 이쪽을 갖다가 첩보대를 써야 된다, 첩보할 수 있는 사람이 있어야 한단 말이죠. 그래서 그 다음 그래가지고 그 사람들이 만든 부대들이 무슨 켈로부대라든지 동키부대라는지 그런 걸 써가지고 이름을 붙여가지고 벽성군 사람들을 예를 들어서 뭐 백 명이고 이백명이고 사백명이고 모아가지고 거기 동키부대라고 해가지고 미국에서도 어떤 소령이나 중령 이런 사람들이, 그 사람이 책임져가지고 그 사람들을 적어도 영어 정도 하는 정도면, ABC 정도 하는 사람들이면 그니까 중학교 정도 다닌 사람들이겠죠. 그런 사람들을 부대원으로 해가지고 전부 다 침투시키는 거예요. (중략) 그런 부대가 동키부대, 무슨 켈로부대, 무슨 뭐 8240부대 하는 게요, 인천에 그 황해도민 중에서도 굉장히 많습니다. 그분들이 다 돌아가셔서요, 지금 다 돌아가시는 중이에요. 그분들이 나이가 전부 대부분이 80에서 85세 정도거든요. 그 많은 분들도 계셨죠.[88]

장길상의 구술에서 나오듯이 인천에는 과거 유격대 활동을 한 황해도민이 많이 정착해 있었다. 한국전쟁 초반 미군은 인민군에게 밀리던 한국군의 압력을 덜어주기 위해 비정규전 부대의 편성을 계획하였다. 그러나 현실적인 실행 가능성의 문제로 이 계획은 유보되었다. 1·4후퇴 이후 북위 37도선에서 전선이 안정될 무렵, 미 제8군 작전참모부는 후방작전에서 북한 출신을 활용할 계획을 다시 세우게 되었다. 미군 당국이 유격대 활동에 구체적으로 관심을 갖게 된 계기는 1951년 1월 8일 한국 해군이 서해안 도서에서 활동하는 유격대들의 존재를 알리고, 탄약지원을 요청한 것으로부터 비롯되었다. 이에 따라 미 극동군 사령부는 제8군으로 하여금 반공유격대에 관심을 갖고 게릴라부대를 편성해 작전을 수행하도록 지시했다. 이로써 미군의 적극적인 도움으로 민간인 유격대가 조직되었다.

---

88) 장길상의 구술, 2016년 4월 8일 채록.

사령부는 백령도에 위치하였으며, 이 유격부대들은 건제순으로 동키부대
에 숫자를 부여하여 불리웠다. 즉 황해도 출신으로 동키 제1(신천)·2(은율)·
3~4(장연)·7(은율군 수월)·8, 10(안악)·11(옹진)·13(신천) 부대 등이 있었
고 평안남도 출신 동키 제9부대와 평안북도 출신 동키 제14·15부대가
있었다.[89)]

유격대 경험은 유격대원으로 참전한 남녀 황해도민들에게 돌이킬 수
없는 강고한 반공주의를 심어주었다. 바꿔 말하자면, 유격대에 들어간
원인이 반드시 반공주의가 강해서는 아니었으며, 오히려 유격대 활동을
통해서 반공주의가 강화되었다고 할 수 있을 것이다. 전쟁 기간 중 황해도
인근의 섬이나, 원래 38선 이남이었던 옹진 지역은 전황의 변화 속에서
민병대와 유사한 준경찰조직이 생겨나게 되었다. 월남민들은 이들을
청년방위대(청방)로 기억하고 있었다.

> 구술자 : 그런데 인민군도 없고, 국군도 없는 공백상태였는데, 청방이
> 있었어요. 청년방위대라고. 그 사람들이 나중에 이름이 여러 번 바뀌어
> 요. 유격대, 켈로부대, 동키부대. 여러가지 명칭을 사용했어요. 그게
> 정규군이 아니고 동네 청년들로 구성된 방위대 비슷한 거예요. 그러니
> 까 순경들은 도망간 상태고. 거기까지는 그 전에는 3.8이남이었어요.
> 그러니까 우리나라 정부에서 저기, 치안을 담당했던 땅인데, 6·25
> 때 이북으로 넘어갔던 자리죠. 그러니까 거기를 다시 수복하면서 우리
> 경찰들도 거기 근무하고 그랬어요. 그랬다가 인민군들이 온다니까
> 제일 먼저 그 양반들이 도망간 거예요. 카빈 총 같은 무기도 있었는데
> 10대 청년들이 모여서…. 웃기지도 않은 무장단체가 된 거예요. IS
> 비슷한 게 됐지.[90)]

---

89) 소성훈, 『한국선생의 유격전사』, 국방부 군사편찬연구소, 2003, 131~135쪽,
    155~156쪽. 유격부대의 창설과 운용, 해체에 이르기까지는 이 책이 자세하다.
90) 남태림의 구술, 2016년 4월 17일 채록.

이들이 유격대 활동을 하게 된 것은 이념의 문제도 있지만, 섬에서의 피난 생활의 어려움을 극복하기 위한 선택이기도 하였다.

> 구술자 : 백령도에 황해도 장연군, 송화군, 신천군이 다 피난을 나와서 백령도에 와있다 보니까 사람이 바글바글 한 거지. 정말 사람하고, 똥하고. (웃음) 물도 없어, 백령도에. 그렇게 하다보니까 어떤 조직이 생겼냐, 야 우리가 이렇게 하지 말고 이북에 가서 쌀을 가져와서 먹자. 그래서 조그만 배를 타고서 또 이북으로 들어가. 들어가서 쌀을 한 말이고, 두 말이고, 세 말이고 가지고 나와서, 된장, 고추장도 가지고 나와서 먹고 하다보니까. 인민군들이 가만히 보니까 간첩들이 내려와서 쌀 가지고, 가족들 데려가고 그러니까 (중략) 야, 이젠 우리가 걔들이 총을 쏘고 하니까, 인민군을 덮치자. 그래서 5명이 한 조면, 3명은 쌀을 등에 지고 또 2명은 이제 또, 총이 생기더라고. 가서 한 패가 인민군이나, 경찰서를 덮쳐서 죽기 살기로 그냥 총을 뺏어서, 2명은 총을 가지고 가서 걔들이 쏘면, 우리도 쏘고 이랬는데. 이 미군이 주둔을 하게 되면, 미군의 선발대 8240 특수부대야. 미군이. 그래서 미군들이 우리 동네 사람들, 이북에 들어가는 사람들 모아가지고, "너희 쌀 2말, 3말 때문에 20리, 30리씩 왔다 갔다 하지 말고. 우리 말만 잘 들으면, 인민군 하나씩만 잡아오면 알랑미. 알랑미 한 포대씩 주겠다." 또 그걸 줘. 그때는 쌀 주우러 갈 필요가 없어. 경찰, 이북의 내무서원이거든. 내무서원 있는 데 가서 그 놈들 잡아오고. 그게 쌀 주우러 가는 것보다 쉽거든. 그래서 인민군을 잡으면 철사로 포승을 해서 끌고 오면 쌀 한 포대 준다. 근데 이건 황해도 장연 사람들 얘기야. 신천군도 있고, 옹진군도 있고 한데, 다른 데는 인민군들 몇 명 잡아왔대, 알랑미가 몇 포대래. 이렇게 되니까 이걸 가지고 또 경쟁을 붙이는 거야.[91]

고태준의 구술에 따르면, 백령도에 피난민이 너무 많이 들어와 물자가

---

91) 고태준의 구술, 2015년 12월 5일 채록.

부족하였고, 결국 살아남기 위해 식량을 구하러 황해도 본토로 약탈하러 간 것이 유격대 활동의 시작이었던 것이다. 유격대 활동 중 또 하나 중요한 것은 고향에 남아 있던 가족을 섬으로 탈출시키는 것이었다.[92] 이런 행동들이 미군의 주의를 끌게 되었고, 미군은 유격대 활동에 대한 대가로 이들에게 식량 등 물자를 제공하였다. 유격대원들은 섬에 있는 가족과 피난민들의 생계를 위해서라도 필사적으로 작전을 수행해야만 했다.

그런데, 유격대들은 자신의 출신 지역에 따라 부대를 따로 만들었다. 이는 그 지역에 대한 정보를 잘 아는 사람들로 부대를 구성하는 것이 유리하다는 이유에서였지만, 같은 동향사람들끼리 유격부대를 조직해서, 자기 고향 사람들에게 보다 많은 보급품이 돌아가게끔 하려는 일종의 '지역 이기주의'의 발로이기도 하였다. 동키부대가 많은 이유도 거기에 있었다. 이강일은 안악부대에 속해있던 재령 사람을 따로 모아 재령부대를 창설할 수 있도록 노력을 기울였다.[93]

한편, 유격대 활동을 통해 이들의 반공주의가 극도로 강화된 데에는 전쟁기 황해도 지역의 민간인 학살 문제가 깊이 연루되어 있었다. 구술자 중에는 자신의 가족이 학살당해서 유격대에 들어간 경우도 있었으며,[94] 유엔군의 북진 기간 동안 황해도 육지에서 이른바 '치안사업'을 행한 이들도 있었다.[95]

구술자 : 열두 명이 피난 나와서 국군 들어오니까 치안사업을 했거든 우리가. 말하자면 치안사업이라 그러니까, 그 동네 치안사업이라 그러

92) 김고은의 구술, 2015년 12월 5일 채록 ; 한숙명의 구술, 2016년 12월 16일 채록.
93) 이강일의 구술, 2015년 12월 5일 채록.
94) 류수형의 구술, 2016년 4월 11일 채록.
95) 이신철, 「6·25 남북전쟁시기 이북지역에서의 민간인 학살」, 『역사와 현실』 54, 2004, 147~159쪽 참조.

니까 빨갱이들 잡아다 족치고 말이야. 못 되게 구는 놈들. 그걸 했다고.
근데 나는 그때 나이가 어리잖아. 그러니까 심부름만 했지 뭐. 말하자면
연락병식으로. 어디 갔다 그러면 쪼르르 갔다 오고, 그거 했지.96)

전쟁의 잔혹함을 체험함과 동시에 구현하였던 유격대원들은 휴전 이후
해산을 하였으나, 이들이 돌아갈 고향은 이미 없었다. 결국 같은 황해도민
들이 가장 많이 모여 살고 있다는 이유로, 혹은 고향에 제일 가깝다는
이유로 인천에 모여들고, 터를 잡고 살아가게 되었다.

황해도민들은 고향에 돌아갈 날을 기다리면서 황해회 인천지부의 활동
을 계승해갔다. 이 모임은 5·16 이후 제4대 류승원(柳承源)97) 회장이 취임하
여 인천지구 황해도민회로 명칭을 개칭하여 현재에 이르고 있다. 인천지구
황해도민회의 결속력은 매우 높다는 평을 듣고 있다.98) 특히 황해도민회는
류승원 회장 시절 국유지를 사들여 황해도민 묘지를 조성하였다. 다수의
구술자들은 이때 공동묘지를 만든 것을 긍정적으로 평가하고 있었다.
이를 통해 도민회의 재정도 확보할 수 있었고, 지역 내에서 그 위상도
높아질 수 있었다고 보기 때문이다.99) 이러한 이유에 더하여 동향 사람들
만의 공동묘지가 있다는 것이 갖는 정체성 강화 효과도 컸을 것이다.

구술자 : 공동묘지. 황해도 사람들이 죽으면 갖다 묻을 곳이 있어야 될

---

96) 구자홍의 구술, 2015년 12월 5일 채록.
97) 1921년생, 황해도 신천군 출신. 육사 8기, 5·16 군사쿠데타 참여, 육군준장 예편,
    인천시장 및 인천 지역 국회의원, 대통령 민정수석비서관 등 역임.
98) 장길상의 구술, 2016년 4월 8일 채록.
99) 도민회는 기본자산으로 인천광역시 서구 마전동에 66,839㎡(제4대 류승원 회장
    당시 조성)와 강화 양사면 인화리의 123,863㎡(제11대 류청영 회장 당시 조성)
    도합 190,702㎡의 임야(묘지)를 소유하고 있으며, 인천광역시 남구 숭의동 122-6에
    연건평 약 300평의 사무실 건물 등을 소유하고 있다(『仁川 이북도민 발자취』,
    2009, 222쪽).

거 아니야. 그래서 초창기에 시작한 것이 땅을 마련하자. 땅은 돈이
있어야지. 그래서 그 돈을 그때 류승원 씨, 청와대 민정비서관하던
류승원 씨, 인천시장도 했고. 류승원 씨가 앞장을 서도록 하고. 서울에
있는 황해도 출신 부자들. 태평양화학, 삼립식품 이거 다 황해도 사람들
이 한 거거든. 거기 가서 돈 좀 내라고 그러자. 그래서 서울 가서
황해도 부자들한테 돈 좀 걷어서 돈을 좀 만들고. 그때 류승원 씨가
청와대 민정비서관이니까, 청와대 민정비서관이라고 하면 대단한 거에
요. 누구도 거절을 못 했거든. 다 연락해서 돈을 좀 걷어서, 그 돈으로
땅을 사고 묘지를 만든 거지. 또 강화도 땅도 몇 평 사고.
면담자 : 그렇게 해서 묘지부터 만드셨다고요.
(중략)
구술자 : 도민회를 이제 구성을 했는데. 그래도 인천에 황해도, 함경도,
평안도 다 있잖아요. 근데 황해도는 사무실을 먼저 사자. 그래서 사무실
을 먼저 만들었고. 그때 사무실을 몇 억 주고 만들었지. 사무실 사고
회의실도 만들고. 사무실 세도 주고. 그리고 우리 3층에서 황해도
사무실을 유일하게 해놨지. 다른 도는 아마 자기 사무실 가진 곳은
없어요. 황해도만 있지. 거기 중심이 되가지고 다 했지. 그리고 황해도
묘지. 황해도 사람 다 죽으면 거기로 가라고 그랬어. 또 강화에다가
땅 사서 제2의 황해도 묘지 또 만들고. 이렇게 해서 지금 황해도가
뭐 일 한 게 상당히 많아요.[100]

한편 인천의 평안도민들은 1958년 당시 경기도 경찰국 이하영 국장과
박학전 인천시장이 주축이 되어 평안도민회 재건을 논의하였고, 7월
7일 중구 경동소재 평화각에서 총회를 열어 박학전 시장을 회장으로
선출하고 명칭을 을지구락부라 하였다.[101] 현재 평안도민회는 황해도민
회처럼 독립적인 재정과 사무실을 가지지 못하고 인천지구 이북도민회의
일원으로서 활동하고 있다.

---

100) 이강일의 구술, 2015년 12월 5일 채록.
101) 『仁川 이북도민 발자취』, 2009, 239쪽.

5. 맺음말

인천은 서해 연안 최대의 항구도시이자 공업도시로서, 일제 말기에는 병참기지로서의 역할을 수행하였다. 해방과 함께 진주한 미군이 첫발을 내디딘 곳이 인천항이었으며, 한국전쟁의 전황을 뒤엎은 인천상륙작전은 굳이 말할 필요도 없을 것이다. 인천의 이러한 지역성으로 인하여 해방 직후부터 다수의 월남민들은 인천을 거쳐가거나, 머물렀다. 현재에도 인천에는 다수의 월남민 1세대가 자신들의 정체성을 유지하며 인천 정치 지형의 오른쪽을 유지하는 데 큰 기여를 하고 있다.

해방 정국기 좌우 대립은 인천을 비껴가지 않았다. 오히려, 평안도민을 중심으로 한 월남민들은 인천 지역사회의 좌우 대립을 적극적으로 주도하였다. 인천의 정치 지형은 이들의 '노력'에 의하여 변형되었다. 이들은 그 과정을 통해 대한민국에 대한 자신들의 '충성'을 증명하였으며 또한 인천에 정착할 근거를 확보해 나갔다. 평안도민들은 종교와 교육의 두 분야에서 자신들의 정체성을 지켜 나갔다. 한말 이래 평안도민에게 기독교는 곧 근대문명을 의미하는 것이었으며, 평안도민으로서의 자긍심의 근원이었다. 이들은 인천에 정착함과 거의 동시에 장로교회를 설립하고, 이를 바탕으로 인천에 학교를 세워 나갔다.

한국전쟁의 발발과 전황의 급변 속에서 이전과는 비교할 수 없는 다수의 월남민이 발생하였다. 인천은 더욱 많은 월남민들이 모여드는 도시가 되었다. 대개 고향에 가깝다는 이유로 다수의 황해도민들이 인천에 몰려들었고, 기반을 송두리째 잃고 내려온 그들은 부두노동부터 해서 생계를 꾸리기 위해 분투하지 않을 수 없었다. 그렇긴 해도 인천은 경제적으로 활력을 지닌 도시였다. 황해도민들은 인천의 상권을 장악해가며 활로를 찾아나갔다. 또한 전쟁 이후 인천 남부로부터 부평에까지 우후죽순 생겨난 미군 기지도 이들에게는 '기회의 땅'이었다.

황해도는 38선에서 가까워 전황의 변화에 직접적인 영향을 받았던 지역이었다. 황해도 출신 피난민들 중 많은 이들이 이념이나 복수를 위해서, 동시에 생존을 위해서 전쟁 기간 유격대 활동에 참여하였다. 참혹한 3년여의 전쟁 경험은 이들에게 뼛속 깊이 반공주의를 각인시켰다. 휴전과 함께 이들은 대개 인천에 들어왔고, 이들의 유격대 활동은 황해도민들의 집단기억이자 집단경험으로 승화되었다. 인천의 황해도민들은 일찍부터 동향 조직을 만들고, 자신들을 다른 도 출신 월남민들과도 구별하면서 강고한 결속력을 유지하고 있다. 그들의 전쟁은 아직 끝나지 않은 바, 그들의 마음 한 구석에서는 피난과 전투, 정착의 고난이 여전히 쳇바퀴처럼 돌고 있다.

월남민의 이주와 정착에 대해서는 여전히 밝혀져야 할 것이 많다. 서울에 버금갈 정도로 다수의 월남민이 들어온 인천에 대해서는 앞으로도 많은 검토가 필요한 지역이다. 본고에서 인천 고유의 지역성이 월남민에게 미치는 영향을 분석하려던 목표를 이루기에는 필자의 역량이 부족하였다. 그리고 급증한 월남민들과 인천 원주민간의 상호 관계는 어떠하였으며 그것이 월남민 정체성 형성에 어떤 영향을 미쳤는지에 대해 다루지 못한 한계도 크다. 거기에 더하여 1960년대 이후 월남민들의 지역사회 활동, 이촌향도를 통해 인천에 들어와 노동계급을 형성해 가는 전라·충청도민과의 관계, 인천을 떠난 월남민의 향배 등을 추후의 과제로 기약하고자 한다.

참고문헌

『대중일보』『자유신문』『동아일보』『중앙신문』『굿모닝 인천』

『仁川 市勢一覽』, 인천시, 1954~1958.
金斗漢, 『피로 물들인 建國前夜 金斗漢回顧記』, 延友出版社, 1963.
金英一, 『激動期의 仁川』, 東亞社, 1986.

『仁川市史 上』, 仁川直轄市史編纂委員會, 1993.
『인천광역시사 2, 인천의 발자취』, 인천광역시사편찬위원회, 2002.
『仁川 이북도민 발자취』, 이북5도 인천광역시 사무소, 2009.
『仁川第一敎會 三十年史』, 대한예수교장로회 인천제일교회, 1976.
『인천제일교회 60년 사료집』, 제일교회60년사료집발간위원회, 2007.
吉瑛羲先生記念事業會 편, 『吉瑛羲先生追慕文集 第五增補版』, 법문사, 1999.

김귀옥, 「해방직후 월남민의 서울 정착」, 『典農史論』9, 2003.
김보영, 「분단과 전쟁의 유산, 남북 이산(분단 디아스포라)의 역사」, 『歷史學報』
        212, 2011.
金相泰, 「近現代 平安道 出身 社會指導層 硏究」, 서울대학교 국사학과 박사학위논
        문, 2002.
김정숙, 「仁川市 황해도민의 정착과 정체성 형성」, 한국교원대학교 교육대학원
        석사학위논문, 2007.
류제헌·김정숙·최유리, 「인천시 아이덴티티 형성의 인구·문화적 요인」, 『인천학
        연구』13, 2010.
양영조, 「한국전쟁 시기 인천의 특징과 성격」, 『인천학연구』2-1, 2003.
이성진, 「해방기 인천 좌익운동가 박남칠 자료 연구」, 『인천학연구』7, 2007.
이성진, 「인천 이보운의 기독교 청년운동과 사회주의 활동 연구」, 『통일 이후
        신학연구 1』, 신앙과지성사, 2008.
이신철, 「6·25 남북전쟁시기 이북지역에서의 민간인 학살」, 『역사와 현실』54,
        2004.
이임하, 「한국전쟁기 유엔민간원조사령부의 인구조사와 통제」, 『사림』33, 2008.

이주철, 「통일후 월남인의 북쪽 토지처리를 생각한다」, 『역사비평』 33, 1996.

李賢周, 「해방 직후 인천의 귀환 戰災同胞 구호활동-『대중일보』 기사를 중심으로」, 『한국근현대사연구』 29, 2004.

李賢周, 「해방후 인천지역의 戰災同胞 귀환과 사회변화」, 『인천학연구』 4, 2005.

조성훈, 『한국전쟁의 유격전사』, 국방부 군사편찬연구소, 2003.

최원규, 「한국전쟁 중 국제연합민사원조사령부(UNCAC)의 전재민 구호정책에 관한 연구」, 『전략논총』 8, 1996.

1950년대 공주 유구지역의
피난민 정착촌 형성과 직조업

김 세 림

1. 머리말

충청남도 공주시 북서부에 위치한 유구읍의 풍경에서 제일 먼저 눈에
띄는 것은 물레를 잣는 사람들이 그려진 벽화이다. 물레를 잣는 사람들,
한복을 입은 여성, 섬유가 뽑아져 나오는 베틀과 실타래가 그려진 벽화들은
지역의 주요 특산품이 무엇인지 쉽게 짐작하게 한다. 이 벽화는 '유구
문화 예술 만들기'사업 일환으로 2013년경 직물공장 벽면에 그려진 것이
다. 유구읍에서는 2017년 '유구자카드섬유페스티발' 개최 및 유구섬유역
사전시관 개관 등 섬유산업을 중심으로 지역문화를 되살리기 위해 노력을
기울이고 있다. 더불어 'AGAIN 유구 지역창의아이디어 사업'으로 유구섬
유예술 특화거리 조성 계획까지 세우고 있다.[1] 이러한 일련의 사업들을
보면 섬유산업이 유구의 지역정체성에 가장 중요한 부분을 차지하고
있음을 알 수 있다.

유구읍에서는 지역에서 직조업이 시작된 때를 한국전쟁기라 보며,

---

1) 김남표,「유구 벽화거리서 섬유산업 영광 꿈꾸다」,『충청타임즈』, 2017. 08. 31.
특별기고.

'북한지역에서 섬유산업에 종사하던 이들이 유구읍에 직조업을 이식시킨 것'이라 정리한다.[2] 그러나 북한의 어느 지역에서, 어떤 경로를 통해 유구로 오게 되었는지에 대해서는 알려진 바가 없다. 한국전쟁기 피난민의 유구지역 이주 동기 및 정착 과정을 재구성하는 것이 이 글의 첫 번째 목적이다.

유구지역의 직조업에 대한 연구적 관심은 1970년대부터 지역사와 지리학 분야에서 시작되었다. 이들 연구는 주로 유구지역에서 직조업이 발달할 수 있게 된 기원을 찾는 데 있었으며, 피난민에 의한 이식산업이라는 점이 강조되어왔다.[3] 풍기와 유구를 비교한 연구 역시 이 두 지역에 직조업이 발달하게 된 결정적 이유를 피난민의 유입에 있다고 보았으며, 이후 지역경제 발전에 지대한 영향을 주었다고 평가한다.[4] 그러나 이들 연구는『정감록』을 믿는 이북민들이 유구에 피난 와서 직조업에 종사했다는 점을 개괄한 것으로 자세한 인과관계까지는 알기 어렵다.

비교적 최근인 2000년대에 이르러서야 유구에서 직조업이 형성될 수 있었던 지역적 조건 등이 밝혀지고 있다. 지리학에서는 유구가 전통적으로 유명한 목면산지로서 피난민이 들어오기 전부터 이미 직조업이 발달할 수 있는 여러 지역적 조건을 보유하고 있었다는 점을 강조한다.[5] 그러나 이후 연구 및 구술로 확인된 것과 같이 1950년대 유구의 직조업은 원사를 일본, 이탈리아 등에서 수입해왔다는 점에 미루어볼 때 전통적 지역 조건의 영향력은 설득력이 떨어진다.

2) 충청남도향토문화연구소,『내고장 으뜸가꾸기 里誌(2) 유구리』, 공주군, 1992.
3) 이경호,「유구직조의 유래와 현황」,『공주사범대학논문집』13, 1975 ; 오세창,「십승지의 섬유공업에 관한 연구-충남유구의 예-」,『사회문화연구』8, 1989.
4) 박용기,「유구, 풍기 직조업의 지리학적 연구」, 공주대학교 교육대학원 지리교육 석사학위논문, 1985.
5) 최인숙,「유구 직조업의 성립 배경과 직조업의 변화」, 공주대학교 지리학과 석사학위논문, 2001.

가장 눈에 띄는 연구로는 이금숙의 석사논문이 있다. 그는 유구지역의 직조업 종사자들을 대상으로 구술면담을 실시하여 직조업에 종사하게 된 계기와 직조과정을 밝히고 구술에 근거한 시기구분을 하였다.[6] 이 연구는 유구지역에 직물업이 도입되고 흥성하는 과정과 직물공장에서의 하루일과 등을 밝힘으로써 그간 평면적이었던 유구 직조업 연구를 구체화시켰다. 그가 만난 구술자 중에는 피난민도 있었기 때문에, 연구에는 피난민들의 지역 정착 과정과 생업을 위한 노력에 대해서도 상당부분 언급되어 있다. 또한 구술을 통해 유구로 직조업이 전파되는 초기 경로를 파악한 성과를 이루었다. 하지만 연구의 초점이 1950년대 유구지역의 직물업에 초점이 맞추어져 있어 기존 연구에서 말하는 '피난민들에 의한 직조 활성화' 이상으로 당시 피난민의 생활상을 풍부히 알기는 어렵다.

이와 같이 그간 유구지역과 관련한 연구는 직조업에 주로 초점이 맞추어져 있고 피난민의 이주 및 정착에 관한 관심은 부족한 형편이다. 이에 피난민 정착촌으로서 유구를 다시 보며, 이들의 정착과정에서 작동한 동향인 네트워크의 구체상을 파악하는 것이 본고의 두 번째 목적이다.

본고에서 사용한 자료는 공주시와 유구읍(당시 유구면)에서 발행한 통계자료와 국사편찬위원회에서 수집한 문헌 및 구술자료, 그리고 필자가 직접 면담한 피난민의 구술자료이다. 구술자료는 개인정보 보호를 위해 일괄 가명으로 하였다. 구술자료는 연세대학교 역사와공간연구소에서 실시한 '월남민 구술생애사 조사연구사업'의 결과물이다. 이후 인용하는 구술은 발화자의 의도를 훼손하지 않는 범주 내에서 표준어로 윤문을 더하였다. 필자가 실시한 구술정보는 <표 1>과 같으며, 개별 구술자의 약력은 <부록>으로 제시하였다.

---

6) 이금숙, 「구술을 통해 본 1950년대 유구 지역 직물업의 존재양상에 관한 연구」, 공주대학교 사학과 석사학위논문, 2009.

〈표 1〉 구술자 정보

이름 (가명)	성 별	출생 년도	출생지	월남시기	유구 정착시기	구술 일시	구술장소
이규안	여	1933	황해도 옹진	1·4후퇴	1952년경	2016.03.26	유구리 자택
방모월	여	1936	황해도 옹진	1·4후퇴	1957년경	2016.03.26	유구리 자택
고영준	남	1933	평안도 강서	1950.08	1954년경	2016.04.10	유구리 자택
조현동	남	1937	황해도 옹진	1951.10	1952년경	2016.04.09	석남리 자택
이경숙	여	1934	황해도 옹진	1·4후퇴	1952년경	2016.05.10	유구성결교회

2. 황해도에서 인천, 다시 유구로

1) 전쟁의 포화를 피해 산간벽촌으로

한국전쟁으로 인한 집단 이산은 1·4후퇴 때 국가의 피난민 이주 정책으로 본격화되었다. 황해도민들은 주로 배를 이용해 연평으로 집단 소개되었으며, 그 이후 다시 인천 등지로 이주되었다. 인근 섬과 섬 사이는 작은 목선을 사용하거나 걸어서 횡단하고, 개인이 자비로 배를 빌려 남하하는 경우도 있었다. 1·4후퇴 때 황해도에서 피난한 수는 약 14만8천여 명으로 추산되며 그 중 대부분이 인천·경기지역에 수용되었다.[7]

필자가 만난 구술자들은 고영준을 제외하고 모두 황해도 옹진이 고향이다. 방모월, 이규안, 조현동, 이경숙 모두 피난민 소개대책에 따라 연평을 거쳐 인천 또는 서산으로 이동하였다. 이들은 피난 과정에서 청년방위대의 활동을 주로 떠올렸다. 방모월은 전쟁이 난 다음 해에 아버지가 배를 주선하여 연평의 주변 섬인 순회도로 입도하였다. 그는 순회도에 도착했을 때 이미 군인은 후퇴했던 것으로 기억하였으며, 청년방위대의 지휘 아래

---

7) 피난민 소개 대책에 대하여는 다음의 연구를 참조(김아람, 「한국전쟁기 황해도민의 서해안 피난과 전후 전라남도 정착」, 『동방학지』 180, 2017 ; 양영조, 『한국전쟁과 동북아국가정책』, 선인, 2007).

피난생활을 했다.[8]

> 방모월 : 청방대라고, 여기 군인들은 다 밀려 내려가고 청방대라는 사람
> (들)이 거길 지키고 있었어. 그렇게 해가지고 그 사람들이 먹을 게
> 없었으니까 (쌀을) 갖다가 같이 나눠 먹었어.[9]

조현동 역시 청년방위대를 따라 누나 한 명과 함께 샘섬,[10] 닭섬,[11] 대수압도[12]를 거쳐 연평도에 도착하였다. 그는 작은 섬들을 거쳐 대수압도에 갈 때까지 청년방위대의 통제를 받았던 상황을 비교적 선명히 기억하고 있었다. 그에 따르면 청년방위대는 무장을 한 상태로 피난처에서 인민군과 대치하여 전투를 하고 있었으며, 피난처 질서 유지도 맡고 있었다.

> 조현동 : 이 사람들이 군복을 입고, 모자를 쓰고, 수류탄 총을 많이 가지고

---

8) 청년방위대는 1949년 11월에 대한청년단을 주축으로 만들어진 민병대로, 향토방위를 표방하면서 동시에 반공투쟁과 남한 내 좌익세력 분쇄를 목적으로 하는 단체이다. 청년방위대는 공식적으로는 1950년 12월에 『국민방위군 설치법』에 의해 해체된 뒤 국민방위군에 편입되었으므로 구술자가 말하는 청년방위대는 정확히는 국민방위군이었을 것이다. 그러나 국민방위군과 청년방위대의 활동이 크게 다르지 않았고 청년방위대가 해체되고 약 한달만에 1·4후퇴가 있었으므로 명칭의 정확한 구분 없이 혼용되고 있었을 것이라 보인다. 따라서 본고에서는 구술자들의 발화에 기초하여 '청년방위대' 명칭을 사용하도록 하겠다. 한국전쟁기 대한청년단의 활동에 관하여는 전갑생, 「한국전쟁 전후 대한청년단의 지방조직과 활동」, 『제노사이드연구』 4, 2008을 참고.
9) 1·4후퇴기 국민방위군 간부들이 보급품을 부정착복하여 많은 방위군들이 아사 또는 동사하는 '국민방위군사건'이 있었다. 방모월은 임시피난처인 샘섬에서 청년방위대에게 부탁하여 고향집의 쌀을 가져다 나눠 먹었다고 하는데, "그 사람들이 먹을 게 없었"다는 말에서도 이 당시 국민병이 처한 열악한 상황을 엿볼 수 있다(방모월 구술, 2016년 3월 26일 채록).
10) 황해남도 인봉리에 위치한 섬. 옹진군과 인접해있다.
11) 황해남도 옹진군 용천리에 위치한 섬.
12) 황해남도 강령군에 위치한 섬.

있었어요. 그러니까 그 사람들 습격 들어올 때 그 우리 피난 나갔던 사람들 같이 들어와요.… 아, 이것이(청년방위대가) 오더니 피난민들 전부 다 타라고 그래요. 근데 배가 쪼끄매. 그래서 너무 많이 타면 배가 가라앉을 정도로 서로 올라타려고 하니까. 거기 관리하는 사람은 선장이 아니고 청방대원들이 꼭 쫓아다니며 관리를 해요.[13]

조현동 일행은 목포행 LST에 탔으나 조금때[14]를 만나 LST가 옴짝달싹 못하게 되자 돈을 주고 목선을 빌려 하루 만에 인천에 도착했다. 당시 인천은 지역 인구의 30%가량이 피난민으로 채워질 정도로 많은 피난민들이 유입되고 있었으며, 송현동 일대가 피난민으로 꽉 찰 정도였다. 인천에 도착한 많은 사람들, 특히 황해도민들은 인천에 그대로 정착해 인천의 시장 상권을 장악해갔다.[15]

인천 외에도 전국 각지에는 한국정부에 의해 분산이주된 피난민 정착촌이 만들어졌다. 한국정부는 1952년도에 피난민들을 전국으로 분산이주시킬 계획을 가지고 있었다. 그 중 충청남도에는 충주, 제천, 아산, 당진을 중심으로 분산할 계획이었다.[16] 유구와 인접한 공주시 계룡면에도 1955년경 약 1500여 명의 피난민 정착농장이 형성되기도 하였지만 사방이 차령산맥으로 둘러싸여 농지비율이 극히 부족한 유구는 정착사업지로는 적합하지 않았다.[17]

---

13) 조현동 구술, 2016년 4월 9일 채록.

14) 조수간만의 차가 적은 때.

15) 이세영, 「해방~한국전쟁기 인천 지역 피난민의 정착과 네트워크 형성」, 『동방학지』 180, 2017.

16) 大韓民國政府, 「今後 展開될 新事態에 卽應하는 避難民 疏開 及 應急救護對策」 (1952.1), 『국무회의상정안건철』(김아람, 앞의 글, 148쪽에서 재인용).

17) 유구는 1970년대까지도 농지부족으로 양곡의 자급자족이 불가능한 사정이었으며 2000년대까지도 유구읍의 총면적 101.62㎢ 중 16%만이 농경지로 활용되고 있다(유구면, 『면세일람』, 1971, IM0000061225, 국사편찬위원회 전자사료관 ; 계룡면, 『난민정착사업추진에 관한 서류』, 1955, IM0000061156, 국사편찬위원회

〈그림 1〉 유구읍 지형도 및 위성도

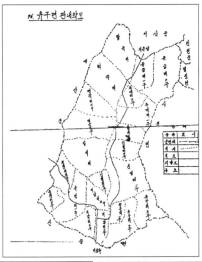

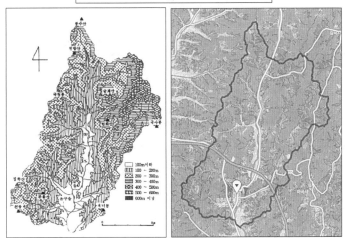

유구면 관내약도(1971)

유구읍 지형도(2001)   유구읍 위성도(2018)

출전 : 유구면, 『면세일람』, 1971 ; 최인숙, 앞의 글, 5쪽 ; 네이버 지도 유구읍 위성도

전자사료관).

유구는 해방 이전까지만 해도 약 500여 가구가 생활하고 있었고 전기도
잘 들어오지 않는 벽지였다.[18] 피난민의 이주 경향이 도시, 또는 사회경제
적 조건이 고향과 밀접한 곳으로 향한다고 한다면 충남 내륙에 속한
작은 벽지인 유구는 피난민이 정착지로 선택할 가능성이 낮은 지역이었다.
특히 해안가였던 황해도와도 지역적 유사성이 전혀 없기 때문에 황해도민
에게는 더욱 낯설고 먼 곳이었다.

그러나 해방과 한국전쟁을 거치면서 유구에는 큰 인구변화가 일어난다.
이 시기 유구로 유입된 피난민 총수를 정확하게 파악하기는 어렵지만
유구의 전체 인구변화 및 직조업 종사자들의 출신지를 교차하여 보면
어느 정도 추정할 수 있다.

<표 2> 유구의 시기별 인구변화

*은 통계표간 수치불명으로 각주에 제시

시기	1925	1935	1944	1945	1955	1960	1966	1970	1975	1980
인구수	8,716	8,561	9,339	9,232	14,979	16,364*	15,415	14,076	16,620*	16,003

출전 : 경제기획원 인구센서스 집계표, 1973년 유구면총일람[19]

위의 표에서 인구변화가 가장 큰 시기는 1944~1955년이다. 1944년과
1955년을 비교했을 때 약 5,600명의 인구가 증가하였고 1955~1960년
사이에도 약 2천여 명의 인구가 증가한다.[20] 또한 1975~1984년경 조사된

---

18) "충남 유구지방 유지들은 보통학교에 입학을 못하고 방황하는 아동에게 문자를
보급하기 위하야…" 「유구서당인가」, 『동아일보』, 1937. 10. 05. ; "공주군 신상면
유구시는 5백여호나 되는 집단지로서 전기가 없음을 지방민들은 항상 유감으
로…" 「유구에 전등」, 『동아일보』, 1936. 08. 15.

19) * 표의 기본 수치는 조창연이 정리한 경제기획원 인구센서스 집계표에 따랐다.
그 중 1945년, 1970년의 수치는 이경호가 정리한 유구면총일람을 따른 것이고,
1960년, 1975년의 수치는 기본적으로 조창연의 것에 따랐으나 이경호의 정리에
따르면 1960년은 15,470명, 1975년은 14,076명이라고 하여 차이가 있다(이경호,
앞의 글, 169쪽 ; 조창연, 「공주의 지역별 인구증감에 관한 연구」, 『국토지리학회
지』 7, 1985, 99쪽 참고 및 정리하여 재인용).

유구 직조기업주들의 원적지를 살펴보면 1975년 전체 55개 기업 중 이북출신이 42명, 그 중 황해도가 23명이었으며 1984년의 조사에서는 전체 82개 기업 중 이북출신이 43명, 그 중 황해도가 33명이었다.[21] 덧붙여 당시 몇 개의 기사를 보면 한국전쟁기 피난민 3백여 가구가 집단 정착했다고도 하고 사곡면에 위치한 마곡사의 계곡 상류에 피난민들이 임야 1천여 정보를 점거해 민간부락을 형성했다고도 한다. 따라서 그 수와 근거는 정확하지 않더라도 한국전쟁을 전후로 많은 피난민들이 유구에 찾아 들어온 것을 알 수 있다.[22]

필자가 만난 구술자들 역시 대부분 피난 직후인 1952년경에 유구에 정착하였다. 후술하겠으나 1957년에 유구에 온 방모월 역시 처음부터 최종정착지는 유구로 정해져 있었다.

---

20) 1968년도 공주군에서 조사한 바에 따르면 유구의 총인구가 14,498명이므로 인구의 증감에 관하여는 상기의 표를 어느 정도 신뢰할 수 있다. 그러나 이 표는 유구의 행정구역상 변화를 무시하고 있다. 원 출처에 제시된 표에서는 1925년부터 1980년까지의 인구를 동일한 면적(89.84㎢)으로 비교하고 있으나 유구는 1942년 행정구역 개편에 따라 유구면으로 명칭이 개편되면서 처음 만들어진다. 1969년 공주군 통계연보에 따르면 1969년 당시 유구면에는 11개의 리가 속해있었으며, 이후 1973, 1983, 1987년에 걸쳐 주변의 사곡면과 신풍면을 흡수하였고 1995년 유구면에서 읍으로 승격되어 현재에 이른다. 1975년 유구면의 인구통계를 보면 1971년 전체 2,509가구에서 1975년에는 2,639가구로 증가한다. 그러나 1973년에 새로 유입된 백교리·세동리 등을 제외하고 기존 유구면의 행정구역 인구변화를 보면 전체 감소하였고, 특히 그중에서도 30~40대의 감소가 두드러진다.

21) 1975년의 유구 기업주의 월남시기를 조사한 결과로 해방 이후 월남한 자가 전체 42명 중 26명, 그 중에서 황해도는 15명이었다. 그러나 1979년의 조사에서는 이북출신 전체 47명 중 해방 이후 월남한 자가 32명이다. 이 통계가 유구의 전체 피난민 증가율을 보여주는 것은 아니나, 기업주 중 피난민의 수를 통해 전체 인구 대비 피난민의 수를 대략적으로나마 파악 가능할 것이라 생각된다(이경호, 앞의 글, 171쪽 ; 최인숙, 앞의 글, 10쪽).

22) 「올해도 그대로 저무는구나 고향엔 그 언제나」, 『동아일보』, 1982. 12. 30 ; 「중병앓는 마곡사」, 『동아일보』, 1979. 07. 23.

이경숙 : 유구까지 걸어왔어 석 달을 걸어왔어.… 근데 아 인천서 여기까지
걸어오는데 아주 죽을 것 같았어. 오다가 온양에서, 내가 그때 열여덟
살인데 우리 오빠가 서른 몇 살이야. 내가 "아이고 나는 못 간다."고
하니까 우리 오빠가 업자고 하대. 그래서 또 오빠 등에 업혀가지고
조금 오다가 걸어왔어요.23)

조현동 : 공주 유구라는 데가 어디에 붙었는지도 모르고 그냥 거기서(평택
에서) 터미널까지 가서 물어 물어서 가니까 천안으로. 그래서 천안
왔더니 또 온양으로 가라고해서, 온양 와서 "유구로 가는 차가 있습니
까?" 그러니까 온양에서 유구 다니는 차는 없대요. "그럼 어떻게 가야
됩니까?" 그러니까 예산으로 가면 대전가는 차가 있을 거라고. 예산
와서 대전가는 버스 타고 유구라는 데를 내려가서. 유구 와서 "최두선씨
라고 아십니까?" 한 여러 번 물어보니까 안다 그래. 어디로, 골목으로
가라 그래서 그 집을 갔어.24)

고영준 : (유구에 직조공장이 있다는 소식은) 사방으로 근방에 소식이
다 들리지. 서천서도 직조공장이 있었다고. 거기하고, 여기하고 같은
직조 공장이 있다는 얘기를 듣고서 이리로 왔는데. 그때만 해도 차가
없어서 걸어왔어.25)

전쟁의 포화를 피해 샘섬과 닭섬, 대수압도와 연평을 거쳐 이남지역에
도착한 많은 사람들은 인천에 정착하여 미군 기지와 시장을 중심으로
생계를 꾸려나갔다. 하지만 방모월, 이경숙, 조현동, 고영준, 이규안은
도시를 뒤로 하고 온양과 예산, 대전을 경유해 유구를 찾아갔다. 황해도에
서 인천, 서산을 거쳐 유구까지 오는 데는 최소한 1년에서 최장 6년이
걸렸다. 이들은 왜 이렇게 힘든 과정과 시간을 거쳐 유구에 찾아온 것일까.

23) 이경숙 구술, 2016년 5월 10일 채록.
24) 조현동 구술, 2016년 4월 9일 채록.
25) 고영준 구술, 2016년 4월 10일 채록.

2) 유구지역 피난민의 유일한 생계수단, 수직기

유구읍과 공주의 공식기록 및 기존 연구에서는 피난민들의 지역 유입 이유를 십승지로서의 지역요건에 있다고 본다. 유구는 『정감록』에 나온 열 군데의 피난처 중 한 곳으로, 『정감록』에는 "유구, 마곡사 양수지간 주위 100리는 가히 살육의 변을 면할 만한 곳이다."라고 나와 있다. 한국전 쟁기 십승지를 쫓아 대거 이주한 경우는 풍기에서도 찾을 수 있다. 풍기와 유구를 비롯한 십승지는 주로 태백산·소백산·계룡산·가야산 주변으로 타 지역과 왕래가 어려운 협곡지역이며 산에 둘러싸여있는 전형적인 요새의 형태를 갖추고 있다. 또한 『정감록』에는 "임진강 이북의 평안도, 황해도, 강원도 동쪽 및 한강 남쪽 100리, 오대산 북쪽이 좋지 않으니 태백산과 소백산 사이에 자손을 간직"하라고 언급되어 있다고 한다.[26]

『정감록』의 영향이었는지 유구는 1·4후퇴 때 동네가 미어질 정도로 피난민이 많았다고 전해진다. 사곡면 유룡리의 경우 전쟁 전 100여 호에 불과했으나 전쟁 이후 20여 호가 피난해왔고, 문금리는 전쟁으로 인한 피해보다 피난민으로 인한 피해가 더 심했다고 한다.[27]

특히 구술자 중 아버지나 오빠와 같이 남성가족이 중심이 되어 이주해오는 경우에 『정감록』의 영향이 두드러졌다. 구술자 방모월의 경우 아버지가 『정감록』을 읽고 피난 과정에서 이미 최종 정착지를 유구로 정해두었다고 말한다.

> 방모월 : 그냥 우리 아버지가 이 『정감록』을 잘 봐서, 오빠 하나만 아버지하 고 오라비댁하고 네 식구만 먼저 내려오고. 그리 자리 잡은 다음에 우리가 또 그걸 따라 나왔지. 그렇게 하고 다 연락이 돼. 배로 다녀도

---

26) 박용기, 앞의 글, 11쪽.
27) 지수걸, 「공주의 한국전쟁과 전쟁피해」, 『제노사이드연구』 4, 2008, 199쪽.

여기 역에서 내가 편지를 써서 주면은 다 전달을 해줘. 우리 아버지는
『정감록』도 보기 때문에 서산까지 내려왔다가, 틀렸으니까 그냥 아주
내려온건데 뭐. 인민군도 안 들어왔었대, 여기는.[28]

그의 가족이 유구로 이주한 시기가 다른 구술자에 비해 늦은 것은
서산에 머물며 군대에 간 오빠의 제대를 기다렸기 때문이다. 그리고
오빠가 군대를 제대하자마자 일가가 함께 유구로 왔다. 이경숙도 오빠를
따라 유구로 왔는데, 오빠는 유구가 피난처라는 것을 고향에서부터 알고
있었다고 한다.

　이경숙 : 연평에 있다가 인천으로 와서, 여기 유구가 피난처라고 우리
　　오빠가 이리로 온 거야. 고향에서 유마양수지 유구가 피난처라는 거
　　알고 있었어. 오빠가 그러니까 "인천에 가야 우리가 밥 벌어먹고 살기가
　　좀 낫겠다." 그래서 인천으로 왔는데. 인천서 좀 있다가 자꾸 피난을
　　가자고. 여기 유구라는 데로 피난을 가자고. 거기 친지가 그래서 "야
　　이놈아 너 거기 가면 멸치 하나도 못 먹는 데가 유구란다. 그러니까
　　네 동생은 여기다 맡겨라. 그럼 내가 시집 잘 보내줄게." 그러니까
　　오빠가 거기다 맡겨? 데리고 내려왔지. 여기 유구 와서 공장에서 밥
　　벌어먹고. 여기는 이북 사람들이 많이 와있지.[29]

그렇다면 왜 피난민 중에서도 황해도민들이 유독 유구로 많이 이주해온
것일까? 아쉽게도 『정감록』을 읽고 직접 유구를 선택한 구술자를 만나지
못해 그 이유는 추정만이 가능한데, 먼저 조선후기부터 형성된 황해도와
『정감록』의 관계가 하나의 요인이 되었을 것이라 생각된다. 평안도와
황해도가 있는 서북지방은 조선후기 『정감록』의 유행이 시작되었던 지역

---

28) 방모월 구술, 2016년 3월 26일 채록.
29) 이경숙 구술, 2016년 5월 10일 채록.

이다. 황해도에서는『정감록』의 영향으로 조선후기에 이미 몇 차례의 '生佛사건'이 일어나기도 하였으며 서북출신의 술사들이 전파하면서『정감록』이 전국적으로 유행하였다.[30] 이후 정감록은 민간에서 전국적으로 읽히고 구전되며 영향을 미쳤다. 일제강점기에도 정감록은 민간에 많은 영향을 끼쳐 청림교·백백교사건이 일어나기도 하였으며, 계룡산 부근에는 종교취락인 신도안이 형성되어 현재까지 이어진다. 따라서『정감록』의 발상지인 황해도에서도 민간에서 꾸준히 전승되어 왔을 것이라 생각된다.

더불어『정감록』에는 "금강산으로 옮겨진 내맥의 운이 태백산과 소백산에 이르러 산천의 기운이 뭉쳐져 계룡산으로 들어"가 결국 가야산으로 간다고 되어 있는데,[31] 이는 산의 기운을 따라 이북지역에서 이남의 계룡산 부근으로 이동하는 경로를 제시하는 것이기도 하다. 황해도지역에서는 민간신앙으로서『정감록』이 이어져 내려오다가 한국전쟁 발발로 황해도 지역이 풍수지리적으로 좋지 못함을 확인하였을 것이다. 그렇기에 풍수지리를 따라『정감록』에 제시된 명산들과 맞닿아있고 "살육을 피할 수 있는"유구를 선택하게 된 것이다.

그러나 보다 직접적인 이유는 1950년대 초반부터 유구에 직조업이 형성되고 있었다는 점이었다. 유구의 직조업은 1953년을 기점으로 본궤도에 올랐고 1955~1958년에는 인견사 수입량 25%를 이 지역에서 생산하여 최전성기를 맞았다고 한다.[32] 그러나 유구는 앞서 서술한 것과

---

30)『정감록』은 1739년 경 서북지방에서 처음 발생한 것으로 알려져있다. 평안도, 황해도, 함경도의 서북지방은 생활조건이 나빠 악명이 높은 유배지였으며 황해도는 중국의 사신들이 오가는 길목으로 사신접대의 부담이 큰 지역이었다. 재해와 질병까지 횡행하여 중앙에 대한 불만이 많고 무속신앙 등 비주류문화가 자발적으로 만들어져 자연스럽게 풍수지리에 근간한 도참사상이 조선후기 서북지방에서 형성되었다(최선혜,「조선후기 숙종대 황해도 지역의 '生佛 사건'」,『역사학연구』50, 2013 ; 백승종,「18세기 전반 서북지방에서 출현한 ≪정감록≫」,『역사학보』164, 1999).

31) 최낙기,「『鄭鑑錄』에 나타난 풍수사상 연구」,『어문론집』48, 2011, 316쪽.

같이 임야지대에 속하고 경지면적이 좁아 목화를 재배할 만큼 충분한
경작지를 가지지 못했기 때문에 전통적으로 직조업이 발달하기 어려운
지역조건을 가졌다. 조선시대에 유구에서 면화생산이 이루어졌다고 기록
되어 있기는 하나 그 수준이 자급자족적 이상이 되지는 않았을 것이다.[33]

유구의 직조업은 타 지역에서 이식되었을 가능성이 가장 높은데, 현재까
지 확인된 경로는 해방 무렵 월남한 이들이 풍기로 이주하였다가 그곳에서
직조기술을 배워 유구로 이식시켰다는 것이다.[34] 유구로 직조기술을
이식했다고 알려진 풍기에는 평안남도민들이 다수 거주하고 있었다.
평안남도는 전통적으로 이북지역에서 직물업이 가장 발달한 지역이었고,
목화생산의 중심지였다. 따라서 평안남도에서는 자연스럽게 직조업이
발달하게 되었으며, 1934년 경 평안남도에서 이주해온 자들이 명주공장을
세우면서부터 풍기의 직물산업도 시작되었다.[35] 반면에 황해도에서는

---

32) 박용기, 앞의 글, 18쪽.

33) 최인숙은『擇里志』에서 "바닷가의 백성은 내포의 생선과 소금으로 유구의 목화와
    바꾸어 간다. 까닭에 오직 유구만이 내포의 생선과 소금의 이권을 독점하고
    있다."라는 언급을 토대로 유구 직조업의 전통적 원동력을 찾고자 하나 이 언급만
    으로는 당시 유구에서 얼마만큼의 목화가 생산되고 있었는지 알기 힘들며, 또
    "차령이남의 고을마다 목화를 심는 데에는 미치지 못한다. 황간·영동·옥천·희덕·
    공주가 첫째이고"라는 부분을 통해 유구의 목화생산이 활발했을 것이라 보는데,
    당시 유구는 1995년에 공주시에 편입되므로 이때의 공주와는 다른 지역이다(최인
    숙, 앞의 글, 11~12쪽).

34) 1951년에 입대한 유의수는 입대 전만 해도 직조업에 종사하는 사람을 본 적이
    없다고 말한다. 군에서 휴가를 나올 때 '아가씨들(공녀들)'이 많아진 것을 보고
    1951년이나 1952년 경에 직조업이 시작됐을 것이라 생각하였다. 이재천은 사촌형
    님이 있다는 소식에 1952년에 무작정 이주해왔는데, 그에 따르면 사촌형님(이종
    필)이 해방 직후 월남하여 풍기에서 직조기술을 배워 유구에서 시작했다고 한다.
    이들의 구술을 종합해볼 때 유구에서 직조가 시작된 시점은 한국전쟁 직후라
    보아야 할 것이다(유의수 구술, 이금숙·유병덕 면담, 2008년 10월 18일,
    COH001_26, 국사편찬위원회 전자사료관 ; 이재천 구술, 이금숙·유병덕 면담,
    2008년 11월 1일, COH001_26, 국사편찬위원회 전자사료관).

35) 권태억,「일제시기의 농촌 직물업」,『한국사론』19, 1988 ; 권혁태,「일제하 조선의

직물생산이 활발하지 못해 1911년 경 평남에서 직물생산액이 516,000원인데 반해 황해도는 231,000원이었다. 일제의 직물업 장려정책이 전남, 평남 등에 집중됨에 따라 평남과 황해의 격차는 더욱 커진다. 1927년경에는 평남이 2,071,000원인 데 비해 황해는 863,000원에 그쳐 황해도에서는 직조업이 크게 발달하지 못하고 있었던 것을 알 수 있다.[36]

일제강점기에는 황해도의 목화와 누에고치가 조면이나 실과 같은 반제품으로 가공되어 약탈당했으며, 이에 황해도의 직조업은 1950년대에 들어서야 발달할 수 있었다.[37] 즉, 황해도에서 전통적인 직물업이 발달하지 못하였던 만큼 대부분의 황해도민 역시 유구에서 처음 직조업에 종사하기 시작했다고 할 수 있다. 구술자들 중에서도 고향에서 옷을 직접 해 입었던 여성 구술자들을 제외하고는 직조를 경험해본 사람은 없었다.

1950년대 초반 유구의 직조공장은 10여 군데 정도 되었는데 주로 유구리, 석남리 일대에서 가내수공업 형태로 운영되고 있었다.[38] 따라서 구술자들이 이주해오던 1952~1954년 경에 유구의 직조업이 활성화되었다고 해도 우리가 일반적으로 생각하는 '활성화'라고는 말하기 어렵다. 그럼에도 직조업은 피난민들이 정착하기에 좋은 생계수단이었다. 당시 유구의 직조방식은 수직기(물레)를 가지고 무늬 없는 면을 짜는 것이었기 때문에 방법이 단순하여 자본과 기술이 없는 피난민들도 쉽게 접근할 수 있었다.[39]

농촌직물업의 전개와 특질」,『한국사학보』(1), 1996 ; 한상복,「풍기 직물산업 중소기업가들의 사회적 배경과 경제행위」,『농촌사회』 7, 1997.

36)『조선총독부통계연보』 각년판(권태억, 앞의 글, 529쪽 재인용).

37) 1951년에는 서흥군에서 견직공장이 조업하고 있었고 1952년에는 영예군인재봉사공장, 1958년에는 사리원타올공장이 조업을 시작한다[『북한지리정보 : 황해북도·개성시』. CNC학술정보, 1990(http://yescnc.com)].

38) 이금숙, 앞의 글, 17~18쪽.

39) "농토는 없고 해먹을 거는 그 인제 직물을 짜서 먹고 사는 방법밖에 없으니까. 그 방 한 칸만 있으면은, 그 자고 하는 방에다가 기계 한 대는 놓을 수 있거든요."(이재천 구술, 이금숙·유병덕 면담, 2008년 10월 8일, COH001_26, 국사편찬위원회

구술자들은 모두 수직기로 면을 짜는 방법을 "알음알음" 금세 배웠던 것으로 기억했다. 특히 수직기만 있으면 좁은 공간 내에서도 생산이 가능했기 때문에 경지면적이 적은 유구에서도 충분히 정착수단이 되었다.

후술하겠으나 1950년대 영세 직조공장이 호황기를 맞게 된 데에는 전쟁으로 인한 수요급증이라는 특수한 조건이 작용했다. 한국전쟁은 수많은 난민들을 발생시켰지만 그와 동시에 유구에 온 피난민들에게는 정착의 기회를 마련하기도 하였다. 『정감록』만을 믿고 피난처를 찾아 연고 없이 유구에 온 황해도민들 역시 이 기회를 붙잡았다. 유구에 정착한 황해도민들은 그 후 적극적으로 친인척을 유구로 불러와 직조업에 종사시키며 가계를 일구어 갔다.

3. 직조업을 중심으로 한 피난민 정착촌 형성

1) 직기로 이어지는 피난민의 연쇄적 정착

피난민들은 유구에 가면 먹고 살 수 있다는 주변 지인들의 얘기를 듣고 유구로 내려왔다. 특히 20대 초반의 피난민 여성에게는 할 수 있는 일이 한정되어 있었기 때문에 구술자 이규안은 "아가씨들 밥 벌어 먹기 좋다"는 얘기에 공장 주소를 받아 혼자 유구로 왔다.[40] 그러나 단순히 경제적 이유만으로 유구까지 찾아왔다고 보기는 어렵다. 1950년대 영세 섬유업이 호황이었다고는 하나, 당시 직조업은 전국에서 행해지는 것이었

전자사료관), (이금숙, 앞의 글, 15쪽 ; 오세창, 앞의 글, 87~90쪽).

40) "고향에 아는 분이 오더니 거기 가면 저기 비단 공장에 많아 가지고 밥 벌어 먹기 아가씨들 좋니께 가라해가지고 주소 다 이렇게 해줘서 내가 완거죠. 여기. 혼자."(이규안 구술, 2016년 3월 26일 채록).

고 유구보다는 풍기가 더욱 유명했기 때문이다.

구술을 통해 이주 동기를 살펴보면 피난민의 사회경제적 연결망이 이주와 정착에 주요한 영향을 미쳤음을 알 수 있다. 기존연구에서도 동향인 연결망이 피난민들의 정착에 큰 유입 기제로 작용했다는 것은 밝혀진 바 있다.[41] 유구의 경우 동향인 연결망이 작동하는 데 있어 직조업 이라는 생계수단이 가장 중요한 매개가 되었다. 유구에 황해도민이 유독 많았던 것 역시 『정감록』뿐만 아니라 동향인 연결망에 의한 것이라고 볼 수 있다.

> 방모월 : 황해도 사람은 그냥 황해도에서만 왔다 해도 그냥 고향 사람이 야.… 제일 많았어 황해도 사람이. 황해도 사람이라면 점심 한 끼는 다 먹여 보내는 거야.… 여기는 그렇게 타지를(고달프지) 않았어. 서산 같지를. 서산은 "저기 옹진집이래야" 이렇게 말했는데 여기서는 그렇지 는 안했어. 거기는 우리가 혼자 와서 장사를 하기 때문에 "저 옹진 집에 가봐." 이렇게 했는데.[42]

이경숙은 『정감록』의 영향으로 오빠를 따라 유구까지 왔지만, 정착하는 데에는 먼 친척의 도움을 받았다. 고향애 남겨진 가족의 소식 역시 유구에 온 고향 사람들을 통해 들었다.

> 이경숙 : (이북의 가족 소식을 전해준 사람들이) 다 유구 들어왔어. 여기서 베 짜서 밥 벌어 먹으려고 여기 왔지. 그러니까 연줄, 연줄 와서 또 하고 이제 그렇게.… 공장은 처음에는 저기 동부직물이라고, 외사촌오 빠하고 연결되는 사돈이었어.[43]

---

41) 김귀옥, 앞의 책, 316쪽.
42) 방모월 구술, 2016년 3월 26일 채록.
43) 이경숙 구술, 2016년 5월 10일 채록.

필자가 실시한 구술 외에도 많은 구술자들이 친척을 쫓거나 지인들의 소개로 유구에 들어왔다. 이금숙이 실시한 구술에서도 이런 내용을 확인할 수 있다. 최광해, 민종선은 각각 황해도 벽성과 연백 출신으로 인천에 머물던 중 친척들이 유구에서 직조업을 한다는 소식을 듣고 유구에 정착하였다. 직조업을 시작하는 계기 역시 친척들의 도움이 컸다. 친척이 운영하는 공장에서 기술을 배우거나 수직기를 물려받아 자립한 것이다.44) 이에 이금숙 역시 피난민의 동향인 의식이 유구 정착의 주요 요인이었다는 것을 지적하였다.45) 필자가 면담한 조현동의 경우 유구에 정착하는 과정에서 황해도민의 연결망이 두드러지게 드러난다.

조현동 : 나는 유구라는 데가 어딘지도 모르고… 친구가 유구를 갔는데, 얼마 있더니 재동이라고 하는 이름이 우리 매부한테로 편지가 온 거야. 내가 그 편지 겉봉을 볼 때, '조재동이라는 사람이 고향에 우리 사촌 형님인데, 여기도 조재동이라는 사람이 있네?' 그랬단 말이야. 아 그랬는데, 편지를 뜯어보니까 진짜 우리 사촌형이야. 그러니까 친구가 유구에 가서 어떤 집에서 해사를 하는데. 그 집하고 또 우리 사촌네하고 자별한(각별한) 사이가 돼서 사촌이 와 가지고 걔하고 얘기를 하다가, "넌 피난 나와서 어디 있었냐?" 그러니까 평택군 포성면에 있었다고. "그럼 거기 고향 사람들 없더냐." 그러니까 나도 얘기하고 우리 매부도 얘기 한 거야. 그러니까 나는 사촌이 피난 나왔는지 안 나왔는지도 모르고 난리 통에다 그랬는데. 아, 이 양반이 피난 나와서 유구에 정착을 하고. 근데 피난 나와서 정착을 한 것도 우리 큰아버지가 이제 그 『정감록』, 고향에서부터 여기서는 못 사니까 피난가야 된다.… 우리 사촌의 처갓집 이런 사람들은 몇 명 나왔어. 유구 와서 기반을 닦고 있었더라고. 그래서 우리 사촌은 피난 나와서 처갓집이 공장을 하고 있으니까 거기 와서 얹혀 있는 거야. 근데 그 편지 내용이, 우리

---

44) 이금숙, 앞의 글, 8~9쪽.
45) 이금숙, 위의 글, 45쪽.

군인 나간 형님이 길동이야. "길동 아우도 같이 있고 그러니 현동이가 거기 있다니 이리 보내게."[46]

조현동의 구술에 따르면 큰아버지가 『정감록』을 보고 사돈에게 권유하여 함께 유구로 이주해온 뒤 직조공장을 하고 있었음을 알 수 있다. 그 후 사촌이 구술자의 형과 함께 뒤따라 유구에 정착하였고, 주변에 흩어진 친척들을 찾아 유구로 불러왔다. 조현동의 사례에서 보이듯이 피난민들의 유구 정착은 연쇄적으로 이루어지고 있었다. 조현동이 유구를 떠나려할 때, 사촌은 그를 극히 만류하며 "의식주는 끝이 없는 거니까. 이 옷감을 자꾸 개발해서, 발전해서 짜면 성공할 수 있으니까 이 기술을 배워라."라며 그를 붙잡았다.[47] 그의 경우를 일반화 하기는 어렵지만, 당시 피난민이 친인척을 유구에 적극적으로 정착시키려 했던 이유에는 직조업에 대한 장기적 전망 역시 있었던 것을 엿볼 수 있다.

최광해는 황해도 벽성군 출신으로 1·4후퇴 때 목포로 소개되었다가 인천으로 왔는데, 외가쪽 친척들이 있다는 소식에 유구로 향했다. 그는 처음 유구에 와서 "산골인데 한 일주일동안 있으니까 도저히 못 있겠"어서 다시 인천으로 돌아가려 했다. 황해도 해주에서 학교를 다녔던 19살의 청년에게 전기도 제대로 들어오지 않는 산골은 너무나 답답했던 것이다.[48] 하지만 고모부가 "통일 되면 도로 다시 가기 때문에 여기서 같이 있자"고 설득하며 집과 베틀을 마련해주면서 결국 유구에 정착했다. 이후 그의 직계가족과 목포에서 흩어진 친척들 모두 유구로 모여들었다.

방모월의 가계는 양가가 직조업을 하며 점차 공장을 늘려간 사례이다. 방모월의 아버지는 서산에서 쌀 장사를 하며 모은 자본을 가지고 유구에

---

46) 조현동 구술, 2016년 4월 9일 채록.
47) 조현동 구술, 2016년 4월 9일 채록.
48) 최광해 구술, 이금숙 면담, 2008년 10월 11일, COH001_26, 국사편찬위원회 전자사료관.

와 직조공장을 열었다. 방모월의 오빠는 문지(紋紙)[49]를 잘하는 평안도 출신 임용국을 그에게 소개하였고, 결혼 후 방모월은 친가에서 독립해 남편의 가게인 '용산직물'을 함께 운영하였다.

남편 임용국은 병환으로 구술을 하지 못하여 아들인 임영우가 아버지에게서 들은 이야기를 전해주었다. 임용국은 평안남도 출신으로 월남 이전부터 직조업에 직간접적 관계를 가지고 있었다. 그는 고향에서 잠업전문학교를 다니다 피난길에 올랐고 임용국의 아버지는 고향에서 직조공장을 하다가 피난후 유구에서 다시 공장을 차렸다. 임용국이 아버지와 함께 차린 공장이 '용산직물'이다. 그는 방모월과 결혼 후 1968년에 독립해 '대신직물'을 차렸다. 현재 대신직물의 대표인 임영우는 어릴 때부터 달랭이감기[50] 등의 보조 작업들을 해오면서 제대 후 2대째 대신직물을 운영하고 있다.

이규안은 임영우의 장모이다. 그가 처음 유구에 올 때는 단신이었으나, 2년 후 부모님이 유구로 따라 들어와 함께 직조업에 종사하였다. 남편인 이영태는 고향에서 이미 약혼한 사이로, 피난길에 헤어졌다. 그가 연평에 있다는 소식을 들은 이규안의 어머니가 결혼을 성사시켰다. 이규안이 결혼한 후에는 동생이 부모님과 함께 직조업을 이어갔다. 이규안은 결혼 후 육아에 전념하며 아들 셋에 딸 하나를 낳았고, 그 딸이 임영우의 부인이다.

---

49) 무늬 도안대로 구멍을 낸 카드. 날실의 침이 구멍을 관통하면서 무늬가 만들어진다.
50) 꾸리깍지라고도 하며, 날실 사이를 오가며 원단을 짜내는 기구(북)에 끼우는 부품이다.

〈그림 2〉 구술자 관계도

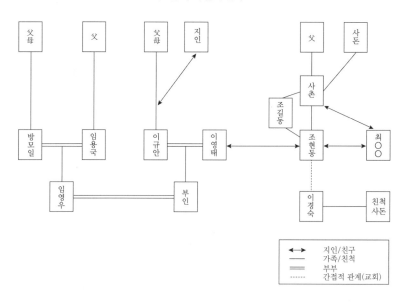

위는 구술자들의 구술 내용을 토대로 유구지역에서 형성된 구술자 관계망을 재구성한 것이다. 이 관계망에 언급된 인물 중 임영우의 부인을 제외하면 모두 직조업에 종사하였음이 확인되었다. 구술자들은 지인 또는 가족의 소개로 피난민 간에 혼인이 성사되었고, 결혼 후 직기를 가지고 독립하였다. 조현동과 이경숙은 직접적으로 관계가 있는 사이는 아니지만 유구성결교회를 통해 간접적 관계를 맺고 있었다. 조현동은 유구에 정착한 후에도 다시금 가족 간의 불화를 겪으며 교회에서 설교를 듣고 신학인으로서의 꿈을 꾼 적이 있는데, 그가 신학인의 꿈을 꾸게 된 교회가 구술자 이경숙이 개척한 곳이었다.

　이경숙 : 성결 교회는 우리가 개척했어.… 처음에 개척할 때 저기 아리랑 다방이라고 거기를 얻어가지고 돌아가신 박장로님하고 우리하고 거기서 부흥회를 했어.… 전대권 전도사. 그 양반하고 우리 다 같이 했지.

그 양반하고 우리하고 저 강변에 가서 돌이고, 그 양반 지고 이렇게 해서 갖다가 여기다 조그만 교회 하나 지었었어.[51]

이와 같은 구술자료를 통해 문헌으로는 드러나지 않는 유구지역의 황해도민 연결망 형성 과정을 볼 수 있다. 조현동의 사촌과 사돈, 친구, 그리고 방모월과 이규안의 형제자매 역시 직조업에 종사하고 있었다. 구술자의 주변인이면서 피난민인 이들은 구술자들의 정착과 새로운 가계 꾸리기에 적극적으로 동참하였다. 이재천과 최광해 역시 유구에 정착한 이후 일가친척 모두를 유구로 이주시켰다. 이렇게 유구에서의 황해도민 연결망은 친인척 및 혼인관계로 촘촘히 형성되었다. 한국전쟁기 피난민의 급격한 유입으로 이 당시 유구에는 월남민보다 피난민이 더 많았다고 하며 그들의 연결망을 중심으로 많은 직조공장들이 들어섰다.

무엇보다 이 연결망의 중심에 직조업이 있었다는 것이 중요하다. 적은 자본으로도 생계를 유지할만큼 수익을 냈기 때문에 큰 부담 없이 직기와 방 한 칸을 내줄 수 있었던 것이다.

2) 전쟁이 만든 십승지의 일시적 호황

유구에는 1950년대 중반이후 약 250여 개의 직조공장이 세워졌으며 종업원 수만 해도 전체 3천여 명에 달해 '삼천공녀'란 말까지 생겨났다고 한다. 또 생산되는 품종도 인견을 중심으로 점차 칠보양단, 물양단, 색동, 갑사 등 다양했다.[52] 직조업 종사자가 늘어나자 자연히 직물조합도 설립되었다. 1959년경 유구직물조합의 조합원이 180명에 달하여 농업은행으로

---

51) 조현동 구술, 2016년 4월 9일 채록 ; 이경숙 구술, 2016년 5월 10일 채록.
52) 칠보양단, 색동 등은 동력기로 전환된 1960~1970년대 후였고, 1950년대까지는 무늬 없는 인견이 주로 생산되었다.

부터 약 9백만 원의 산업자금을 대부받기도 하는 등 1950년대 유구의 직조업은 빠르게 성장하고 있었다.[53] 이때의 호황기를 조현동은 "재밌을 때는 장사꾼들이 와서 대기하고 있어요. 물건 달라고. 아직 물건이 안 나왔다고 그러면 기다리는 사람도 있고. 어떤 때는 한 필이 차야 끊어내고 또 감아가지고 짜는데, 한 필 못 찬 것도 끊어 달라고"할 정도였다고 기억한다.

이때 유구의 직조업이 '호황기'를 누리게 되는 것은 한국전쟁의 영향이 컸다. 먼저, 피난민들이 남쪽으로 대거 유입되면서 절대적 수요가 증가하였다. 직조기의 비중 역시 동력에서 인력(人力)으로 일시적으로 옮겨갔다. 1950년대는 전체 섬유산업의 호황기라기보다는 영세공장의 호황기였던 것이다.

최세양이 정리한 통계에 따르면 1949년 전체 1만2천여 대였던 역직기는 1950년에 1만여 대로 줄어든다. 그 후 다시 증가하여 1953년에 2만여 대의 설비가 갖춰지는데, 그에 비해 수직기는 1949년 4천여 대에서 1953년 3만여 대로 급증한다.[54] 이는 전쟁피해로 인한 설비부족의 영향이라고 볼 수 있다. 또한 전쟁 이후 대규모 면방직공장의 섬유가 주로 정부에 납품되고 가격통제를 받음에 따라 민수용 직물이 부족해지자, 정부의 통제를 받지 않는 영세업자들은 생산이 증가할수록 이윤도 증대되었다.[55]

원료가격 역시 영향을 미쳤다. 차철욱의 연구에 따르면 1954년 인견직물의 과잉생산 상태에서 민간의 무역업자들이 원료가격을 올려 공장 운영이 어려워졌다. 반대로 노동력에 의존하여 인견을 생산하는 가내수공업은 인견을 낮은 가격에도 판매함으로써 일시적 호황을 누린 것이다.[56] 당시

---

53) 「조합원명의로 대부 간부들이 자금운영」, 『동아일보』, 1959. 08. 28.

54) 인력에 의지한 직조는 50년대 중반 이후 다시 동력기 위주로 전환된다고 한다(최세양, 『1950년대 섬유산업의 자본축적에 관한 연구』, 한양대학교 경제학과 박사학위논문, 1993, 125쪽).

55) 박용기, 앞의 글, 11쪽 ; 최세양, 위의 글, 130~132쪽.

직물은 생산해내는 것과 거의 동시에 판매되었으므로 자본으로 빨리 전환되어 피난민들의 지역 정착을 도왔다.

그러나 합성섬유 나일론이 대구에서 본격적으로 생산되면서 인견직생산은 전국에서 급격히 쇠퇴해갔다. 상공부 통계에서도 1951년 9,505천방마에서 1961년 55,239천방마까지 급격히 증가했던 인견직생산이 1962년이 되면 32,593천방마로 다시 급격히 감소한다. 대규모 인견공장이 11개가 있던 부산 역시 1957년부터 쇠퇴해갔으며, 강화도 역시 인견직 생산공장이 1950년대에 30여 업체로 늘어났다가 60년대 말부터 점차 폐업하거나 업종을 변경했다.57)

그에 더하여 직조기가 동력기로 전환되면서 인조 시세 역시 폭락하게 된다. 이규안 역시 결혼 후 2~3년 만인 1958~1959년경에 동력기가 등장하면서 인조는 시세가 떨어졌던 것으로 기억하고 있다. 1957년까지도 유구에는 전력사정이 나빠 하루에도 30분~1시간 내지 정전이 되기 일쑤였기에 발동기를 들일 수 있는 지역기반이 약했고, '신설동'58)에 발동기를 이용한 직조공장이 들어서면서 수직기는 쇠퇴기에 접어들었다.59)

---

56) 차철욱, 「1950년대 대일 수입구조와 부산 인견직물업의 변화」, 『역사와현실』 44, 2002, 219쪽.

57) 김서진 외, 「강화도의 직물공업」, 『綠友會報』 30, 1989, 100~101쪽 ; 김대래, 「한국전쟁 전후 부산 제조업의 입지 및 업종변화」, 『항도부산』 30, 2014, 28~29쪽 ; 한국통계연감, 「섬유공업생산량(1950~1960)」, 국가통계포털(http://kosis.kr).

58) 새로 생긴 동네라는 의미에서 '신설동'이라 불렸으며, 유구읍 녹천리에 해당한다. 이재천에 따르면 피난민이 논밭을 개간하여 동네를 만들었다고 한다(이재천 구술, 이금숙·유병덕 면담, 2008년 10월 18일, COH001_26, 국사편찬위원회 전자사료관).

59) 1960~1970년대에 들어서도 전력상황은 그다지 좋지 못하였는데, 1966년 총 2,580가구수 중에 전기를 사용하는 가구는 543가구에 불과하였고, 1970년에는 850가구로 증가했으나 총 가구는 오히려 2,509가구로 감소하였다. 1970년에는 직조방식을 동력기로 전환하였다고 하지만 전체 배전전력량 294,929(단위불명) 중 직조 전력은 83,145로 28%정도였다(「불공평한 배전」, 『동아일보』, 1957. 11. 23 ; 유구면, 『면세일람』, 1971, IM0000061225, 국사편찬위원회 전자사료관).

유구의 피난민 중 직조공장에서 "밥만 먹어도 황송"한 수준으로 벌고 있었던 사람들은 짧은 호황기 동안 동력기를 갖출만한 자본을 모으지 못했다. 동력기 한 대를 두더라도 사기, 어음, 제품불량 등의 문제로 직조업의 기계화 및 인견직 쇠퇴를 극복하기는 힘들었다. 이에 많은 사람들이 수직기 규모가 크더라도 직기를 전부 정리하고 대전 등 인근 지역으로 재이주하였다.[60]

전쟁기 인민군으로 월남했다가 포로수용소 수감 생활 후 유구에 무작정 정착한 고영준은 실타래를 감는 '해사'부터 시작해 37세(1969년) 때 태화직물을 설립하였지만 어음이 현금으로 환전되지 않아 결국 부도하게 되었다.

조현동은 1961년경 베틀 세 개를 외상으로 두고 자립해 1년여 동안 종업원 두 명을 둘 정도로 성장했다. 그러나 동력기를 구입할 만큼의 자금을 모으지 못해 원단거래로 업종을 변경하였다.

> 조현동 : 몇 년 안 가서 시세가 자꾸 폭락되고. 도매 끼고. 물건이 이제 옛날 인조는 안 입는 거죠. 그러고서는 동력기에서 이제 고급 천 짜야 되니까. 동력기를 지으려 하면 우선 공장을 크게 지어야 되거든요. 이건 뭐 공장 크게 짓고 동력기 몇 대 놓으려 하면 수직기 몇 대 하던 사람이 그거 가지고는 도저히 할 수가 없어. (수직기 할 때는) 외상으로 해도 내가 능력으로 갚을 자신이 있다 이런 생각이 있었는데요. 소규모니까. 동력기 공장 짓고 동력선 끌고 이거 하려면 웬만한 자금 가지고는 안 되죠.[61]

---

60) "역직기로 바꾸어 놓을 무렵에는 수직기가 많이 퇴색을 해서 수직기로 짜서는 먹고 살기 어려울 때거든요. 그러니까 수직기를 약간 좀 규모가 크게 하던 분도 다 정리를 해서, 대전 중앙시장 그런데로 나가면 점포를 마련할 힘이 됐어요. 그래서 대전 가서 살 수 있는 분들은 대전으로 많이 나갔지요 그때."(이재천 구술, 이금숙·유병덕 면담, 2008년 10월 18일, COH001_26, 국사편찬위원회 전자사료관).

61) 조현동 구술, 2016년 4월 9일 채록.

그러나 원단거래업 역시 어음의 문제로 "해보면 해볼수록 그건 (돈을) 길바닥에다 깔아놓"는 꼴이 되어 공장관리직으로 직업을 재전환하였다. 1950년대 중반 유구의 수많은 직조공장들은 "수백집에서 전부들 봄이 나가지고 여기가 아주 난리 나는 것 마냥 했는데, 얼마 안가 다 쓰러졌다"고 한다. 그 이유는 "경영능력이 없고, 제품이 잘못 나오고, 염색이 잘못되고, 여러 가지로 경영방식 이하면 그대로 망하고" 말았다는 것이다.62) 한 번의 손해에도 금방 공장이 쓰러질 만큼 당시 유구의 직조업은 기반이 약했던 것이다.

저자본으로 시작할 수 있고, 노동력에 의존하여 생산되는 인견직물은 한국전쟁 직후 피난민들을 유구로 정착시키는 계기가 되었다. 유구에 정착한 피난민들은 자신의 친척들을 적극적으로 찾아 유구로 데려왔다. 유구에 온 피난민들은 기존 정착민들의 소개로 직물공장에 취직하거나 직조기를 얻어 독립하였으며, 그만큼 유구의 직조업 규모 역시 빠르게 커졌다. 하지만 일시적인 호황이 끝나고 동력기에 의한 생산이 시작되자 전력이 부족한 유구에서는 발동기에 의존해야 했다. 동력기와 발동기를 구입할만한 자본을 모으지 못한 수직공장은 시대의 흐름과 직조방식의 변화를 극복하지 못한 채 도산할 수밖에 없었다.

직조방식의 변화를 극복하지 못한 데는 전력시설이 낙후된 유구의 지역적 한계가 첫 번째 이유였다. 보다 구조적 원인은 1950년대 정부의 원조배분정책의 수혜를 받아 대한방직, 삼호방직, 내외방직, 제일모직 등의 대규모 면방직공장이 성장한 데 있었다. 나일론 생산이 대구로 집중되면서 소규모 인견직 생산 공장이 생존하기 어려워졌기 때문이었다.63)

---

62) 김태만 구술, 이금숙 면담(이금숙, 앞의 글, 17쪽).
63) 그러나 대구지역의 공업구조 면으로 볼 때, 대구지역의 방직공업 집중화는 오히려 지역이 섬유공업에만 의존하게 되는 결과를 가져왔다는 지적도 있다(박진영,

이후 직조업은 점차 기계화되어갔고 남아있는 유구의 직조공장들은 1980년대까지도 영세업체의 상태에서 크게 벗어나지 못하였다. 1984년의 현황조사에 따르면 섬유생산업체는 평균 15명 내의 종업원을 고용한 영세업체로, 적게는 3~4명 많게는 30~40명을 고용하는 수준이었다. 이들은 대부분 대기업의 하청업체였다.[64] 1980년대를 전후로 유구지역의 직조업은 쇠락하여 하청화 되었으며, 1989년경에는 산업합리화정책으로 많은 사람들이 유구를 다시 떠났다.

4. 맺음말

'인민군도 들어오지 못'할 정도로 깊은 내륙에 있는 유구는 『정감록』을 믿고 피난처를 찾아온 황해도민들이 적극적으로 자신의 친척과 지인들을 유구에 정착시킴으로써 활기를 띠어갔다.

한국전쟁으로 고향을 떠난 황해도민들은 군인과 청년방위대의 지휘 아래 여러 섬을 거쳐 인천과 서산 등지로 이주해왔다. 안전한 곳을 찾고 싶었던 피난민들은 『정감록』에 나온 십승지를 믿고 한 번도 가본 적 없는 피난지를 찾아 석 달을 걷고, 온양과 예산, 대전을 거쳐가며 유구까지 왔다. 하지만 찾아온 유구는 "살아서 펄떡펄떡 뛰는 거 먹지, 죽으면 안 먹"을 정도로 생선이 흔했던 고향과 달리 "다 썩은 생선"이나 있고 "멸치 하나도 못 먹는" 곳이었다.

산으로 둘러싸인 협지는 농사를 지을 땅도 없었지만, 그나마 다행히 미리 와 정착해있던 피난민들이 직기를 놓고 인견을 짜고 있었기에 생계수단은 마련할 수 있었다. 소문을 듣고 찾아왔지만 산간벽촌에 막막함을

「해방 이후 1950년대까지의 대구 공업에 관한 연구」, 『대구사학』 130, 2018).
64) 박재묵, 「지역개관과 엘리트구조 : 충남지역」, 『한국사회과학』 6-4, 1984, 181쪽.

느껴 떠나려던 사람들도 친척들의 만류에 결국 유구에 남았다. 이 당시 유구에는 원주민보다 황해도민이 더욱 많았으며, 이들은 나무틀로 만든 직기를 가지고 밤낮으로 천을 짜냈다.

그렇게 만들어진 천은 위탁상에게 팔아 각지로 보내졌다가 헤어진 가족이 되어 돌아왔다. 유구에 정착한 황해도민들은 옆 공장의 해사에게 동향사람을 물어보던 중 사촌동생을 찾기도 하였고(조현동), 인천의 먼 친척들에게 얘기해 동향의 아가씨를 구해오기도 하였다(이규안). 혼자 온 아가씨는 다시 부모님을 모셔와 직조기를 두고 독립하고, 그의 부모님은 아가씨의 헤어진 약혼자를 연평에서 찾아와 둘을 결혼시켰다.

서산을 거쳐 유구로 피난 온 가족은 공장을 차려 인견을 뽑아냈고, 그 자녀는 피난민 출신과 결혼해 새로운. 직조공장으로 자립해 나갔다(방모월). 그리고 혼자 온 아가씨(이규안)가 연평에서 찾아온 남편과 낳은 아이와, 서산을 거쳐 온 아가씨(방모월)가 문지를 잘 부르는 남편과 낳은 아이가 결혼해 유구에서 지금까지 직물공장을 운영하고 있다.

본고에서 살펴본 것과 같이 공주 유구의 피난민 정착 사례는 한국전쟁기 피난민들이 정착지를 찾아간 경로와 자신들만의 터전을 만들어가는 과정을 구체적으로 보여준다. 피난민들은 전쟁기 『정감록』에 의지해 난을 피하기 위해 유구로 처음 이주해왔으며, 정착 후에는 친인척연결망을 적극적으로 활용해 피난 나온 동향 사람들을 유구로 불러들였다. 동향인 연결망이 피난민의 이주 정착에 주요 동기가 된다는 것은 다른 연구에서도 언급된 바 있으나, 공주 유구의 사례를 통해 그 구체적 경로와 정착의 연쇄적 단계를 볼 수 있다. 또한 유구지역에 정착한 한 일가를 구술함으로써 그들이 이주해오고 정착하는 과정에서 형성된 관계망을 재구성할 수 있었다. 재구성된 관계망을 통해 유구 피난민의 이주 동기가 두 단계로 나뉜다는 것을 알 수 있다.

유구에 피난민들이 이주해오는 초기 동기는 기존에 알려진 것과 같이

『정감록』에 있었지만, 그들이 정착하는 데에는 직조업과 친인척연결망이 강하게 작용하였다. 따라서 유구의 피난민 이주 및 정착 과정 동기는 전쟁 직후인 초기와, 유구에서 직조업이 성행하게 되는 50년대 중후반을 나눠서 이해할 필요가 있다.

구술을 통해 드러난 것과 같이 유구읍에 직조업이 시작된 때는 한국전쟁 전후로 보아야 할 것이다. 그러나 피난민들은 섬유산업과는 전혀 관련이 없는 사람들이었다. 유구지역의 직조업이 타지역에서 이식되었을 것이라는 기존 연구의 견해에는 동의하지만, 유구읍 자체에서 말하는 것과 같이 북한에서 남한으로 직조기술이 이식되었다고 보기는 어렵다.

유구의 피난민 정착 사례는 타 지역에서 이식된 직조업이 피난민들의 이주 동기이기도 하면서 정착의 수단이 되었다는 점, 그리고 피난민들이 하나의 공통적인 산업을 통해 정착촌 형성의 가능성을 느꼈다는 점에서 여타 피난민 정착촌과의 차이가 드러난다. 무엇보다 지역적 유사성도, 경제적 관련성도 없는 지역에 황해도민이 자발적으로 정착촌을 형성했다는 점이 유구지역 피난민 정칙촌의 가장 큰 특징이다. 유구의 피난민들은 짧은 기간 동안 기회를 잡아 유구지역에 정착촌을 일구고자 하였다. 이에 녹천리를 개간하여 '신설동'을 만들어 지역의 변화를 이끌기도 하였으며, 직조업을 통해 유구지역의 경제를 자생시키고 있었다. 비록 1960년대 이래 정부 주도의 국토개발과 경제성장에서 배제됨으로써 그러한 자생력이 계속 이어지지는 못하였다. 그럼에도 1950년대 유구지역의 피난민들이 직조업을 중심으로 정착해간 과정은 유구지역의 지역정체성 형성 계기가 되었으며, 현재 유구지역에 여전히 많은 영향을 미치고 있다.

〈부록〉 구술자 약력

이름 (가명)	성 별	출생년도	출생지	유구 정착시기	구술 일시	구술장소	자료 소장처
이규안	여	1933년	황해도 옹진	1952년경	2016.03.26	유구리 자택	한국학중앙연구원

1949 약혼
1951 1·4후퇴 경 연평을 거쳐 인천으로 피난
1952 유구로 이주해 직조공장에 취직
1954 집에 직조기 두 대를 놓고 자립
1955.2 결혼
1955.10 첫 아이 출생과 동시에 육아에 전념
1961 과수원으로 전직
1981 과수원 정리 후 노년을 보냄

이름 (가명)	성 별	출생년도	출생지	유구 정착시기	구술 일시	구술장소	자료 소장처
방모월	여	1936년	황해도 옹진	1957년경	2016.03.26	유구리 자택	한국학중앙연구원

1951 1·4후퇴 때 연평을 거쳐 서산으로 피난
1957 유구로 이주하여 아버지가 직조공장 운영
1958 결혼, 신설동으로 이주.
1968 대신직물 창립

이름 (가명)	성 별	출생년도	출생지	유구 정착시기	구술 일시	구술장소	자료 소장처
조현동	남	1937년	황해도 옹진	1952년경	2016.04.09	석남리 자택	한국학중앙연구원

1951 1·4후퇴 때 연평을 거쳐 인천으로 피난
1951 매부를 따라 평택에 정착
1952 형제를 찾아 유구로 이주, 직조업에 종사
1956 공주신학교 입학
1957 공주신학교 중퇴
1961 결혼, 직조기 세대로 자립
1962 군입대
1965 제대 후 직조 재 시작
----- 폐업, 태현직물 관리자로 취직
1996 태현직물 취직

이름 (가명)	성 별	출생년도	출생지	유구 정착시기	구술 일시	구술장소	자료 소장처
고영준	남	1933년	평안도 강서	1950.08 1954년경	2016.04.10	유구리 자택	한국학중앙연구원
1948 중학 입학 1949 중학 중퇴 1950 인민군으로 차출, 행군으로 월남 1950.9 미군부대 습격 중 포로로 잡힘 1953 포로수용소 출소 1954 유구로 이주, 한일직물 취직 1960 결혼 1969 태화제물 설립 1997 은퇴							

이름 (가명)	성 별	출생년도	출생지	유구 정착시기	구술 일시	구술장소	자료 소장처
이경숙	여	1934년	황해도 옹진	1952년경	2016.05.10	유구 성결교회	한국학중앙연구원
1941 해남국민학교 입학 1951 한국전쟁기 인천을 거쳐 유구로 피난 1952 동부직물 취직 1956 결혼, 유구성결교회 개척							

참고문헌

계룡면, 『난민정착사업추진에 관한 서류』, 1955.
유구면, 『면세일람』, 1971, 1975.

『동아일보』, 『충청타임즈』

권태억, 「일제시기의 농촌 직물업」, 『한국사론』 19, 1988.
권혁태, 「일제하 조선의 농촌직물업의 전개와 특질」, 『한국사학보』(1), 1996.
김귀옥, 『피난민의 생활경험과 정체성』, 서울대학교출판부, 1999.
김대래, 「한국전쟁 전후 부산 제조업의 입지 및 업종변화」, 『항도부산』 30, 2014.
김서진 외, 「강화도의 직물공업」, 『綠友會報』 30, 1989.
김아람, 「한국전쟁기 황해도민의 서해안 피난과 전후 전라남도 정착」, 『동방학지』
    180, 2017.
백승종, 「18세기 전반 서북지방에서 출현한 ≪정감록≫」, 『역사학보』 164, 1999.
박용기, 「유구, 풍기 직조업의 지리학적 연구」, 공주대학교 교육대학원 석사학위
    논문, 1985.
박재묵, 「지역개관과 엘리뜨구조 : 충남지역」, 『한국사회과학』 6-4, 1984.
박진영, 「해방 이후 1950년대까지의 대구 공업에 관한 연구」, 『대구사학』 130,
    2018.
양영조, 『한국전쟁과 동북아국가정책』, 선인, 2007.
오세창, 「십승지의 섬유공업에 관한 연구-충남유구의 예-」, 『사회문화연구』
    8, 1989.
이경호, 「유구직조의 유래와 현황」, 『공주사범대학논문집』 13, 1975.
이금숙, 「구술을 통해 본 1950년대 유구 지역 직물업의 존재양상에 관한 연구」,
    공주대학교 사학과 석사학위논문, 2009.
이세영, 「해방~한국전쟁기 인천 지역 피난민의 정착과 네트워크 형성」, 『동방학
    지』 180, 2017.
전갑생, 「한국전쟁 전후 대한청년단의 지방조직과 활동」, 『제노사이드연구』 4,
    2008.
차철욱, 「1950년대 대일 수입구조와 부산 인견직물업의 변화」, 『역사와현실』
    44, 2002.

최낙기, 「『鄭鑑錄』에 나타난 풍수사상 연구」, 『어문론집』 48, 2011.

최선혜, 「조선후기 숙종대 황해도 지역의 '生佛 사건'」, 『역사학연구』 50, 2013.

최세양, 『1950년대 섬유산업의 자본축적에 관한 연구』, 한양대학교 경제학과 박사학위논문, 1993.

최인숙, 「유구 직조업의 성립 배경과 직조업의 변화」, 공주대학교 지리학과 석사학위논문, 2001.

조창연, 「공주의 지역별 인구증감에 관한 연구」, 『국토지리학회지』 7, 1985.

충청남도향토문화연구소, 『내고장 으뜸가꾸기 里誌(2) 유구리』, 공주군, 1992.

한상복, 「풍기 직물산업 중소기업가들의 사회적 배경과 경제행위」, 『농촌사회』 7, 1997.

부산지역 피란민 유입과 공간 만들기
-우암동 피란여성을 중심으로-

차 철 욱

1. 머리말

한국전쟁에 대한 연구의 폭은 엄청나게 확대되고 있다. 광범위한 문헌자료의 수집과 공개, 구술사 연구의 도입 등 자료와 연구방법의 변화에 힘입은바 크다. 연구의 방향은 한국전쟁의 원인과 성격을 포함한 국가간 전쟁, 체제간 전쟁이라는 거대담론에서 출발하여, 공식기록에서 언급되지 않은 마을과 개인이 경험한 전쟁, 또 남성 중심의 전쟁 연구에서 누락된 여성들의 전쟁경험 등을 포함하여 다양하게 진행되어 왔다. 여기에다가 전쟁기억, 이산가족, 로컬리티 재구성과 관련해서 한국전쟁이 '지금 여기'에서 작동하는 방식까지 논의의 범위에 포함되고 있다.

한국전쟁 당시 남성이 부족했던 현실에서 가족을 책임진 여성들의 삶은 이 시대의 또 다른 역사의 주체로서 중요한 의미가 있는 존재였다. 그럼에도 그동안 연구는 국가 혹은 남성의 역할만이 강조되고 여성은 상대적으로 과소평가되었다. 이러한 문제의식에서 출발한 한국전쟁 당시 여성사 연구가 2000년대 이후 증가하고 있다. 한국전쟁기 여성에 대한 관심은 기존 페미니즘연구와 구술사 방법론을 배경으로 한 연구가 결합하면서 가능해졌다. 대표적인 성과로『여성(들)이 기억하는 전쟁과 분단』(아르케, 2013)을 들 수 있다.[1] 이 연구는 한국전쟁 여성사 연구를 여성들의 전쟁경험, 전쟁에 대한 여성들의 기억, 전쟁과정에서 여성들이 근대적 주체로 전환하는 과정 등으로 나누어 설명한다. 연구성과 또한 이러한 세 분류로 나누어 검토할 수 있다.

먼저, 전쟁경험과 관련한 연구는 전쟁미망인, 이주 및 피란여성, 기지촌 여성 등을 연구하면서, 이들의 경제활동, 성폭력 위협, 사랑과 연애, 결혼 등이 중심이었다.[2] 이들 연구의 주요 논리는 남성이 부재함으로 인해 경제적 빈곤과 전근대적인 가부장적 질서를 경험한 여성들이 경제난을 극복하기 위해 경제활동에 뛰어들어 남성의 영역을 침범하기 시작했고, 봉건적인 가족질서에 맞서 새로운 자기 영역을 찾기 위해 노력하였다는 것이다. 대체적인 논의는 전쟁을 계기로 여성들의 사회진출이 활성화되었다는 점에 동의하고 있다.

전쟁 당시 여성들의 기억과 구술이 먼저 남성과 여성사이의 전쟁 기억에 커다란 간극이 있음에 주목한다.[3] 남성 중심의 사건사, 정치사 중심의

1) 대표적인 성과로는 이재경·윤택림·조영주 외,『여성(들)이 기억하는 전쟁과 분단』, 아르케, 2013.
2) 이임하,「한국전쟁이 여성생활에 미친 영향-1950년대 전쟁 미망인의 삶을 중심으로-」,『역사연구』8, 서울 : 구로역사연구소, 2000 ;「한국전쟁과 여성노동의 확대」,『한국사학보』14, 서울 : 고려사학회, 2003 ; 김수자,「한국전쟁과 월남여성들의 전쟁경험과 인식-지역차별 인식과 결혼관을 중심으로-」,『여성과 역사』10, 한국여성사학회, 2009 ; 안태윤,「딸들의 한국전쟁」,『여성과 역사』7, 한국여성사학회, 2007 ; 윤정란,「한국전쟁과 장사에 나선 여성들의 삶-서울에 정착한 타지역 출신들을 중심으로-」,『여성과 역사』7, 한국여성사학회, 2007 ; 이송희,「1950년대 부산지역 이주 여성들의 삶」,『항도부산』25, 부산 : 부산시사편찬위원회, 2009.
3) 김복순,「1950년대 여성소설의 전쟁인식과 '기억의 정치학'-강신재의 초기단편을 중심으로」,『여성문학연구』10, 한국여성문학학회, 2003 ; 이성숙,「한국전쟁에 대한 젠더별 기억과 망각」,『여성과 역사』7, 한국여성사학회, 2007 ; 김미선,「근대적 '직업여성'의 여성정체성과 직업의식의 형성과정에 관한 연구-1세대

서술에 대응해 가족과 일상사 중심의 역사서술이 지닌 의미를 강조한다. 그래서 여성들의 구술이 단순한 말이 아니라 역사화 작업의 과정으로서 의미를 중요시 한다.

여성들의 근대적 주체화 가능성에 대한 연구는 논쟁이 적지 않다. 이 시대 여성들의 활동이 자신들의 삶을 속박하고 있던 전통질서와 가부장의 권력에 도전하는 계기가 될 수 있었을까, 아니면 더 보수화되어 여성의 지위를 하락시켰을까에 대해서는 아직도 논쟁 중이다.[4] 위 두 논의의 쟁점을 포괄하는 연구에서는 이 시대 여성들이 사회 경제적인 활동에 적극 참여하면서 근대적 주체로 전환할 가능성을 지녔으면서도, 다른 한편으로 가족 내 가부장적 질서를 유지해야 한다는 의식이 강했던 점을 거론하면서, 이 시대 여성의 다중적 성격에 관심을 가진다.[5]

이상의 연구에서는 한국전쟁기 여성들의 경험과 이들의 기억방식, 근대적인 주체로 전환 가능성에 대해 쟁점을 부각시키는 성과를 거두었다. 그런데 기존 연구는 여성들의 경험에서 주요 활동, 경제활동에만 관심을 가진 나머지 그 과정에서 만들어지는 다양한 관계에 소홀하였다. 피란여성

미용사 임형선의 구술생애사를 중심으로─」, 『여성과 역사』 10, 한국여성사학회, 2009 ; 신동흔, 「한국전쟁 체험담을 통해 본 역사 속의 남성과 여성─우리 안의 분단을 넘어서기 위하여」, 『국문학연구』 26, 국문학회, 2012 ; 김양선, 「복원과 증언의 서사 : 박완서의 한국전쟁 체험 소설을 중심으로」, 『여성(들)이 기억하는 전쟁과 분단』, 강원 : 아르케, 2013 ; 김귀옥, 「여성에게 전쟁은 무엇인가? : 한국전쟁기 남성부재와 시집살이 여성」, 앞의 책, 2013 ; 조영주, 「북한 여성의 전쟁 경험과 인민되기」, 앞의 책, 2013.
4) 이임하, 『여성, 전쟁을 넘어 일어서다─한국전쟁과 젠더』, 서울 : 서해문집, 2004 ; 김혜수, 「1950년대 한국 여성의 지위와 현모양처론」, 『역사문화연구』, 서울 : 한국외국어대학교 역사문화연구소, 2000.
5) 함인희, 「한국전쟁, 가족 그리고 여성의 다중적 근대성」, 『사회와 이론』 2, 한국이론사회학회, 2006 ; 김연주·이재경, 「근대 '가정주부'되기 과정과 도시 중산층 가족의 형성 : 구술생애사 사례 분석」, 『가족과 문화』 25-2, 한국가족학회, 2013 ; 윤택림, 「분단과 여성의 다중적, 근대적 정체성」, 『한국여성학』 29-1, 한국여성학회, 2013.

들의 생활은 개인으로만 진행된 것이 아니라 주위 사람들과 그리고 그들의 생활공간과 함께 진행되었다. 따라서 본 연구는 부산 우암동 피란민 마을에 정착한 여성들을 대상으로 그동안 여성사 연구에서 시도하지 못한 '마을'이라는 공간을 매개로 분석해 보려고 한다. 마을은 사람들의 일상이 이루어지는 기초단위이자, 구성원들의 관계망으로도 설명된다.6) 마을 구성원은 가족뿐만 아니라 이웃한 다른 구성원과 일상적인 생활을 통해 관계를 만들어가면서 특정한 마을에 정착한다. 구성원의 관계맺기는 피란여성들의 거주(가사, 육아) - 일터(노동) - 휴식(여가)이라는 패턴으로 이루어진 생활주기를 통해 이루어진다. 따라서 피란여성들의 주체화 가능성은 피란여성들의 전쟁경험만을 대상으로 할 것이 아니라 그 과정에서 만들어지는 공간으로서 마을과 구성원들 사이의 관계맺기 방식을 고려한 생활주기의 분석을 통해 좀 더 상세하게 구명될 수 있을 것이다.

2. 재현되는 피란민 마을과 피란민

부산시 남구 우암동에는 한국전쟁 당시 피란민수용소가 위치했고, 피란민 이주가 많았다는 사실은 부산에 관심을 가지는 사람들에게는 잘 알려져 있다. 하지만 2009년부터 부산 피란민 조사를 시작한 필자는 오히려 처음 접하는 마을 조사에 관심을 가지느라 우암동 조사는 상대적으로 늦었다. 2012년부터 우암동에 관심을 가졌으나 본격적인 조사는 진행하지 못하다가 2013년 우암동생활사조사팀7)이 만들어지고, 필자가 여기에

---

6) 김영선, 이경란 엮음, 『마을로 간 인문학』, 서울 : 당대, 2014, 74~79쪽.

7) 우암동생활사조사팀은 부산박물관 임시수도기념관 사업의 하나로 우암동 조사를 진행하기 위해 조직되었다. 부산박물관의 김상수(인류학)를 비롯하여 필자(역사학), 최인택(동아대, 인류학), 안미정(한국해양대, 인류학), 공윤경(부산대, 도시공학) 등 4명으로 구성되었다.

참여하면서 우암동 피란민들과 인연을 맺을 수 있었다. 이 팀은『우암동 사람들의 공간과 삶』(2014년)이라는 성과물을 출판하는 것으로 임무를 다했다. 이 사업에서 필자는 조선후기 표류민수수소, 일제강점기 이출우 검역소, 우암동 매축, 한국전쟁 피란민, 60~70년대 공업화 등 우암동의 역사적 흐름과 변화를 정리하였다.

그동안 우암동 재현 작업은 일제강점기 소 막사가 위치한 곳, 한국전쟁으로 피란민들이 들어와 조성한 마을이라는 이미지가 강조되어 왔다.『남구의 민속』3(부산남구민속회, 1999),『남구의 민속과 문화』(부산남구민속회, 2001),『부산의 자연마을』1권(부산광역시, 2006), 남구청의 남구 스토리텔링 작업 등이 대표적이다. 이러한 성과를 근거로 최근 우암동에는 '피란민 마을 우암동'을 재현하려는 움직임이 일고 있다. 외부에서 이 마을에 호기심을 가진 방문객들은 조그마한 주택, 공동화장실, 비좁은 골목길, 부분적으로 남아있는 소 막사의 흔적을 관광하면서 한국전쟁과 현재를 곧바로 연결한다. 그리고 내호냉면에서 피란음식을 먹으면서 전쟁 탐방을 마무리 한다. 내호냉면은 함경남도 흥남시 내호에서 피란 온 현 사장님의 할머니 대에 시작하여 약 60여 년을 이어오고 있다. 부산 사람들과 각종 매체들은 부산의 대표적인 여름 음식인 밀면이 이 식당에서 출발했다고 홍보한다. 그런데 이 가게에서 가장 많이 팔리는 메뉴는 밀면이 아니라 냉면이다. 많은 소비자들은 이북의 맛을 소비하기 위해 내호냉면을 찾는다. 내호냉면은 우암동을 피란민 마을로 재현시키는 대표적인 표상물이다.

그런데 피란민과 직결시키는 마을 주거시설의 대부분은 70, 80년대 만들어졌고, 소 막사에는 더 이상 피란민이 살고 있지 않다. 그리고 생존한 피란민들에게 내호냉면의 맛은 할머니-어머니-현 사장으로 이어지면서 변했다. 외부에서 방문하는 관광객과 거기에서 살아가는 피란민들의 입맛에 얼마나 거리감이 있는가를 잘 보여준다.

최근 부산 남구청은 우암동을 우암동 사람들보다는 외부 관광객에게 볼거리 있는 마을로 기획하였다. 2015년 2월 문화복합형 주거환경관리사업으로 소 수탈의 현장이자 한국전쟁 당시 피란민들의 근거지였던 우암동 소 막사를 복원하고, 소 수탈 현장 기념관을 건립할 계획을 세웠다. 이 사업의 목적은 주변 맛집과 연계해 관광상품으로 개발한다는 계획이다.8) 관광객들의 구미에 맞는 음식맛과 관광상품 개발이 목적이다. 현재 우암동과 여기서 살아온 피란민들에 대해 살펴보면 이 계획이 얼마나 '지금 여기' 사람들의 요구가 삭제되었는가를 확인할 수 있을 것이다.

우암동은 한국전쟁과 1960, 70년대 공업화과정에서 인구가 급증하여 1976년 1, 2동으로 분동하였다. 1동은 전통적인 우암마을이 있던 곳이고, 성창목재가 위치했었고, 부산외국어대학교 아래로 아파트 단지가 들어서면서 입주민이 증가하였다. 2동은 일제강점기 소 막사가 위치했고, 이런 연유로 한국전쟁 피란민들이 주로 정착한 곳이다. 1980년대 말까지는 2동의 인구가 1동보다 많았으나, 1990년대 이후로 역전되었다. 1동은 아파트단지가 증가하였고, 2동에는 무허가 '불량주택'이 많아졌다. 2동 주민은 1980년 1만 7천여 명에서 2010년 약 5천 명으로 감소하였다. 우암동 전체로 1980년대 약 4만 명이었던 인구는 최근에는 절반 수준인 2만 명 정도로 감소하였다. 그 결과 2013년 하나의 행정단위로 통합되어 버렸다. 인구 유출은 우암동에 위치했던 대규모 공업시설 이전과 항만기능 축소와 궤를 같이한다.9) 1970, 80년대 공업화의 영향으로 급팽창하던 우암동의 모습은 이제 거의 슬럼가로 변해가고 있다. 게다가 최근 진행되는 도시재개발의 가능성이 희박해지면서10) 젊은 층의 유출이 더욱 심각해지

---

8) 「피란민 애환 서린 '우암동 소 막사' 복원」, 『부산일보』, 2015. 2. 2.

9) 부산의 대표적인 목재회사인 성창목재, 철강회사인 연합철강이 외지로 이전하였고, 가덕 신항의 운영으로 부산항 내 부두시설을 이용한 물동량 유통이 줄어들고 있다. 이 영향으로 우암동 내 주민들의 일자리가 부족해진 탓도 있으나, 일자리를 찾아 들어오던 젊은 층의 발길이 끊어졌다.

〈그림 1〉 우암동 위치

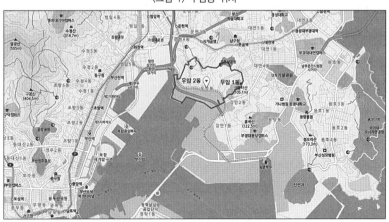

고, 마을은 급속히 노령화되고 있다.

필자가 우암동 피란민들과 접촉할 때의 마을 분위기는 인구 감소, 노령화, 경기침체가 급속히 진행되고 있는 상황이었다. 피란민들 또한 대부분 경제적으로 열악한 환경에서 배우자나 친구들이 한 명씩 곁을 떠나면서 외롭기도 하고, 각종 질병으로 고달픈 현재를 살아가고 있다. 생존한 피란민들은 일상생활에서 그동안 친밀한 관계를 맺어온 친구들과 노후를 보내고 있었다. 이번에 조사한 피란민들은 크게 이춘애 할머니를 중심으로 한 우암시장에서 함께 장사한 친구들, 정연옥 할머니 집에서 매일 고스톱으로 하루를 보내는 11통 친구들, 은하수경로당을 근거지로 하루하루를 같이 보내는 김갑순 할머니 모임들이다. 이들 모임은 특정한 장소를 매개로 매일 일정한 시간에 모여 옛날이야기나, 오락 등으로 하루 중 거의 반나절을 같이 보낸다. 대부분 나이는 80세 이상이고 자식들은 동거하지 않고,11) 남편은 모두 돌아가셨고, 할머니 혼자서 살아가고

---

10) 2015년 5월 우암동 주택재개발 사업에 참여할 건설업자가 없어 계속 유찰되고 있다.

11) 위 조사자 가운데 정연옥할머니만 아들과 동거하고 있다.

있다. 그리고 이 마을에는 친인척이 거의 없다. 하지만 나이 들어 친구들이 곁에 있다는 점에 안도한다.

〈표 1〉 우암동 피란여성 구술자 인적사항

	나이	출신	직업	남편직업	피란 이유	학력
이춘애	1928	함북 성진	바느질	노동	시아버지 민주당 간부	중학교 중퇴
장옥순	1928	황해 연백	가사→화장품/신발	석유상/부품상	전남편 경찰	
최복순	1939	함남 원산	양말공장/노동	노동	오빠 미군관련 업무	초등학교
송기숙	1927	평남 용강	식당/포목/이불	부두/한의사	남편 치안대	초등학교
김옥녀	1928	평남 진남포	장난감상	노동	남편 소방 공무원	중학교
김영자	1937	함북 청진	가사	노동/선원	아버지 의사	고등학교 중퇴
최금숙	1936	함남 원산	가사/식당	?		대학
정연옥	1932	함남 홍원	가사/타올/옷	노동	오빠 공무원	초등학교
김갑순	1929	평남 평양	쌀장사	노동	시아버지 민주당원	초등학교
김순년	1932	함남 홍남	가사	노동(미장)	오빠 미군부대 근무	중학교

　　다른 한편으로 경제적으로는 이 마을에서의 생활을 다르게 해석한다. 현재 할머니들은 우암시장에서 생활하는 몇 명을 제외하고는 모두 생업활동을 하지 않는다. 설령 시장에서 장사를 하는 할머니조차도 인구감소와 경기침체로 70, 80년대와 비교하면 돈벌이가 아주 적다. 자식들로부터 경제적으로 지원받는 할머니도 그다지 많지 않다. 대체로 기초연금을 받으면서 살아가고 있다. 조사한 할머니들은 하루를 일정한 친밀도를 지녀온 친구들과 관계를 통해 나름의 건강한 생활을 유지하는 것으로 보이지만, 자신의 경제력이 약하고, 자식들의 경제적 능력이 불안정하다는 점 때문에 현재의 삶이 만족스럽지 못하다고 생각한다. 그것은 피란민 할머니들이 자신의 경제적 위상을 친인척이나 친구들과 비교하거나 자식들의 사회경제적 지위를 비교하는 구술전략에서 확인 가능하다.[12) 재개발

---

12) "친구있는 데 다 딴 데로 이사 갔잖아요. 잘되어 가지고 나갔잖아요. 나만 여기

도 안되는 불량주택지 우암동에서 피란 이후 지금까지 살아온 피란민들은 자신의 삶이 실패한 것으로 기억하고 있다.

할머니들은 자신들이 이제는 부산사람, 혹은 우암동 사람이라고 생각하고 있지만, 가끔은 부산의 토박이들과 다르다고 생각한다. 음식이나 교육에 대한 열의에서 차이를 강조한다. 또 자신들의 문화가 토박이 문화에 영향을 줬음을 은근히 드러내는 화법을 구사한다. 자신들이 이 마을을 만들어 왔음을 강조하고 싶은 듯하다. 이처럼 할머니들의 경험과 기억은 다층적이다.

3. 피란민의 이주와 정착

한국전쟁 당시 부산은 전선에서 가장 먼 안전한 도시였다. 예상치 못한 피란으로 무작정 부산으로 몰려든 피란민에게 정부가 제공할 수 있는 수용소는 극장, 공장 등 넓은 공간이 있는 시설이 전부였다. 피란민 수용시설의 부족은 1950년 말 북쪽으로 진격했던 연합군과 국군의 철수와 함께 시작된 이북 피란민들의 이주로 더욱 심각해졌다. 1·4후퇴 당시 부산 시내 피란민 수용소는 적기수용소, 영도 대한도기회사, 영도 청학동, 대연고개, 남부민동, 당리 등이었다. 모두 7만 명 정도밖에 수용할 수 없었다.

<표 2>는 1951년 1월 16일 조병옥 내무부장관이 대구와 부산에 집중된 피란민을 분산 거주시킨다고 지령한[13] 후 부산 거주 피란민들의 거제도와

남았잖아요."(송기숙 증언)

13) 조병옥 내무부장관은 부산 피란민 가운데 제주도 4만 명, 거제도 10만 명, 그 외 밀양, 양산, 김해, 창원, 통영 등지로 분산시킬 계획을 세웠다(『동아일보』, 1951. 1. 15(2)3).

제주도 이주를 확인할 수 있는 자료이다. 2주일 동안이지만 수용소 수가 76개에서 45개로 줄어들고, 그에 따른 수용 피란민도 6만여 명에서 3만 명 미만으로 줄어들고 있다.

〈표 2〉 부산 피란민 수용 현황

조사기간	수용소 수	전주 수용인원	금주 수용인원	피란민 소개인원 (1951년 1월 31일까지 누계)
1951년 1월 28일~2월 3일	76개	61,537명	42,282명	거제도 7,833명(적기→거제) 제주도 20,975명(부산→제주)
1951년 2월 4일~2월 10일	45개	23,416명	27,949명	

출전 : 社會部, 『救護狀況週報』 제4호(1951년 1월 28일~2월 3일), 『救護狀況週報』 제5호(1951년 2월 4일~2월 10일)

적기수용소라 불린 우암동 피란민 수용소가 본격적으로 조성된 것은 1950년 12월 20일 무렵으로 보인다. 당시 농림부 관료의 증언에 따르면 일본으로 한우를 수출할 계획으로 소 막사를 수리해 두었는데, 피란민 수용소로 사용하게 되었다고 한다.[14] 이곳은 뒤에 우암2동이 되었다.

가장 많은 수용능력을 가진 적기수용소는 현 부산시 남구 우암동에 위치하고 있었다. 사용하지 않는 빈 공간으로서 넓은 곳을 찾다보니 이곳이 선정된 것으로 보인다. 수용소 건물은 1909년 「수출우검역법」의 실시로 조선의 소를 일본으로 수출하기 위해 검역을 하던 '부산이출우검역소(釜山移出牛檢疫所)' 시설물들이었다. 조선에서 발생하는 우역(牛疫)으로부터 일본 제국주의를 보호하기 위한 경계였다. 검역소에는 소막사 19동(40우사)을 비롯한 관리시설, 해부실 및 소각장, 각종 창고 등 약 40여 동의 건물이 있었다. 이곳에 소 검역소를 설치한 이유는 지리적인 특징과 관련 있었다. 검역소는 부산항과 마주하면서도 육로는 암벽과 바다가 가로막고 있어 부산 시내와 격리된 공간에 위치하였다. 공간적으로 분리되

---

14) 부산일보사, 『임시수도천일(하)』, 부산 : 부산일보사, 1984, 232쪽.

어 전염병으로부터 안전을 확보하면서 동시에 부산항에서 감시가 가능한 위치였다.[15] 이러한 자연 지리적 환경에 피란민수용소를 조성했기 때문에 피란민들의 생활도 고립될 수밖에 없었다. 소 검역소에 피란민들이 수용되기 전 먼저 이곳을 이용한 부류는 해방과 동시에 귀국했던 귀환동포였다. 지금도 우암동에는 귀환동포의 증언을 들을 수 있다. 귀환동포와 피란민들은 동일한 공간에서 타 지역에서 이주해 왔다는 공통점을 가지면서도 경쟁할 수밖에 없는 관계이기도 하였다.[16]

우암동에는 사회부 직할의 적기피란민수용소(부산 제2피란민연락사무소)가 운영되고 있었다. 수용소장은 부산시에서 파견되었다. 피란민들 또한 자치회를 조직하고, 자치회장을 두어 내부 관리를 담당하고 있었다. 배급도 15세 미만과 60세 이상자에 한하여 1인당 하루 3홉 정도로 주어졌다.[17] 이처럼 피란민수용소가 설치되었고, 이와 관련한 몇 가지 기반시설이 있어, 피란민의 이주가 가능했다.

우암동에서 피란생활을 보낸 피란민의 출신지는 이북이 많았을 것으로 추정되지만, 서울 피란민학교가 있었던 것으로 봐 서울 피란민도 적지 않았던 것으로 보인다. 현재 우암동에서 생존한 피란민들의 이야기 속에서 우암동으로의 이주시기, 이주경로, 이주원인 등에 대해 확인할 수 있다.

1-A (흥남부두에서) 엘에스티선 타고 거제도 장승포 도착, 조그마한 배에 나눠타서 내렸다. 거기서 우리가 배치가 받은 데가 둔덕면이라. 하루종일 걸어서 갔는데. 학교에 수용했는데…. 이 학교 교감 말이 여기

---

15) 차철욱, 「일제강점기 조선소[朝鮮牛]의 일본수출과 관리시스템」, 『역사와 경계』 88, 부산 : 부산경남사학회, 2013. 9, 252쪽. 일제강점기 말 우암리 앞바다의 매립으로 교통로는 확보되었으나, 많은 사람들은 해안도로보다 장고개를 넘어 문현동을 거쳐 시내로 이동하였다.
16) 임시수도기념관, 『우암동 사람들의 공간과 삶』, 부산 : 신흥기획, 2014, 122쪽.
17) 「적기피난민수용소를 차저」, 『민주신보』, 1952. 3. 21.

계시지 말고 고개를 하나 넘어가면 성포가 있으니까… 부산으로 갈
수 있다고 하더래요. 성포로 가라더라고요… 고향 사람들이 한 열
몇 명 밤에 도망쳐서 성포갔어요…. 성포에서 부산가는 것은 쉬웠어
요… 성포에서 우리가 한 일년 살았는데. 우리 시아버지가 고향에
빨리 가시고 싶어서 부산에 가야만 했지… 그래가 영도 남항동에
자리 잡았거든 신통하게 뭐 할게 없어요. 부두에 거기다 판잣집을
하나 짓고 식당을 했어요… 오빠 물으니 적기산다 그래요… 그때
찾아서 파란민수용소를 찾아서… 물어봤거든요… 우리 오빠가 거기서
살고 계시데요. 그래서 그때 만났어요. 피란민수용소에 피란민들이
일을 보고 있었어요.(이춘애)

1-B 진지동서 진남포까지 30리거든요. 내리가지고 거기오니까 항구도시
니까 거기서 미군들이 태워줬지… 인천대면 그 다음에 부산왔지. 부산
와서 내리니끼니. 부산에서 군인들이 큰 트럭을 가지고 왔더라고요…
타라해서 붙잡아 타가지고, 동서남북을 모르죠. 타니까니, 가더니,
군인들이 지금 알고보니. 거기가 거제리랍니다… 거제리서 비밀조사를
다 받고… 공산군에게 구박받은 사람은 나가서 벌어먹을 수 있는
사람은 나가라하더라고요… 문현동 하코방에서 살 때… 문현동에서
한 2년 살았는지… (집 주인이 송기숙 남편의 부하 직원의 월급을
훔쳤음)… 거기서 오래 못있겠데요. 무서워요. 그래가 여기 왔지요…
요 옆에 임용훈이라고, 여기와서 통장했어요. 우리하고 한 동네서
왔는데… 제일 먼저 오기는 임통장 오빠야가 먼저 와가지고 우리보단
먼저 와서 자리 잡았더라고요… 우리가 여기와서 자리 잡고 앉았잖아
요. 우리 집안이니 진지동이라는 데가 안커요. 다 왔어요. 사람 살고
있다고 와가지고. 진지동 청년들은 한 몇 십 명 될거예요.(송기숙)

1-A와 1-B는 출발지가 서로 다르다. 전자는 함경도, 후자는 평안도였다.
출발지의 차이가 부산에서 정착과정에 커다란 차이를 보인다. 구술자료를
토대로 확인할 수 있는 것처럼 우암동에 정착한 피란민들의 피란 시기는
모두 1·4후퇴였으며, 이주해 온 피란민들의 경로는 교통수단에 따라

크게 걸어서 이동하는 경우와 미군이 제공하는 LST선 혹은 개인 선박을
이용해 바다로 이동하는 경우로 나누어 볼 수 있다. 그리고 부산으로
들어온 시기는 피란과 동시에 부산에 들어온 경우, 거제도에 일시 정착했다
가 들어온 경우, 동해안의 대표적인 항구도시를 거쳐 부산으로 이주하는
경우 등 다양하였다. 피란민의 대부분은 곧바로 부산으로 들어올 수
없었는데, 간혹 곧바로 들어오기도 했으나 대부분 부산의 다른 곳에서
생활하다가 우암동으로 들어오는 사례가 많았다. 피란민이 1950년 12월
이후 유입제한조치와 타 지역 분산정책으로 곧바로 부산으로 이주하는
것은 어려웠으나, 피란민들의 구술에 따르면 이러한 사례도 적지 않았던
것으로 보인다. 부산에 곧바로 정착할 수 있었던 피란민들은 포로수용소에
서 사상검증을 받은 뒤 풀려나야만 피란생활을 할 수 있었다. 함경도
피란민들은 거제도로 먼저 갔다가 부산으로 이주하는 사례가 많았다.
거제도 내에서도 장승포 인근, 칠천도, 둔덕, 성포 등 섬 전역으로 흩어졌다.
　그리고 최종적으로 우암동에 들어와 정착하는 것은 단순 거주지 문제와
일자리 등 몇 가지 요인에 의해 결정되었다. 1-A의 경우 오빠, 1-B의
경우처럼 지인 혹은 친구의 알선으로 들어올 수 있었다. 지인의 소개가
피란지 선택에 영향을 끼치는 사례는 부산 여러 지역에서 확인 가능하다.
그래서 특정 공간에 같은 마을 혹은 친척들의 이주가 많이 확인되었다.
1-B의 사례도 보면 평안남도 용강면 진지동 사람들이 이 마을로 대거
이동했다는 것을 확인할 수 있다. 이주는 주거시설과 일자리가 연동되어
있었다. 대부분 지인들의 추천으로 이주할 경우 이주 후 일자리를 마련하는
경우가 많았으나, '미창'[18]이라는 창고에서 노동일을 하게 되면서 이주해

---

18) '미창(米倉)'은 1930년대 조선총독부가 일본으로 쌀 수출을 조절하기 위해 부산
　　부두 여러 곳에 설립한 창고이다. 일제 강점기 말 조선운수주식회사와 밀접한
　　관계를 가지게 되는데, 이 회사의 이름이 '마루보시(丸星)'였다. 그래서 부산의
　　피란민들은 미창과 마루보시를 동일 회사로 이해하였다. 실제로 마루보시는
　　1962년 조선미곡창고와 합병해서, 1963년 대한통운으로 변신하였다. 지금도

들어오는 사례, 감만동 방면에 미군부두가 있었기 때문에 여기서 생계수단을 확보하는 사례도 많았다.[19]

피란민들이 경험한 주거시설을 살펴본다. 적기수용소의 주거시설은 관에서 제공하는 소 막사를 기본으로, 천막, 판사(板舍)와 피란민들이 직접 만들었던 하꼬방으로 구분할 수 있다.

2-A 막사에도 가마니 하나씩 주더라고요. 소막사에서… 그래 거기서 자고 먹고 하면서, 뭐 있어요 먹죠. 뭐 먹을거 주지는 않았습니다. 아무것도 안줬거든. 뭘 먹고 살겠어요… 할아버지 만나가지고 우암동에, 여기와서 그때는 다 텐트치고 살았거든요, 그래가지고 할아버지 만나가지고서는 할아버지가 저 6통에 하코방 하나 해 놓은게 있데, 거 가서 살다가 이리로 이사왔잖아요.(장옥순)

2-B 우리 남편이 직장이 그냥 다니니까 여기는 논도 밭도 없고, 여기다 이제 피란민 많으인까 하얀 텐트를 쳐줘가지고 그래가 여기와 있었다 아니요. 남편이 거제 있을 때 여기 그냥 노가다하러 왔지. 그래가 있다가. 요개 하얀 텐트 쳤는데… 하루 아침에 불이났는기라 기름 탱크가 있었거든. 부두에. 기름을 가져다가 불을 땠거든. 불 때서 밥해먹고. 저짝에서 불이 나니까 하얀텐트 금방 불이 붙더라고. 갈 데가 없어서 초등학교 있었는데, 거기 가 있다가 요게 나라에서 이다(합판)로 집을 지어줬잖아요. 이날 여니껏 산다 아닙니까(김갑순)

2-A의 사례에서 확인할 수 있는 것처럼 우암동에는 피란민들이 생활할 수 있는 집이 있다는 소문이 있었고, 소 막사는 무료로 제공되었다. 여기로 배정된 사람들에게는 가마니도 한 장씩 배정되었다. 주로 바닥에 까는

대한통운 창고는 우암동에 위치하고 있다.

19) 한국전쟁 당시 우암동 앞 매립지에는 미군 관련 시설이 많았다. 병기물자를 취급하던 OBD(Ordnance Base Depot), 8기지창, 우암역 주변의 유류와 통신설비를 담당한 부대시설, 자성대 매축지 일대에 55보급창 등이 위치했다.

용도로 사용되었다. 소 막사 내부는 어둡고 환기가 잘 되지 않아 위생상태
가 나빴던 것으로 보인다. 그리고 소 막사에 들어가지 못한 피란민들은
2-B의 사례처럼 빈 공간에 텐트를 쳤던 것으로 보인다. 1952년 현재 천막이
약 130여 동 있었다.[20] 문제는 이들 건축자재가 화재에 취약했다는 점이
다.[21] 화재로 인한 이재민에게 정부는 합판으로 새 집을 지어줬다. 물론
정해진 기간 이내에 마무리하지는 못했지만 당시 화재를 경험한 김갑순은
지금까지 같은 집에서 살고 있다. 화재가 났을 때 재건축하는 것도 쉽지
않았다. 무허가 건물은 철거대상이었다. 정부로부터 주거시설을 제공받지
못할 때는 개인이 직접 빈 공간을 찾아 집을 지어야 했다. 대체로 나무
조각이나 박스를 구해다 하코방을 지어 살았다. 하지만 집지을 공간을
찾는 것은 쉽지 않았다. 심지어 1958년 결혼하고 하수도 위에다 짓고
살았다는 최복순의 이야기에서 당시 주거시설의 여건이 좀처럼 변하지
않았음을 확인할 수 있다.

이러한 주거환경 때문에 마을 사람들의 위생상태는 불량하였다. 마을
입구에 위치한 적기구호병원은 마을 주민이나 부상당한 군인들이 치료를
받을 수 있는 곳이었다. 1951년 초 적기수용소 피란민의 약 50% 이상이
폐결핵 환자라는 사실은 당시 피란민들의 위생상태를 잘 말해준다.[22]

우암동으로 모인 피란민들은 한국전쟁 이후 1960년대 초반까지 외부와
소통이 그다지 원활하지 않았던 것으로 보인다. 부산 시내와 우암동은
분리된 공간으로 남아있었다. 중앙동 방면으로 갈 때에는 적기부두에서
배를 타고 다녔고, 부산진시장 방면은 장고개를 넘어 다녔지, 오늘날과

---

20) 「적기피난민수용소를 차저」, 『민주신보』, 1952. 3. 21.
21) 우암동 피란민마을에는 1953년 1월과 2월에 각각 대규모 화재가 발생하였다(「우
   암동피난촌에 대화」, 『동아일보』, 1953. 1. 4, 「식량의류 등을 급여 우암동화재민에
   당국서 응급조치」, 『동아일보』, 1953. 1. 5, 「시내 우암동에 대화 백삼십여세대
   전소, 등잔불에서 발화」, 『동아일보』, 1953. 2. 20.)
22) 「요양소냐 수용소냐」, 『동아일보』, 1951. 2. 12.

같은 도로망을 이용한 교통편은 없었다. 따라서 적지 않은 인구가 살았던 우암동에서는 '국제시장 축소판'으로 불릴 정도의 다양한 상품을 판매하는 시장이 존재하는 한편, 공동목욕탕, 구호병원, 학교, 성당, 교회 등 여러가지 시설들도 배치되었다.[23]

고립되었던 우암동 피란민 마을이 점차 부산의 전후복구와 궤를 같이하면서 항만시설과 노동력을 이용한 경제기반이 확보되기 시작하였다. 부두에 위치한 대한통운창고,[24] 미군부대 시설, 양말공장으로 대표되는 소규모 공장, 성창목재, 광명목재 등 노동집약적인 공장이 이전 혹은 설립되면서 우암동 피란민 마을은 새로운 변화에 직면하게 된다. 그 결과 한국전쟁 당시 약 6천여 명이었던 우암동의 인구는 전쟁이 끝난 후인 1955년에는 14,267명, 1958년 15,013명으로 증가하였다. 거제도 등 부산 외곽에 살았던 피란민을 비롯한 유랑민들의 유입 때문으로 보인다.

4. 피란여성들의 전쟁경험

우암동 조사과정에서 만난 피란민의 대부분은 여성이었다. 그동안 다른 공간에서는 남성 피란민들도 조사대상에 포함되었으나, 이번 조사에서는 거의 포함되지 못했다. 현재 우암동에 생존한 피란민 가운데 남성 피란민이 없는 것은 아니다. 대체로 부산의 다른 지역과 비교하면 적게

---

23) 「적기피난민수용소를 차저」, 『민주신보』, 1952. 3. 21.
24) 한국전쟁 당시 수입되는 양곡과 비료는 대체로 적기부두를 통해 하역되었다. 이와 관련한 에피소드의 하나를 소개한다. "참새가 방아깐을 거저는 못지나간다는 속담도 있거니와 적기부두에서 일하는 인부가 하루 평균 삼백 명인데, 이들이 저녁때면 벤도와 호주머니에 부두에 쌓아놓은 외자 양곡을 슬적 가지고 가는 수량이 월평균 백오십 가마에 달한다고…"(「휴지통」, 『동아일보』, 1952. 10. 29.)

생존해 있는 것은 사실이다. 우연히도 필자가 조사한 구술자들의 남편은 모두 사망한 상태였다.[25]

이번 조사에서 하나의 특징이기도 한데, 이북 피란민들의 피란동기가 대체로 남성의 사회적 활동과 깊은 관련이 있었다는 점이다. 이런 점이 남자 독신 피란이나 가족과 이별한 소규모 피란의 원인이 되었던 것으로 보인다.

우암동 피란여성들의 피란은 주로 남성들의 피란 의지에 달려있었다. 결혼한 여성들의 경우 시아버지나 남편, 미혼인 경우에는 아버지나 오빠의 피란 이유와 관련 있었다. 그런 만큼 피란과정이나 피란살이에서 남성의 권위는 절대적이었다. 남자가 민주당원, 정치대(치안대) 활동, 순경 등 공무원 경력자, 미군부대 근무자 등으로 반(反)노동당 혹은 반(反)인민군의 이력이 피란을 자극했다.[26] 이북을 탈출하는 과정은 긴급하게 진행되었다. 대부분 피란민은 피란을 예측할 수 없었고, 그 기간이 장기화 될 것이라고는 생각하지도 못했다. 자연히 피란 준비가 부실했다. 몇 번의 죽음 고비를 넘기고 먼 거리를 이동하거나, 죽음을 건 피란선 타기, 가족과 헤어지는 사연들이 이 무렵 만들어졌다. 피란의 성공 여부는 오로지 개인의 노력에 달렸다. 국가는 아무런 책임을 지지 않았다. 김갑순은 피란과정에서 출산하고, 그 후유증에 시달려야 했다. 피란하는 일에 여성들은 아무런 발언권이 없이, 남성들의 의사에 따라야만 했다.

어렵게 내려온 피란지에서 먹고살기 위해 여성들은 남성에 의존할 수밖에 없었다. 이춘애는 현재 자신들이 가난하게 사는 이유가 '지혜롭고 똑똑한' 시아버지가 일찍 세상을 떠난 때문이라 생각한다. 김영자는 엄마

---

25) 위 구술자 가운데 이춘애만 2013년 조사 당시 남편이 생존해 있었으나, 2014년 사망했다.

26) 피란의 이유가 반노동당 혹은 반인민군의 이력 때문이라는 구술은 남한에서 정착을 위한 필요에서 재구성되기도 한다.

를 구타하고 작은엄마와 사는 아버지가 미웠지만 학교를 다니기 위해 아버지의 경제력에 의존하지 않을 수 없었다. 최복순의 올케 언니는 틈만 나면 피란 과정에서 헤어진 남편을 찾아 다녔다.

피란여성은 남자, 즉 결혼한 여성에게는 남편, 미혼인 여성에게는 아버지 혹은 오빠의 행패를 감당해야 했다. 대체로 남편의 무능력, 남자의 권위는 여성을 멸시하는 형식으로 나타났다. 남편 때문에 고생했다는 구술자들 대부분은 남편에 대한 구술에서 막힘이 없다. 이춘애의 경우 무능력한 남편을 23년 동안 병간호한 데 대해 이북오도민회로부터 효부상을 받기도 했지만, 그다지 영광스럽게 생각하지 않는다. 지난 해 남편이 돌아가셔서 서운하냐는 조사자의 질문에 효부상 받은 여성답지 않게 오히려 남편 흉을 보기 시작한다.

피란여성들이 경험한 전쟁의 고통 가운데 하나는 경제문제였다. 전쟁 전 이북에서 다소 넉넉했던 경제사정과는 완전히 다른 경험을 하지 않을 수 없었다. 피란여성은 송기숙처럼 이북에서 냉면가게를 운영한 경험이 있었던 사례도 있었으나, 대부분 부유하게 살았던지 아니면 남편의 직장 덕분에 편안한 생활을 하다가 피란 후 정착과정에서 어쩔 수 없이 돈벌이에 나서야 하는 상황에 직면했다. 여기에는 특히 남편의 경제력과 밀접한 관계가 있었다. 앞서 언급한 것처럼 남편이 무능력해 제대로 된 일자리를 구하지 못했거나, 아니면 구했다고 하더라도 우암동의 환경과 관련 있는 노동이 대부분이었다. 노동의 특성상 수입이 부정기적이었고, 신체적인 조건에 따라 수입원이 불안정했다. 피란여성들은 가사, 육아, 자식 교육을 책임지면서 남성들의 부족한 경제력을 보충하지 않으면 안되었다.

3 우리 오빠가 술을 좋아했어요. 술을 좋아하다 보이까 그렇고…. 그러자 참 그렇게 하자 나이가 들잖아요. 내가 양말 짜는 공장에 다녔어요.

고 때가 열 다섯 여섯 살 됐어요. 양말 짜는 공장은 우리 집 옆에 자그마한 곳에 있어요… 일원 하나 안 떼고, 오빠 죄로 올케언니한테 말대꾸도 한번 못해보고, 봉투채로 살았어요… 시집와서는 애기 없을 때는 양말공장 가서는 양말도 짰어요. 배워가지고 양말도 짜고, 그러다가 애기가 배 놓으니까 일하러 가지 말라하데요… 애 놓고, 돈이 없으니까 살아야 되니까네. 진시장에 스웨터, 뜨개짜는거 그거 갖다가 진시장에서 가게에서 실타래로 이고 와가지고, 공작실을 쉐타를 짜서 인자 하고, 마 하여튼, 바지를 짜고 그런거를 많이 했어요. 수도 놓고, 애들 양말에다 요런데다가 수 놓고, 어찌됐던가 그리 배워가 했어요. 또 거기 없으며는 미군들 사제 옷 입는거 그런기 큰기 들어오며는 갖다고 노나 주는 사람이 있어요. 그것도 짝짝 째고, 실로 빼야 되요, 안긇어지거로. 그런것도 주고 돈도 만들고… 할아버지는 막노동하는데… 그것도 없었어요. 막노동 하며는 어데라도 오라하면 가고. 집일도 하고, 회사에서 저런 배에서 물건 많이 들어오면 사람 몇이 댕기면 그런데도 가고. 그렇게 일했죠. 애들 때문에 못 다니고. 동네서 일했죠. 뜨개질 등. (최복순)

피란여성들이 노동에 참여하는 계기는 대체로 남편의 무능력, 자식들의 교육이 중요하였다. 위 구술자료처럼 최복순은 오빠의 무능 때문에 올케의 눈치로 어린 나이에 양말공장에 다닐 수밖에 없었다. 그 외에도 이춘애는 시아버지가 선물한 재봉틀을 이용해 시장에서 옷을 만들어 생계수단으로 삼았고, 송기숙은 마을에서 남편과 오빠가 미군부대에서 가져나온 음식찌꺼기로 국밥장사를 했다. 노동현장은 대체로 가사노동을 동시에 수행할 수 있는 마을 내에서 주로 이루어졌다. 육아도 노동과 동시에 진행되었다. 피란여성들의 노동이 시장과 그 주변, 공장을 다니더라도 마을 내 있던 소규모 공장이나 가정에서 할 수 있는 일이었다. 시장에서 장사를 한 피란여성들의 노동과 수입은 부업이라기보다 가정 내 주 수입원이 되었다. 이 시기 여성의 경제활동이 과연 여성의 지위를 높여주는 계기가 되었을까.

여성의 경제활동이 기존의 가족제도와 가정윤리를 파괴해서는 안되고 특히 모성을 실천하는 요소가 강했다는 점에서 지위 향상으로 이어지지 않았다고 보는 견해,[27] 다양한 형태의 직업여성, 행상, 노점상, 막노동 등으로 참여한 여성들의 증가는 가정 내에서만이 아니라 제도적으로 여성의 지위를 확대하는 계기가 되었다는 논리가 맞서있다.[28] 우암동 피란여성들의 외형적인 경제활동을 보면 전자의 요소가 강하다. 이춘애는 무능한 남편의 병간호를 23년간이나 하였고, 송기숙은 자신의 몸이 병들 정도로 노동을 해도, 남편의 가부장적인 권위를 인정해야 한다는 사고가 여전히 남아있다. 그래서 여성의 자기권리 찾기를 경제활동과 가족과의 관계에서만 찾을 것이 아니라, 여성들이 만들어 가는 또 다른 '자기 안전망'에 관심을 가질 필요가 있다.

한편 피란여성들의 피란지 경험 가운데 대표적인 것으로 결혼을 들 수 있다. 10대 초 중반에 피란 온 여성들은 아버지나 오빠 등 남성들의 요구로 결혼하였다. 결혼의 전제조건으로 우선시 된 것은 상대가 같은 고향 혹은 이북출신이어야 한다는 점이었다. 전쟁이 끝나거나 통일이 되면 함께 고향으로 가야한다는 담론이 지배적이었다.[29] 김순녀는 경제적인 환경 때문에 "거제 총각 인물 좋데요. 아무것도 없으니까 눈도 못 떠보고" 피란민과 결혼했다. 이북 출신과 결혼이 단순히 귀향이라는 논리만이 있었던 것은 아니었다. 경제력이나 환경의 차이 때문에 경상도 사람들에게 피란여성들이 받아들여지지 않았던 것으로 보인다.

결혼에서 선택권은 여성보다는 친정 보호자나 남편에 있었다. 무엇보다 더 중요한 것은 여성 보호자(아버지, 오빠) 입장에서 결혼은 '입을 하나 더는' 일이었고, 생활고를 벗어나기 위한 방편이었다. 남자 측의 입장에서

---

27) 김혜수, 앞의 글, 2000, 441~442쪽.
28) 이임하, 앞의 책, 2004, 152~153쪽.
29) 임시수도기념관, 앞의 책, 39쪽.

는 노동력 확보였다. 최복순은 벌이가 마땅찮은 오빠의 강요로 결혼할 수밖에 없었고, 무능력한 남편 때문에 평생 오빠를 원망하면서 살았다고 한다. 남성 위주의 결혼은 큰 나이 차이에서도 확인할 수 있다.

그리고 피란여성들에게 중요한 문제는 출산이었다. 피란여성에게 출산은 의무였지 권리가 되지는 못했다.

> 4-A 여기 와서 자꾸 애를 낳으면 죽고 그래요. 우리는 애 못 키우는가 보다. 그래서 우리는 미국으로 이민가자. 애가 하나 둘도 아니고 많이 죽으니까. 신청했어요. 신체검사 다하고, 신체검사 합격해야 가지, 못갔어요.(송기숙)

> 4-B 그러다 어머이가 애기 안 생긴다고 약도 해 먹이고. 3년 만에 애기가 하나 생기데요, 그래 가지고서는 난다고 난기 아들 낳었어요… 애기 없다고 뭐라 해가지고 구박해가지고, 약도 많이 해두 주고 그랬어요. 시어머니하고 한 방에 육년 살았습니다.(최복순)

위 자료는 자식을 낳지 못하는 여성의 경우 가부장적인 질서 속에서 시어머니나 남편으로부터 어떤 대우를 받았는가를 잘 보여준다. 결혼 후 낳은 5명의 자식을 잃은 송기숙은 이웃보기에 부끄러워 이민을 결심하기도 했지만, 항상 남편으로부터 무시당하는 빌미가 되었다. 최복순은 시어머니와 같은 방을 이용하면서 3년 간 아이를 낳지 못해 구박을 피할 수 없었다. 하지만 모든 책임은 며느리에게 있었다.

피란여성들은 남성 위주의 피란과 남성의존적인 피란생활, 무능한 남성의 경제력과 경제활동의 참여, 결혼 출산 등 가부장적 질서 속에서 배가된 전쟁과 피란의 고통을 경험하였다.

5. 피란여성의 생활주기와 공간 만들기

피란여성들이 피란생활 중 경제활동에 참여한다고 해서 남성중심의 피란과 가부장적인 질서를 해체할 수 없었다. 그러나 생활공간과 인간관계가 피란 이전과 달라지면서 새롭게 자신의 삶터를 만들어야 했던 피란여성들이 능동적으로 자신의 환경을 바꿀 수 있는 가능성은 열려 있었다. 피란여성들이 피란 이전의 질서를 바꾸어가는 방식을 '생활주기'를 통해 확인하려고 한다. 생활주기란 인간이 생존을 위해 필요한 거주(가사, 육아)-일터(노동)-휴식(여가)의 순환을 말한다. 생활주기의 각 요소들은 경험방식에 따라 의미를 생산해 낸다. 경험방식이란 '머물면서 실제적 기능'을 하느냐 그렇지 않으면 '스쳐 지나' 버리느냐로 구분된다.[30] 생활주기가 작동하는 범위를 생활권이라 한다. 우암동 내 여성과 남성의 생활주기의 차이에서 여성의 능동성을 확인해 보려는 것이다. 이를 위해 두 가지 측면의 관계를 주의 깊게 관찰할 필요가 있다. 필자가 그동안 부산의 피란민 정착과정에서 중요시 한 부분이 공간(생활권)과 인간, 인간과 인간의 관계였다. 이 관계를 생활주기와 관련시켜 검토해 보려고 한다.

이번 조사과정에서 확인할 수 있는 특징 가운데 하나는 고령화 된 피란여성들이 하루를 같이 보내는 그룹이 세분화되어 있고, 각 그룹의 친밀도는 수십 년 이상 긴 시간을 통해 형성되었다는 점이다. 2절에서 편의상 구분한 이춘애(친목계), 정연옥(11통 친목계), 김갑순(은하수경로당), 최복순(친목계) 등이 생활하는 공간은 우암동으로 이주하면서 처음 정착했거나, 아니면 우암동 내에서 한 두 차례 이사를 하더라도 최소한 결혼하면서부터 살게 된 곳이다. 그리고 이들이 서로 매일 매일 만나서 하루를 보내는 사람들은 적게는 30년 많게는 60년 정도를 같이하고 있다.

---

30) 김성도·박상우, 「서울의 공간적 의미 작용에 대한 기호학적 시론」, 『기호학연구』 27, 한국기호학회, 2010, 45~53쪽.

이 숫자는 현재와 같은 모임 방식(공식적인 계모임)이 형성된 것을 의미하고, 생활공간을 매개로 한 인간관계는 그보다 더 오래되었을 것으로 보인다. 긴 시간을 같이 생활해 오면서 타 지역으로 이사를 하거나, 세상을 떠난 사람도 있으나, 현재까지 유지된 관계가 구성원들에게 주는 의미는 특별하다고 할 수 있다. 관계의 유지에는 공간적 조건이 중요한 역할을 한다는 전제가 필요하다. 도시재개발이나 도시계획에 의한 공간변형은 사람들의 관계를 바꿔 놓기도 하기 때문이다.[31]

여성들은 남성노동의 부족분을 메우기 위해 경제활동에 종사하지 않을 수 없었다. 남편이 무능력하거나, 수입이 적었던 구술자들은 대부분 '자식을 키우기 위해서'라도 경제활동에 참여하지 않을 수 없었다고 한다. 미혼이면서 어린 나이에 보호자를 따라 피란한 여성은 보호자의 행패(아버지가 어머니를 구타, 오빠의 술주정)에도 불구하고 경제적으로 의존할 수밖에 없었고, 나이를 먹어가면서 '눈치 보여서' 일자리를 구하지 않을 수 없었다.

우암동 여성들은 가사노동과 육아를 기본으로 하면서 경제활동을 해야 했기 때문에 마을 내에서 종사 가능한 업종을 선택했다. 이춘애의 사례는 우암시장을 공간적 배경으로 한다. 우암시장은 식민지시대 소 막사의 일부와 공터에 세워졌다. 소 막사는 내부 공간 폭이 깊어 주거공간과 경제공간을 동시에 만들 수 있었다. 구조는 지금도 그대로이다. 비좁은 시장 골목을 사이에 두고 가게가 밀집해 있었다. 그리고 쌀장사를 했던 김갑순의 경우도 조그마한 하코방이 주거공간인 동시에 경제공간이었다. 장사가 아닌 부업의 경우는 마을을 떠난 경제활동 보다 마을 내 혹은 가정 내에서 이루어졌다. 경제적 여유가 없던 시대 우암동 여성들의

---

31) 최복순이 참여하는 친목계는 구성원이 생활하던 공간에 도로가 만들어지면서 타지역으로 이사하는 사례가 생겼다. 이 친목계는 한 달에 1회씩 모임을 하고 있으나, 구성원 사이의 일상생활을 같이 하는 친구들이 줄어들고 있다고 한다.

경제공간은 거주공간(가사, 육아)과 거의 일치하고 있었고, 휴식 또한 거주공간 범위를 벗어날 수 없었다. 이러한 공간적 특성이 피란여성들의 생활주기인 거주(가사, 육아) - 일터(노동) - 휴식(여가)이라는 요소를 규정지었다.

이처럼 피란여성들의 삶터가 경제공간이면서 동시에 주거공간이라는 특징 때문에 좁은 공간 내에서 가족 외의 타인과 인간관계 형성의 기회가 열려있었다. 반면 남성들에게 주거는 여성들과 같은 공간에서 행하지만 노동은 마을 내부보다 외부에 위치한 부두나 그 밖의 노동현장에서 진행하였다. 때문에 노동하는 시간만큼은 여성과 분리된 생활주기를 가질 수밖에 없었다. 여성과 남성의 생활주기 차이가 여성들로 하여금 가부장적인 질서를 요구하는 남성의 감시와 통제로부터 자유롭게 만들었고, 여성들이 이웃과의 새로운 인간관계를 형성할 수 있는 기회가 되었다.

> 5-A 우리 열세명이 전부 이북서 나온… 스물 세살 네살 계를 해가지고, 친자매들처럼 지냈어요. 요 동네서 전부 장사를 모두 하고… 우리 작은 아들이 55살이거든요, 55년(1958년) 됐습니다. 걜마 태어나가지고 우리가 계를 모았거든요. 친구들이 우리 이러지 말고 말이지 우리 외로운 때에 우리 형제계를 모으자 해가지고, 형제계라고 했어요. 참 재미나게 지냈어요. 뭐 아들이 장성해서 시집갈 때는 음식해서 이리 다 하고, 참 재미있게 지내고 그리했는데…(이춘애)

> 5-B 계모임은 요, 처음에 이북에서 나온 사람만 계를 모으자 그리 되었거든요. 그래서 계를 모으자 해가지고, 그때만 해도 열 몇 명인가 했는데, 모두 요 저 도로에 모두 집이 있었거든요. 가까이 있었어요. 그렇는데 거기 다 도로가 나니까 뜯기고 뿔뿔이 헤어졌어요. 지금 우암동에 있는 거는 나하고 친구 정덕엽이 그리 있는데, 정덕엽이는 고향이 전라도고, 그러고 나서는 다 이북사람일겁니다. 지금 12명입니다. 계를 모을 때, 26살 때. 계라는 것도 모르고 있었는데. 우리가 계하나 하자

해가지고 계를 했어요… 그때 애들 때문에 못 다니고, 내나 그런거
했지요. 집에서 하는 일을 했는데. 친구들도 동네서 일하고 그랬어요.
그 당시에 뜨개 짜는 사람 짜고, 지 나름대로 할 것 있으면 하고.
길이 난 거는 한 십 몇년 전. 그래가지고선, 다 기장 간 사람도 있고,
저기에 당감동 이사간 사람도 있고, 영도간 사람도 있고…(최복순)

5-C 그때는 한참 친구들이 덜했지. 벌이 먹는다고. 그 담에 조끔 여유생기
니까 친구 하나씩 둘씩. 생겨서. 모여가지고 그래 놀고 그러니까 초등학
교 졸업 그때 중학교 들어가고 졸업하고 그런 때. 그래 놓으니까 아들
학교 가고 나면 엄마들이 다 보내놓고 나면 빨래나 해 놓고 하루
종일 뭐하겠습니까. 앉아 놀기도 하고 그랬지. 대부분 피란민 곳이니까
피란민이 사니까 피란민 친구들이 조끔 있고, 여기 친구들이 한 서넛이
되고. 피란민 친구들이 많지. 지금도 아마 다섯이 여섯이 되는데, 전부
여기서 사니까 전부 피란민. 젊었을 때는 아저씨들 모두 계시고 하니까
계 하자 해 가지고, 여기 옛날에 11통되었거든요. 11통계 한다고 지금도
11통계라 합니다. 지금도 합니다.(정연옥)

5-D 같은 고향 사람들끼리 모두 계를 해 가지고. 이 동네 사람들끼리.
이제 그 형님(김갑순－필자 주)이랑, 같이 어불러서 같이 놀러도 다니고,
계도 지금까지 합니다. 피란와서부터 계를 모았습니다. 그래갖고 아들
다 치우고, 그런데 오래됐습니다. 경상도 사람들도 몇이 있어요. 그
뭐 한 달에 한 번씩 모이가 점심이나 먹고… 그래가 돈 조금 모아가지고
제주도, 속리산, 설악산에도 한 번 갔고. 계를 처음 모은 것은 아～들이
결혼 안할 때부터 했으니까 우리 큰 딸아가 올해 59인데… 초등학교
4~5학년 요렇게 그때부터 했는데(1970년 전후－필자 주), 시집장가
다 보내고 다했으니까… 계를 모을 때는 주변에 따개 따개 붙었습니다.
문 하나씩 있고, 따개 따개 붙었어요. 허허허허, 매일 보고 지금도
그리 붙어삽니다. 서로서로 품앗이 하고…(김순녀)

위 자료에서 확인할 수 있는 것처럼 피란여성들이 그들의 일상 생활공간

을 매개로 친구와의 관계를 만들어 갔다. 주거-노동을 반복하는 과정에서 생활주기가 비슷한 또래의 인간관계를 만들 수 있었다. 이번 조사과정에서 확인할 수 있었던 우암동의 계모임은 대체로 일상을 함께하는 친구모임이다. 물론 우암동의 계모임에는 남성들 중심의 마을 전체 계모임, 이북 피란민들 계모임, 상가번영회 등 다양한 종류가 있었던 것으로 확인된다. 계모임에는 유형에 따라 내부 구성원 사이의 친밀도는 달라질 수밖에 없다. 무엇보다 일상을 같이하는 모임이라면 친밀도는 더 높아질 수 있는 것이다. 친밀도를 형성하는 데는 공간적 범위도 중요하게 작용했다. 이번 조사 과정에서 확인한 계모임의 공간적인 범위는 시장 내 '눈 뜨면 보일 수 있는 거리', 주거지역에서도 '쉽게 오고가고 할 수' 있거나, '도란도란 모여'있는 정도였다. 피란여성들이 일상적으로 활동하는 생활권은 공간적인 규모로 봐서는 그다지 넓지 않았다. 같은 시장이라 하더라도 블록이 다르면 친밀도는 떨어졌다.

친구들의 모임은 출신 지역별 모임이 기본이었다. 비슷한 세대인데도 같은 시장에서도 여러 모임이 있음을 확인할 수 있었다. 계모임은 목돈마련의 목적보다는 친목계의 성격이 일반적이었다. 계를 조직하는 시기는 이번 조사대상자들의 경우 피란 당시 기혼자들은 1950년대 중반이거나, 피란 당시 미혼자들은 결혼 혹은 2세 출산 직후에 조직되고 있음을 알 수 있다. 육아와 관련해 좀 더 경제적 사회적 관계의 필요성이 요구되었던 시기와 맞물려 있었다. 계의 구성원을 보면 생활공간을 매개로 출신지역을 기준으로 하고 있다. 이춘애가 중심이 된 친목계는 시장이라는 공간을 매개로 한 이북출신 그것도 함경도 출신자들이 중심이었다. 그 외 대부분은 이북 피란민을 기본으로 한 구성원들로 이루어졌다. 전자의 경우 함경도 출신자 중심이었던데 반해 후자는 함경도 출신이 중심을 이루면서 우암동 친구(경상도 출신)들도 많이 섞여 있었다. 피란 당시 연령대에 따른 계모임 구성원에 차이가 있었던 것으로 보인다. 이춘애의 친목계 구성원은 대체로 우암동 이주 당시 결혼한 사람들이었다. 피란 이전 고향에서의 경험 정도가 피란지에서 인간관계를 구성하는 데 역할을 한 것으로 보인다. 피란 당시 10대였던 여성들은 피란지에서 학교나 직장생활을 하는 과정에서 타 지역 출신과의 접촉 경험이 구성원 결정에서 상대적으로 개방적인 모습을 보였다.

같은 공간에서 동일한 생활주기를 가지고 있는 친구들과의 관계는 남성중심의 가정생활에서 벗어날 수 있는 여성들의 자기 공간 만들기였다. 친구의 필요는 말동무였다. 대부분 월남 피란민들은 보호자와 동반 피란하였으나, 명절 때는 방문할 친인척이 그다지 많지 않았다. 우암동에서 만난 친구가 혈육이상이었다. 자식들도 그러한 관계를 인정하고, '이모' '이모부' 등 친인척 호칭을 사용하기도 하였다. 이처럼 낯선 장소에서 적응하기 위해 같은 공간에서 친구 만들기가 필요했다. 말동무는 신뢰를 바탕으로 말썽피우는 남편 험담하기나 어려운 경제사정에 대한 고단함을 해결하는 중요한 상대였다. 바쁠 때 가게 봐주기, 아이 돌보기, 급한 돈 빌려주기 등 일상생활에 필요한 일들이 이 공간에서 이루어졌다. 피란여성들의 경제활동이 가부장적인 질서에 대한 거부냐 인정이냐에 대한 논쟁보다는 이 과정에서 새로운 여성들의 공간 만들기가 가능해졌다는 점에 관심을 가질 필요가 있다.

6. 맺음말-우암동 사람되기

이상으로 한국전쟁 피란여성들이 남성중심의 전쟁과 가부장적인 생활습관이 유지되는 피란생활에서 참여한 경제활동은 자신들의 삶을 능동적으로 바꾸어 놓을 수 있는 공간 만들기 과정이었음을 부산 남구 우암동에 정착한 피란여성들을 사례로 검토해 보았다. 이번 연구를 위해 우암동에서 만난 피란여성들은 우암시장과 주택지에 각각 거주하고 있다. 시장에서 생활하는 할머니들은 한국전쟁 직후 이 마을에서 장사를 시작할 때와 동일하게 거주공간과 상업공간이 결합된 시장에서 생활하고 있다.

하지만 피란민들의 생활은 피란초기와 이후에 많은 변화를 겪었다. 우암동은 1960년대 이후 부산의 공업화와 궤를 같이하면서 근대적인 공업시설이 대거 설치되었고, 그에 따른 인구유입이 이루어졌다. 정확한 통계자료를 활용할 수는 없으나, 부산 인근의 경상도와 전라도 방면의 사람들이 급증하였다. 접촉하는 사람들이 다양해지고, 그에 따른 문화적인 섞임이 이루어지게 되었다. 대부분 피란여성들은 이 과정에서 그들의 경제사정이 한층 여유로워졌다고 기억한다. 피란민들이 사용하는 말투에서 피란민임을 확인할 수 있으나, 그들이 해 먹는 음식 특히 결혼, 제사와 같은 문화는 이북식을 일정하게 유지하면서도 현지 여건을 흡수하는 경향이 많아졌다. 피란여성들은 이북 음식으로 가끔은 자기의 출신을 확인하기도 하지만, 일상적이지는 않다.32)

이 과정에서 피란 할머니들의 남편은 대부분 사망하고, 자식들은 결혼해서 마을을 떠나고 혼자 생활하고 있다. 긴 시간 피란여성들의 생활공간은 고립되지 않고 개방되었기 때문에 다양한 사람과 문화가 섞여왔다. 우암동에서의 생활이 피란여성의 생활방식과 생각을 바꾸었지만, 피란여성들이 만들어온 공간과 사람들의 관계는 계속 유지되고 있다. 장사를 하면서 집안일도 동시에 수행하고, 급한 일이 있으면 가게 보는 일을 부탁하기도 하고, 골목에서 친구들과 여가를 즐기는 생활주기는 그때나 지금이나 동일하다. 1950년대 피란여성들의 생활주기가 가부장적인 가정환경과 경제난을 벗어날 수 있었던 안전망이었다면, 지금은 늙고 과거에 비해서 수입은 줄어들었지만 생존한 친구와 그때와 다름없는 관계를 유지하는

---

32) 예를 들면, 함경도 피란민들이 주로 해 먹던 농마국수는 생일, 결혼 등과 같은 특별한 날에 해 먹는 별미로 변하거나, 최근에는 아예 해 먹지도 않게 되었다.

것이 현재 할머니들에게 또 다른 안전망으로 작용하는 것으로 보인다.

참고문헌

社會部, 『救護狀況週報』 제4호(1951년 1월 28일~2월 3일)

社會部, 『救護狀況週報』 제5호(1951년 2월 4일~2월 10일)

부산일보사, 『임시수도천일(하)』, 부산 : 부산일보사, 1984.

「휴지통」, 『동아일보』, 1952. 10. 29. ; 「우암동피난촌에 대화」, 『동아일보』, 1953.
    1. 4. ; 「식량의류 등을 급여 우암동화재민에 당국서 응급조치」, 『동아일
    보』, 1953. 1. 5. ; 「시내 우암동에 대화 백삼십여세대 전소, 등잔불에서
    발화」, 『동아일보』, 1953. 2. 20.

「적기피난민수용소를 차저」, 『민주신보』, 1952. 3. 21.

「피란민 애환 서린 '우암동 소 막사' 복원」, 『부산일보』, 2015. 2. 2.

김귀옥, 「여성에게 전쟁은 무엇인가? : 한국전쟁기 남성부재와 시집살이 여성」,
    『여성(들)이 기억하는 전쟁과 분단』, 강원 : 아르케, 2013.

김미선, 「근대적인 '직업여성'의 여성정체성과 직업의식의 형성과정에 관한 연구
    -1세대 미용사 임형선의 구술생애사를 중심으로-」, 『여성과 역사』
    10, 한국여성사학회, 2009.

김복순, 「1950년대 여성소설의 전쟁인식과 '기억의 정치학'-강신재의 초기단편
    을 중심으로」, 『여성문학연구』 10, 한국여성문학학회, 2003.

김수자, 「한국전쟁과 월남여성들의 전쟁경험과 인식-지역차별 인식과 결혼관을
    중심으로-」, 『여성과 역사』 10, 한국여성사학회, 2009.

김양선, 「복원과 증언의 서사 : 박완서의 한국전쟁 체험 소설을 중심으로」, 『여성
    (들)이 기억하는 전쟁과 분단』, 강원 : 아르케, 2013.

김연주·이재경, 「근대 '가정주부'되기 과정과 도시 중산층 가족의 형성 : 구술생애
    사 사례 분석」, 『가족과 문화』 25-2, 한국가족학회, 2013.

김영선·이경란 엮음, 『마을로 간 인문학』, 서울 : 당대, 2014.

김혜수, 「1950년대 한국 여성의 지위와 현모양처론」, 『역사문화연구』, 서울 : 한국

외국어대학교 역사문화연구소, 2000.

신동흔, 「한국전쟁 체험담을 통해 본 역사 속의 남성과 여성-우리 안의 분단을 넘어서기 위하여」,『국문학연구』26, 국문학회, 2012.

안태윤, 「딸들의 한국전쟁」,『여성과 역사』7, 한국여성사학회, 2007.

윤정란, 「한국전쟁과 장사에 나선 여성들의 삶-서울에 정착한 타지역 출신들을 중심으로-」,『여성과 역사』7, 한국여성사학회, 2007.

윤택림, 「분단과 여성의 다중적, 근대적 정체성」,『한국여성학』29-1, 한국여성학회, 2013.

이성숙, 「한국전쟁에 대한 젠더별 기억과 망각」,『여성과 역사』7, 한국여성사학회, 2007.

이송희, 「1950년대 부산지역 이주 여성들의 삶」,『항도부산』25, 부산 : 부산시사편찬위원회, 2009.

이임하, 「한국전쟁과 여성노동의 확대」,『한국사학보』14, 서울 : 고려사학회, 2003.

이임하, 「한국전쟁이 여성생활에 미친 영향-1950년대 전쟁 미망인의 삶을 중심으로-」,『역사연구』8, 서울 : 구로역사연구소, 2000.

이임하, 『여성, 전쟁을 넘어 일어서다-한국전쟁과 젠더』, 서울 : 서해문집, 2004.

임시수도기념관,『우암동 사람들의 공간과 삶』, 부산 : 신흥기획, 2014.

조영주, 「북한 여성의 전쟁 경험과 인민되기」,『여성(들)이 기억하는 전쟁과 분단』, 강원 : 아르케, 2013.

차철욱, 「일제강점기 조선소[朝鮮牛]의 일본수출과 관리시스템」,『역사와 경계』88, 부산 : 부산경남사학회, 2013. 9.

함인희, 「한국전쟁, 가족 그리고 여성의 다중적 근대성」,『사회와 이론』2, 한국이론사회학회, 2006.

38선 넘고 바다 건너 한라산까지,
월남민의 제주도 정착 과정과 삶

김 아 람

1. 머리말

분단과 전쟁의 격동 속에 고향을 떠난 사람들의 길에서 죽음과 삶은
바로 발치에 있었고, 그들의 길이 한반도 전역에 있었다. 이북에서 이남으
로, 육지에서 섬으로의 길을 지났고 이제 그 섬에서 남은 생을 보내기로
한 '월남민'[1]의 '아픔'이 1950년대 한반도를 채웠고, 그 회복은 전후 국가
차원의 안정화와 재건의 과정이었다.

월남민이 남한에 정착하게 되는 과정에는 해방과 분단이 북과 남에
가져온 변화의 실체와 그 경험이 존재한다. 또한 한국전쟁이 야기한
파괴와 전쟁 전후의 정책들이 있었다. 그간의 월남민 연구에서는 월남민의
이주와 정착에 대하여 월남하게 된 배경과 동기를 규명하는 것과 자연
정착촌의 형성과 지리적 특성, 정착촌 월남민의 정체성과 공동체 의식을

---

1) 여러 자료들과 구술을 통해 볼 때 전쟁 시기 제주도에서는 월남민과 피난민을
   구분하지 않았고 현재 당사자들도 '이북출신 피난민', '피난민 출신'이라고 한다.
   여기서는 대체로 '월남민'을 사용하되, 당대의 자료와 당사자의 목소리를 부각할
   때는 '피난민'으로 쓰겠다.

다루었다.[2] 근래에는 부산지역에서 월남민을 포함한 피난민이 정착하며 형성하는 지역 로컬리티와 네트워크를 규명하는 작업, 나아가 전쟁의 상흔과 치유 방법에 대한 모색까지 활발하게 이루어지고 있다.[3] 선행 연구들은 전쟁을 전후로 하여 각각 다른 동기에 따라 다양한 계층과 부류가 이동하게 되었음을 밝혔다. 특정 계층이 '자유를 찾아' 이남으로 왔다고 하는 월남 동기에 대한 냉전적 집착은 더 이상 무의미하다. 속초와 김제의 지역 정착민과 엘리트 월남민은 서로 다른 정체성을 지닌다는 것(김귀옥), 공동체의 결속력에 경제적인 요인과 사회적인 모순이 크게 작용한다는 점(이신철), 1960~70년대에 지역의 산업화와 개발 속에서 만들어지는 정체성과 네트워크의 성격, 현재를 살고 있는 피난민(구술자)의 기억과 망각에 관한 것(차철욱)까지 월남민의 삶과 정체성, 사회적 성격이 다각도에서 분석되고 있다.

　제주도로 오게 된 월남민은 선행 연구에서 규명한 월남민의 특성을 지니고 있고, 제주도는 전쟁 당시 피난지로서의 일반적인 성격이 있으나 중요한 차이점 또한 지닌다. 전쟁 발발 당시부터 '붉은 섬'으로 찍혀있던 제주도는 전쟁기에 후방으로 적극 활용되었다. 제주도는 4·3사건의 연장에서 전쟁을 겪게 되었고 전쟁 후에는 중첩되었던 피해를 동시에 극복해야 했다. 제주도의 과제는 곧 분단과 전쟁으로부터의 회복이었고 그것은 제주도가 한 '지역'으로만 있을 수 없었던 것을 의미한다. 제주도와 육지(중

---

2) 김귀옥,『월남민의 생활 경험과 정체성-밑으로부터의 월남민 연구』, 서울대학교 출판부, 1999 ; 이신철,「월남인 마을 '해방촌'(용산2가동) 연구-공동체의 성격을 중심으로-」,『서울학연구』14, 2000. 이전 시기 연구들은 김귀옥의 책 서론에서 상세히 정리되어 있다.

3) 차철욱·공윤경,「한국전쟁 피난민들의 정착과 장소성」,『석당논총』47, 2010 ; 차철욱·류지석·손은하,「한국전쟁 피난민들의 부산 이주와 생활공간」,『민족문화논총』45, 2010 ; 차철욱「한국전쟁 피난민과 국제시장의 로컬리티」,『한국민족문화』38, 2010 ; 차철욱,「부산정착 한국전쟁 피란민의 상흔과 치유」,『지역과 역사』36, 2015.

앙)의 이러한 관계에서 실질적인 매개가 되었던 주체가 바로 제주도로 들어오는 월남민, 피난민이었다. 이들의 입도와 그 이후의 정착과정은 전후 제주도와 이주민이 결합하며 맞게 된 새로운 변화상을 드러낸다.

월남민이 제주도로 피난하는 동안, 또는 정착하여 살아가는 과정에서 두 차원의 관계 형성이 중요했는데, 하나는 육지와의 관계이고 다른 하나는 현지와의 관계였다. 전자는 제주도로 오기까지의 과정과 초기 피난 생활, 이후 육지로 복귀하는 데에 크게 영향을 미쳤다. 후자는 전쟁 이후 정착하여 제주도 사람으로 살게 되며 형성하게 되었다. 이러한 육지-제주와의 관계, 월남민과 제주 출신인의 관계, 전쟁 후 제주지역의 변화를 규명할 수 있는 두 가지 주제가 기독교 교회와 '난민정착사업'이다. 기독교 교회는 월남민이 그 설립의 주체이기도 했고, 교회가 제주에서 정착한 월남민의 기반이 되기도 했다. 난민정착사업은 1952년부터 한국과 미국정부에서 실시했던 전국 단위의 구호정책이었고, 민간에서도 사업자가 나섰다. 초기의 구호양곡과 주택자재를 제공하면, 피난민 등이 개간이나 간척을 하여 정착하도록 하는 방식이었다. 제주도에서도 1953~1960년 동안 175개 사업장이 있었던 것으로 추산된다.[4] 이중 월남민이 형성하고 주도하였던 곳으로 상효리 '법호촌'이 있다.

한국전쟁기의 제주도에 대해서는 양정심이 UNCACK(유엔민간원조사령부)에 나타난 제주지역 구호활동과 주민 관리를 통한 정치·사회·인구의 변화상을 밝히고, 전쟁 전후 제주 '지역엘리트'에 주목하며 전쟁 후 제주도민이 반공국민으로 거듭나게 되었다는 점을 지적하였다.[5] 박찬식은 지역민의 입장과 생각, 정서, 생활상을 통한 4·3사건과 한국전쟁의 연관성을

---

4) USOM, The Summary of Statistics of A and R Project in Korea(宋柱仁,「韓國의 難民定着事業과 家內手工業에 關한 考察」, 서울대 행정대학원 석사논문, 1961, 21쪽, '난민정착상황'.

5) 양정심,「한국전쟁기 제주지역사회의 변동」,『전장과 사람들』, 선인, 2010.

강조하여 본고와도 문제의식을 같이 한다.6) 정부의『제주4·3사건 진상조
사보고서』를 토대로 피난민 입도 후 주택난과 식량난, 지역민-피난민과
의 갈등, 4·3사건으로 인한 마을 복구 및 이재민 정착 사업을 다루었다.
'수복귀농정착사업'으로도 일컬어진 4·3사건 이주민 복귀 사업 또한 중앙
정부와 KCAC(한국민간원조사령부)가 지원한 난민정착사업의 일환이었
다.7) 두 연구는 공통적으로 전쟁이 제주 지역민들의 반공의식을 높이고
국가체제에 순응하게 되었다고 결론을 맺었다. 그러나 반공의식의 근거가
양정심은 엘리트에 한정되어 있고, 박찬식은 1952년 선거 결과인데 이승만
에 대한 지지가 제주도만의 특수한 현상이 아니었음을 고려할 때, 제주지역
의 반공의식에 대해서는 향후 보다 면밀한 분석이 필요하다.

서북청년회(이하 서청)는 4·3사건 진압으로 중앙과 제주도, 월남민과
지역민이 만나는 계기를 만들었다. 윤정란은 서청 출신이 이승만 정권에서
배제되었다가 박정희 정권에서 부활하여 중요한 정치세력이 되는 과정을
통해 월남 기독교인들과 유기적 관계를 맺으며 대북활동, '좌익소탕활동'
을 했던 점을 밝히고 지역 파견을 통한 좌익소탕활동의 대표적 사례로
제주 4·3사건을 언급하였다.8) 양봉철은 서북기독교인의 월남 이전 정치적
활동과 영락교회와 서청의 관계를 살펴보고 서북기독교인이 제주도,
제주사람을 제거해야 하는 대상으로 간주하게 되었다고 하였다.9) 서청에
의해 4·3사건 당시 제주도민의 희생이 컸다는 점은 주지의 사실이다.
그러나 제주도 내 월남민, 월남 기독교인 모두가 서청과 관련된 것은

---

6) 박찬식,「한국전쟁과 제주지역 사회의 변화-4·3사건과 전쟁의 연관성을 중심으
로-」,『지역과 사회』27, 2010.

7) 제주4·3사건진상규명 및 희생자명예회복위원회,『제주4·3사건 진상조사보고
서』, 2003, 515~516쪽.

8) 윤정란,「서북청년회 출신들의 정치적 배제와 부활」,『한국전쟁과 기독교』, 한울
아카데미, 2015.

9) 양봉철,「제주 4·3과 서북기독교」,『4·3과 역사』9·10호, 2010.

아닐뿐더러 제주도민의 서청에 대한 공포와 부정적 인식이 전후 월남민에게도 그대로 이어졌다고 보기는 어렵다.

본고에서는 38선 이북의 지역민이 제주도민이 되는 과정을 통하여 전쟁이 초래한 삶의 파괴와 소생, 1950년대 지역의 재건 현실과 그 의미를 규명하는 데 목표를 두었다. 이에 다음의 문제들에 초점을 맞추고자 한다. 첫째, 월남민의 월남 이전과 이후 삶의 연속과 변화이다. 여기에는 기독교 신앙 여부, 가족을 포함한 북한에서의 사회경제적 지위, 월남 동기가 복합적으로 작용하였다. 둘째, 피난민의 전쟁 체험이다. 전시에 정부와 미군의 시각에서 피난민은 가장 중요한 민사 업무였으나 군사작전 상 방해를 줄인다는 데에 정책의 목표가 있었고, 감시와 통제가 주된 내용이었다.[10] 피난민의 실제 경험은 숫자가 아닌 사람의 삶을 전쟁이 어떻게 파괴하였는가, 이후에 생활을 복원하기 위해 당사자의 어떠한 노력과 의지가 필요했는가를 보여준다. 셋째, 월남민 정착과 교회의 관계이다. 월남민의 피난은 제주도 내 기독교 교회의 확장에 결정적인 계기가 되었고, 교회는 월남민이 제주도에 정착하는 데에 일정한 역할을 하였다. 법호촌은 장로에 의해 난민정착사업과 교회의 설립이 함께 이루어졌던 곳이었다. 넷째, 1950년대 난민정착사업장의 단면이다. 월남민은 전후 원 거주지로의 복귀가 불가능했기 때문에 정부와 미국으로서는 이들을 대상으로 한 새로운 정책을 실시하게 되었다. '난민정착사업'은 전쟁기 월남민의 정착을 위해 시작되었고, 제주도에서는 4·3 이재민의 복귀 사업으로도 실시되었다. 1960년대 중반까지 남한 내 피난민, 일반 도시민에게도 난민정착사업이 확대되었다. 여기서는 법호촌의 사례로 이승만 정부의 주요한 구호정책이기도 했던 정착사업의 기획, 운영방식, 그 결과를 분석할 수 있을 것이다.

---

10) 이에 관하여 강성현, 「한국전쟁기 한국정부와 유엔군의 피난민 인식과 정책」, 『전장과 사람들』, 선인, 2010 참조.

연구를 위해 제주지역 교회 관련 자료로써 제주도 선교에 관한 통사, 개별 교회가 발행한 교회사를 참고하였다.[11] 정착사업 기획과 운영에 대해서는 국가기록원의 문서철과 국립중앙도서관이 수집한 미국 NARA 자료(한미합동난민정착위원회 회의록)를 활용하였다. 연구에서 또한 중요한 자료는 구술 자료인데, 2014~2015년 국사편찬위원회의 구술사업 및 한국학중앙연구원 토대연구 사업과 필자 개인으로 진행하였다. 구술한 월남민은 모두 서귀포시에 정착한 사람들이다. 월남민 전체 규모로 볼 때 제주시 거주자가 많을 것이지만 이에 대해서는 추후 연구로 미루고자 한다.

〈표 1〉 연구인용 구술자 현황[12]

연번	이름(성별)	출생연도	출신 지역	월남시기	정착 후 활동	면담자
1	김창옥(남)	1931	제주 한림	-	법호촌 노인회장	김아람
2	송철언(남)	1944	제주 대정	-	전 시온교회 장로	김아람
3	차순홍(남)	1927	평남 평양	1950.12	전 보목교회 장로	김아람
4	김용화(여)	1931	평남 평양	1950.12	전 보목교회 권사	김아람
5	김만자(여)	1927	함남 북청	1948.11	법호촌 거주	김아람
6	김생금(여)	1928	강원 김화	1947	법호촌 거주	김아람
7	변일녀(여)	1925	평남 대동	1946	법호촌 거주	김아람
8	송운호(남)	1927	평남 평원	1947.5	전 서귀포교회 장로	이세영
9	박용이(남)	1945	평남 진남포	1948	현 시온교회 장로	이세영
10	김진국(남)	1942	황해 황주	1947	전 서귀포교회 장로	이세영

---

11) 강문호, 문태선, 『濟州宣敎70年史』, 대한예수교장로회총회 교육부, 1978 ; 대한예수교장로회 제주노회, 『제주노회사』, 2000 ; 박용규, 『제주기독교회사』, 생명의 말씀사, 2008 ; 한인수, 『濟州宣敎百年史』, 도서출판 경건, 2009 ; 제주성안교회, 『한국교회 첫 선교지 살리는 공동체 100년, 제주성안교회 100년사 1908~2008』, 2010 ; 제주영락교회, 『제주영락교회 60년사 : 1952~2012』, 2012.

12) 본문에서 인용하는 구술 자료는 구술자 이름으로만 표기하고 자료명은 참고문헌에 기재함.

2. 해방 후 월남과 한국전쟁기 피난

1) 전쟁 이전 월남 배경과 육지 생활

한국전쟁 이전 월남하게 된 데에는 북한의 체제 형성에 따른 토지개혁과 사회 변화가 있었다. 1927년생인 송운호는 부친이 평양상업학교를 졸업하고 조부모 대에 망했었던 재산을 복구하여 1만여 평의 토지를 가지고 있었다. 본인도 중학교를 졸업한 후 조선특수화학회사에 근무하다가 해방 후에는 국민학교 교사를 했다. 토지개혁으로 "제일 나쁜 땅 1,300평만 배당"받고 토지를 몰수당한 후 "부친이 그때부터 속이 까맣게 타 들어"갔다. "나쁜 땅에서 기적적으로 농사가 잘 되었"더니 "그것마저 빼앗아"갔다. 재산을 뺏기지 않더라도 변화한 사회에서 적응하기 어려운 경우도 있었다. 김생금은 "외갓집이 부자였는데 해방이 되니까" "하인 하던 사람들이 '동무', '동무'하니 살 수가 없었다."

기독교 신앙을 유지하기 위해서 월남한 경우도 있었다. 송운호는 조모를 시작으로 가족 전체가 교회에 다녔었다. 인민위원장이 학교 강연에서 "교회를 밉게 보고 은근히 핍박하는 말"을 들은 적이 있었다. 김진국은 조모가 교회 집사를 맡고 있었고 역시 가족 모두가 교인이었다. "교회가 감시를 당하면서" 가족들이 "다 포기하고 간다"고 해서 황주를 떠났다. 김용화는 전쟁기에 월남했지만 "예수 믿는 사람 방해"도 있었다는 기억을 가지고 있다.

소련군의 자택 침입과 여성 강간(시도)은 생생한 공포로 기억되고 있고, 당시에는 월남의 동기로도 작용하였다. 여성 구술자들은 특히 그 경험을 강하게 새기고 있었다. 변일녀는 결혼을 한 상태였는데도, "자꾸 색시 색시" 하고 다니는 소련군을 피하기 위해 "변소에 숨어있었다." 그가 기억하기에 소련군은 "여자만 있으면 무조건 데리고 갔고" "남자가 뭐라고 하면 울라울라 하면서 (총을) 쏘려고" 해서 막을 수가 없었다고 한다. 김용화는 소련군에 쫓겨서 남의 집에 불쑥 들어갔었던 일화를 격양되어 이야기하였다. 여러 사람들이 공통적으로 기억했던 소련군의 이미지 중에는 '팔뚝에 시계를 여러 개 차고 다니는 모습'도 있었다. 월남민의 소련군 인식은 매우 부정적이었고 여성들은 크게 위협을 느끼기도 했던 것을 알 수 있다.

전쟁 이전 월남을 하게 될 때 실제로 직접적인 계기가 되는 것은 부모나 형제, 본인이 이남생활을 했던 경험이었다. 송운호는 "부모가 계획을 세워서" 형과 본인이 먼저 내려오게 되었는데, 경찰인 육촌 형의 적산에서 머물게 되었다. 이후 아내와 가족들이 월남하였다. 김만자는 17세에 북청군 신포로 시집을 갔다. "2층 건물에 세를 주고 배도 서넛 척 가진 부잣집"이었다. 결혼 당시 남편은 이미 서울에서 중고등학교를 다녔고 일본에 유학하려고 했다가 증명이 없다고 실패한 후 고향에 돌아와 있던 상태였다. 큰아주버니도 해방 후 얼마 안 돼서 "집 팔고 공장은 버리고 넘어가자"고 하였지만 시아버지가 들어주지 않았고 남편은 부인도 두고 혼자 월남해버렸다.

월남 이전에 부모가 남한에서도 경제활동을 했던 사례는 박용이와 김진국이다. 박용이는 부친이 농사기술을 가지고 있었는데 진남포에서 대구까지 왔다갔다 했었다. "김일성이 매일 밤 인민위원회를 소집하니 아버지가 낌새가 이상해서" 내려오게 되었다고 하였다. 김진국은 부친이 배재학당 출신으로 금융조합에 근무하고 있었는데 "그쪽에서 이상하게 봤고 살 수가 없었다"고 하였다. 김생금은 "시아버지가 정감록 비결에 남으로 나가야 한다고 해서" 나오게 되었다면서도 "시동생이 장사를 하고 다녀서" 길을 알고 있었다며 "시동생 아니면 (월남할) 엄두가 안 났을 것"이라고 하였다.

이동 방법은 가족 동행 여부와 사전 준비에 따라 크게 차이가 났다.

가족이 함께 나왔던 사람들은 배를 예약해두어 타고 오거나 트럭을 빌려서, 열차를 타고서 비교적 순탄하게 월남을 할 수 있었다. 남편을 찾으러 아기만 데리고 내려온 김만자의 경험으로 보면, 방향을 알지 못해서 38선 월경을 몇 차례 반복하다가 서울에 도착할 수 있었다.

> 함흥에서 내려 가지구 시누이 집에서 하룻밤 자고서는, 저기 거시기로, 어디야, 강원도 오는 열차를 타가지구서는 영천으로, 철원으로 해서. 철원에서 넘어나, 넘어갔다 넘어갔다 얼음판에 미끄러워가지구선, 저기 치마 앞에다 모래로 아이는 업고, 보따리는 요만한 보따리는 이구, 보따리도 아이 있어서 무거워서 많이 못 가지잖아요. 한 벌씩, 겨울옷도 한 벌, 여름 옷 한 벌, 가을 봄 입는 옷 한 벌 이렇게 싸서, 아이 옷 하구, 기저귀하구. 옛날에 기저귀 다 천으로 하지 않았어요. 그치르게네 그 기저귀하고 싸 가지구서는 머리에다 이구, 얼음이 미끄러우니까 치마 앞에 다가서는, 모래를 담아 가지구 이렇게 흩꾸면서리(흩으면서) 이렇게 넘어왔어요. 넘어왔다가서는 저리 이렇게 빠져야 되는데 갔다가 이, 개(개천) 옆으로 길이 있더라구. 글로 가면 되는 줄 알고 글로 갔다 (38선을) 넘어갔다 넘어갔다 넘어갔다 넘어갔다.(김만자)

월남 직후의 거주 문제에서도 월남 이전의 연고가 중요한 역할을 하였다. 연고는 친척과 동향사람이었다. 김진국은 "고모부가 대한생명을 창립"하고 있어서 "집 하나를 받아" 서울 돈암동에 살게 되었고, 아버지는 남대문시장에서 사업을 하고 있었다. 김만자는 용산을 거쳐 해방촌에서 남편을 찾게 되었는데, 용산에서 하영덕이라는 시아주버니 친구의 적산 집에서 얼마간 지냈다. "하영덕은 유도 1등"이었고 "신포에서 넘어온 사람은 그 집을 안 거침 사람이 없었다"고 하였다. 그는 동향 사람들이 임시로 거처할 수 있게 도왔고, 서울에서 꽤 영향력을 행사하고 있었던 인물인 듯하다.13) 김만자도 서울에 오자마자 경찰서로 찾아가서 하영덕의 집을 쉽게 알아낼 수 있었다고 할 정도였다. 김생금은 인천에서 살게 되었는데,

남편이 미군부대에서 근무하였고, 살던 집은 대한노총위원장의 집이었다
고 하였다. 연고가 있어서 그 집에 가게 된 것은 아니었지만 그 집 "여자가
강원도 사람이라", "한 고향사람이라고" 좋아했다는 기억을 가지고 있었
다.

전쟁 이전 월남민은 기존에 가지고 있던 기술과 자금으로 육지 생활에
도움을 받았다. 박용이는 아버지의 사과 전정 기술로 생활에 큰 어려움이
없었다고 기억하였다. 송운호는 어머니가 남북을 오가며 가족들을 차례로
월남시켰고, 살림살이와 돈을 가져와서 그것이 이후 삶의 기반이 되었다.

> 그게 우리 어머님이 고생 많이 했어요. 넘어가가지고 그 다음에 안됐다
> 해가지고 처음에는 우리 집사람의 물건, 그 이불이니 뭐이니 이런 것들
> 가져왔어 월남하면서. 그니까 또 넘어가가지곤 그냥 돈을 만들어가지고
> 돈을, 돈을 가지고 넘어와서 저 용산, 저 군대 그 해방촌. 해방촌에 집을
> 지었어요.··· 내가 지금 이렇게 사는 것도 어머님이 이렇게 사랑하고
> 애끼고. 그래서 그 우리 어머님이 돈 가져완 걸로 저 그 뭐, 하꼬방···
> 또 올라갔지. 올라가지고, 그 다음에 우리 형님네 식구, 우리 형수님하고
> 딸 셋하고 또 데리고 넘어오고. 그 다음에야 내 누이동생 둘하고 아버님하
> 고 어머님하고 그때 48년도에 넘어오고.(송운호)

전쟁 이전의 월남 동기로는 토지개혁과 소련군의 공포 등 정치 변동과
기독교 신앙이 있었다. 구술자가 주체적으로 월남을 결정하기 보다는
부모나 판단이 계기가 되었으므로 해방을 전후로 부모나 이전 세대의

---

13) 홍성유의 소설, 『장군의 아들』, 고려원, 1987 제2부 黑龍의 飛翔-혼돈 325회에서
"하영덕, 그는 일본에서 대학인가 전문학교를 나왔다는 인텔리였다. 함경도
출신으로, 일본 강도관(講道館)의 유도 5단으로 체격이 건장했다. 건축 공사장에
자재를 납품하는 등 사업에 손을 대고 있었다. 나이도 김두한보다 7, 8세는
위였다. 학식으로는 말할 것도 없고 일 대 일로 상대해서 힘으로도 그를 능가할
수 있으리란 아무런 보장도 없었다."고 하였다. 함경도 출신이라는 것과 유도를
했다는 점에서 동일인물로 보인다.

지위와 상황 인식이 분명하게 드러나지는 않았다. 그러나 남한에서의 교육이나 경험이 있었고 북한에서의 변화를 비교적 빠르게 체감하였던 것을 알 수 있다. 교회와 신앙이 감시, 비판된다는 것 역시 일상에서 겪었다. 월남이 가족 단위로 계획되었고 남한에 연고가 있다는 점은 초기 생활에 큰 도움이 되었다.

2) 전쟁기 피난길의 끝, 제주도

남한에 정착을 시도하던 월남민은 전쟁을 맞아 다시 피난길에 오르게 되었다. 변일녀와 김만자는 각각 남편이 경찰, 수산관리소로 직장을 얻으며 강원도 홍천과 주문진에서 전쟁을 맞닥뜨렸다. 변일녀는 "피난을 세 번 했다"고 반복해서 말하였다. 그녀의 피난길은 홍천−충청도−대구−경주−울산−구룡포−충주로 이어졌다. 고령에도 불구하고 그 길을 구체적으로 기억하고 있었다. 김만자는 주문진−안동−영천−경주−부산으로 가게 되었다. 월남민뿐만 아니라 강원도에서 전쟁을 맞은 이들은 이처럼 몇 지역을 거쳐서 부산에 닿을 수 있었던 것을 알 수 있다.

전황이 바뀌며 월남민의 상황도 예측하기가 어려웠다. 해방촌에 있던 송운호는 해방촌에서 미군의 공격으로 "죽거나 다친 사람이 많았다"고 하며 7월 말에 강남 쪽으로 피난해 있다가 인천상륙작전 후 다시 해방촌으로 돌아갔다. 인민군이 점령했던 시기에 월남민 조사가 있었으나 실행되지는 않았다고 기억하였다. 그러나 형과 사이가 좋지 않았던 고향 사람을 만나는 바람에 "큰일 날 뻔 했다." 국군의 북진 때 그의 어머니는 또다시 두고 온 물건들을 가지러 고향에 다녀왔다. 1950년 12월 8일 영등포에서 출발한 열차 위에 올라타는 바람에 "전선에 목이 잘릴 뻔"하며 며칠 후 부산에 도착하였다. 부산에서 한 달 가량을 사는 동안 "고등어 한 마리를 고아서 며칠 동안 손을 빨며 먹는" 생활을 하였다.

인천은 또 다른 피난 거점이었다. 안양 평촌에 있던 김생금은 전쟁이 터지자 인천으로 왔다. 그는 "1·4후퇴 때 (인천에서) 안 나왔으면 다 부자가 됐다고" 들었다며 "미군들이 나가야 된다고 해서 그 고생을 했다"며 인천을 떠나게 된 것을 한스러워했다. 박용이는 월남 후 계속 인천에서 살다가 국민학교 1학년 때 전쟁을 맞았다.

한편, 전쟁이 발발한 후 이북을 떠나 온 월남민은 차순홍과 김용화인데, 둘은 평양 고향 친구였는데 이후에 우연히 다시 만나서 부부가 되었다. 차순홍은 3남매가 평양-행주(경기도 고양)-영등포로 도보와 배를 타고 내려왔고, 김용화는 어머니와 6남매가 평양-개성-부산으로 미군 재무시와 열차로 내려왔다.

전쟁기 피난하는 월남민들은 육지에서 수송선으로 제주도에 도달하였다. 이들은 왜 제주도까지 오게 되었을까. 제주도는 피난민 수송지, 포로수용소, 군사훈련장이라는 후방의 역할을 담당하였다. 전시에 사회부 장관은 치안을 염려하면서도 제주도가 인구 100만 가량을 수용할 수 있으며 "넉넉히 잘할 수 있다"고 판단하고 있었다.[14] 1950년 7월 16일 육군 제5훈련소가 설치되었고, 전황이 불리하자 대구에서 창설되었던 육군 제1훈련소가 1951년 1월 22일에 제주도 모슬포로 이동되었다. 1월 25일 모슬포공군기지 및 제주공군기지로 이동한 공군 및 각 부대에서 교육 훈련이 시작되었고, 포로수용소 등 많은 군사시설이 설치 운용되었다.[15] 구술자 중 차순홍은 수원에서 장사를 하다가 붙잡혀서 국민방위군으로 입도하였다.

1950년 7월 16일부터 제주·한림·성산·화순항을 통해 1만여 명이 들어왔고, 1951년 1월 16일 사회부가 발표한 남한 각 도의 피난민 통계 발표에 따르면 제주도 피난민이 8만 7천명, 5개 수용소에 집단 거주하는 피난민이

---

14) 국회사무처, 『제2대 제10회 국회정기회의속기록』, 1951. 1. 16, 「비상사태 수습대책에 관한 긴급질문」.
15) 양정심, 앞의 책, 202쪽.

6만 7천명이었다. 1951년 2월, 부산에서는 5회에 걸쳐 20,975명을 제주도에 보냈다.[16] 기록상으로는 발견되지 않았으나 구술자의 경험으로 보아 부산뿐만 아니라 인천에서도 제주도까지의 수송이 이루어진 것을 알 수 있다. UNCACK 제주팀 조사를 토대로 한 1951년 피난민 인구통계는 31,344명에서 14만 8천명까지 파악되기도 하였다. 1951년 4월 자료로는 북제주군 5만 2천여 명, 남제주군에 1만 2천여 명, 제주읍에 4만 2천여 명이 있었다.[17]

육지에서 제주도로 피난을 스스로 선택하기는 어려웠다고 추정된다. 목적지를 알고 있었는지 여부는 차이가 있었는데, 이때 교회 신자 여부가 결정적이었다. 부산에서는 교회가 별도의 수송선을 동원한 것으로 보인다. 부산 영도제일교회에서 알선했거나(김용화), "피난가라고 해서, 교인들 단체로 LST 내줘서"(송운호), "할머니가 교회 집사라서(김진국)" 배를 타게 된 경우가 있었기 때문이다. 목적지를 모르고 내릴 때까지 일본으로 가는 배인 줄 오해하고 있었던 경우(차순흥)도 있었다. 인천에서는 목적지를 알 수 없었으나 "배를 안 탄 사람이 없었다"고 한다. 배 안에서 아기가 태어났다는 기억도 있었다.(김생금)

구술자가 모두 서귀포에 거주하고 있으므로 이들이 들어온 항구가 대부분 제주도 남서쪽의 화순이었고, 1명이 동쪽 성산이었다. 화순은 "모래사장이 커서" LST가 바로 들어올 수 있었고 "배 갈아 태워서" 성산으로 보내졌다. 화순으로 왔던 배도 제주시에 먼저 도착했다가 배를 돌려 온 사례도 있었다. 김용화는 "제주시는 쌀이 나질 않는다. 남군에 가야 쌀이 난다. 그러는 소문이 또 있었어. 그래서 할 수 없어서 그러면 이

---

16) 國防部, 『韓國戰亂一年誌』, 1951. 10. 15, D38쪽. 사회부에서 3월 10일자로 조사한 이 자료와 다르게 사회부 차관은 1월 20일에 국회에서 피난민이 제주도에 4만 8천명이 있다고 보고하여 그 차이가 심하다. 국회사무처, 『제2대 제10회 국회정기 회의속기록』, 1951. 1. 20, 「피난민 강제 소개 및 양곡정책에 관한 긴급질문」.
17) 양정심, 앞의 책, 209, 212쪽 ; 夫萬根, 『光復濟州 30年』, 文潮社, 1975, 116~117쪽.

배를 서귀포에 가겠다 그래서 서귀포에 돌렸다"고 하였다.

피난민은 제주도에 도착한 후 현지인의 집에 들어가게 되었다. 피난민과 월남민의 관계에서도 경험의 차이가 있었다. 김진국은 효돈 부락으로 오게 되었는데, 이북 출신 사람들이 가장 많이 모인 곳이었다고 하였다. 송운호는 "어둑어둑한데 보목동으로 가라고 해서" 살게 되었는데 "반장, 통장이 다 나와서 빈방을 피난민에게 다 내주었"고, "피난민이라고 해서 식량을 다 주었"다며 현지인이 호의적이었다고 하였다. 다만 그 생활도 6개월여 동안의 임시방편이었다. 반면에 성산으로 들어왔던 김생금은 현지인이 "피난민이 들어와서 우리도 못 살겠네, 못 살겠네" 하며 집도 잘 안 주었다고 회상하였다. 새로 고친 집마저 빼앗겼다는 것이다. 그는 "(제주) 사람들이 미개인이라 깨질 못 했더라"고 하며 입도 당시 제주도민에 대한 인식이 좋지 않았던 것을 드러냈다.

여기 온 사람은 집을 빌리고 하니까 초가집 다- 낡은 집에 사람 들어갈 수 없는 집에, 우리 주인 양반이, 다- 그냥 할망이 노망을 해가지고 막 집을 다 틀어놓은 거 그 집을 빌어 가지고 다- 수리했어. 한쪽엔 경찰이 살고 우리가 살고 그러는데 넘들이 그러더라고, 그거 고쳐도 소용없다 주인이 아주 악한 사람이라 뺏는다 그거야. 정말 깨끗이 해놓으니까 나가라잖아. 나가라니까 딴 집에 가도 우리 ○○(딸) 낳았는데 조금 걸어 다녀 통탕통탕해도 야단하지. 그렇게 심하더라고. 여기 사람들 좀 배타심 있어서 좀 끼리끼리, 나 말을 해도 소용은 없지만은 좀 거식하더라고. 자기네 고향 여기 사람들끼리만 살아서 타인은…(김생금)

현지인과의 관계에서 차이가 드러나게 된 데에도 교회가 있었다. 김진국과 송운호는 신자였고 김생금은 그렇지 않았다. 교인 수송선이 있었던 것으로 보아 입도 장소의 차이도 종교에서 비롯된 것이라고 추정가능하다. 김진국에 따르면 효돈 부락에는 월남민이 다수였기 때문이기도 했지만 그중 엘리트 목사가 100여 명 있었다고 한다. 후술하겠지만 송운호가 가게 된 보목에도 1951년 1월에 교회가 설립되었다. 송운호도 1964년까지 보목교회에 출석하였다. 즉, 교인이나 교회가 있었던 지역으로 간 피난민이 호의적인 대우를 받았던 것은, 마을의 분위기를 피난민이 주도했거나 집 주인이 신자였기 때문일 수 있겠다. 피난민도 신자가 아니고 도착한 마을에도 교회의 영향이 없었다면 제주 현지인의 피난민 인식은 부정적이었을 가능성이 높다. 전시 상황은 피난민과 현지인이 모두 인내할 수밖에 없는 상황이었다. 민가에 방을 얻지 못한 경우 학교 등 공공시설과 수용소에서 집단생활을 하였고, 피난민 통반이 따로 만들어졌다. 수용소의 난민들은 거지와 차이가 없다고 묘사되기도 하였다. 거주지가 없었던 피난민의 생활은 매우 열악하였다.[18]

피난민들은 1951년 3월 친목단체로 '제주도피난민협회'를 구성하여 구호품배정업무와 상부상조를 위한 정보교환을 시작했으며 도당국도 4월 27일 '동란이재민구호위원회'를 조직했다. 1952년 8월 21일 이북 출신 피난민들은 '북한피난민제주도연맹'을 결성하고 이사장에 임면호를 선출했다. 친목단체로 각 지역 도민회도 조직되었는데 1952년 3월 황해도민회, 5월에 평안도민회, 9월에는 함경도민회가 만들어져 초대 회장에 김상흡,[19] 김병훈, 황병록이 각각 선출되었다.[20] 제주도의 피난민 관련 기록들에서 빠짐없이 다루어지는 중요한 사건이 1953년 2월 10일에 벌어졌다. '피난민대회 설화(說話)' 사건인데 김명수라는 인물이 피난민

---

18) 夫萬根, 『光復濟州 30年』, 文潮社, 1975, 117쪽.

19) 무소속 초대 제주도의원이다. 1952년 5월 10일 초대 도의회 선거에서 당선된 북(제주)군 13명 의원 중 1명이었다. 초대 도의원 선거에서 한라산 공비 소탕, 전기·상수도 및 교육시설의 확충, 상이군경과 영세민 생활 보호, 면 단위 의료기관 설치 등을 주요 공약으로 제시했다. 1953년 2월 10일에 열린 피난민대회준비위원장을 맡았다. 「도민과 함께 한 70년의 기록(5) 지방자치 실시」, 『제주일보』, 2015. 1. 25 ; 夫萬根, 『光復濟州 30年』, 文潮社, 1975, 121쪽.

20) 夫萬根, 『光復濟州 30年』, 文潮社, 1975, 117~119쪽.

차별 시정을 건의하며 도의회의 사상을 문제 삼는 발언을 하여 구속되었던 일이다. 김상흡은 대회 '설화사건'에 대해 사과 성명을 내고 도의원직사퇴서를 냈으나 반려되었고, 김명수도 석방되었지만 피난민과 제주인의 갈등이 전면에 드러났던 일로 남겨졌다.

3. 교회의 설립과 월남민의 정착

1) 월남민의 교회 설립

월남민이 제주도에 오게 되면서 가져온 가장 큰 변화는 기독교 교회가 확장되었다는 것이다. 교회를 새롭게 설립하였고, 월남 이전의 신앙생활을 유지하면서 교회를 활동기반으로 삼았다. 제주도 입도에서 교인의 수송선이 따로 있었다는 점에서도 신자는 정착 과정에서도 교회의 영향을 받게 될 것이 예정되어 있었다. 월남민이 설립하는 교회는 크게 두 종류로 구분할 수 있다.[21] 우선 육지에서부터 교회 단위로 내려온 제주도(묵은성)피난민교회[22]와 제주영락교회이다. 제주도피난민교회 교인들 상당수는 서울 청암교회 교인들이었다. 청암교회는 1948년에 황해도 안곡 출신의

---

21) 박정한(제주성안교회 100년사 집필자, 신학박사)은 제주도에서 설립된 장로교 피난민 교회를 세 가지 유형으로 구분하였다. 첫째 묵은성 피난민교회로서 비교적 초기부터 피난민들이 모여들어 정착촌에서 시작된 교회, 둘째는 제주영락교회로서 육지의 한 교회(서울영락교회) 소속 교인들이 주류를 이루어 설립된 교회, 셋째는 피난 교인들의 예배공동체에서 시작된 교회이다. 이 구분은 장로교에 한정되어 있고 묵은성 피난민교회는 이환수 목사가 이끄는 청암교회 교인들에서 시작되었던 것을 고려할 때 제주영락교회와 구분할 필요가 없다고 판단하였다. 「휴전 후 피난민 귀향…피난민교회, 지역교회 수순 밟아」, 『제주기독신문』, 2013. 11. 22.

22) 1954년 제주중부교회로 개칭, 1972년 서부교회와 통합하여 현재 제주성안교회에 이름.

이환수 목사[23]와 황해동우회 5명 교인들에 의해 용산구 청파동에서 시작
되었다. 전쟁으로 인해 1950년 8월에 문을 닫고 이환수가 가족들, 교인들을
인솔하여 부산에 피난했다가 제주도로 오게 되었던 것이다. 부산 선교부에
서 이환수 목사에게 제주도 피난민 구호물자와 구호금을 관리, 사용할
수 있는 책임을 맡기기도 했다. 이때 구호물자는 쌀, 우유가루, 옷 등이었고
월 1회 부산에서 제주도로 실어갔다.[24] 월남민 공동체로 잘 알려진 영락교
회는 350여 명의 교인이 제주도로 피난하였다. 처음에 이들은 제주시
서부교회와 동부교회 두 교회로 흩어져 예배를 하다가 전황이 쉽게 풀릴
것 같지 않자 독립된 교회를 세우자는 의견이 제시되었다. 1952년 1월
6일에 김린모 장로의 설교로 34명이 출석하여 첫 예배를 한 것이 제주영락
교회의 시작이었다.[25] 김린모는 1903년 출생하여 1933년에 한경직이
시무하던 신의주 제2교회 청년회장을 맡았고, 1935년에 장로 장립하였다.
1946년 봄에 월남하여 1948년 4월에 12명과 함께 영락교회 초대 장로가
되었다.[26]

두 교회를 제외한 다른 교회들은 월남한 교인들이 모이면서 예배를
시작하고 교회를 설립하게 되는 경우이다. 교회사에서는 월남민과 피난민
을 구분하지 않으며 '피난민 교회'로 통칭한다. 월남민을 포함한 피난민

---

23) 이환수 목사는 1909년 2월 28일 황해도 안곡면 북삼리에서 출생하여 재령 명신중
   학교를 수료한 후 광흥학교 교사를 지냈다. 1942년 황동노회에서 목사 안수를
   받고 황해도 황주군 용현교회에서 시무하였고, 1945년 9월 안악 월산중학교
   교장을 맡았다. 1946년에 월남하여 7월 서울 용산에 덕영학사를 설립, 운영하다가
   1948년 9월 19일 용산구 청파동에 청암교회를 설립하였다. 1948년 3월 예장
   총회신학교 이사로 피선되었다. 1951년 제36회 예장총회에서 피난민 교역자
   구제(목사 224세대, 전도사 276세대, 유가족 105세대 구호)를 논의할 때 제주도
   구제사무지부 담당하고 있었다. 제주성안교회, 앞의 책, 311~313쪽.
24) 제주성안교회, 앞의 책, 314~315쪽.
25) 제주영락교회 홈페이지 - 교회연혁(http://m.jejuyn.or.kr).
26) 이동범, 「김린모 장로를 추모하며」, 영락교회, 『만남』 1990년 2월호, 24쪽.

교회를 <표 2>와 같이 정리하고, 예배지도자의 출신지를 파악하였다.

〈표 2〉제주도 내 피난민 교회

교파	예배 시작 시기	교회명	설립 위치 (현 행정구역)	예배지도자 이름 및 지위	출신 지역
예장	1950	서부교회→ 한라교회(분립)27)	제주시 용담동	차광석 목사28)	서울
기장	1950	동부교회	제주시 일도2동	강홍수 목사	이북
예장	1950	제주도피난민교회 →제주중부교회	제주시 삼도2동	이환수 목사	황해 안악
예장	1950	함덕교회29)	제주시 조천읍 함덕리	김윤근 목사	
예장	1951.1.9	효돈교회30)	서귀포시 신효동	서금찬 목사31)	
예장	1951.1	비양도교회	제주시 한림읍 협재리	하시현 전도사	
예장	1951.1.14	토평교회32)	서귀포시 토평동	임택진 목사33)	평남 중화
예장	1951.1.25	신촌교회	제주시 조천읍 신촌리	김의도 목사	
예장	1951.1.28	보목교회34)	서귀포시 보목동	박형순 목사	
예장	1951.3.1	도두교회	제주시 도두1동	노충섭 목사	평북35)
예장	1951.4.21	화북교회36)	제주시 화북1동	장○○ 장로	평북 신의주
예장	1951.10.1	추광교회	제주시 추자면 대서리	김봉룡 목사	
예장	1952.1.6	제주영락교회	제주시 일도동	김린모 장로	평북 신의주
예장	1956.4.30	시온교회	서귀포시 상효동	백원정 장로	평북 의주
감리	1951. 11월 이전	제주읍교회	제주시 일도1동	도인권 목사	평남 용강
성결	1951.5.6	제주읍교회	제주시 아라1동	강진국 장로37), 오태상 목사38)	

*출전 : 대한예수교장로회 제주노회, 『제주노회사』, 2000, 103~214쪽 ; 한인수, 『濟州宣敎百年史』, 도서출판 경건, 2009, 163~168쪽을 토대로 재구성함.

---

27) 서부교회 시설이 한계에 달했고, 용담동은 비가 오면 개천을 건널 수 없어서 1951년 4월 서부교회를 분립하여 용담동 공터에서 예배를 시작하였다고 한다. 현재 어느 교회인지는 파악이 되지 않는다. 제주성안교회, 앞의 책, 308쪽.

28) 1897년 서울에서 출생하여 숭실대학 입학 후 3·1운동에 참여하여 체포된 후 6개월 고문으로 부상당하였다. 1923년 평양신학교에 입학한 후 함북 이원교회에 부임하였다. 단천교회, 웅기교회에서 시무 후 1937년 미국 LA 침례신학교에서 유학을 마치고 1940년에 귀국하여 영등포장로교회를 거쳐 1947년 삼성장로교회에 부임하였다. 제주도 한라교회에서 시무 이후 장로교회를 탈퇴하고 1963년 서울 아현침례교회에 부임하였고, 1964년 기독교한국침례회 총회장을 역임하였다. 김갑수, 「숭실대 전도단의 기수, 학원선교사의 선구자-차광석 목사」, 『한국침

<표 2>와 같이 전쟁기 제주도에 새롭게 세워진 기독교 교회의 절반 이상은 월남민에 의해 세워졌고 이 교회들은 현재까지 지속하고 있다.

레교 인물사』, 요단출판사, 2007.

29) 최영애 권사(인천 성민교회)의 증언에 의하면 1950년 함덕으로 내려온 피난민들이 제주도 청년들과 예배를 함께 드리다 1951년 피난 온 김윤근 목사의 합류로 용기를 내어 교회의 기틀을 다졌다고 한다. 대한예수교장로회 제주노회, 앞의 책, 198쪽.

30) 효돈마을 향사를 빌려 신효향사에서 교역자들이, 하효향사에서 평신도들이 예배를 시작하였고, 2월 25일 효돈국민학교 교실을 빌려서 함께 예배를 하였다. 대한예수교장로회 제주노회, 앞의 책, 203쪽.

31) 1953년 9월 서소문교회에 부임하였다. 서소문교회 홈페이지-역사 http://www.ssm. or.kr/sub01.php.

32) 1951년 1월 7일 180명의 피난민이 토평리에 이주하여 1월 14일 제주도민 김영관의 사가 임시 수용소에서 첫 예배를 하였다. 위두찬, 김진수, 채필근 등 목사가 17명이었다. 중산간 마을의 잦은 무장대 출현으로 대부분의 피난민은 서귀포 시내로 이주하였으나 임택진 전도사가 초대 목사 안수를 받고(1952.2) 토평마을로 올라왔다. 토평동마을지 발간추진위원회 편, 『토평마을』, 서귀포시 토평동마을회 2004, 493쪽.

33) 1916년 평남 중화군에서 태어나 평양신학대와 경희대 국문학과를 졸업하고 제주 서귀포 피난민교회, 부산 성도교회를 거쳐 1959년부터 23년간 청량리중앙교회의 담임목사를 역임하였다. 「[부고] 임택진 전 예장통합 총회장」, 『서울신문』, 2007. 7. 30.

34) 1951년 1월 28일 피난 내려온 250여 명이 마을 동산에서 첫 예배를 하고 교회창립을 결의하여 3월 7일 박형순 목사와 부흥회를 통해 교회 건축 헌금으로 대지 50평, 초가 1동 매입하였다. 대한예수교장로회 제주노회, 앞의 책, 126쪽.

35) 「"아버지는 나의 목회 인도자" 부친 노회장 시절 안수 받고 30년 만에 노회장된 노용한 목사」, 『기독공보』 2635호, 2007. 11. 16.

36) 화북마을에 들어온 피난민들 중 15명이 21일에 구 화북초등학교 한 켠에 군용천막을 치고 이북 신의주 출신 장 장로의 인도로 예배를 한 것이 교회의 시작이었다. 2년간 천막교회에서 예배하다가 1952년 소개민과 피난민을 위해 지은 초가집으로 이전하였고, 피난민이 떠난 후에 교세가 기우는 듯 했으나 조중업 전도사가 청년, 학생을 중심으로 부흥시켰다. 제주노회사, 앞의 책, 202쪽.

37) 「성결교회 제주도 상륙이야기 ②제주교회 개척을 주도한 강진국 장로」, 『한국성 결신문』, 2011. 9. 7.

38) 「성결교회 제주도 상륙이야기 ③제1대 담임목사 오태상」, 『한국성결신문』, 2011. 9. 21.

제주도는 다양하고 두터운 지역 민간신앙으로 인해 기독교의 교세 확대가 어려운 지역적 특성을 지니고 있다. 기독교 신앙을 가진 월남민은 전쟁기 짧은 기간 동안에도 서로 모여서 예배를 하고 교회를 설립하며 공동체를 유지·형성하고자 하였다. 교회들은 성경구락부에서 피난민의 교육을 시행하기도 하였고, 이를 개편하여 학교를 설립하기도 하였다.39)

피난민 교회에서 장로교회의 비중이 압도적으로 많지만 주목할 점은 감리교회, 성결교회가 피난민에 의해 처음으로 제주도에 설립되었다는 점이다. 감리교 교인들은 동부교회에서 주로 모임을 시작하였다. 전쟁기 도인권40)이 옹진에서 피난하며 1951년 류형기 감독으로부터 제주선교지 방 관리자로 임명되었다. 1953년까지 제주에는 제주읍교회 외에 광양리, 도두리, 전천리, 월정리, 월평리의 6교회가 있었다. 이후 1956년에 일제 신사가 있던 임시예배처소에 교회를 새로 짓고 이름을 제주중앙교회로 바꾸었다. 도인권은 임정요인이었던 자신의 위상을 적극 활용하여 도지사 와 군 사령관에게까지 영향을 미치며 감리교 확산에 주력했다고 한다.41)

---

39) 성경구락부를 정착시킨 인물도 월남한 김희산 목사였다. 제주성안교회, 앞의 책, 317~318쪽.

40) 1880년 평남 용강 출생으로 1904년 무관학교 군사특과에 입학하여 졸업한 뒤 교관으로 임관되었다. 1907년 군대해산 이후부터 독립운동에 투신하였다. 황해도 재령에 양원학교를 중심으로 학무회를 조직하였고, 고향인 용강에 충일학교와 사범강습소를 설립하였다. 재령의 문창학교 교장을 지냈고 안악의 양산학교에서 도 교편을 잡았는데, 여기서 김구와 만났다. 1910년 12월 안중근의 종제 안명근의 독립운동자금모금사건이 탄로되자 김구 및 해서교육총회 지도자들과 함께 투옥 되었다('안악사건'). 이때 6년간 서대문형무소에서 옥고를 치르고 출감 후 평양교 회를 중심으로 독립운동을 계속하다가 1918년 상하이로 망명하였다. 상하이 대한민국임시정부가 수립된 뒤 임시정부 군사국장, 무관학교 교관·학도대장, 임시의정원 부의장, 상해거류민단장 등을 역임하였다. 1921년 고려혁명위원회의 위원으로 시베리아 지방의 선교에도 힘썼다. 1930년 감리교의 정회원 목사안수를 받고 시베리아에서 만주 간도의 동흥진으로 옮겼다. 10년간 이 지방에 교회 6개, 학교 5개를 신설하고 동흥진교회 담임목사로 시무하였다. 1940년부터 해방될 때까지 간도 연길교회 목사로 시무하였고, 귀국하여 옹진교회 목사로 시무하였다. 한국학중앙연구원, 『한국민족문화대백과』.

그러나 전쟁이 끝난 후 많은 피난민들이 육지로 돌아갔다. 교인들도
마찬가지였다. 1952년 초 피난민수는 28,059명(북군 21,002명, 남군 7,057
명)으로 줄어들었다.[42] LST로 또는 개별적으로 부산, 서울 등 육지로
떠났다. 특히 감리교 목회자들은 많은 수가 제주도를 떠났고, 이것은
감리교회의 교세가 급속히 약화되는 배경이 되었다. 상대적으로 장로교회
는 남은 목회자들이 많았다.

장로교 제주도피난민교회의 이환수 목사는 1953년 1월 초부터 제주도
와 서울을 왕래하며 전후 복구된 청암교회에 시무하였고, 제주도피난민교
회, 대한신학교, 피난민학교 등을 정리하며 1953년 9월에 청암교회로
복귀하였다. 제주도피난민교회는 10월 6일 예배당, 숙직실 2동, 부속시설
을 제주노회에 이양하였다. 그 후 1959년까지 담임한 이두욱 목사[43]와
1950년대 제주중부교회의 전도사와 장로들도 대부분 월남민이었다. 제주
중부교회는 한국 장로교 최초로 목사 안수를 받고 제주도에 파송된 이기풍
목사에서 시작된 성내교회−서부교회(1942)와 1972년에 제주성안교회로
통합하여 현재에 이르고 있다.

2) 장로가 된 월남민

전쟁이 끝난 후 많은 피난민, 월남민이 육지로 떠났지만 현재까지
제주도에 남은 월남민들이 있다. 4·3사건 당시 서청, 경찰, 군인으로

---

41) 소속교회 전도사 결혼식 때 도지사에게 전화를 거니 지프차까지 내 주었다는
   원로들의 증언도 있다. 한인수, 앞의 책, 167쪽.
42) 夫萬根, 『光復濟州 30年』, 文潮社, 1975, 117쪽.
43) 1909년 7월 24일 평남 중화군 중화면 하명월리 출생으로 1950년에 월남하였다.
   1·4후퇴 때 제주도로 피난. 1951년 남산 장로회신학교를 졸업하고 1952년에
   목사 안수 후, 보목교회 및 그 부근에 전도목사로 파견되었다. 보목리국민학교에
   서 피난민 예배할 때 함께 교회당을 건축하였고 1954년 제주중부교회에 부임하였
   다. 제주성안교회, 앞의 책, 319~320, 323~324쪽.

제주도에서 월남민은 자신의 출신을 드러내지 않으려는 경향도 있다.[44] 구술자 중 4명의 남성은 모두 제주도에서 교회 장로가 되었다. 또한 이들은 제주도에서 자영업으로 안정적인 기반을 형성하여 현재의 삶에 만족하고 있다는 공통점을 지니고 있다.

이북에서도 교회 생활을 했던 송운호와 김진국은 입도 초기 정착에도 우호적인 환경을 경험하였고, 이후에도 비교적 순탄한 삶이었다. 송운호는 1957년에 형과 함께 일본의 밀감 묘목을 사서 '최초로' 농사를 시작했다고 하였다. 숨겨 들여온 묘목을 면사무소에서 받았다고 하였는데, 그 배경과 경로는 정확하지 않다. 상업적 농업으로서의 최초 재배인지 확인하기 어렵지만 1960년에 제주도의 감귤 재배 농가가 47가구였던 것으로 볼 때 1957년 시기는 매우 이른 편인 것은 분명하다.[45] 그는 밀감 농업 외에도 1974년까지 장사를 병행하며 생활을 유지해 갔다.

김진국은 육지에서 학교를 다니고 생활하다가 제주도에 재정착한 경우이다. 1942년생인 그는 서울에서 광성고등학교를 다니다가 남대문 시장에서 장사를 하였다. 계면쩍게 말하기를, 미군 구호물자를 몰래 파는 사업으로 "수지가 맞았다." 시장에 점포를 가진 것은 아니지만 노점 장사로 "잘 벌 때가 있었다"고 회고하였다. 당시 제주도에 있던 부친은 모슬포 육군 제1훈련소에 육지에서 만든 '다이마루'라는 둥근 빵을 납품하여 "돈을 좀 잘 벌었"다고 하였다. 1960년 4·19때도 그는 서울에서 "차 꼭대기에 타고" 경무대로 갔었다. 28세에 다시 제주도로 돌아와서 현재까지 양돈업, 냉면 식당 등을 해오며 살고 있다.

---

44) 이북오도민회 제주지소에서는 월남민이 4·3사건으로 인해서 자기 출신을 드러내길 꺼려하고 2, 3세대에까지 그 영향이 있다고 하였다. 미공개 면담, 2015년 3월 4일.

45) 디지털서귀포문화대전-제주감귤농업협동조합 (http://seogwipo.grandculture.net/Contents?local=seogwipo&dataType=01&contents_id=GC04601106)

월남 이전 신앙이 없었으나 제주도에서 신앙을 가지게 되어 장로가 되었던 차순홍은 결혼이 정착의 중요한 계기였다. 같은 평양 출신의 친구이자 월남전부터 교인이었던 김용화와 서귀포에서 만난 뒤 군 제대 후 부인이 친정어머니와 제주도에 와서 하고 있었던 고무신 장사를 함께 시작하였다. 그는 살면서 전쟁이나 피난 시절이 아니라 무거운 검정고무신을 이고 서귀포 곳곳으로 장사를 다녔던 때가 살면서 가장 힘든 때였다고 하였다. 고무신뿐만 아니라 부산에서 미(美)제품을 들여다가 팔았고 옷과 학용품도 노점을 하다가 1960년대에는 가게를 차리게 되면서 '백화점'이라고 이름 붙이고 1971년까지 운영하였다.

박용이는 현재 시온교회 장로로서 법호촌 정착사업장에 정착한 경우이다. 1952년에 "반공정신이 투철하고" 군경을 도왔던 부친이 형과 함께 "폭도에게 잡혀" 가다가 형을 도망시키고 죽게 되며 어린 시절에는 어머니가 생계를 책임지게 되었다. 어머니가 성산포에 나가서 두부 장사를 하다가 법호촌으로 들어갔고, 중학교까지 마쳤다. 법호촌에서 숯을 만들어 팔다가 "체구가 작아서" 20대 중반의 늦은 나이로 군 입대를 하게 되었는데, 베트남전 참전 시 "훈장을 타게" 되었다. 파병군으로 받았던 월급은 형의 신학공부를 위해 지원되었고, 목사가 된 형을 따라 육지에 왔다가 인천에 살던 부인을 만나 결혼하였다. 그 역시도 인천에서 1년여를 살았지만 다시 제주로 돌아와서 현재까지 경제활동을 하고 있다.

이들이 정착하는 과정에서 현지인들과는 어떤 관계를 맺었을까. 장사를 하면서 개인적으로 좋은 기억을 가지고 있기도 했지만 제주도 사람들로부터 무시되거나 차별 받았던 경험도 있었다. 장사를 할 때 "피난민이라고 해서 우대를 받았"는데 제주 사람들은 "피난민한테 가면 물건을 싸게 가져올 수 있다는 인식"도 있었고 "어렵게 장사하니까 도와주자"고도 생각했다는 것이다. "불쌍하다는 생각으로 같은 값이면 피난민 물건을 팔아주자"고 하거나 피난 직후에 남편을 잃은 어머니가 "올망졸망 5남매를 기르려니 겨울양식 없는데" 들에 나가면 제주도 사람들이 "피난민들 주우라고" 고구마를 남겨두곤 했다. 하지만 동시에 아버지가 있을 때는 배급물자가 있었는데 "가장이 돌아가시니 별 볼 일 없다"면서 살던 집 주인이 "기어나가"라고 하여 "집 없는 설움을 그때 처음" 느끼기도 했다. 현재까지도 제주 원주민의 배타심이 강하다는 것이 김진국과 박용이의 지적이었다. "육지것들이 오면서 도둑이 많아졌다"는 말도 하고, 누구든 "삼촌으로 통하는" 제주도인데 육지것들이 제주도를 나쁘게 만들었다고 생각한다는 것이다.

이렇게 살아가는 월남민에게 교회는 어릴 때부터 가지고 있던 신앙생활의 근거지였고, 사는 데 "위로가 되는" 곳이었다. 이들이 갔던 교회는 <표 2>의 피난민 교회에 국한되지 않았고, 거주지에 따라 '서귀포교회'[46]에서 피난민 교회로 옮기거나 피난민 교회에서 '서귀포교회'로 옮겨왔다. 소 장사를 해서 현금뭉치를 들고 가던 중 강도를 만난 뒤 교회에 더욱 의지하게 되기도 했고, 남편을 잃은 부인은 신앙에 매달렸다.

교회는 이들에게 집사, 권사, 장로라는 지위를 부여하는 공간이기도 했다. 보목교회에서는 "교인들이 산에 가서 나무를 해다가 아이들부터 모아서 공부를 시켰다." '피난민 교회'들은 설립 당시부터 목회자가 부족했고 전쟁 후 많은 사람들이 육지로 다시 나가게 되면서 제주에 남아 성실하고 오랫동안 신앙생활을 하는 사람들에게는 교회에서의 역할과 지위가 주어진 것으로 보인다. 스스로도 교회를 위해서 헌신하기도 하였다. "배고프고 힘든데 자기 안 먹고" '성전 건축위원장'을 맡아서 교회를 새롭게 건축하는 데에 실질적인 기여를 했던 것처럼 자신의 정착과 교회의 성장을 함께 도모하였다. 그 결과 현재에도 원로장로를 맡고 있거나 50세가 되지 않아서 장립하거나 30년 동안 장로를 역임하였다. 김진국은 형제 중에도

---

46) 1928년에 설립되어 현재 1만 평 이상의 대지를 확보하고 있는 대형교회이다. 서귀포교회 홈페이지 – 연혁, http://www.seogwipo.or.kr/

장로가 두 명 더 있고, 송운호는 아들 다섯 명이 모두 장로가 되었다.

교회 장로인 월남민들은 공통적으로 자녀들이 원하는 만큼 교육시킬 수 있었고, 높은 소득을 얻었던 때가 있었으며 현재도 토지나 농장을 소유하고 있어서 경제적으로 어렵지 않은 노후 생활을 하고 있다. 그간의 삶에 전반적으로 만족스러운 태도를 보여주었고, 육지에 살다가도 제주도로 돌아왔다. 이북의 고향은 거의 기억나지 않거나(1940년대 생) 오래된 과거의 기억(1920년대 후반 생)으로 남겨져 이북 사람, 육지 사람이 아닌 '제주 사람'으로 살아가고 있었다.

4. 정착사업장 기획과 '법호촌' 형성

1) '난민귀농정착단' 형성과 피난민 이주

피난민 교회 중 하나였던 시온교회는 남제주군 상효리에 1956년 4월 30일자로 가장 늦게 설립되었다. 그 까닭은 1955년에 정착사업장이 조성되면서 피난민들이 모였고, 그 후 예배가 시작되었기 때문이다. 사업장을 만든 인물이 평북 의주 출신으로 시온교회에서 예배를 처음 지도한 백원정 장로였다. 이때부터 만들어진 새로운 마을이 '가나안 새마을', 현재 '법호촌(法護村)'이라고 부르는 곳이다. 필자는 작년에 처음 이곳 노인회장(김창옥)을 만나서 구술하였고, 그를 통해 시온교회의 원로장로(송철언)를 소개받은 후, 교회 인맥을 통해 장로인 월남민들을 만날 수 있게 되었다. 월남민은 왜 법호촌에 오게 되었을까.

'난민정착사업'은 1952년 3월에 한-UNCACK(미) 합동난민정착위원회 (Joint ROK-UNCACK Resettlement Committee)가 조직되며 실시되었다. 정착위원회 설립의 목적은 전쟁과 게릴라 활동으로 인한 수많은 난민과 전재민을 감소시켜서 한국 경제를 재건한다는 것이었다.[47] "일선지구에서 피난 해온 농민들과 '공비출몰 지역'에서 소개된 농민들을 조속히 치안이 회복 된 원주지에 복귀하게 하여 양곡, 농기구, 주택자재를 급여하여 생산 증강에 매진하게 하며 자치갱생토록"하는 것이 사업의 목표였다.[48] 사회 부에서는 "귀농정착사업을 계속 추진하면서 복귀불능피난민에 대하여는 항구 구호대책으로서 피난지에서 개간사업, 염전개발사업 및 연와(煉瓦), 기와(蓋瓦) 등 생산사업 등에 종사하게 하여 자활갱생토록 적극 추진한 결과 45,097호가 귀농정착하였으며 18,250호의 복귀불능난민이 피난지인 남한 각지에 정착하여 자활의 길을 열게 되어 도합 93,347호의 난민이 정착자활하게 되었다"고 보고하였다. 즉, 1950년대 난민정착사업은 남한 내 피난민과 복귀가 불가능한 이북지역 출신 피난민을 농촌에 정착시키고 자활하도록 하는 데 중점을 두었다.[49] 정부 기록에 의하면, '복귀불능난민' 정착은 1952년부터 1959년까지 추진하였고, 1958년 시점에 총 142,614세대 가 정착하였고, 1959년에는 1,500세대를 서울, 부산, 인천의 도시에 정착시 킬 계획이었다.[50]

제주도의 난민정착사업은 4·3사건 후 지역민의 복귀로 시작되어 전후 월남민까지 확대된 형태로써 중앙에서 월남민을 대상으로 사업이 시작된 것과 다르다. 1953년 4월에 한미합동난민정착위원회의 실무자 그룹은 제주도 현지 조사를 시행하였다. 보고에 따르면, 제주도는 4·3사건으로 72개리가 완전 파괴된 통제구역이었고, 130개리가 반파되어 10,000세대

---

47) RG 554, Korean Communications Zone[En 125], Adjutant General Section, General Subject Correspondence Files 1952 series, Joint Meeting of the Steering Committee and Budgeting and Technical Sub-committees of the ROK-UNCACK Resettlement Committee, 1952.8.27.

48) 社會部, 『國政監査資料』, 1953, 199쪽.

49) 도시에서의 난민정착사업은 1957년부터 난민주택 건설의 방식으로 실시되었다.

50) 보건사회부, 『국정감사자료』, 1958, 499쪽.

(55,000명) 이상이 이 지역에서 떨어져 있고, 8,000정보가 생산되지 못하는 상태였다. 농민들은 가능하다면 집으로 돌아와서 마을을 재건하고 땅의 일부라도 계속 농사짓기를 매우 원하고 있었다. 농민들은 '공비의 위협을 두려워하지 않았고 경찰 간부에게도 집의 재건과 마을 영유를 허락해 달라'고 청원했었다고 하였다.[51] 정부는 정착사업을 위해서 치안의 안정이 우선되어야 한다는 입장이었다. 제주도에서 정착사업이 실시된 것은 1955년 2월로 보이는데, 원주지에 정착하려고 하는 6,484세대 가운데 우선 2,074세대의 4·3사건 이주민을 대상으로 '수복귀농정착사업'이 추진되었다.[52]

이러한 전후 제주도의 난민정착사업 가운데 월남민이 주도하였던 곳이 법호촌이었다. 1954년에 제주도 김창욱 검사장이 4·3이재민과 6·25난민들 50세대가 정착할 마을로 '법호촌'으로 세우려고 했다가 물자 배급 문제로 도의회와 마찰을 일으켜서 유야무야 되었던 일이 있었다.[53] 백원정이 같은 해 11월 19일자로 '난민정착귀농단'(이하 정착단) 인정 신청서를 남제주군수에게 제출하며 사업이 본격화되었다. 백원정은 1903년 평북 의주군 월화면 마흥동에서 태어났는데, 시온교회 설립 이전에 언제 장로가 되었는지는 확인되지 않는다. 그가 제시한 귀농단의 조직목적은 정관 전문을 통해 파악할 수 있다.

비인문주의적인 공산주의자들의 침략에 인한 피난 또는 피해된 동포들의 공산주의 사상의 말살에 의한 조국의 재건 민족의 번영 및 생산 증강을

---

51) RG 554, United Nations Civil Assistance Command Korea, Adjutant General Section, General Correspondence(Decimal Files), 1951-55 Series, Report of the Twenty-ninth Meeting of the Joint ROK-UNCACK Resettlement Committee, 1953. 5. 16.

52) 『1469난민징착(4·3사건피해싱항조사』, 1955(국가기록원 문시철 BA0178704)

53) 자세한 내용은 김종배, 「김종배의 도백열전(18) 제7대 도지사 길성운 : 도의회-검사장 전면전으로 치달은 '법호촌' 파문」, 『제주의 소리』, 2004. 3. 25.

이념으로 하여 제주도 지방 미이용지에 집결개척하고 농산물 축산물 및 임산물 등의 생산으로써 부락경제적인 자급자족의 일상생활에 의한 자유적 농촌사회를 실현하기 위하여 개척단을 조직하여 이에 정관을 제정함.

정착단은 "한라산림 미개간지를 개척하여 농산 임산 및 축산 등의 생산을 증진시킴을 목적"으로 하여 농지개발 및 각종농산물, 조림 및 임산물 목장설치 및 축산, 과수원 및 특용작포, 육영사업, 단원 후생 및 복리증진 시설 등 6개의 사업을 실시하고자 하였다. 구역은 남제주군 서귀면 상효리 산 2번지와 8번지, 10번지와 22번지, 산33번지와 120번지까지로 하였다. 임원은 고문 2명, 단장 1명, 총무 1명, 대의원 약간명, 감사 2명 이내로 두었고, 초대에는 고문 강경옥, 단장 백원정, 총무 박희석, 사업 박영익, 감사 전문옥이 맡았다. 총회와 역원회를 이중으로 설치하였다. 재정은 사업 수입과 정부보조금, 일반단원 부금 또는 기타 수입으로 하고, 단원의 부담을 요할 시는 역원회 또는 총회에서 정하기로 하였다. 단의 복리를 위하여 부설로 직업보도회를 둔다고 정하였다.

단원이 되기 위한 조건은 따로 없었고, "성인 남녀로써 본 단의 목적 및 취지에 찬동하여 입단하는 자"로 하고 입단하기 위해서는 "입단서류에 서약서를 첨부하여 역원회에 제출하고 승인을 받아야 한다."고 규정하였다. 또한 단원증을 받고, 단 임원의 선거권 및 피선거권을 가지며 단결의 및 지시명령에 복종할 의무를 가졌다. 탈단을 원하거나 단원으로서 의무를 이행하지 않은 시 또는 단의 명예를 손상시켰을 시에는 역원회의 결의에 의하여 그 자격을 상실한다고 정하였다. 1955년 창설 당시 단원 명부로 보았을 때 전체 105세대 504명이었는데, 이중 이북 출신은 68세대로 전체의 약 65%였다. 지역별로는 평안북도 26, 평안남도 14, 함경북도 7, 함경남도 7, 황해도 14세대로 평안도 출신이 많았다. 제주 외의 육지

지역은 13세대였고, 나머지 24세대가 제주도 출신이었다.

백원정은 12월 13일에 사회부장관에게 보내는 사업계획서에서 "서귀면 내에 있는 일부 난민을 중심으로 하여 조직한 국부적인 단체이나 그들이 정착귀농하려는 의욕을 중앙에 반영시키기 위한 견지와 집단영농정착사 업을 조성하기 위한 방안"이라며 "난민정착귀농단 사업은 국가시책에 호응한 남제주군 서귀면 관내 일부 난민들이 창의로서 정착귀농단을 조직하여 미개지를 개간하며 영농정착사업에 솔선기여하려고 하는 것이 오니 통찰하시와 본 단 사업 조성에 적극 원조하여 주시옵기 앙망"한다며 사업 추진을 위한 원조를 요청하였다.

백원정의 '난민귀농정착단' 창설 소식은 제주도 전역에 알려졌다. 제주 출신, 월남민 출신 구술자들도 한림, 대정, 성산, 서귀포 등 제주도 내 각지에서 소식을 듣고 각각 들어갔고, 육지에서 바로 법호촌에 들어온 경우도 있었다. "정착촌 생긴다 하니까 피난민 다 모은다 하는 소문에 소문을" 듣기도 했고, "신문에 광고가 나서" 보고 왔다는 사람도 있었다. 정착촌에서 배급이 나온다는 사실이 정착촌으로 오게 되는 핵심적인 동기였다.

2) '법호촌'의 현실과 삶

백원정은 단이 창설된 후 4개월여가 지난 1956년 4월 30일부터 장로로서 도 역할을 하기 시작하였다. 정착단 50여 명과 육군 제1훈련소 5숙영지 막사로 사용하던 건물을 인수받아서 예배를 하기 시작한 것이 시온교회의 시작이다.[54] 단장이 장로를 맡은 상황에서 단원으로 온 사람들은 신앙이 없더라도 교회에 다니는 것이 유리한 상황이었다. "피난민 100%가 예수를

---

54) 김창옥 구술, 미공간 시온교회 내부자료(송철언 제공).

믿어야 했다"고 기억하는 사람도 있다. 첫 예배를 드린 날에 맞추어 정착단 창립기념으로 제주도지사 길성운, 남제주군수 김선옥, 서귀면장 부윤경의 송덕비가 세워졌다. '사단법인 제주난민귀농정착개척단'이 후원하고 '대한예수교장로회 제주노회 가나안새마을 단장' 백원정이 설립한 것이다. 단기 4289년 4월 25일 인립(豎立) 송덕비 뒷면에는 "귀한 원조 후이 밧어 난민에게 전개하니 빗나는 송덕비"라는 내용이 새겨져 있다. 1957년 3월 3일 단원 일동의 명의로 '단장백원정장로송덕비'도 세워졌다. 백원정 송덕비 뒷면에는 다음과 같이 적혀있다.[55]

> 이-가나안 새마을을 건설하고 우리들 난민 150세대의 행복된 생활을 이룩하기 위하여 가지가지의 고난을 무릅쓰고 온-정력을 다-하신 위대한 창설자이며 우리들의 은인 모세를 천추만대까지 기념코저 한 조각돌에 그 공적을 표하노라.

비석의 내용이나 구술자들의 증언으로 볼 때 1957년 단계에 정착단은 설립 신청 당시 105세대에서 150세대로 늘어났던 것을 알 수 있다. 백원정 송덕비에서는 그를 '모세'라고 치하하고 있다. 이 '모세'가 이끄는 정착단에서 사람들은 어떻게 살았을까. 피난민들이 정착단에 들어오는 동기였던 배급부터 살펴보자. 배급품은 "강냉이 가루와 (굳은) 우유가루"였고 2년 정도 나오다가 끊어졌다. 그 후 천주교에서 배급이 들어오면서 시온교회의 교인들도 상당수 천주교회로 빠져 나갔다. 현재 시온교회 장로이자 월남민인 박용이는 "몇 가정만 시온교회를 지키고 웬만한 사람들이 다 갔다"고 하며 그로 인해 "교회가 어려워졌다"고 했다. 그는 시온교회를 지킨 몇 가정 중 하나였다. 그나마 설립 초기에 들어온 사람들은 시온교회에서

---

55) 필자가 두 송덕비를 실제로 확인하였으나 소장자의 동의가 없었기 때문에 보관 장소나 실물(사진)을 공개하기 어렵다는 점을 밝혀둔다.

배급을 받았으나 후에 들어온 사람들은 받지 못했다. 제주 출신의 김창옥은 정착단 차원의 원조가 전혀 없었다고 하며 천주교의 구호물자만 있었다고 하였다.

김아람 : 그러면 그 때 선생님 원조물자나 이런 게 안 들어왔어요?
김창옥 : 전혀.
김아람 : 전혀 없었어요?
김창옥 : 전혀 없었거든. 물자가 들어오는 거는, 천주교로 해서 (PL)480으로, 천주교로 해서 들어오는 게 있었거든. 근데 저, 구호물자, 미국물자가 들어왔어요. 그리고 또 천주교로 해서 옥수수가루, 옥수수가루가 마대로 해서 오면, 그 또, 그 당시에는 주식이 옥수수였어요. 옥수수죽, 옥수수범벅, 그게 있거든. 지금도 옥수수가루를 보면은, 지겨울 정도거든. 그게 고급으로 지금은, 아주 고급인데 그 때는 진절머리가 날 정도로 정말 힘들었거든, 그 당시에는.

천주교의 배급으로 연명하기에는 한계가 있었고, 개간할 시간 동안 먹을 것이 없었다. "배급에 의존하다가 끊어지니 많이 고생을 했다"고 한다. 법호촌에 살고 있는 구술자 6명은 남녀, 출신지를 불문하고 모두 동일하게 한라산의 나무를 베다가 서귀포 시내에 나가서 파는 것으로 생계를 꾸렸다. 김생금은 "새벽 3시에 깨면 (나무를) 지고 서귀포에 가서" 팔았다. "잠 한번 실컷 자봤으면" 생각하였다. 나무로 바꿔오는 것은 "보리쌀 한 되"였고, "서귀포에서 10원짜리 빵 하나 먹고" "몇 년을 그 짓거리"를 하고 살았다. 남자들은 나무를 잘라서 숯을 만들어서 팔기도 했다.

이북 출신이 다수지만 여러 지역 출신들이 모여 있는 정착단 내부의 관계는 어땠을까. 월남민 여성 구술자들은 잘 기억하지 못했고, 제주 출신 남성은 "운영되는 분위기는 집권이 피난민 위주"였다고 하며 이북

출신들끼리도 지역에 따라 구분은 했다고 하였다. "함경도는 이북하와이"
라고 하는 얘기들이 오갔지만 내부에서 갈등이나 대립이 있었던 것은
아니었다. 구술을 했던 여성 3명(김만자, 김생금, 변일녀)은 모두 1920년대
후반 생으로 월남, 피난해서 오랜 시간 동안 함께 살아서 지금도 늘
같이 지낸다고 하였다. 시간이 지나면서 나이든 피난민은 사망하고 새롭게
유입되는 제주 출신들과 섞여서 한 부락 사람들로 살게 되었다. 현재는
전라도 지역 출신이 가장 많고, 다음이 제주 출신, 그 다음이 이북 출신이라
는 것이 시온교회 원로장로의 설명이다.

법호촌 사람들의 어려움은 내부에서의 문제가 아니라 부락 전체에
대한 외부인의 차별이었다. 김창옥은 5·16이후에 경찰국장으로 온 하상식
대령을 면담한 자리에서 "법호촌 사람들은 인간 송충이"라는 말을 들었다
고 하였다. 그에 따르면 '새로 만들어진 부락은 도둑놈들이고 다 이제
나쁜 사람들이다'라는 인식이 각인되어 차별이 상당하였다고 한다. "법호
촌'을 '법무촌(法無村)'이라고 부르기도 했다고 전했다. 송철언은 법호촌이
지금도 제주도에서 가난한 마을로 여겨지고 있다고 하였다.

주목할 점은, 법호촌에 대한 부정적인 인식이 같은 이북 출신 월남민에
게서도 드러난다는 것이다. 서귀포에 사는 월남민 장로들은 법호촌과
자신들은 전혀 무관하다고 생각하였고, 실제 삶에서도 현재 이 지역에
땅을 가지고 있는 경우가 있었지만 법호촌 사람들과는 관계가 없다.
혹자는 "술 먹고 싸우는 사람들"이라는 인상을 가지고 있기도 했다. 서귀포
의 월남민이 자영업으로 안정된 경제활동을 했던 것과 달리 법호촌 사람들
은 1960년대 이후에도 상황이 크게 나아지지 않았다. 거기에는 고향에
대한 향수도 있었다. 이북에서 여유롭게 살던 김만자 부부는 월남 후의
적응이 힘겨웠다.

자꾸 술만 먹으면 우는 거라. 그, 이북에서 살던 생각을 하구 우는거라,

자꾸. 부모 생각하구. 그럭하니깐 그게 벗어나지를 못 하더라구. 처자식을 생각을 했음 좀 벗어났겠는지도 모를 건데. 그 생각은 안 하더라구. 그저 부모 생각하구, 그, 신포에서 옛날에 호의호식하고 살던 생각. 그런 생각만 하구. 지금 와서는 자기가 돈도 없구 허니까 사람, 남을 위하는거당 없구. 없이 버는 것두 않구. 그치루 하는 생각 하구. 그칠구 하더라구요. 지금 와서는 뭐 자기 뭐 배운 것두 없구, 농사 같은 것도 헐 줄을 모르잖아요. 아무 것도 헐 줄을 모르잖아요. 나도 농사 몰랐어요.(김만자)

또 김생금은 남편이 병에 걸렸을 때 치료를 하지 못한 것이 지금도 한으로 남았다. 여성들이 나무 팔기 등으로 생계를 꾸려오며 자녀들을 많이 교육시키기는 어려웠다.

우리 주인 양반은 와가지고 위장병으로 막- 고생을 하는데 먹지를 못하고 굶어죽은 것 같애, 내 생각에. 왜냐하믄 병났는데 요새처럼 고치지를 못하고 병원에도 못가고, 병원에 한 번 갔다 오면 그냥 돈 없으니까 또 못 가고 집에다 놔두고 난 밭에 가서 일하고 죽 한번 쒀 주질 못했는데. 이제 그 생각을 하면 너무 슬프고 불쌍해. 그래서 못 살았다고. 요새 같으면 오래 살았지. 먹지 못해 죽었다고. 굶어 죽었지.(김생금)

법호촌을 만든 사람들의 생활이 곤란한 데에는 정착단 사업 과정에서의 문제가 있었다. 사업장에 배정된 물자들이 현지에 도달하지 않았다. 이 사실은 사업장 추진으로부터 몇 년이 지난 후 정착민인 김창옥이 문건으로 파악하였는데, 현재는 유실되었다. 시온교회 원로장로인 송철언 또한 배정된 물자가 유입되지 않았다고 확인해 주었다.

김아람 : 그때 선생님 그거 문서로, 문서 보시고 나중에 알게 되셨다 그랬잖
　　　아요. 그게 언제쯤인지 기억, 5·16 전인지 후인지.
김창옥 : 그게 5·16 지나고 보니까 그게 이제, 너-무도 정말 이거면은

충분히 살 수 있었던 건데. 그리고 내가 그때부텀은 다니면서들 왜 이렇게 했을까. 이거 이렇게 사람들을 실향민들 이렇게 데려다놓고 그대로 하지는 않았을 건데, 뭐가 있어도 있을 것이다 하다보니 까니 그런 과정을 설명을 듣게 됐거든.

김아람 : 그 때 선생님, 처음에 저 뵀을 때 말씀해주시기로, 누가 서울에 간 사람 있었는데, 그런 게 자료가 남아있어서 알려줬다고 그 때 그랬었죠.

김창옥 : 저 김창욱 검사장 (면담자 : 검사장, 예.) 옆에 다니던 같이 입회해 다니던 사람이, 서류가 있다고 해네 서류를 줘 허앴는데, 그 다음 조원에 그거 복사해서 주겠다고 했는데, 다음에 그 양반하고 소식이 끊어져 버렸거든.

우리 부락에 지금처럼 정치가 밝았으면 이 부락이 부자가 됐을 거예요. 자유당 시절이기 때문에 중앙에서 다 먹어버렸어요. 그때는 미송으로 된 집을 한 150세대 분을 중앙으로(에서) 내려오는데 제주도에도 오지 못하고 부산에서 다 먹어버렸어요. 여기는 150세대 지을 재목이 오질 못했어요. 그래서 이 마을이 지금 가난한 마을이 되고 있어요.(송철언)

김창옥은 문건으로 보았을 때 "소도 나오고 여러 가지가 정부 지원이 있었다"고 하였는데, 난민정착사업은 주택자재, 양곡, 영농자재를 제공하게 되어 있었다. 그런데 사업 초기에 무상으로 지급되었던 방식이 1955년 11월에 노임 지급으로 변경되었다. 정부가 무상구호를 최소화하는 것으로 방침을 변경하면서 물자 배급을 받기 위해서는 개간, 간척, 관개시설 등 농민이 취업할 만한 개발 사업을 추진해야 했다.[56] 백원정이 인가 신청을 내던 시점에 이미 사업 방식은 바뀌어서 사업 주체인 정부와

---

56) 「윤보선, 經濟復興의 方案 特히 農林業振興의 緊急性에 關하여」, 『東亞日報』, 1954년 8월 30일 ; 「自主自活策講究」, 『東亞日報』, 1954년 9월 27일 ; 「救護品受配制限」, 『京鄕新聞』, 1954년 9월 27일 ; 「'일터'를 斡旋키로」, 『東亞日報』, 1955년 10월 15일.

KCAC(한국민간원조사령부)는 무상 배급을 하지 않게 되었던 것이다.

이러한 정책상의 변화를 전제하고서, 문서상 배정이 되어 있었던 물자가 법호촌에 당도하지 않은 이유를 분석해 볼 수 있겠다. 우선 대부분의 법호촌 정착민이 장작팔기로 생활했다면, 정착단 단위에서의 개간은 하지 않았다는 것을 알 수 있다. 전남 장흥에서는 '한국정착사업개발흥업회'라는 월남민 단체가 갯벌 간척을 기획, 추진하였고 정부와 민간단체로부터 물자를 지원 받아서 노동한 정착민에게 급여를 주는 방식이었다.[57] 정착단이 개간 사업을 하지 않았기 때문에 중앙에서 실상을 파악하고 집행하지 않았을 가능성도 있다. 그러나 중앙에서 지역의 실정을 직접 파악하기는 어려웠고, 대개 사업 인가를 근거로 물자 집행을 하였다. 그렇다면 배송 상 문제로 육지에서 제주도로 도달하지 못했을 가능성도 없지 않지만, 난민정착사업용 물자는 지방행정기관을 거쳐 사업 책임자로 전달되는 체계임을 고려할 때 제주행정기관과 백원정이 횡령했을 공산이 크다. 정착민들도 기관장과 백원정의 책임으로 인식하였다. 몇 년 후 화가 난 정착민들은 기관장의 송덕비를 부수기도 했다.

5. 맺음말

한국전쟁 이전 38선 이북의 사람들은 북한의 체제 형성과정에서 이전의 삶을 유지하기 위해 월남하였다. 토지 몰수로 인해 좌절하였고, 기독교 신앙 감시와 소련군의 위협을 피하고자 하였다. 가족의 남한 경험과 연고는 월남의 직접적인 계기이자 월남 직후 생활의 기초가 되었다. 이미 가지고 있었던 기술과 자금은 장기적으로도 안정된 생활의 원천이었

---

57) 장흥의 정착사업은 김아람, 「한국전쟁기 황해도민의 서해안 피난과 전후 전라남도 정착」, 『동방학지』 180, 2017 참조.

다.

전쟁 발발 후 각지에서 피난이 시작되었다. 정부와 미군은 피난민의 분산 배치에 집중하였고, 제주도는 후방에서 피난민을 수용하는 기지 역할을 맡게 되었다. 수송선으로 피난민을 옮기는 정책이었으므로 제주도로의 피난을 선택한다는 것은 불가능하였다. 월남민의 제주도 피난과 입도 초기에 교회가 중요한 역할을 담당하였다. 월남 이전부터 신자였던 월남민들은 교회가 마련한 수송선으로 입도하였고, 제주도로 가게 된다는 것도 알고 있었다. 입도해서도 이미 교회와 교인들이 모여 있던 마을로 들어갔기 때문에 우호적인 환경이었다. 이에 반해 신자가 아니었던 월남민들은 전시 작전에 의해 수송선을 타지 않을 수 없었고, 목적지를 알지 못했다. 임시 거처로 제주도 현지인의 집에 머물 때는 차별과 갈등을 경험하였다.

제주도에서는 피난민 교회로 기독교 교세가 확장되었고 교회를 이끈 다수가 월남민이었다. 민간신앙이 깊은 제주도에 피난민의 입도와 함께 교회의 설립도 이어졌다. 장로교회가 다수이지만 감리교회와 성결교회가 월남민에 의해 제주도에 처음 자리를 잡게 되었다. 월남 이전부터 신앙을 가졌던 사람들은 전후 제주도 내 교회에서 평신도 최고 직급인 장로에 올랐고, 사회경제적인 기반도 함께 마련하였다. 그 과정에서 육지로의 교육과 이주 경험도 있었으나 제주도로 돌아왔다.

정착사업장에 모인 월남민도 많았다. 제주도의 난민정착사업은 육지에서 월남민으로부터 시작되었던 것과 달리 4·3사건 후 지역민의 복귀로 시작되었다. 법호촌은 월남민인 백원정이 사업을 '미이용지에 집결 개척하여 농축임산물 생산으로 자급자족한다'는 목적을 내세웠으나 실제로 개간사업이 진행되지 못하였고, 정착민은 한라산의 나무를 베다 파는 것으로 생활을 영위하였다. 법호촌과 마을사람을 바라보는 시각은 부정적이었고, 같은 월남민이라는 공통점이 있어도 마찬가지였다. 현재는 여성들만 남아있지만, 고향을 그리워하는 남편과 적응하기까지 어려움을 겪기도 했고, 가족의 병을 치료하지 못한 아픔을 지니고 있기도 하다. 지나온 삶의 기억은 슬픔과 한이 기쁨과 보람보다 컸다.

　38선 이북에서 최남단까지 가게 되었던 월남민은 분단과 전쟁의 격변 속에서 스스로와 가족을 지탱하기 위해 개인의 모든 유무형 자원을 최대한 동원해야 했다. 또한 교회의 확장과 정착사업의 추진에서 보이듯, 제주도의 월남민은 중앙이 지역에 요구했던 변화를 부담하게 되었다. 자발적이고 주체적인 선택으로 교회가 확장되었다면, 정착사업장은 '섬안의 섬'으로 생존을 위한 최소한의 자원 확보마저 버거운 현실이었다.

참고문헌

구술자료

AKS_2015_KFR_1230004_024_차순홍_9.구술녹취문
AKS_2015_KFR_1230004_029_김용화_9.구술녹취문
AKS_2015_KFR_1230004_032_김만자_9.구술녹취문
AKS_2015_KFR_1230004_033_김생금_9.구술녹취문
AKS_2015_KFR_1230004_034_변일녀_9.구술녹취문
AKS_2015_KFR_1230004_035_송운호_9.구술녹취문
AKS_2015_KFR_1230004_036_박용이_9.구술녹취문
AKS_2015_KFR_1230004_037_김진국_9.구술녹취문
OH_14_006_김창옥_06
송철언 구술, 김아람 면담, 시온교회, 2015년 3월 5일

國防部, 『韓國戰亂一年誌』, 1951. 10. 15.
『京鄕新聞』, 『기독공보』, 『東亞日報』, 『만남』(영락교회), 『서울신문』, 『제주기독신문』,
『제주의 소리』, 『제주일보』, 『한국성결신문』
『제2대 제10회 국회정기회의속기록』
보건사회부, 『국정감사자료』, 1958.
社會部, 『國政監査資料』, 1953.
『1469난민정착(4·3사건피해상항조사』, 1955(국가기록원 문서철 BA0178704).
디지털서귀포문화대전(http://seogwipo.grandculture.net)
서귀포교회(www.seogwipo.or.kr)
제주영락교회(www.jejuyn.or.kr)
『한국민족문화대백과』
RG 554, Korean Communications Zone[En 125], Adjutant General Section, General Subject
   Correspondence Files 1952 series, Joint Meeting of the Steering Committee and
   Budgeting and Technical Sub-committees of the ROK-UNCACK Resettlement
   Committee, 1952. 8. 27.(국립중앙도서관 소장)
RG 554, United Nations Civil Assistance Command Korea, Adjutant General Section, General
   Correspondence(Decimal Files), 1951-55 Series, Report of the Twenty-ninth Meeting

of the Joint ROK-UNCACK Resettlement Committee, 1953. 5. 16.(국립중앙도서관 소장)

강문호, 문태선, 『濟洲宣敎70年史』, 대한예수교장로회총회 교육부, 1978.
김귀옥, 『월남민의 생활 경험과 정체성－밑으로부터의 월남민 연구』, 서울대학교 출판부, 1999.
대한예수교장로회 제주노회, 『제주노회사』, 2000.
박용규, 『제주기독교회사』, 생명의말씀사, 2008.
夫萬根, 『光復濟州 30年』, 文潮社, 1975.
제주4·3사건진상규명 및 희생자명예회복위원회, 『제주4·3사건 진상조사보고서』, 2003.
제주성안교회, 『한국교회 첫 선교지 살리는 공동체 100년, 제주성안교회 100년사 1908~2008』, 2010.
제주영락교회, 『제주영락교회 60년사 : 1952~2012』, 2012.
한인수, 『濟州宣敎百年史』, 도서출판 경건, 2009.
홍성유, 『장군의 아들』, 고려원, 1987.

강성현, 「한국전쟁기 한국정부와 유엔군의 피난민 인식과 정책」, 『전장과 사람들』, 선인, 2010.
김갑수, 「숭실대 전도단의 기수, 학원선교사의 선구자－차광석 목사」, 『한국침례교 인물사』, 요단출판사, 2007.
김아람, 「1960년대 전반 정착사업 추진과 그 주역들」, 연세대대학원총학생회, 『연세학술논집』 60, 2014.
박찬식, 「한국전쟁과 제주지역 사회의 변화－4·3사건과 전쟁의 연관성을 중심으로－」, 『지역과 사회』 27, 2010.
宋柱仁, 「韓國의 難民定着事業과 家內手工業에 關한 考察」, 서울대 행정대학원 석사논문, 1961.
양봉철, 「제주 4·3과 서북기독교」, 『4·3과 역사』 9·10호, 2010.
양정심, 「한국전쟁기 제주지역사회의 변동」, 『전장과 사람들』, 선인, 2010.
윤정란, 「서북청년회 출신들의 정치적 배제와 부활」, 『한국전쟁과 기독교』, 한울아카데미, 2015.
이신철, 「월남인 마을 '해방촌'(용산2가동) 연구－공동체의 성격을 중심으로－」,

『서울학연구』 14, 2000.

차철욱·공윤경, 「한국전쟁 피난민들의 정착과 장소성」, 『석당논총』 47, 2010.

차철욱·류지석·손은하, 「한국전쟁 피난민들의 부산 이주와 생활공간」, 『민족문화
   논총』 45, 2010.

차철욱, 「한국전쟁 피난민과 국제시장의 로컬리티」, 『한국민족문화』 38, 2010.

차철욱, 「부산정착 한국전쟁 피란민의 상흔과 치유」, 『지역과 역사』 36, 2015.

제2부
월남민의 정착 자원과 사회 연결망

월남 개성인의 정착과정과 개성의 유산

양 정 필

1. 머리말

개성(開城)지역은 조선시대~일제강점기를 거치면서 다른 지역과 구별되는 특유의 문화를 발전시켰다. 우선 개성상인으로 잘 알려져 있듯이, 개성은 상인의 도시이며 상업문화가 크게 발전한 곳이었다. 개성상인의 상업문화를 이해하기 위해서는 그들이 상업을 선택할 수밖에 없었던 배경을 알아야 한다. 조선시대 개성인은 왕조로부터 차별을 받아서 관직 진출이 힘들었다. 농토는 적고 인구는 많아서 농업만으로 살아가기도 힘들었다. 이런 상황에서 개성인은 상인으로 나설 수밖에 없었다. 이러한 기원을 갖는 개성상인은 몇 가지 특징을 지니게 되었다. 첫째, 정치권력으로부터 차별을 받았기 때문에 그들은 정치권력에 의존하려는 생각을 하지 않았다. 둘째, 권력에 의지하지 않는 만큼 경쟁력을 높이기 위해 상업문화를 발전시켰다. 사환제도, 지방출상, 시변과 차인제도, 핵심 상품으로 인삼 재배 등이 그것이다. 셋째, 차별받는 상황 그리고 상인이라는 공통점으로 인해 개성인은 내부적으로 강한 유대감을 형성하게 되었다.

개성인의 독특한 문화는 일상생활에서도 발견할 수 있다. 개성인은 내부적으로 강한 결속력을 지니고 있었다. 반면 외지 사람들에게는 다분히 배타적인 면모를 보였다. 이는 그들이 받은 차별, 즉 앞서 언급한 정치적 차별과 상인이라는 신분적 차별에서 비롯된 측면이 강했다. 이런 차별은 결혼에서 분명하게 드러났다. 개성인은 사대부는 물론 다른 지역 사람들과의 혼인을 선호하지 않았다. 차별의 연장선에서 이해할 수 있을 것이다. 그래서 개성인의 통혼권은 대개 개성 문화권 내로 국한되는 경향이 강했다.[1] 그 결과 개성 사람들은 서로가 친인척 관계로 얽히게 되었다.

이에 대해서는 개성출신으로 서울 고등법원 법원장과 대한변호사협회 회장을 역임한 임한경의 다음과 같은 설명을 주목할 필요가 있다.

고려 후손인 개성 시민들은 자연히 벼슬을 하는 다른 지방 사람들과는 혼인을 하지 못하고 같은 개성 사람들끼리 혼례를 많이 치루었고, 그래서 개성 시민들은 서로 인척 관계를 따지면 모두가 친척 아니면 사돈지간이 되어 있으므로 집안의 눈이 무서워 법을 어겨 큰 죄를 지을 수가 없었고 또 타인을 모질게 대할 수 없었다. 개성 사람들은 보통 경제성의 원리에 의해서 이론적으로 계산해서 자신에게 손해가 없으면 서로 간섭하지 않고 해치지 않는 특성을 지니고 있다. 그만큼 개성은 가족적인 도시였으며 거의 모두가 아는 사람들이라 단결력도 좋았으며 뭉칠 수가 있었다.[2]

---

1) 개성 문화권은 아직 명확한 개념은 아니지만, 지역적으로 개성의 영향을 받고 개성인과 교류가 빈번했던 지역을 염두에 둔 것이다. 개성인들도 이러한 개성 문화권에 대한 인식이 있었던 것 같다. 이와 관련하여서 다음의 기록이 참고된다. "예성강 유역으로부터 임진강 하류까지는 행정적, 경제적, 문화적, 사회적 제 영향이 동일 권내에 속하였으므로 이 지방을 총괄하여 개성지방이라 하였으며 개성을 중심하여 모든 문물이 집산하였다."(金基浩, 『開城舊京』, 대한공론사, 1972, 43쪽). 개성 시가뿐 아니라 그곳을 중심으로 하여 예성강과 임진강 유역 일대도 개성의 영향을 강하게 받는 곳이었고, 그곳을 포함하여 넓은 의미의 개성지방이라고 하였다는 것이다. 이의 영향으로 보이는데, 1970년대 간행된 『송도민보』는 개성 시내 출신뿐 아니라 장단, 개풍 등 광의의 개성지방 실향민들을 포괄하고 있다.

2) 「林漢璟 씨와의 대화」, 『松都民報』 7, 1976. 12. 25.

위의 글은 개성인의 특징 가운데 하나인 내부 결속력 및 강한 유대감 그리고 그 배경으로서 통혼 문제를 잘 설명해주고 있다. 조선시대 개성 인구는 3만3)으로 추산되는데, 이 정도의 인구 수준에서 통혼이 이루어졌으므로 집안끼리 서로 잘 알 수 있었던 것이다. 통혼을 통한 강고한 내부 결속력 역시 개성의 독특한 문화라고 할 수 있다.

한편 해방 후 개성은 38도선 이남에 위치하였다. 미군정의 통치를 받고 정부 수립에 즈음하여 제헌국회 의원을 선출하기도 하였다. 그런데 전쟁을 종결하기 위한 휴전협정에 의해서 개성은 북한에 편입되었다. 전쟁 중에 개성사람들은 언젠가 전쟁이 끝나면 개성은 당연히 남한에 편입될 것으로 생각하였다. 그래서 주로 청장년 중심으로 피난을 떠났고 개성에 남은 사람들이 많았다. 그러나 개성인들의 기대와 달리 개성은 북한에 편입되었고, 피난을 떠났던 사람들은 실향민이 되어 지금까지 개성에 돌아가지 못하고 있다.

실향민이 된 개성인들은 남한사회에 적응하면서 정착해야 했다. 3만여 명으로 추산되는 월남 개성인들의 남한 정착 과정은 개인별로 차이를 보이는데, 그들의 사례를 하나하나 검토할 수는 없다. 본고에서는 월남 개성인의 정착 과정을 고향 개성이 남긴 유산이 그들의 정착 과정에 끼친 영향을 중심으로 살펴보고자 한다. 개성의 유산이란 앞서 살펴본 몇 가지 개성 특유의 문화를 말한다. 즉 상업 혹은 상인의 도시로서 개성, 인삼 주산지로서 개성, 내부 결속력이 남달리 강고한 개성이 그것이다. 이러한 개성의 유산들이 월남 개성인의 남한 정착 과정에서 어떤 역할을 하였는지를 살펴보고자 한다.

실향민 연구는 1990년대 이후 본격화되었다고 할 수 있다.4) 기존 연구성

---

3) 개성 인구는 꾸준히 증가 추세였는데, 일제 말기에는 대략 5만 내외, 전쟁 직후에는 대략 9만 내외를 헤아렸다고 한다.

4) 실향민 연구 동향에 대해서는 윤택림, 「분단의 경험과 통일에 대한 인식 - 미수복

과에 의해서 그들이 월남한 시기, 월남 동기, 남한에서 정착 과정 및
계층 이동 문제, 월남민의 정체성 문제 등이 밝혀지고 있다. 이 연구들은
대개 월남민 통계를 활용하거나 아니면 구술과 현장 조사를 통해 월남민의
역사성과 현재성을 살펴보았다. 그런데 실향민의 남한 정착 과정에서
그들이 고향에서의 경험이 어떤 영향을 끼쳤는지에 주목한 연구는 미진한
상황이다. 기존 연구에서도 개인 차원에서 실향 이전의 교육 수준, 사회경
제적 처지가 남한에서 정착 과정 및 계층 이동에 적지 않은 영향을 끼친
사실에 주목하기도 하였다. 그런데 그것은 개인 차원에 한정된 것이었다.
범주를 확대하여 특정 지역 수준에서 그 지역의 문화를 검토하고 그것이
월남인에게 끼친 영향에 대한 연구는 미흡하다.

　최근 들어 해방 후 개성과 개성인에 대한 연구성과가 발표되고 있다.
해방 후 개성, 개성인에 대한 연구는 크게 두 경향으로 나눌 수 있는데,
하나는 북한에 편입된 개성의 변화에 주목한 연구이고,5) 다른 하나는
월남 개성인에 주목한 연구이다.6) 이 글의 문제의식과 관련해서는 후자의

　　경기도 실향민의 구술 생애사를 통하여ㅡ」,『통일인문학논총』53, 2012, 82~87쪽
　　참조. 대표적인 실향민 연구는 아래와 같다. 조형·박명선,「북한 출신 월남민의
　　정착과정을 통해서 본 남북한 사회구조의 변화」,『분단시대와 한국사회』, 까치,
　　1985 ; 강정구,「해방 후 월남 동기와 계급 구성에 관한 연구」,『한국전쟁과
　　한국사회변동』, 풀빛, 1992 ; 김귀옥,『월남민의 생활 경험과 정체성 : 밑으로부터
　　의 월남민 연구』, 1999 ; 이신철,「월남민 마을 '해방촌(용산2가동)'연구ㅡ공동체
　　의 성격을 중심으로」,『서울학연구』14, 2000 ; 김귀옥,『이산가족, '반공전사'도
　　'빨갱이'도 아닌… : 이산가족 문제를 보는 새로운 시각』, 역사비평사, 2004 ; 조
　　은,「분단사회의 '국민 되기'와 가족」,『경제와 사회』71, 2006 ; 조은,「전쟁과
　　분단의 일상화와 기억의 정치 : '월남' 가족과 '월북' 가족 자녀들의 구술을 중심으
　　로」,『사회와 역사』77, 2008 등.
　5) 김성보,「남북 분단의 현대사와 開城 : 교류와 갈등의 이중 공간」,『學林』31,
　　2010 ; 박소영,「북한의 신해방지구 개성에 관한 연구ㅡ지방 통제와 지방 정체성
　　을 중심으로ㅡ」, 동국대 박사논문, 2010 ; 이준희,「한국 전쟁 前後 '신해방지구'
　　개성의 농촌사회 변화」, 연세대 석사논문, 2015 등.
　6) 윤택림, 앞의 논문 ; 윤택림,「분단과 여성의 다중적, 근대적 정체성」,『한국여성
　　학』29-1, 2013 등. 본문을 보면 알겠지만, 월남 개성인의 정착 과정이 다분히

연구가 중요하다. 그 연구는 개성과 인근 지역인 개풍과 장단 지역 출신 월남민의 구술을 토대로 그들이 전쟁 전, 전쟁 중, 전쟁 후의 변모를 생생하게 복원해 놓고 있어서 이 글을 쓰는 데 도움이 되었다. 다만 연구 방법이 몇몇 개인의 구술을 기반으로 하고 있어서, 개성의 문화를 배경으로 월남민의 정착 과정을 이해하려고 하는 본고는 일정하게 차별성을 갖는다고 생각한다.

본고의 문제의식과 관련하여 2절에서는 월남 개성인의 기업 활동을 살펴보고 개성의 상업 유산이 어떤 영향을 끼쳤는지를 살펴볼 것이다. 3절과 4절에서는 인삼과 내부 결속력이 월남민의 정착과정에 끼친 영향을 살펴보려고 한다. 본고를 통해 월남 개성인이 고향 개성의 유산을 어떻게 활용하면서 정착해 갔는지를 드러낼 수 있기를 바란다. 다만 본 연구는 월남 개성인이 다양한 방면에서 두드러진 활동을 하였음에도 지면 관계상 한정된 분야에 국한할 수밖에 없었다. 이러한 한계에 대해서는, 본고가 월남 개성인 연구의 시작이라는 점에서 이해를 구하고 싶다.

2. 월남 개성인의 기업 활동과 상업적 유산

1) 분단 이전 상업 활동 경험과 월남 후 기업 경영

3만여 명으로 추산되는 월남 개성인이 남한에 적응하는 과정과 그들이 처한 경제적 처지는 천양지차가 있었다. 성공적인 기업 활동으로 재벌급으로 성공한 사람들이 있는 반면 의도대로 사업이 풀리지 않아 파란을

성공적인 측면에 초점이 맞추어져 있다. 그런데 3만여 명에 달하는 월남 개성인 모두가 안정적으로 정착하지는 못했다. 정착 과정에서 어려움을 겪은 월남 개성인 에 대한 정리가 부족한 것은 본 논문의 한계라고 할 수 있다.

겪은 이들도 있었다. 개성 출신이라고 모두 경제적으로 성공하고 부유한 생활을 하였던 것은 아니다. 그러나 월남 개성인 중에는 기업 활동 혹은 상업 활동에 뛰어든 사람이 적지 않았다. 한 월남 개성인 교수는 저간의 사정을 다음과 같이 표현하였다.

> (월남) 개성 사람은 관계(官界)에 적고, 재재와 학계에 많아 인삼가게, 포목점, 쌀가게 등으로 자수성가한 사람과 중소기업인들이 많다.[7]

위 글을 통해서 월남 개성인은 남한사회에서 여러 방면으로 진출하였지만, 그 중에서도 기업경영 혹은 상업에 투신한 사람이 상대적으로 많았음을 알 수 있다. 이는 분명히 상인들의 도시이자 상업 도시였던 개성의 영향이라고 보아야 할 것이다.

물론 월남 개성인 중에 적지 않은 이들이 기업 혹은 상업 활동에 종사한 데에는 고향을 잃어버린 사람들이 기반이 없는 객지에서 일반적으로 선택하는 것이 상업이라는 관점에서 이해할 수도 있다. 그러나 월남 개성인의 경우 그에 더해서 상인문화가 가장 발달했던 개성의 영향이 크게 작용했다고 생각한다. 이와 관련해서 주목되는 것은 일제강점기에 상업에 종사한 경험이 있으면서 월남 후에는 그 연장선상에서 상업이나 기업 활동을 전개한 이들이다. 그리고 머리말에서도 언급했듯이 개성인들은 동향인끼리 강하게 결속하는 특징을 갖고 있었는데, 이러한 전통은 월남 개성인들이 기업을 경영하는 과정에서도 자주 목격된다. 구체적으로 그것은 공동 투자의 방식으로도 이루어졌고, 큰 회사를 경영하면서 동향인을 직원으로 채용하는 방식으로도 이루어졌고, 사업을 새로 시작할 때 조언을 구하는 식으로도 이루어졌다. 아래에서는 두 절에 걸쳐서 위의 관점에 입각해서 월남 개성인들의 경제활동의 일면을 살펴보고자 한다.

---

7) 朴承薰, 「스텐포드大 도서실에서 본 개성商人精神」, 『松都』 22호, 1988. 7, 22쪽.

월남 개성인 중 사업에 뛰어든 사람이 얼마나 되는지는 확인하기 어렵다. 다만 1970년 당시 이름을 내건 기업을 경영하고 있던 월남 개성인은 87명이었다. 그 명단은 <부표 1>을 통해서 확인할 수 있다.[8] 그런데 이는 과소평가된 것이다. 누락된 회사도 있고, 1970년 이후에 설립된 회사도 다수 있고, 또 서울이나 경기권이 아닌 지역의 시군 단위에서도 개성인이 운영한 양복점, 숙박업, 식당업, 잡화점 등도 많았다.[9] 이들까지 포함하면 그 숫자는 수백에 이를 것으로 짐작된다.

<부표 1>에 실린 회사 가운데 구체적으로 어떤 사업을 전개했는지 확인하기 어려운 곳이 있고 또 현재까지 경영이 유지되고 있는 기업이 얼마인지 알 수 없는 점은 아쉽다. 다만 몇 개의 익숙한 기업이 눈에 띄기도 한다. 윤장섭의 성보실업주식회사, 이회림의 동양화학공업주식회사, 양창갑의 서흥실업주식회사(서흥캅셀), 우상기의 신도교역(신도리코), 고홍명의 신화사(빠이롯트 만년필), 이정환의 뉴서울호텔, 임광정의 한국화장품, 이정호의 대한유화공업주식회사 등이 그것이다. 이들 회사는 현재도 활발한 활동을 하고 있고 특히 이회림의 동양제철화학(현재의 OCI)은 재벌급으로 성장하였다.

<부표 1>에 수록된 인물 가운데 대중적으로 알려지지 않았지만 개성상인의 모습을 잘 보여준다고 생각하는 몇 개의 사례를 소개한다. 표의 84번에 있는 신촌로터리예식장을 세운 마흥규(馬興圭)의 경우 월남 이전 개성에서 활발하게 사업을 전개한 이력이 있다. 그는 개성 갑부 마기홍의

---

8) 禹萬亨, 『開城』, 1970, 302~303쪽. 89~92번은 『송도민보』 참고. 중복된 1인 제외.

9) 위 표에 누락된 대표적인 기업으로는 아모레퍼시픽을 꼽을 수 있다. 1970년대에 태평양화학공업사라는 이름으로 화장품 업계에서 큰 활약을 하였는데, 표에는 누락되어 있다. 현재는 아모레퍼시픽으로 사명을 고쳐서 한국을 대표하는 화장품 기업이 되었다. 태평양화학공업사가 『송도민보』에 광고를 게재한 사실이 확인되는데, 표에 누락된 이유는 명확하지 않다. 이처럼 누락된 기업은 더 있었을 것으로 보인다.

장남으로 송도중학을 졸업한 후 아버지의 뒤를 이어 사업에 전념하여
직조, 제약 등 다방면으로 사업을 경영하고 있었다. 그런데 전쟁으로
인해 개성에 있는 자산을 모두 남겨두고 피난길에 올라 부산으로 내려갔다.
부산에서 피난 생활은 힘들었지만, 그곳에서도 그는 행상으로부터 시작하
여 한푼 두푼을 모아 사업 자금을 마련하였다. 서울로 돌아온 후에는
명륜동에 자리를 잡고 당시 황무지였던 신촌로터리 일대로 진출하여
사업을 시작하였다. 당시는 신촌이 변두리 촌이어서 그의 신촌 진출에
대해 피땀 흘려 번 돈을 하루아침에 날려 버리려 한다고 극구 말리는
사람도 있었다고 한다. 그러나 신촌이 날로 발전하여 명동 부럽지 않은
상업지로 변하였고, 그 한 가운데 신촌로터리예식장을 경영하는 마흥규의
사업도 크게 활기를 띠게 되었음은 물론이다.10)

6번의 김형태는 1913년 생으로 추정되는데, 그는 1970년대 융창(隆昌)물
산주식회사 사장으로 개성 출신 가운데 대성한 기업인으로 손꼽히고
있었다. 그도 어려서 아버지의 장사가 실패하면서 3년을 비지로 연명해야
할 정도로 갖은 고생을 겪었다.11) 가세가 기운 가정 형편으로 보통학교
졸업 후 중학교 진학을 못하고 점원 생활을 시작하였다. 그는 개성이
아닌 철원에서 점원 생활을 하였고, 그때 철원 인근의 유명한 부호의
총애와 인정을 받아 그로부터 강원도 내 석유판매권을 이양 받은 것이
대성의 계기가 되었다.12) 스물세 살 이후 선배 친지들로부터 소자본을
융통하여 광교 뒷골목에 양약방과 담배 가게, 소주 가게를 차렸다. 특히
인삼소주는 큰 인기를 끌어 잘 팔렸다. 이를 계기로 큰돈을 모으게 되었다.

10) 「의지와 집념의 개성인 오향장학회 이사장 마흥규 씨」, 『松都民報』 제1호, 1976.
6. 25.
11) 「인터뷰 융창부동산주식회사·융창물산주식회사 김형태 사장」, 『松都民報』 제1
호, 1976. 6. 25.
12) 金光秀(전 만월국민학교장), 「만월학교가 낳은 인재들」, 『송도민보』 제8호, 1977.
3. 25.

재력의 기초는 이때부터 마련되기 시작하였다. 한편 그는 모은 돈과 친구들의 자본을 끌어들여 땅을 사기 시작했다. 당시만 해도 토지 값이 싸던 때라 사놓은 땅은 몇 년이 못 가서 10배로 뛰었다. 영등포를 비롯해 곳곳의 근교에 사놓은 10여만 평의 임야가 대지(垈地)가 되면서 땅값은 더욱 뛰어 치부의 기틀을 마련하였다.[13]

월남 개성인 홍순호는 1916년 생으로 개성의 아주 빈한한 가정에서 태어났다. 가정 사정이 여의치 않아 마을 서당에 다닌 것이 배움의 전부였다. 열두세 살에 사회에 나와 점원 생활을 한 것 같다. 그러다가 20살 전에 함석공으로 일하면서 장사를 시작하였다. 마침 1930년대에 초가지붕을 함석지붕으로 개량하는 붐이 일자 거기에 착안하였던 것이다. 수년간 수십 채의 가옥을 개량하여 사업의 기틀을 잡았다. 함석공을 하면서 일본인 농장에서도 일하면서 돈을 억척스럽게 벌었다고 한다. 전쟁 중에는 부산으로 피난하여서는 무역상을 상대로 수입품을 선약하는 데 기민한 솜씨를 보여 많은 돈을 모았다. 서울 수복 후에는 서울 다동 어구에 빌딩을 지었다. 그리고 주식 투자를 본격적으로 하였다. 이 주식 투자를 통해서도 대금(大金)을 벌었다.[14] 이처럼 홍순호는 가난한 집안에서 태어났지만, 사업에 투신하여 일제강점기는 물론 월남 후 남한사회에서도 경제적으로 큰 성공을 거두었다. 월남 후의 성공에는 일제강점기 경험이 큰 도움이 되었음을 말할 것도 없을 것이다.

이연우(李然雨)도 일정하게 경제적 성공을 거둔 것으로 보인다. 1986년 당시 78세로 세상을 뜬 이연우는 고향 송도에서 삼광(三光)양말 공장과 삼광직물 공장을 운영하였다. 전쟁으로 수원에 정착하였고, 수원에서 송원(松原)직물 공장을 설립하여 고급직물 생산에 주력하였고 인삼포까지 경영하였다고 한다.[15]

---

13) 『송도민보』 제1호, 1976. 6. 25.

14) 李會林, 「洪淳浩兄을 追悼하면서」, 『松都』 제25호, 1989. 1, 83쪽.

김이회(金利會)의 경우도 비슷하였다. 그는 개성 관훈동에서 태어났다. 어려서 한문을 수학하였다. 집안이 가난하여 좀더 나은 가계를 이루고자 어려서부터 괴나리봇짐을 걸머지고 시변리장, 구화장 등에서 장사하였다. 한 회고에 의하면 개성 주변 시장에 국한되지 않고 주로 충남 방면으로 출상하여 다년간 노력한 결과 기틀을 잡을 수 있었다고 한다. 일찍이 서울로 진출하여 금은상, 주단포목상, 미곡상, 잡화상, 해산물상 등 다양한 상품을 취급하였다. 그의 장사는 꽤 성공적이었고, 1979년에는 강남 요지에 3천 평이 넘는 10층 건물 대유(大宥)빌딩을 건립하였다. 이를 통해 기반이 더욱 확고해졌다고 한다.[16] 이처럼 김이회도 가난한 집안에서 태어났지만, 어려서부터 상업에 투신하여 일제강점기에 일정한 성공을 거두었고, 월남한 이후에도 그 연장선에서 사업을 경영하여 경제적으로 성공한 사례라고 할 수 있다.

지금의 마포가든호텔을 설립한 이정환(李庭桓)도 개성의 유산을 물려받아 성공한 경우라고 할 수 있다. 그는 어려서부터 큰 형을 따라 황해도 남천(南川)으로 이사하였는데, 이후 누천장(漏天場) 등에서 채급상을 하였다고 한다. 월남 이후에는 국도극장을 경영하였고, 1960년대에는 뉴서울호텔을 건설하였다. 당시만 해도 관광 붐이 없을 때라 발전될 것인가 하여 염려가 되었지만 의외로 번창하였다. 그리고 호텔 경영 경험을 살려 마포에다 대형 가든호텔을 지었다. 당시에도 많은 사람들이 지역적으로 외져서 발전될까를 의심하였다. 그러나 그것 역시 기우였다.[17] 마포가든호텔은 지금은 이름을 바꾸었지만 여전히 이씨 집안에서 운영하고 있다.

---

15) 「李然雨 씨 별세」,『松都』제9호, 1986. 5, 76쪽. 그는 美宙상호신용금고 李相殷 사장의 엄친이다.

16) 金基浩,「金利會兄의 靈前에」,『松都』제37호, 1991. 1, 120쪽 ; 許斗星,「金利會兄任 靈前에」,『松都』제37호, 1991. 1, 120쪽.

17) 李會林,「竹山 庭桓兄을 追悼하면서」,『松都』제32호, 1990. 3, 107쪽.

1982년 9월 7일 독립기념관 건립 기금으로 시가 1억 원 상당의 김포군 일대 토지를 기증한 박창원(1982년 당시 76세)도 비슷한 사례라고 할 수 있다. 그는 18살 어린 나이로 함경도 영흥으로 가서 그곳에서 점원 생활을 하였다. 주인이 심하게 점원을 다루어 다른 점원은 한 달도 못 견디고 그만두는데 그는 8개월을 참고 열심히 일해서 주인의 신임을 받아 밑천을 마련하여 장사를 시작하였다. 해방 후에는 동대문시장에서 원사 브로커 생활을 하다 원사 공장, 직물 공장 등을 경영한 바 있었고 1982년 당시에는 대구 염색 단지에서 조그마한 기업체 하나를 갖고 있었다.[18]

위의 개별 사례들에서 알 수 있듯이, 월남 개성인 중에는 분단 이전에 개성상인으로 활동한 경력을 지닌 자가 다수 있었다. 그들은 고향을 잃은 실향민이 되었지만, 상업 활동 경험을 토대로 남한사회에서도 상업, 기업 활동에 뛰어들어 경제적으로 성공을 거둘 수 있었다. 그들의 경제적 성공에 개성상인으로서의 경험이 크게 기여하였음은 물론이다.

그러나 비슷한 경험을 지닌 모든 개성인이 성공한 기업인이 된 것은 아니다. 그들 중에서 일부는 경제적으로 기대에 미치지 못하는 결과에 직면하기도 하였다. 젊어서 이회림과 비슷한 길을 걸었지만 그 결과는 상반된 인물이 있다. 이회림의 추도사에 의하면 김문호(金文鎬, 1919년생)는 그가 1930년 경부터 알고 지낸 친구였다. 당시 김문호는 개성 남대문 밖에서 물산객주를 경영하는 김태영 상점의 점원 생활을 하였고, 이회림은 강형근 상점에서 점원 생활을 하였다. 두 가게는 앞뒷집에 위치했다. 해방 후에는 종로3가에서 역시 아래윗집 사이에서 견직물상을 경영하였다. 전쟁 중에는 부산으로 내려가 동광동에서 같이 기거하기도 하였다. 이처럼 전쟁 무렵까지는 김문호의 길과 이회림의 길은 거의 비슷하였다.

---

18) 『송도민보』 1982. 9. 30.

그러나 그 이후 둘의 경제적 처지는 매우 달라졌던 것 같다. 이회림은 김문호의 그 이후 삶에 대해서 자세히 언급하지 않았지만 전체적인 문맥을 보면 경제적으로 어려운 생활을 하였음을 알 수 있다. 고정된 수입도 없고 오직 신용 하나만으로 6남매에다 노모까지 모시면서 남에게 구차한 소리 않고 생활을 유지하며 자식들을 일류대학에 수학시키면서 답답할 때가 많았을 것이라고 쓰고 있기 때문이다. 친구나 친지에게 다급한 사정을 말하여 돈을 빌린 사실이 없는 것 같다고 하면서 답답한 때가 얼마나 많았겠냐고 안타까워하였다.[19] 또 그의 부음 소식을 전하는 기사에서, '시국의 변화에 따른 파란 많은 생애를 걸어오기도 했다.'라는 표현이 있는 것을 보아도 그가 경제적으로 성공적이지 못하였음을 충분히 짐작할 수 있다.[20]

1988년에 75세로 별세한 김용범(金龍範)이란 개성상인도 경제적으로 성공하지 못한 사례이다. 이회림의 추도문에는 다음과 같은 문장이 있다. '전성 시기에는 관훈동에 2층 양옥을 마련하여 살기도 하였으며 철광 산업과 물상도 하였으나 재운이 없었는지 성취는 못하였고…' 이를 보면 김용범은 월남 후에 여느 개성상인처럼 상업과 기업 활동에 투신하였지만 그 결과는 기대에 미치지 못하는 것이었음을 알 수 있다.[21] 이처럼 월남 개성인 중에는 일제하에 상업 활동을 하였던 경험이 있었음에도 뜻을 제대로 펼치지 못하여 경제적으로 어려움에 처한 이들도 존재하였다.

다수의 월남 개성인들이 상업 혹은 기업 경영에 종사하였고, 그들 중에는 일제강점기 관련 경험이 있는 경우가 적지 않았다. 개성상인을 배출한 개성지역의 상업 전통, 상업 유산이 월남 개성인들로 하여금 상업 혹은 기업 경영에 적극 진출하게 하였던 것이다.

---

19) 李會林, 「文鎬兄을 追悼하면서」, 『松都』 제7호, 1986. 1, 83쪽.
20) 「떳떳한 개성인임을 자부하던 金文鎬 씨 別世」, 『松都』 제7호, 1986. 1, 94쪽.
21) 이회림, 「金龍範兄을 追悼함」, 『松都』 22호, 1988. 7, 27쪽.

2) 월남 개성인의 기업 경영과 동향 인맥의 역할

월남 개성인이 남한에서 경제활동을 할 때 분단 이전 개성에서 맺었던 동향인 인맥은 큰 도움이 되었다. 사업을 공동 투자로 하는 경우도 많았고, 새로운 사업을 할 때 자문을 구하는 상대가 되기도 하였다. 월남 개성인에게 새로운 사업 기회를 제공해 주는 이들도 동향인이었다. 월남 개성인 기업가 가운데 기업 경영에서 동향 인맥이 구체적으로 어떤 역할을 하였는지 잘 보여주는 사례로 동양제철화학의 이회림을 꼽을 수 있다. 이는 그가 자서전을 남겨서 그 자세한 내막을 알 수 있기 때문인데, 일일이 확인하기는 어렵지만, 다른 월남 개성 출신 기업인들도 이회림과 비슷한 길을 걸었을 것으로 생각된다.

일제강점기 개성에서 점원으로 시작해서 자기 사업을 하고 있던 이회림은 해방이 되자 서울로 왔다.[22] 그때 그는 동네 아는 분이 투자한 100원과 본인이 갖고 있던 100원을 합친 200원을 밑천 삼아 서울을 왕래하며 보따리 장사를 몇 번 하여 얼마간 재미를 보았다. 당시 그는 밑천이 부족해서 점포를 얻지는 못하였다. 그가 본격적인 상업 활동을 하는 데에는 동향 선배인 이정림의 자금 융통이 큰 역할을 하였다. 1946년 가을 이회림은 서울에 있는 이정림을 찾아가서 자금 융통을 부탁하였고, 이정림은 23만원을 융통해 주었다.[23] 이회림은 이 돈을 갖고 상품을 찾아 여수를 거쳐 마산으로 갔다. 마산에서 우연히 전쟁 중이어서 인도로 가지 못한 고급 옷감을 발견하고 본능적으로 이것을 서울에 가서 팔면

---

22) 이하 내용은 이회림, 『내가 걸어온 길, 동양화학 이회림 명예회장 자서전』, (주)도서 출판 삶과 꿈, 1999 참조.

23) 이회림의 회고록에는 이정림으로부터 23만원을 융통한 사실만 적혀 있지만, 이정림의 회고에 의하면 본인과 동생 이정호 그리고 이회림 3인의 공동 투자였고, 지분도 각각 1/3씩 갖고 있었다고 한다(이정림, 「李庭林」, 『財界回顧 2』, 한국일보사 출판국, 1981, 290쪽).

좋은 값을 받을 수 있다고 생각하여 그 주인과 담판하여 갖고 간 돈 23만원을 모두 들여 118필의 고급 옷감을 구입하였다. 서울로 올라온 이회림은 이 옷감을 5배의 이익을 남기고 모두 팔아서 100만원 가까운 이문을 남겼다.

이정림에게 빌린 돈 23만원을 갚고 나머지 돈으로 종로 3가에 세 칸 점포의 한 칸을 전세 50만원에 마련할 수 있었다. 이회림은 이 점포에 이합상회(二合商會)라는 간판을 걸었다.[24] 이회림의 기억에 의하면 3년 간 포목 도매업을 하여 1억 원 가까운 이익을 낸 것 같다고 한다. 1948년에는 세 들어 있던 세 칸 점포를 2천만 원에 구입하였다. 당시에도 종로에서 장사하는 상인치고 자기 점포를 가진 상인은 많지 않았다고 한다.

어느 날 이회림은 고향 선배인 이홍근, 이정림,[25] 이정환, 부산 신라고무의 박필희 등과 의논하여 직접 무역상을 하기로 한다.[26] 무역상 전환 후에는 구입한 물건의 품질 문제로 어려움도 많이 겪게 된다. 그러다 인견사 110상자를 구입하였는데 저품질의 북한 인견사가 밀려 내려와 가격이 폭락해서 창고에 쌓아두고 가격이 오르기만을 기다리게 되었다. 전쟁이 발발하자 이회림은 부산으로 피난 가서 그곳에서 이 인견사를 밑천으로 사업을 시작하였고, 이어서 이정림의 지인을 통해 대한중석의 부산물 비스머스를 독점 공급받아 간단히 제련하여 수출함으로써 1952~

---

24) 수년 후 이회림은 세 칸 점포를 모두 인수하고 開豊商社라는 간판을 달고 외국 무역에 종사하였다. 이는 대한양회를 일으키는 시발이 되었다. 이 부분 역시 이정림에 의하면 이때 공동 투자 관계가 청산되지 않았다. 개풍상사 지분이 정리되는 것은 1959년에 대한탄광을 공동 경영할 때였다.

25) 이회림에 의하면 이정림은 이 자리에서 사장은 내가 하겠다고 해서 별 자본 투자 없이 사장으로 참여하게 되었고, 이후에도 대한양회, 대한탄광, 호양산업의 사장직을 맡게 되었다고 한다(이회림, 앞의 회고록, 104쪽). 그러나 당시 이정림 이정호 형제와 이회림은 삼자 동업의 형식을 취하고 있었다(이회림, 앞의 회고록, 142쪽).

26) 이 자리에서 이홍근은 해방 전 함경도 성진에서 물상을 크게 하여 돈을 모았는데, 당시 성진 가게 이름이 개풍상사였다고 하면서 무역상호로 이 이름을 추천하였고 이를 받아들여 개풍상사로 하였다(이회림, 앞의 회고록, 104쪽).

1953년 2년 간 수출 실적 1, 2위를 다투기도 하였다. 1953년 환도한 후에는 다시 종로3가에 개풍상사를 열었다. 그러나 손해도 보고 하면서 무역상이 아닌 생산업체 운영을 모색하게 된다.

이회림은 1956년 운영난에 처한 대한탄광을 인수하였다. 이정림의 회고에 의하면 이 대한탄광은 일제강점기 개성에서 인삼대왕으로 불리던 손봉상의 아들 손홍준이 운영하던 것인데, 당시 운영난에 빠져 있었다고 한다. 이회림은 개성인삼상회 한창수 회장의 삼촌 되는 한종석(韓宗錫)의 소개로 관여하게 되었다고 적고 있다. 석탄 산업은 초기 투자비용이 막대해서 초기 3~4년 간은 적자를 보았다. 투자금 마련이 쉽지 않아 사채를 조달하고 한편으로 15년 장기로 분할 상환하는 UNKRA 원조 자금 60만 달러를 융자받아 충당하였다. 그 결과 4년 이후부터 흑자가 되었다.

1962년에 개광 10주년 기념행사를 개최하였는데, 주요한 초대 손님들은 김일환, 대성탄좌의 김수근, 삼척탄좌의 이장균, 한일시멘트의 허채경, 변호사 임한경, 이정림, 이홍근, 이동준, 배제인 등이었다. 이들 가운데 허채경, 임한경, 이정림, 이홍근, 배제인 등은 개성 출신이다. 이보다 앞서 1959년에 이정림, 이회림, 이정호 3인 투자로 운영하던 개풍상회와 대한탄광은 이정림, 이정호 두 형제가 개풍상사를 갖고 이회림이 대한탄광을 갖는 식으로 지분 정리가 되었다.

1956년에는 문경에 있는 석회석 광산을 운영하기 시작하였다. 이 석회석 광산은 경북 안동 출신 이동준의 제안으로 개풍상사가 투자한 것이다. 이 시멘트 공장 인수 후에 이름을 대한양회공업주식회사로 바꾸었다. 임원진은 대표이사 회장 이동준, 대표이사 이정림, 대표이사 부사장 이회림, 전무이사 이정호로 등기하였다. 공동 투자자 4인 가운데 이동준을 제외한 나머지 3인은 개성 출신이다. 이후 대한양회 출자분 중 이정림, 이정호의 지분 2/3는 허채경에게 넘어갔다. 허채경과 이회림은 모두 개성

출신으로 30년 넘게 알고 지냈고 의견 상충 없이 대소사를 서로 의논하는 사이였다.

이상으로 이회림이 월남하여 초기 경제활동을 본인의 회고록에 의하여 소개하였는데, 이를 보면 이회림의 기업 경영 과정에는 중요한 순간마다 개성인이 등장하여 도움을 주고 있음을 알 수 있다. 해방 후 장사를 재개할 때는 동네 이웃 어른이 장사 밑천 일부를 지원했고, 좀더 큰 장사를 하는 데는 이정림 형제의 투자가 큰 역할을 하였다. 대한탄광을 시작할 때도 그 인연은 개성인 손홍준이 운영하던 것을 인수하는 방식이었고, 이때도 이정림 형제와 공동 투자로 사업을 유지하였다. 이회림의 사례에서 잘 드러나듯이, 월남 개성인들은 기업 경영 과정에서 동향인으로부터 크고 작은 도움을 주고받고 있었던 것이다.

동향인 인맥의 도움을 이회림만 받은 것이 아니었다. 비슷한 또 다른 사례로는 세창물산의 김종호를 들 수 있다. 그는 1918년 생으로 송도고보를 졸업하였다. 1947년 서울로 온 그는 명동에 본거지를 두고 본격적으로 사채업에 뛰어들었다. 표면상으로는 세창물산이라는 회사를 운영하였다. 세창물산은 도자기와 완구류 등을 제작하는 회사였다. 그러나 그는 1970년대까지 단사천, 백희엽 등과 함께 명동 사채시장을 대표하는 존재였다. 그가 다룬 규모가 어느 정도였는지는 정확히 알려진 바 없지만, 수천억원의 현금을 활용했다는 데 당시 주변 관계자들의 전언이었다. 1980년대 사채시장 단속이 강화되자 그는 현재의 제2금융권이라고 할 수 있는 신한투자금융을 설립하였다. 이때 단사천과 타워호텔의 남상옥 등으로부터 투자금을 받았다.[27] 이 신한투자금융은 이후 우여곡절을 많이 겪었고 한때는 제일은행 소속이기도 하였다. 1990년대 후반 이 회사를 되찾기

---

27) 「한국의 큰손들(7) 화려한 인맥 가졌지만 국제그룹 해체 유탄 맞았던 김종호」, 『조선비즈』 2014. 8. 이 기사에서 언급된 단사천도 넓게 보면 개성상인에 속한다고 할 수 있다. 실제로 언론에서는 그를 개성상인으로 보았다.

위해 김종호는 우호 지분을 확보하려 하였다. 이를 다룬 한 신문 기사에 의하면 캐스팅 보드를 쥐고 있는 남충우 타워호텔 사장과 이동욱 신무림제지 회장이 김종호 회장의 손을 들어줄 가능성이 높기 때문에 김 회장 측의 승리가 예견된다고 하였다. 남 회장과 이 회장, 김 회장은 선친 때부터 개성상인으로서 두터운 친분을 유지하고 있어 이들이 김 회장을 쉽게 떠나지 않을 것이라는 언급이 이어졌다. 실제로 이들은 신한종금 합병 문제가 터져 나올 때마다 공동 대처해 왔다.[28] 김종호가 사채업은 물론 이후 신한투자금융을 설립, 운영할 때도 개성인들로부터 일정한 도움을 받고 있었음을 알 수 있다. 이처럼 월남 개성인은 강한 결속력을 보이면서 남한사회에 정착해 가는 과정에서 서로에게 힘이 되고 도움이 되었다.

비록 두 가지 사례만 제시하였지만, 월남 개성인이 남한사회에서 기업을 경영할 때 동향인의 인맥은 아주 중요한 역할을 하였다. 이 역시 분단 이전 개성이 남긴 유산의 영향이라고 할 수 있다.

3. 인삼업의 유산과 월남 개성인의 인삼업 재개

월남 개성인에게 또 하나 중요한 고향 개성의 유산은 인삼이었다. 인삼은 개성상인이 남긴 가장 대표적인 상품이라고 할 수 있다. 대개 개성상인은 조선후기 조선-청-일본 간 삼각 무역을 주도하면서 거부를 축적할 수 있었다. 당시 삼국은 각각 경쟁력 있는 상품을 갖고 있었다. 조선의 인삼, 일본의 은, 청의 백사와 비단 등이 그것이다. 개성상인은 인삼을 매개로 삼각 무역을 주도하면서 경제적으로 큰 성공을 거둘 수

---

28) 「2대 주주 김종회 회장 편들 듯」, 『매일경제』, 1997. 5. 27.

있었다.[29] 그런데 18세기 중반을 넘어서면서 삼국 간 무역은 침체에
빠졌다. 조선과 일본의 대표적인 수출품이었던 인삼과 은이 고갈되어
수출할 수 없었기 때문이다. 이에 개성상인은 19세기를 전후하여 자연산
인삼을 대신하여 인삼 재배에 상업자본을 투자하기 시작하여 개성 일대를
인삼 주산지로 만들어 갔다. 이를 계기로 개성상인과 인삼은 불가분의
관계를 맺게 되었고, 개성상인은 커다란 경제적 이익을 얻을 수 있었다.
개성상인의 인삼 경작은 일제강점기까지 지속되었다. 다수의 개성인이
인삼 재배 및 유통과 관련을 맺고 있었다. 개성인에게 인삼은 자신들의
분신이라고도 할 만큼 중요한 존재였다.

  그런데 전쟁 이후 분단이 되면서 월남 개성인은 인삼 주산지 개성을
떠나왔기 때문에 더 이상 인삼을 경작할 수 없었다. 그리고 월남 개성인들
이 고향의 재산을 미처 챙겨오지 못한 경우가 많아서 인삼 재배에 투자할
자본도 부족하였다. 그러나 월남 개성인에게 인삼은 경제적 가치뿐 아니라
고향 개성을 대표하는 것이면서 조상대대로 해오던 가업이었다. 그래서
기회만 되면 인삼 재배를 다시 시작하려는 의지는 강했다. 결국 월남
개성인들은 1957년 개성삼업조합을 개건함으로써 인삼 재배를 시작하였
다.

  월남 개성인이 인삼업을 재개하는 과정에 대해서는 몇 개의 기록이
있다. 우선은 『한국인삼사 상권』에 관련 내용이 있다. 그리고 1976년
신문기사에 관련 내용이 수록되어 있다. 마지막으로 최근에 이루어진
구술 조사에서 당시 관계자의 아들이 회고한 내용이 있다. 이들 기록들은
비슷한 내용을 담고 있지만 또 서로 다른 사실도 담고 있어서 소개해보고자
한다.

  우선 『한국인삼사』의 기록이다. 1957년 개성 출신 인삼 관계 인사들인,

---

29) 보다 자세한 내용은 양정필, 「17~18세기 전반 인삼무역의 변동과 개성상인의
   활동」, 『탐라문화』 55, 2017 참조.

손홍준, 이종철(李宗徹), 한종석(韓宗錫), 장상국(張相國), 이성득(李聖得), 김진원(金鎭元), 김용남(金龍南), 이재호(李載昊) 등이 모여 개성삼업조합을 재건하였고 그 해에 강화군 삼성리에 6천 평의 인삼 식부가 다시 시작되었다고 기록하고 있다. 이후 인삼 재배에 투자하는 개성인이 늘어나면서 재배 지역도 김포, 용인, 포천 등지로 확대되었다는 것이다.[30] 이 책에는 당시까지 개성삼업조합(이후에는 개성인삼경작조합으로 개칭)의 역대 임원 명단과 1979년 당시 임원 명단이 수록되어 있다. 그것을 표로 정리한 것이 <표 1>이다.

〈표 1〉 개성인삼경작조합 역대 임원

	조합장	부조합장	상무이사/전무이사
초대	朴宇鉉		
2대	손봉상		
3대	孔聖學		
4대	孫洪駿		韓宗錫 張相國 金鎭元
5대	孔鎭恒	韓宗錫	李重燮
6대	李聖得	韓宗錫	
7대	李曒海	黃範履	
8대	李宗徹		
9대	閔寬植	李宗徹	
10대	南志燮		崔命麟
11대	李山經	李山經	崔命麟
12대	崔命麟		朴周華
13대	朴周華		

* 출전 : 韓國人蔘耕作組合聯合會, 『韓國人蔘史 上卷』, 1980, 617~618쪽

초대부터 3대까지는 일제강점기에 해당된다. 1957년 재건된 조합의 초대 조합장은 4대 손홍준이었다. 그는 2대 조합장을 지낸 손봉상의 아들이다. 인삼대왕이라 불릴 정도로 일제하 삼업계의 거두였던 손봉상의 아들이 재건조합의 조합장을 맡은 것은 우연이라고 보기는 어렵다. 손홍준

---
30) 韓國人蔘耕作組合聯合會, 『韓國人蔘史 上卷』, 1980, 617~618쪽.

에 이어 조합장이 된 공진항은 3대 조합장을 지낸 공성학의 아들이다. 이처럼 재건조합은 일제강점기 삼업조합과 인적으로 깊은 연관이 있음을 알 수 있다. 이후 6대 이성득부터 13대 박주화까지 모두 개성 출신이다. 뿐만 아니라 부조합장과 전무(상무)이사를 역임한 이들도 모두 개성 출신들이다. 1970년대까지 개성인삼경작조합은 월남 개성인이 주도하였음을 알 수 있다.

다음은 신문에 실린 기사 내용이다. 월남 개성인에 의해 인삼조합이 재건된 시기는 1957년 6월 10일이었다. 개성 전매지청의 임현영, 허승 등의 지도를 받아 손홍준, 한종석, 이종철, 김진원, 홍종규 등이 주동이 되어 강화, 김포를 주산지로 하고 재배에 착수하면서 월남 개성인에 의한 인삼 재배가 본격화되었다. 그들은 강화와 김포 현지 주민들의 협력을 얻어 기초를 다져나갔다. 그 후 인삼 사업은 개성삼업조합이 중심이 되어 장족의 발전을 거듭하여 한때는 조합원이 천여 명을 헤아리기도 하였다. 그리고 경작 면적 확대로 강화, 김포를 넘어 양주, 포천, 연천, 경주, 이천, 여주 등지로 확산되었다. 조합원 수와 경작 지역 확장으로 조합이 분리되어 강화, 김포, 용인삼업조합 등이 창립되기도 하였는데, 모두 개성인에 의해 주도되었다. 당시 전국에는 12개의 삼업조합이 있었다. 그 가운데 개성, 강화, 김포, 용인, 안성 등 주로 6년근 홍삼 원료를 생산하는 조합은 모두 개성인에 의해 개척되었다고 한다. 1976년 당시 개성삼업조합은 주산지를 포천, 양주, 연천 지방에 두고 가평, 양평, 홍천, 춘성, 화천, 철원 등 경기도와 강원도에 걸친 9개 군을 경작구역으로 인가받아 총 1,731,510평의 삼포에서 홍백삼 원료를 수확하고 있었다.[31] 이 글을 통해서는 개성인이 강화도에서 삼포를 경영할 때 강화도 사람들의 도움을 받은 사실, 이후 인삼 재배자가 증가하면서 조합원이 증가하고

---

31) 아래 내용은 특별한 언급이 없는 한 「蔘農 중흥의 개척자 개성삼업조합」, 『송도민보』 1976. 8. 25에 근거함.

그에 따라 조합이 분리되어 간 사정을 알 수 있다.

마지막으로 개인의 구술로, 1957년 인삼조합 재결 당시 활약한 인물 가운데 한 사람인 김진원의 사례로 그의 아들 김조형이 부친에게 들은 이야기를 토대로 구술한 것이다. 김씨 집안은 일제강점기에도 개성에서 인삼을 재배한 경험이 있었다. 월남 후 개성인에 의해 인삼 재배가 재개될 때 김진원도 일정한 역할을 하였다. 김조형의 회고에 의하면, 조합의 회장은 손홍준, 전무 한종석, 상무 김진원, 상무 장상국 등이었다. 조합이 활성화되는 데 기여한 것은 정부의 저리 융자였다고 한다. 당시의 저리 융자는 큰 혜택이었다. 다만 가을에 삼을 캘 때에는 전매청 공무원이 입회하여 홍삼을 제조할 우량 수삼을 선별하여 가져갔다. 당시 수납률은 60~70% 정도였고, 수납 대금을 받으면 융자를 갚았다. 이러한 융자제도로 인해 개성에서 인삼 재배를 했던 분은 물론 새로 재배를 시작한 분들이 많아져서 인삼 재배가 활성화되었다고 회고하였다.[32] 김조형의 회고는 앞의 두 기록과 달리 월남 개성인에 의한 인삼 재배 활성화 배경에 정부의 저리 융자가 있었음을 확인시켜주고 있다. 일제강점기 부자로 유명했던 개성, 개성사람들이라고 해도, 고향을 두고 월남한 그들이 온전하게 재산을 유지하기는 거의 불가능했다. 그런 상황에서 정부의 융자는 그들에게 삼업 투자의 좋은 계기가 되었음을 알 수 있다. 물론 저리 융자 외에도 개성인이 갖고 있던 인삼 재배 지식과 기술, 그리고 인삼에 대한 각별한 애정 등도 자리하고 있었다.

이렇게 시작되고 발전한 월남 개성인의 인삼 경영의 구체적인 사례를 살펴보자. <표 1>에 나오듯이 11대 조합장을 역임한 이는 이산경(李山經)이다. 조합장을 역임할 만큼 삼업과 깊은 관련이 있는 그는 1982년 회갑을 맞아 포천군 송월면 송우리 인삼농장에서 삼농(蔘農) 45년을 자축하는

---

32) 김조형 편저, 『김조형 구술생애사』, 도서출판 혜민기획, 2017, 94~98쪽.

성대한 잔치를 베풀었다. 여기에 참석한 개성 출신 하객이 2백여 명에
달했다. 당시 그는 고려인삼판매조합, 고려인삼농장의 대표였다. 위 글에
서 주목되는 것은 1982년은 그가 인삼업에 뛰어든 지 45년이 되는 해라는
기록이다.[33] 이는 그가 10대 중반부터 인삼업에 투신하였음을 의미한다.
그는 일제강점기부터 인삼업에 관계하고 있었던 것이다. 이산경의 사례에
서 확인되고, 또 아래의 사례에서도 알 수 있듯이, 월남 개성인 가운데
인삼업 종사자 중에는 분단 이전 개성에서 인삼업과 관련이 있던 사람들이
다수를 차지하였다.

1979년 인삼 증산왕에 뽑힌 최정원(崔貞源)의 경우도 주목된다. 그는
1917년 개성에서 출생하였고, 개성상업 14회 출신인 월남 개성인이었다.
그에 의하면 집안은 조상 대대로 인삼업에 종사했다고 한다. 그가 인삼업에
뛰어든 것은 1957년 그의 나이 41살 되던 해였다. 당시 그는 개성 출신
최백희(崔百熙), 허명룡(許命龍) 등과 함께 용인에 인삼포를 공동 경작하기
시작하였다. 5년 후인 1962년에는 독립하여 독자적으로 삼포를 경영하기
시작하였다. 그 때 관리인을 선정하여 용인군 모현면에서 인삼을 경작하였
다. 그 관리인은 1979년 당시까지 함께 하고 있었다. 1979년 당시 그는
여주군, 이천군 등에 약 4만 평의 삼포에 약 7, 8천 칸의 인삼을 경작하고
있었다. 1칸에서 2만5천원에서 3만원의 수익을 올렸다.[34]

그가 삼포에 투자하고 경영하는 과정에서 장인인 임광조(林光朝)의
정신적 뒷받침과 영향을 많이 받았다고 한다.[35] 그가 삼포를 시작한다고
했을 때 고인이 된 그의 장인은 다음과 같은 말을 하였다. "옛날 사람들은

---

33) 「蔘農 45년 자축연」, 『송도민보』, 1982. 6. 30.
34) 그의 삼포 면적이 7, 8천 칸이고, 2년근 삼포부터 6년근 삼포까지 매 연근별로
    삼포가 있었다고 하면 한 연근의 삼포는 대략 1천5백 칸 정도로 볼 수 있다.
    한 칸에서 2만5천원에서 3만원 정도의 수익이 있다고 했으니 그의 매년 수입은
    4천만 원 내외로 추산된다.
35) 「79年 人蔘增産王에 開城 출신 崔貞源 씨」, 『松都民報』 제46호, 1980. 4. 30(3).

삼포를 하는 데 감발에 짚신 신고 보리밥 싸가지고 다니면서 했단다. 너, 삼포하다가 돈 딸리면 집이라도 팔아 넣을 각오가 되었느냐?" 최정원은 이 말을 다음과 같이 받아들였다. "사생활은 극히 검소해야 하고 근면해야 하고 삼포에 들어가는 돈은 여하한 희생도 감수해야 한다는 삼포에 대한 기본 정신 훈계의 말씀"으로. 이후 그는 이 말을 신조로 삼고 딴 생각 없이 한 골 속으로 꾸준히 삼포를 해왔다고 적고 있다.[36)

최정원의 사례에서 몇 가지 사실을 확인할 수 있다. 우선 개성인 사이에서는 삼포 경영과 관련하여 공동 투자가 활성화되어 있었다. 이는 동향인 간에 긴밀한 협조 속에서 삼업 투자가 이루어졌음을 의미한다. 그리고 최정원의 장인이 삼포를 시작하는 최정원에게 본인의 경험을 토대로 삼포를 경영할 때 요구되는 각오에 대해 말해주고 있는데, 이를 통해 개성인의 삼업 전통이 구전으로 후대에 전해지고 있음도 확인할 수 있다.

개성시민회 회장을 역임한 박광현도 한때 삼포에 투자한 적이 있다. 그 역시 여느 개성인과 마찬가지로 인삼경작에 상당한 애착을 갖고 있었다. 그래서 사촌형 홍종규를 통해 인삼 공동경작에 참여하게 된다. 1966년의 일이었다. 처음에는 강화에서 75칸(약 75평)을 심었다. 이때 총투자는 7만5천원이었고 6년 후 수확은 80만원이었다. 6년 만에 10배 이상의 수익을 올렸으나 당시의 엄청난 인플레이션으로 대단한 수입은 못되었다. 그렇지만 그는 할아버지, 아버지가 하던 사업의 연속이라 생각하여 매우 뿌듯함을 느꼈다. 이후 점차 경작면적을 확장하여 포천을 거쳐 화성군 발안에 정착할 때는 5인 동업으로 6만여 평의 넓은 농토를 구입하여 대형 인삼포를 조상하였다. 이 농장에 고려농장이란 이름을 붙였는데, 이 고려농장은 전국 인삼농장 중에서 두 번째로 큰 인삼포였다고 한다.[37)

박광현의 사례에서도 최정원과 비슷한 점을 발견하게 된다. 우선 박광현

---

36) 崔貞源, 「良蔘 量産은 이렇게(2)」, 『松都民報』 제58호, 1981. 4. 30(3).
37) 朴光鉉, 『고리고개에서 추리골까지』, 세기문화사, 2005, 71~72쪽.

의 삼포 투자는 공동 투자의 형식을 취했다. 이는 그가 회사를 운영하고 있어서 삼포 경영에 전념할 수 없는 제약 때문으로 보이지만, 언제든 의지와 자본만 있으면 월남 개성인은 공동 투자의 형식으로 삼포 경영에 참여할 수 있었다. 그리고 박광현은 본인의 삼포 투자와 관련하여 경제적 실익과는 무관하게 집안 대대로 해오던 삼포를 본인이 재개했다는 생각을 갖고 있었고 이에 대해 뿌듯함을 느꼈다고 적고 있다. 월남 개성인에게 인삼이 어떤 존재였는지를 잘 보여준다고 생각한다.

또 한 사례를 들어보자. 개풍 출신 인삼경작자 주봉환(강화 거주)은 1982년에 우량 경작자로 대통령상을 받았다. 그는 개풍군 상도면 대릉리(大陵里)에서 출생하여 개성 동현동에서 거주하다 1·4후퇴 후 월남하여 강화에 정착하였다. 그리고 1958년부터 인삼경작에 종사하였다. 이후 꾸준히 노력한 결과 파주군 적성면에 약 4~5만 평에 달하는 삼포에서 우량 인삼을 양산하여 대지주이자 증산가로 경제적 성공을 이루었다.[38] 주봉환도 최정원과 마찬가지로 삼포 경영에 전념한 인물이고 그를 통해 경제적 성공을 거둔 인물이었다. 이처럼 인삼은 월남 개성인이 남한사회에 정착해 가는 과정에서 경제적 안정을 마련하는 데도 적지 않은 기여를 했다고 할 수 있다.

월남 개성인의 삼포 투자는 매우 적극적이었다. 이는 개성의 유산으로서 인삼이 갖고 있는 의미를 그 누구보다 월남 개성인들이 잘 알고 있었기 때문이다. 그리고 월남 개성인 중에 적지 않은 사람들이 삼포 경영을 통해 기반이 없는 남한사회에서 경제적으로 안정을 찾을 수 있었다. 고향의 유산이 그들에게 매우 긍정적인 영향을 끼쳤던 것이다.

---

38) 「인삼 증산 대통령상 朱鳳煥 씨 수상」, 『송도민보』, 1982. 12. 31.

4. 월남 개성인의 정착 과정과 동향인의 지원

앞 절에서 언급했듯이, 개성인은 분단 이전에 혼인 등으로 강고한 인적 연결망을 형성하고 있었다. 그러한 강한 유대감은 월남 개성인들이 고향을 잃었지만 남한사회에서 서로 의지하고 도우면서 안정적으로 정착해 가는 데 큰 힘이 되었다. 앞서 본 이산경의 회갑 잔치에 개성 출신이 200여 명 참석했다는 사실에서도 개성인들의 강한 유대감, 결속력을 엿볼 수 있다. 특히 개성인의 인적 연결망에 큰 신세를 진 이들은 10대의 나이에 부모 없이 월남한 사람들이거나 경제적으로 힘든 사람들이었다. 그들은 사고무친한 남한사회에서 고난과 어려움을 겪었지만 그럼에도 동향인들의 도움으로 남한사회에 정착해 갈 수 있었다. 그들에게는 개성인끼리 형성된 인적 연결망이 큰 도움이 되었다. 이와 관련된 몇 가지 사례를 살펴보자.

앞에서도 살펴본 박광현은 동향인의 지원을 통해 성공적으로 남한사회에 정착한 대표적인 사례라고 할 수 있다. 그는 현재 제일항역이라는 견실한 운송회사의 회장이 되었고 경제적으로 성공하였다고 말할 수 있다. 그렇지만 전쟁 와중에 부모 없이 월남한 그의 10대는 매우 비관적이었다. 그런데 그때마다 개성에서 맺어진 인적 연결망, 보다 정확히는 그의 부모 세대의 인적 연결망이 그에게 도움의 손길을 주어 어려움을 극복할 수 있었다. 그리고 현재의 경제적 성공을 이루는 과정에서도 동향인의 도움이 있었다.

박광현은 1935년 개성 고려동의 부유한 가정에서 4형제의 막내로 태어나 행복한 어린 시절을 보냈다.[39] 그러나 6·25전쟁은 그의 운명을 바꾸어 놓았다. 그는 1951년 4월 단신 월남하여 유격부대의 편의대원으로 활동하

---

39) 이하의 내용은 박광현, 「나의 70년 인생을 되돌아보며」, 『고리고개에서 추리골까지』, 세기문화사, 2005 참고하여 정리함.

다 학생 신분으로 돌아가기 위해 부대를 떠났다. 그리고 강화읍에 홀로 남겨진 그는 1951년 7월에 한 농가의 일꾼으로 들어가 머슴과 다름없는 힘든 일을 하면서 지냈다. 그때 동향인이 도움의 손길을 내밀었다. 아버지의 친구이며 강화읍에서 임시 피난생활 하던 박천호가 박광현의 처지를 듣고 그의 가족과 함께 지낼 수 있도록 한 것이다. 이를 계기로 머슴살이에서 벗어날 수 있었다. 박천호 가족은 근 한 달간 싫은 내색을 보이지 않으며 박광현을 따뜻하게 대해 주었다. 이후 박광현은 고종사촌 형 홍종규, 고종사촌 누나 홍금복과 그의 남편 장상순 그리고 그 외 일가친척, 박천호와 같은 아버지와 어머니 친구들로부터 많은 도움을 받으며 부모 없는 어린 나이임에도 피난 생활을 무사히 견딜 수 있었다.

송도중학교 3학년 재학 중에 전쟁이 발발하여 학업을 중단할 수밖에 없었던 박광현은 1952년 겨울에 서울에서 사촌 형의 도움으로 경동고등학교에 입학하게 된다. 이때에도 개성의 인적 네트워크로부터 도움을 받는다. 당시 경동고 교장은 서병성이었다. 그는 개성 출신으로 송도중학교에서 교편을 잡은 적도 있고 또 박광현의 아버지와 친분이 두터운 사이였다. 그 덕분에 그는 중학 3년을 채 마치지 못했지만 그의 나이에 해당하는 고등학교 2학년으로 편입할 수 있었다. 고등학교 시절 역시 순탄치 않았지만 어쨌든 졸업할 수 있었다.

졸업 후 대학 진학을 앞두고 서울대 의대와 해양대를 고민하던 중 경제력이 전혀 없는 그는 학비 면제의 혜택이 있는 해양대학을 선택하였다. 해양대 재학 시절에는 부산에 살던 이모 부부로부터 잊을 수 없는 도움을 받았다. 그 외에도 많은 분들로부터 경제적인 도움을 받았다고 한다. 4학년 재학 중에는 신성모 신임 학장 부임을 반대하는 운동을 전개하고 또 외박도 자주하고 서울에도 무단으로 가는 등 교칙을 위반하여 무기정학 처분을 받게 되었다. 이때 사촌형 홍종규는 신성모 학장과 각별한 인연이 있어서 무기정학은 해지되어 무사히 학업을 마칠 수 있었다고 한다.[40]

졸업 후 사회생활에서도 개성의 인적 네트워크로부터 도움을 받았음은 물론이다. 그러한 도움을 바탕으로 박광현은 중견 회사를 일구어 경제적 안정을 찾을 수 있었다. 박광현의 사례를 통해 개성의 인적 연결망이 월남 개성인의 정착 과정에 크게 도움이 되었음을 확인할 수 있다.

또 한 사례는 부인과 자식들을 두고 혼자 내려온 듯한 월남인의 사례이다. 그 역시 개성을 떠날 때는 얼마 안 가서 국군이 북진하면 곧 들어가게 될 줄 알고 고향 개성을 떠났는데 그렇게 39년이란 긴긴 세월이 흘렀다고 한다. 그는 전쟁 중 강화도로 건너와 말할 수 없는 고생살이를 하다 인천으로 와서 사촌 동생과 먼 아저씨뻘을 만났고 어떤 회사의 막노동을 하면서 지냈다고 한다. 그러다 개성에서 친하게 지내던 한 친구가 서울에서 무역회사를 한다는 말을 듣고 서울로 와서 친구의 도움으로 명동거리에서 금전 거래의 일을 하였고 금전 중개업도 하였다. 그러다가 다른 친구를 만나 인삼업계로 나서게 되어 가을이면 인삼 채굴이나 백작 일도 하고 봄이 되면 파종 등의 일을 하면서 연명하였다고 한다. 당시 그는 인삼업계의 권위자인 진흥상회에 취직하여 봉급생활을 하다가 그만둔 상태였다. 이후에는 인삼 중개로 나서서 삼포 있는 곳은 두루 다니며 삼포 매매를 중개해서 얻은 수수료 수입으로 수년 간 지내왔다고 한다.[41] 이 월남인 역시 홀로 월남하여 생계를 잇는 것이 막막하였는데, 동향 친구들의 도움, 인삼업 종사 등으로 생계를 유지해온 사실을 확인할 수 있다. 개성에서 구축된 인적 연결망의 도움으로 남한사회에서 경제적으로 버티어갈 수 있었던 것이다.

---

40) 신성모는 일제강점기 유럽 유학 당시 개성 갑부 공성학의 아들 공진항으로부터 경제적인 도움을 받은 적이 있어서 개성인과 각별한 인연을 맺게 된 듯하다. 또 그의 아들은 일제 말기에 공진항이 만주에서 개척한 안가 농장에서 일한 적도 있다. 박광현의 사촌형 홍종규는 공진항의 사위이다.

41) 「北으로 보내는 便紙, 開城에 있는 아들에게」, 『松都』 제16호, 1987. 7. 이 글을 쓴 이는 노년에 조카의 경제적 도움을 받고 있었다.

기업을 직접 경영하지 않더라도 개성인 기업에 취직하여 회사 운영을
도우면서 경제적으로도 안정을 찾는 경우도 많았다. 기업인이 된 개성인도
회사 운영에 필요한 인원을 충원할 때 동향인을 선호하였다. 이는 지연을
중시하는 행태로 개성인에게만 적용되는 것은 아니다. 여하튼 월남 개성인
도 어떤 일을 추진할 때 우선적으로 동향인과 함께 하기를 원했다. 이
역시 넓게 보면 고향 개성의 유산이라고 생각한다.

몇 가지 구체적인 사례를 보자. 개성 출신으로 개성상업 15회 출신인
강문환(姜文煥)은 앞서 이회림의 사례에 나오는 대한탄광 옥동광업소에
근무한 적이 있었다. 그는 당시의 일을 회고한 적이 있다. 그 회고에
의하면 충남 광천읍에서 피난 생활하던 중에 아버지가 와서 이회림 회장이
옥동광업소를 인수하였다고 알려주면서 장래성도 있고 전혀 타인도 아닌
터이니 속히 출발하라고 하였다. 강문환은 이에 지당하고 감사하게 생각하
면서 긴급히 모든 것을 정리하고 단신 기차에 몸을 싣고 쌍용으로 떠났다.
그는 영월에서 근무하고 또 본사에서도 근무하면서 이 회사에서 12년
간 재직하였다.[42]

1990년에 아산레미콘을 설립한 주영운(周永云)도 처음에는 개성인 기업
에서 활동하다 독립하여 기업을 운영한 경우이다. 그는 14살의 나이에
아버지를 여의었다. 친척도 없어서 동네 사람들이 함께 장례를 치러주었다
고 한다. 집안이 가난하였기 때문에 초등학교만 졸업하였다. 월남 이후
한일해운에 입사하여 직장 생활을 하였고, 개성 사람이 세워서 운영하던
한일시멘트에서는 이사까지 승진하였다. 1988년 무렵 퇴사한 듯 보이며
1990년에 아산레미콘이란 회사를 설립하였다. 이 회사는 지금까지 존속하
고 있다. 아산레미콘 이외에도 서전운수, 개풍시멘트 등도 경영하였다.[43]

---

42) 姜文煥, 「玉洞鑛業所의 追憶談」, 『松都』 제17호, 1987. 9, 33~34쪽.
43) 「주영운 고문, 금강신문 불교 知性의 대화」, 『금강신문』, 2009. 10. 23. 그는 특이하게
    어려서부터 불교 신자였고, 경제적으로 성공한 후에는 불교계를 위해 많은 희사를

문길성(文吉成, 1914~1990)도 개성인 회사에서 일을 도와준 경험이 있다. 그 역시 개성 출신으로 제일송도보통학교를 졸업하였다. 이정림이 동기이다. 그는 황해도 연안에 있는 김상득(金上得) 상점의 점원 생활을 하였다. 해방 후 서울로 이주하여서는 상업을 자영하였다. 전쟁 전에는 동대문시장에서 밀가루 소매상을 하였고, 전쟁 후에는 비누 도소매업을 경영하였다. 그러다 1970년경에는 다동에 있던 남지섭(南志燮)과 조동일(趙 東一) 등이 공동 운영하는 사무실에 합류하여 1980년경까지 일을 거들어 주었다고 한다.[44]

이상의 사례를 통해서 월남 개성인들이 상업 활동을 전개하거나 기업을 경영할 때 필요한 인력을 동향인 중에서 채용하는 경우가 적지 않았음을 확인할 수 있다. 다른 지역보다 유달리 결속감과 유대감이 강했던 개성인의 유산은 월남 개성인이 남한사회에 안정적으로 정착하는 데 일정한 역할을 하였다.

5. 맺음말

개성은 해방 후 이남에 속했다. 그런데 전쟁 이후 휴전협정 체결 결과 개성은 북한에 편입되었고, 전쟁을 피해 월남했던 사람들은 실향민이 되었다. 개성인은 자신들이 원래 이남에 속했기 때문에 전쟁 후에도

하였다. 그에 의하면 그가 베푸는 삶을 살 수 있었던 것은 한일시멘트 명예회장이 그에게 베풀면서 사는 삶의 의의를 강조하였기 때문이라고 한다.

44) 文聖模, 「나의 형님 文吉成 氏를 哀悼함」, 『松都』 제33호, 1990. 5월호, 129쪽. 문길성의 추도사를 쓴 이는 동생 문성모였다. 그에 의하면 문길성은 문성모의 교육을 뒷바라지 해주었다고 한다. 송도고등보통학교에 보내주고, 동경 明治대학 에 유학까지 보내주었다는 것이다. 형이 없었다면 자신은 장돌뱅이가 되었을 것이라고 적고 있다.

남한에 속할 것으로 생각했지만, 현실은 그렇지 않았다. 기대와 달리 남한사회에서 살게 된 개성인들은 낯선 곳에서 적응해야 하는 과제를 안게 되었다.

본고에서는 이들 월남 개성인의 남한 정착 과정을 살펴보았다. 본고에서는 월남 개성인이 남한사회에 정착하는 과정에서 고향인 개성이 갖고 있던 유산이 어떤 영향을 끼쳤는지에 초점을 맞추어서 살펴보았다. 조선시대 이래 개성은 정치적 차별 속에서 그곳 사람들이 상인으로 나선 이후 상업 도시, 상인의 도시라는 특징을 갖게 되었다. 또 상업에 종사하는 과정에서 사환, 지방출상, 차인 등의 상인 양성 체계와 핵심 상품으로서 인삼이라는 전통을 만들어 냈다. 그리고 개성인은 자신들끼리 강한 결속력과 유대감을 공유하였다.

이러한 유산이 월남 개성인에게 끼친 영향으로는 무엇보다도 그들 중 다수가 기업 경영 혹은 상업 방면으로 진출한 사실을 꼽을 수 있다. 정확한 통계가 없어 그 숫자를 말하기는 어렵지만 다수가 이쪽 방면으로 진출했다고 생각한다. 그 중에는 재벌급으로 성장한 이들도 있는 반면 중소 도시의 소규모 상점을 운영한 사람도 있는 등 내부적으로 그 층위가 다양하였다. 그러나 대개 그들은 분단 이전 개성에서 살 때 상업에 직접 종사한 경험을 가진 이들이 많았다. 그 경험은 그들이 남한사회에서 기업 혹은 회사를 경영할 때 큰 도움이 되었음은 물론이다.

월남 개성인들의 기업 활동에는 또 다른 개성의 영향이 있었는데, 기업 경영 과정에서 동향인끼리 도움을 서로 주고받았다는 사실이다. 그것은 공동 투자의 방식으로 나타나기도 하고, 기업 경영에 조언을 주는 방식으로도 이루어졌다. 예로부터 강한 결속력을 자랑하던 개성인인 만큼 기업 경영, 상업 경영에서도 그러한 특징을 볼 수 있었다.

월남 개성인의 남한 정착과정에 큰 영향을 끼친 것으로 인삼을 들 수 있다. 인삼은 개성인에게 절대적인 존재로 불가분의 관계를 맺고 있었다. 월남 이후 한 동안 인삼 경작을 할 수 없었지만, 1957년 삼업조합을 재결성함으로써 월남 개성인의 삼포 경영이 시작되었다. 전업으로 하는 이들도 있고 공동 투자로 관계하는 사람도 있었지만, 그들 모두에게 인삼은 단순한 상품에 그치지 않고 고향과 두고 온 가족을 떠올리게 하는 그런 존재였다. 인삼 재배는 월남 개성인이 남한에서 경제적으로 안정을 찾는 데도 도움이 되었다.

마지막으로 특별히 기업 활동이나 인삼 경작을 할 수 없었던 이들에게도 개성인 사이의 강한 결속력과 유대감은 그들이 남한사회에 정착하는 데 큰 도움이 되었다. 10대의 나이에 부모 없이 피난 온 경우, 하던 일이 뜻대로 되지 않아 경제적으로 어려움에 처한 경우 등 월남 개성인들도 고난에 처하기도 하였다. 이럴 때는 동향 사람이 도움을 주는 경우가 많았다. 이를 통해 그들이 남한사회에 잘 적응할 수 있었음은 물론이다. 이처럼 월남 개성인이 낯선 남한 땅에서 안정적으로 정착해 사는 것은 쉬운 일이 아니었지만, 고향 개성의 유산은 그들이 남한사회에 적응해 가는 데 큰 도움이 되었다.

〈부표 1〉 1970년경 월남 개성인 회사

연번	기업 이름	이름	연번	기업 이름	이름
1	성보실업주식회사	윤장섭	45	고려삼행	유명종
2	미원산업주식회사	우상진	46	정화산업주식회사	박지수
3	고려인삼흥업주식회사	공진항	47	동아운수사	송순옥
4	삼풍제지공업주식회사	우창형	48	수풍상회	이성식
5	중앙석유주식회사	김진원	49	천일모직	이희용
6	융창물산주식회사	김형태	50	서보양행(金銀)	진준섭
7	세창물산주식회사	김종호	51	고려인삼진흥상회	최백희
8	대한양회공업주식회사	백충흠	52	경기산업주식회사	이명식
9	동양화학공업주식회사	이회림	53	우진실업주식회사	윤문섭
10	대한광회주식회사	이회림	54	신풍공작소	우인형
11	문성기업주식회사	한용식	55	서울농약주식회사	김응도
12	다소산업주식회사	손홍민	56	경기농약	임헌중
13	해림화학공업주식회사	배제인	59	한국화장품공업주식회사	임광정
14	대왕산업주식회사	이국신	60	하동환자동차공업주식회사	하동환
15	선양산업주식회사	강인선	61	중앙농약주식회사	김태홍
16	화성무역주식회사	홍순호	62	고려인삼상회	임용근
17	대한제분주식회사	홍종문	63	화천공사	박연묵
18	서울방습공업주식회사	임헌중	64	웅전사	최호명
19	공영토건주식회사	한경수	65	광명당	조광휘
20	서흥실업주식회사	양창갑	66	양우당	신성철
21	신도교역	우상기	67	대한선박주식회사	이정림
22	신화사(빠이롯트 만년필)	고홍명	68	일진산업주식회사	박순원
23	동천상사주식회사	차영안	69	성진산업주식회사	손세기
24	개성인삼판매주식회사	홍종규	70	국성실업주식회사	김근창
25	보성무역주식회사	현철원	71	건공사	김인건
26	개성상회	한광석	72	원창기업	박규원
27	부국교역상사	조한승	73	고려여행사	한성구
28	동양극장	이영균	74	한우산업주식회사	조창제
29	대림양행	고문식	75	신우무역주식회사	임광언
30	김동훈타이프라이타회사	김동훈	76	제일상사	이희원
31	동광기업사	박상배	77	원창실업주식회사	박규원
32	보광당(金銀)	함계형	78	극동교역	우형균
33	계명공업사	백승룡	79	한국비락주식회사	박태식
34	한국부동산공사	최규순	80	광진상사	황수윤
35	국도극장	안태식	81	대덕상사	최근유
36	뉴서울 호텔	이정환	82	유니온양회공업주식회사	김진필
37	오리엔탈관광호텔	이정익	83	CPA항공회사	장화섭

38	천보지업사	천종운	84	신촌로터리예식장	마홍규
39	아테네극장	우상원	85	아스토리아호텔	이정주
40	파라마운트극장	백순성	86	공영사	이정구
41	동광타이루	이성윤	87	대한유화공업주식회사	이정호
42	범진타이루	민영권	88	동도극장	이광규
43	경성지물포	김준현	89	동원산업주식회사	이홍근
44	고려인삼판매조합	이산경	90	삼덕제지공업주식회사	전재준
57	도봉산장	박성규	91	여화산업주식회사	김준환
58	대한상사주식회사	최호진	92	정우개발주식회사	민석원

* 출전 : 禹萬亨. 『開城』, 1970, 302~303쪽.
* 비고 : 중복된 1인은 제외하였고, 89~92번은 『松都民報』를 참고함.

참고문헌

『松都民報』『松都』
『조선일보』『매일경제』『금강신문』
禹萬亨, 『開城』, 1970.
金基浩, 『開城舊京』, 대한공론사, 1972.
韓國人蔘耕作組合聯合會, 『韓國人蔘史 上卷』, 1980.
이회림, 『내가 걸어온 길, 동양화학 이회림 명예회장 자서전』, (주)도서출판 삶과
　　　꿈, 1999.
朴光鉉, 『고리고개에서 추리골까지』, 세기문화사, 2005.
김조형 편저, 『김조형 구술생애사』, 도서출판 혜민기획, 2017.

김성보, 「남북 분단의 현대사와 開城 : 교류와 갈등의 이중 공간」, 『學林』 31,
　　　2010.
박소영, 「북한의 신해방지구 개성에 관한 연구-지방 통제와 지방 정체성을 중심
　　　으로-」, 동국대 박사논문, 2010.
양정필, 「17~18세기 전반 인삼무역의 변동과 개성상인의 활동」, 『탐라문화』 55,
　　　2017.
윤택림, 「분단의 경험과 통일에 대한 인식-미수복 경기도 실향민의 구술 생애사
　　　를 통하여-」, 『통일인문학논총』 53, 2012.
윤택림, 「분단과 여성의 다중적, 근대적 정체성」, 『한국여성학』 29-1, 2013.
이정림, 「李庭林」, 『財界回顧 2』, 한국일보사출판국, 1981.
이준희, 「한국 전쟁 前後 '신해방지구' 개성의 농촌사회 변화」, 연세대 석사논문,
　　　2015.

평양고보 출신 엘리트의 월남과정과 정착지

이 준 희

1. 머리말

해방 직후 남북에 수립된 각각의 체제를 반대하거나 개인적인 이유로 월남·월북하는 사람들이 있었다. 38선 이북에 소련이 진주하자 사회주의를 지향하는 사회가 구축되기 시작했고, 이 사회에 거부감을 갖고 있었던 많은 사람들은 남쪽으로 이주했다. 한편 사회주의에 대한 동경, 개인적인 지향점 등의 이유로 북한체제를 선택하여 정착하는 사람들도 있었다.[1]

또한 19세기 말부터 한반도를 떠난 조선인들은 1945년 8월 15일 일제로부터 해방이 되자 고향으로 돌아오기 시작했다. 당시 이들을 일컬어 귀환동포(이하 귀환자),[2] 전재민(戰災民)[3]이라고 불렀다. 그러나 분단된

---

1) 김귀옥, 『이산가족, '반공전사'도 '빨갱이'도 아닌』, 역사비평사, 2004 ; 이용기·김영미, 「주한미군 정보보고서(G-2 보고서)에 나타난 미군정기 귀환·월남민의 인구이동 규모와 추세」, 『한국역사연구회보』 32, 1998.

2) 강제동원인력, 위안부, 만주이주민, 독립운동가 등 다양한 이유로 한반도를 떠난 사람들. 「귀환동포일기」, 『동아일보』, 1945년 12월 2일 ; 이들을 '난민'의 양상을 대부분 갖고 있다고 파악하여 전재민으로 불렀다. 한국전쟁 발발 이후 월남민과 귀환자가 구분되므로 이 글에서는 귀환자, 월남민으로 전재민을 구분하여 사용한다. 이연식, 「종전 후 한·일 양국 귀환자의 모국 정착과정 비교 연구 – 포스트콜로

조국의 현실 속에서 귀환자들의 자유로운 귀환은 이념과 체제라는 벽에 부딪칠 수밖에 없었다. 남과 북 모두 귀환자는 간단치 않은 문제였다.

이 시기 귀환자와 월남민들은 모두 전재민으로 분류되었다. 해방 직후 귀환자와 월남민을 구분하기란 쉽지 않다. 또한 한국전쟁기 많은 수의 사람들이 월남·월북했기[4] 때문에 당시 한반도 인구이동을 밝히기란 사실상 불가능하다. 이러한 이유로 정확한 귀환인·월남민에 대한 통계는 없으나 한국사회에 뿌리를 내린 월남민은 항상 우리 주변에 존재한다.

월남민에 대한 한국사회의 일반적인 인식은 '반공주의자', '엘리트',[5] '중산층'으로 굳어져 있다. 이러한 인식은 소수의 지주출신 엘리트들을 월남민 전체로 일반화하여 적용한 것으로 파악되는데, 월남민 일반으로 넓혀 실상을 파악하면 많은 사실을 설명할 수 없게 된다.

김귀옥[6]은 월남민의 정착, 정체성 등을 살펴보면서 속초와 김제의 정착촌을 중심으로 구술사 방법을 통해 연구했고 이후 이산가족문제를

니얼 관점에서 본 식민자와 피식민지민의 전후실태 비교―」, 『한일민족문제 연구』, 2016a, 138쪽.

3) 전재민에는 월남민을 포함한 용어로 사용되었다. 「眼에 비췬 우리의 姿態」, 『동아 일보』, 1945년 12월 2일.

4) 이신철의 연구는 월북·납북인에 대한 연구로 북한을 선택한 사람들의 모습을 담아냈다. 자의적으로 월북한 사람들과 해방 직후~한국전쟁기 납북된 사람들을 부분적으로 조명하면서 북한의 통일정책을 살펴보았다. 이신철, 『북한 민족주의 운동 연구』, 역사비평사, 2008.

5) "엘리트의 개념 규정과 관련한 논의가 분분하지만, 대체적으로 수적으로 소수이면서 경제적으로 부유하고 사회적으로 우월한 지위를 가지면서 특정 영역에서 일반 대중에게 영향력을 행사할 수 있는 존재로 정의할 수 있을 것이다. 아울러 엘리트의 중요한 특질 가운데 하나는 비조직화된 일반 대중에 반해서 일정하게 조직되어 있다는 점이다." 이 글에서는 양정필의 엘리트 개념 규정에 따라 경제적으로 부유하며 사회적으로 우월한 지위를 가졌던 평고출신을 엘리트로 규정하여 월남민 엘리트로 상정한다. 양정필, 「1930년대 개성지역 신진 엘리트 연구―『고려 시보』 동인의 사회문화운동을 중심으로―」, 『역사와현실』 63, 2007, 194쪽.

6) 김귀옥, 『월남민의 생활 경험과 정체성』, 서울대학교출판부, 1999 ; 『이산가족 반공전사도 빨갱이도 아닌』, 역사비평사, 2004.

학문적으로 접근하였다. 그의 연구는 월남민에 대한 본격적인 최초의 연구로서 의의가 있으며 이전의 월남민에 대한 인식이 사실과 다르다는 것을 증명했다. 김아람의 연구는[7] 김귀옥과 마찬가지로 월남민을 '난민'으로 파악하고 1945~1960년대 정부의 월남민 농촌 정착사업에 대해 다루었다. 그는 월남민의 정착과 관련하여 전남, 제주, 개척단 사업장의 사례를 통해 그 실체를 밝혀냈다.

이문웅[8]은 1960년대 해방촌을 집중 분석하여 이 지역에 거주하는 월남민의 특징 지연에 의한 집단거주지 형성과 기독교가 평안도 사람들에게 미친 영향을 밝혀냈다. 이신철은[9] 1950~1990년까지의 해방촌을 주목하여 월남민과 남한사람들이 유입되는 과정, 그 이후 해방촌의 정체성을 밝혀냈다.

해방 직후~한국전쟁기 월남민 연구가 기존의 인식을 극복하면서 활발히 진행되고 있음에도 불구하고 다시 엘리트 월남민을 주목하는 것은 그들이 한국사회에 정착하는 과정을 추적하여 한국사회 월남민 네트워크의 일면을 사실적으로 복원하는 데 연구의 목적이 있기 때문이다. 이과정에서 소수 엘리트 월남민의 정착과정과 정착지를 규명하면서 서울에거주하는 월남민들의 지위와 정착지의 연관성을 살펴볼 수 있을 것으로기대한다. 이는 월남민이 갖고 있던 기존의 인식이 한국사회에 어떻게정착하고 있었는가에 대한 사실적 접근이기도 하다.

특히, 평양고등보통학교(평양 제2중학교) 출신은 한국사회의 전문직·고위공직자로서 위치하여 일반적인 월남민의 이미지를 그대로 적용할

---

7) 김아람,『한국의 난민 발생과 농촌 정착사업(1945~60년대)』, 연세대학교 사학과 박사학위논문, 2017.

8) 이문웅,「도시지역의 형성 및 생태적 과정에 관한 연구 : 서울특별시 용산구 해방촌지역을 중심으로」, 서울대학교 사회학과 석사학위논문, 1966.

9) 이신철,「월남민 마을 '해방촌'(용산2가동) 연구 : 공동체의 성격을 중심으로」,『서울학연구』14, 2000.

수 있는 집단이다. 이들은 해방 직후부터 서울에서 동기모임을 시작하여
1960~70년대 간헐적인 모임을 가졌고, 1979년 대대적인 중흥총회를 가지
면서 적극적인 동문회 활동을 시작했다. 중흥총회에서 동문회지를 발행하
기로 결의해 1980년 7월 평고의 교지였던『대동강』을 이어받아 동문회지
인『대동강』을[10] 출판하는 등 적극적인 동문회활동을 이어나가고 있다.
현재까지『대동강』이 출판되어 각 지역의 동창들에게 배포되고 있다.[11]

이 글에서는 평양고보 출신 월남민들의 구술을 바탕으로 하여 그들의
월남과정, 정착과정과 정착지를 분석하여 도시에 거주하고 있는 엘리트
월남민들의 특징을 밝혀내고자 한다.

2. 평양고보와 평고정신

일제강점기 평양고보는 경성고보, 대구고보와 함께 조선 3대 고보였다.
1899년 평양일어학교로 개교, 1907년 관립 평양일본어학교로 개칭하여
대한제국에 직속되었고 교장은 이시형이었다. 1909년 평양고등보통학교
로 개칭하여 조선총독부 직할로 편성되었고 일본인 교장이 부임했다.
평양고보는 5년제 학교로서 일제강점기 다수의 조선인 중견 행정관인을
배출했다.[12] 당시 교원속성과·사범과가 같이 운영되었다가 1924년 평양
공립고등보통학교로 교명을 변경하면서 사범과는 폐지되었으며 1938년
일본식 교명인 평양제2공립중학교로 이름이 바뀌었다.[13]

해방 이후 평양이 북한지역이 되면서 단광·삼중(端光·三中)으로 변경되

---

10) 평양고보 동문회,『대동강』1, 1980.
11) 평양고보 동문회,『대동강』38, 2017.
12) 정순태,「빼앗긴 이름 평양고보 동문들 ; 대동강에 띄어 보낸 우리의 청춘」,
    『정경문화』, 경향신문사, 1985. 5, 372쪽.
13) 당시 평양제1공립중학교는 일본인 학교였음.

었다가 최종적으로 평양제1고급중학교로 남아있다. 월남한 평양고보출신들은 학교를 지칭하는 다양한 이름 가운데 '2'가 들어가는 이름을 지양하고 관서의 명문으로 인정받았다고 생각한 '평양고등보통학교'로 부르고 있다.[14)

한국사회에 정착한 평고 출신들은 3·1운동 시기 평고의 역할, 졸업생의 사회진출을 토대로 일제강점기 학교 역사를 재구성한다. 3·1운동에 관해서는 함석헌 등 유명인사들의 무용담이 주를 이루고 있으며 각각의 동창생들이『대동강』에 기고한 글에서 그들이 '독립운동'을 했던 민족주의자로 서술한다. 대표적으로『대동강』1호에 실린 함석헌의 글이 있다.[15) 함석헌은 당시 상황을 상세히 기록하며 평양고보 출신 인사들이 어떻게 3·1운동에 참가하게 되었는지, 그 이후의 삶의 역경은 어떠했는지를 다루고 있다. 1980년대 초『대동강』에서 3·1운동과 관련한 회고를 많이 볼 수 있는데 이는 한국의 주류사회에 진입했던 당시 평고 출신 동창생들은 스스로 자신의 과거 역사에서 정체성을 찾았다고 볼 수 있다.

그들은 스스로 경기 이북지역 최고의 명문으로 인식하면서 경성고보에 뒤지지 않는다고 생각하고 있었다.[16) 실제로 경기 이북지역의 수재들이 이 학교에 입학하면서 졸업 이후 다양한 방면에 진출했다. 특히 변호사, 의사가 많은데 평고 출신들이 전문직을 선택한 이유를 일제와 타협하지

---

14) 1910년 이전 대한제국기 학교명을 그대로 사용하는 데 자부심을 느끼는 것으로 파악된다. 고등보통학교로 편제가 바뀐 뒤의 이름을 부르고 싶어하며 1938년 일제의 학제 변경에 따라 평양제2공립중학교로 교명이 바뀌자 학생들은 소요를 일으켜 저항했다. 당시 제1공립중학교는 일본인 학교였다. 평양고보동문회, 이재천,「2중·서광·3중」,『지금도 대동강은 흐른다』, 범조사, 1993, 40쪽.

15) 평양고보 동문회,『대동강』1, 1980, 101~104쪽.

16) 동문회장 이선교,「"단결과 우정의 화원 되기를" 모교 평고 교우회지『대동강』을 계승하는 뜻」,『대동강』1, 1980, 44~45쪽 ; 김동성,「모교와 고향을 잃어버린 「반공의 보루」 평양고보 졸업생들의 황혼 : 우리의 애국심은 반공·애국심이었다」,『월간조선』21권 2호, 조선일보사, 2000. 2, 558~559쪽.

않고 살 수 있고, 경제적으로 안정적인 직업이기 때문이라고 주장했다. 또한 역사적으로 서북지역 출신들이 관직에서 배제되는 사실에 유의해야 한다고 하면서도[17] 평안도 사람들은 실용적이고 전문적인 직업을 선호하게 된 것이 전문직 진출이 두드러진 이유라고 설명한다.

평북 선천 출신인 전 내무부장관 이익흥은 평고 출신을 '맹호출림(猛虎出林)'의 기질을 갖고 있다고 하면서 다른 사람과 타협을 하지 않고 도움을 받지도, 주지도 않으며 용맹하고 정직한 성품을 갖추고 있다고 평가한다.[18] 이익흥의 평가는 평고에 입학하는 인원이 주로 서북출신들이 많았으며, 유년기부터 '수재'라는 평가를 들으며 자라온 개인의 경험, 평고에 입학하면서 전국적으로 스스로 '수재'임을 입증하는 과정에서 형성된 개인주의적 성향과 성공의 경험이 주요한 영향을 미쳤다고 볼 수 있다. 평남 강서 출신인 전 국무총리 이영덕은 평고 동창생들을 적극적인 자아개념을 갖고 있다고 평가하면서 유년기 '경쟁에서 승리한' 경험이 월남 이후 한국사회에 정착하는 데 주요한 영향을 미쳤다고 평가한다. 또한 이 경험이 스스로 긍지를 갖게 해 사회·가족에 대한 책임감을 통해 한국사회에 안착할 수 있었다고 본다.[19]

일제강점기 일본에 저항하면서 기존의 서북지역 출신에 대한 사회적 편견을 이겨내고 성공적으로 사회에 진출한 평고 출신이 하나의 기준이 되었고, 그것을 전후 남한사회에서 공유하고 있었다.

평고 출신들이 일제강점기 강조하는 학교·개인의 역사는 항일과 관련한 역사였다. 그러나 그들의 출신성분이 대지주(지주)와 상인층이 대다수를 이루는 현실과 대조적인 모습을 보인다. 홍세호는 인터뷰에서 "평고

---

17) 김동성, 위의 글, 560쪽.
18) 평양고보동문회, 이익흥, 「적극적인 자아개념과 평고인」, 『지금도 대동강은 흐른다』, 범조사, 1993, 64쪽.
19) 평양고보동문회, 이영덕, 「2중·서광·3중」, 『지금도 대동강은 흐른다』, 범조사, 1993, 40쪽.

출신들은 친일파 아니면 못 들어가요."라고[20) 하면서 일제와 타협을
이루며 경제력으로 키워온 자신들의 가정을 우회적으로 표현했다. 월남한
평고 출신들이 자신들의 역사를 재구성 할 때 한국사회에서 장점으로
부각될 수 있는 지점을 선택적으로 강조한 것으로 보인다.

그렇다면 그들이 강조하는 평고출신 대다수가 공유하고 있는 '평고정
신'은 무엇일까? 그들이 주장하는 '평고정신'은 대범함과 스파르타식
교육의[21) 경험이었다. 그들 스스로 엘리트라고 자부하면서 한국사회의
전문직·요직에 두루 분포한 동창들의 성공비결은 '평고정신'에 있다고
생각했다.[22) 초등교육, 중등교육에서 경쟁체제의 승자로 스스로를 기억
했고 일제강점기 조선인의 사회진출이 어려웠지만 '평고 출신'들은 그것
을 쟁취했다고 평가한다.

구술자들은 평안도 출신 사람들이 대범하고 통이 크다는 표현을 자주하
면서 서울깍쟁이, 개성깍쟁이들과 구분 짓는다. 그들은 평안도 출신이
평고에 진학을 많이 했으며 특히 평양 주변 사람들이 많았다고 회상한다.
또한 평양에서 지냈을 때와는 달리 일제강점기 각 지역사람들의 특징의
일반화와 월남 이후 경험한 사람들과의 차별성을 갖게 되면서 스스로

---

20) 2016년 1월 27일 류필립·홍세호 구술.
21) 일반적으로 '스파르타식 교육'은 민주교육·자유교육과 반대되는 개념으로 전제
   적·강압적·군국주의적인 교육을 말한다.(스파르타식 교육, 『교육학용어사
   전』, 서울대학교 교육연구소, 1995.) 하지만 이 글에서 사용되는 '스파르타식
   교육'은 일제강점기 조선에 이루어진 교육방법의 한 형태로 일본군에서 행해진
   교육방식을 그대로 일반교육에 적용한 것으로 보인다. 그 내용은 포기를 모르는
   정신, 강한 정신력, 나약함과 쇠퇴와 관련한 것들을 무시하는 교육, 편안하고
   안락하면 타락할 수 있다는 교육, 사치스러움과 타락함에 대한 의지를 파괴시키는
   교육을 의미하는 것으로 보인다.(Carter J. Eckert, "*PARK CHUNG HEE AND
   MODERN KOREA : THE ROOTS OF MILITARISM·1866-1945*", The Belknap Press
   of Harvard University Press, Cambridge, Massachusetts London, England, 2016,
   pp.182~185).
22) 김상룡, 「엘리트의 요람」, 『대동강』 2, 1981, 50쪽.

'대범함'이란 개념을 자기 자신에게 부여한 것으로 보인다.

월남한 이후 개인의 경제력·신분보장 등이 부재한 상태에서 1980년대 이후 한국사회의 주류로 진입했던 많은 평양고보 사람들은 불굴의 의지로 도전하여 성공한 경험을 '대범함'이라는 개념을 뒷받침 하는 사례로 주장하고 스스로를 그 지점에 위치시킨다. 이승규는 인터뷰에서 '하나님과 스스로를 믿고서 열심히 살아갔다'고[23] 회상하면서 자기 자신의 능력을 믿고 대범하게 도전한 사례를 소개했다. 결국 도전정신과 불굴의 의지로 자신을 평가하면서 한국사회는 기회가 평등한 사회로 개인의 의지만 있으면 성공할 수 있다는 생각을 갖고 있었다.

또 하나는 스파르타식 교육의 경험에서 우러나온다.[24] 앞서 밝힌 '대범함'과 연결될 수 있는 지점인데, 스파르타식 교육을 받은 자신들은 무엇이든 할 수 있다는 자신감이 있었고 이에 정직함과 '프라이드'가 강한 성격이[25] 결합되면서 고난에 대한 두려움을 극복할 수 있는 자신감으로 승화되었다고 할 수 있다.

평고 '프라이드'는 결과적으로 과거의 자신의 지위를 끊임없이 되새기고, 경쟁에서 승리한 자신의 과거를 통해 현실의 고난을 이겨내는 기재가 되었다. 또한 스스로 엘리트, 상류층이라고 자부하면서 그 지위를 다시 얻기 위한 노력은 곧 '프라이드'를 회복하는 과정이었다고 볼 수 있다.

평고 출신들은 당시 높은 경쟁률을 뚫고 입학한 경험과 평고에서의 스파르타식 교육을 통해 얻은 지식자산이 월남한 이후 사회에서 유용하게 사용되었다는 점을 높이 평가하여 이를 강조했다고 볼 수 있다.

이러한 평가는 일시적으로 끝났던 것이 아니라 1970년대 후반 평양고보

---

23) 2016년 12월 15일 이승규 구술.
24) 당시 '스파르타식 교육'이 특수한 교육방식이라고 할 수 없지만 평고 출신 월남민들은 이구동성으로 이 교육방식을 '자신들만의 것'으로 기억하고 있다.
25) 김동성, 앞의 글, 560쪽.

재건운동에서 드러난다. 오산학교가 남한에 내려와 재개교한 것에 자극받은 평고 동창들은 평고재건운동을 시작했지만 평양고보라는 교명은 공립학교 교명이기 때문에 남한에서 사용할 수 없다는 조치를 당국에서 내려 무산되었다.[26]

그러나 평고 출신 다수가 서울고등학교에서 교편을 잡았고 그 일원 중 김원규가[27] 스파르타식 교육을 서울고에 전수했다. 김원규는 스파르타식 교육 방식을 서울고에 이식했고, 많은 수의 학생을 서울대에 진학시키면서 그 능력을 인정받았다. 또한 평고 출신들은 자제들을 가급적이면 서울고에 진학시켜 평고의 정신을 전수받을 수 있게 했다. 공식적으로 한국사회에 '평양고등보통학교'를 세우지 못했지만 평양고보동창회는 서울고에 '평고정신'을 우회적으로 이식했다고 믿고 있다.

한국사회에 정착하기 시작한 평고 출신들은 '대범함'을 갖춘 엘리트로서 자부하고 있었고 월남 이후 한국사회의 엘리트·중산층으로 자리매김하면서 이러한 자기규정이 점차 사회적 지위의 성장과 맞물려 공고화되면서 '평고정신'으로 확립되었다.

3. 월남동기와 월남 초기 정착과정

엘리트층[28] 월남민의 월남동기와 사회적 위치, 자기인식에 관해서는

---

26) 위와 같음.

27) 평고 13회, 서울시 교육감 역임(1968년 작고).

28) 프랑스와 영국의 엘리트의 특징을 살펴보면 부친이 모두 전문직, 공직자 등 고위층에 속하고 농민이나 하위 노동자 출신은 극히 드물었다. 또한 도시 출신이 주를 이룬 것으로 파악된다(노정현, 「한국 관료 엘리트의 가치체계와 성분에 관한 조사연구」, 『연세행정논총』 6, 1979). 노정현의 논지를 일제강점기 평양고보 출신에 대입하면 완전한 일치를 보이지는 않지만 도시출신, 중산층 이상의 가정경제상태 등은 이들을 엘리트로 볼 수 있는 하나의 단서가 된다.

김귀옥의 연구에 잘 드러나 있다.[29] 그들 스스로 '실향민'으로 정의하며
엘리트 중산층으로 정리하고 있다. 특히, 스스로 반공주의자임을 드러낸
다. 월남민 전체가 엘리트 중산층이며 반공주의자라는 한국사회의 일반적
인식에 딱 들어맞는 사람들이 엘리트층 월남민이다.

평고 출신 월남민은 1980년 현재 약 1800여 명으로 파악되고 있다.[30]
이들 모두가 해방 이전 중산층 이상의 가정경제상태를 갖고 있다고 확신할
수는 없지만, 당시 학업에 필요한 경비와 일제강점기 조선인의 일반적인
경제상태를 고려하면 김귀옥의 분석과 일치한다고 볼 수 있다. 김원희는
"사범계열에는 똑똑하긴 한데 가난한 사람들이 많았다."[31]는 구술을
감안하면 평고에는 당시 지식인층 중 중산층 이상의 경제상태를 유지하는
사람들이 진학했을 가능성이 높다.

월남민 구술생애사 조사연구에서 인터뷰 한 평고 출신 10명의 가정경제
상태, 월남시기, 동기, 초기정착지를 살펴보면 다음과 같다.[32]

〈표 1〉 평고 출신 구술자들의 월남 관련 사항

연번	이름	월남 시기	해방 전 가정환경	월남동기	초기 정착지	거주지	직업
1	김원희	1946	부동산업	민주개혁조치로 경제상태 악화	서울	미국 서부	자영업
2	한두진	1947	중산층 (의사)	민주개혁조치로 경제상태 악화	서울	서울	의사
3	류필립	1947	신발공장 운영	학업	원주	미국 서부	美 도서관 사서
4	홍세호	1947	정미소	학업	서울	미국 서부	자영업
5	김화성	1950	부농	군 입대 피해	서울	미국 서부	세탁소
6	김신경	1950	상업	전쟁	서울	가평	출판업

29) 김귀옥, 앞의 책, 1999, 13장 참조.
30) 「회원명부」, 『대동강』 1, 1980.
31) 2016년 1월 27일 김원희 구술.
32) 이 구술은 한국학중앙연구원 토대연구사업의 일환으로 2014년 9월~2017년 8월
  까지 3년간 진행된 월남민 구술생애사 조사연구사업에서 평양고등보통학교
  출신 10명을 선별하여 정리한 결과이다.

7	최진도	1950	부농	민주개혁, 종교	부산	부산	목사
8	강인덕	1951	지주, 상업	전쟁	대구	서울	前통일부장관
9	정원봉	1951	민간우체국 운영	민주개혁조치로 경제상태 악화	대구, 부산	미국 서부	자영업
10	이승규	1951	목사	종교	서울	대전	대기업 임원

출처 : 월남민 구술생애사 조사연구 구술자료

　　월남민 구술생애사 조사연구에서 조사한 평고 출신들은 한국전쟁을
전후로 월남하였다. 10명 중 4명은 한국전쟁 이전, 6명은 한국전쟁 이후
월남한 것으로 나타났다. 한국전쟁 이전 월남한 한두진, 김원희는 민주개
혁조치로 인한 가정경제상태의 악화가 결정적이었다. 이에 따라 소련군,
북한체제에 대한 부정적 인식이 중요한 월남동기가 되었다. 류필립과
홍세호도 민주개혁조치로 인해 가정경제상태가 악화된 것은 마찬가지였
지만 학업과 관련하여 월남동기를 강조했다. 특히 류필립은 해방 이전
졸업하여 일본대학에 입학했지만 일본의 패망(폭격)으로 해방 이후 학업
을 계속 할 수 없어 귀국했고, 종교적인 문제로 김일성종합대학(이하
김대)에 입학할 수 없어 월남을 선택했다.

　　한국전쟁 이후 월남한 강인덕, 정원봉, 김화성, 이승규, 김신경, 최진도도
마찬가지로 민주개혁으로 인한 가정경제상태가 악화되었지만 한국전쟁
이전까지 북한사회에 일부 적응하면서 살았다. 민주개혁조치는 중산층을
이루는 이들에게는 불합리한 개혁조치였기 때문에 북한정부에 대한 부정
적 인식을 갖고 있었다. 한 순간에 뒤바뀐 지역 권력체계에 대해서도
일부 부정적인 표현이 있는 것을 감안하면 경험에 의한 일종의 '반공'의식
이 이때 생긴 것으로 파악할 수 있다.[33] 월남한 평고 출신들은 민주개혁에

---

33) 그러나 이러한 인식을 평양고보 출신의 일반이라고 하기에는 무리가 있다. 우리가
　　잘 알고 있는 황장엽도 평양고보 출신일 뿐만 아니라 다수의 평양고보 출신이
　　인민군에 입대, 북한정부의 엘리트로 일했다. 노태걸, 「독불장군(?) 평고기질」,
　　『대동강』 1, 1981, 100쪽.

대한 경험을 서로 공유하면서 이러한 인식이 고착화 되었다.

이승규, 최진도는 종교적 신념이 강했다. 평양은 '조선의 예루살렘'이라고 불릴 정도로 기독교 세력이 강한 지역이었다. 이승규는 일요일에 교회에 갔다는 이유로 비판받자 자퇴를 선택했다. 이후 평양 성화신학교에 입학해 수학하다 종교박해를 경험한 이후 전쟁기 월남한다.[34] 최진도는 해방 이후 김일성종합대학에 입학하여 수학하면서 일요일 남몰래 교회를 다녔다. 저고리 안주머니에 항상 자퇴서를 가지고 다니며 종교에 대한 신념을 지켰다고 한다. 김대 민청원에게 교회에 다니는 것이 적발되어 전교생이 모인 자리에서 자아비판을 하고 그 길로 도망쳤다고 한다.[35] 종교박해를 경험한 이승규와 최진도는 북한정부에 대해 비판적이었으며 월남을 단행하는 가장 중요한 이유였다.

강인덕, 정원봉, 김원희, 김신경은 한국전쟁이 일어나자 징집대상에 포함되면서 징집을 피해 다니다 1950년 12월~1951년 1·4후퇴시기에 월남한다. 이들은 국군이 후퇴하면서 같이 이동하면서 월남한다. 전쟁을 피해 월남하여 초기에는 서울과 지방에 정착했다. 이들은 전쟁을 피해 월남했지만 생존하기 위해 국군에 입대하기도 했다.[36]

평고 출신 월남민 10명의 조사과정에서 나타난 초기 정착지는 서울, 대구, 부산, 원주로 드러났다. 서울 6명, 대구 2명, 부산 1명, 원주 1명이었다. 서울에 초기 정착한 월남민들을 두 가지 경향으로 나눌 수 있다. 서울에 지인이 있는 경우와 없는 경우다. 한두진은 큰형이 서울에서 판사를[37] 하고 있었다.[38] 김원희는 평양에서 알고 지내던 장이욱 박사[39]의 도움으로

---

34) 2016년 12월 15일 이승규 구술.

35) 2017년 1월 16일 최진도 구술.

36) 2015년 5월 22일 강인덕 1차 구술 ; 2016년 1월 27일 정원봉 구술.

37) 한환진(정판사사건 판사, 대법관 역임).

38) 2015년 5월 6일 한두진 1차 구술.

39) 1947년 당시 서울사대 학장. 1948년 5월 제3대 서울대학교 총장에 취임.

서울에 정착할 수 있었다.

정원봉은 가족과 함께 월남하여 서울에서 초기 정착했는데 1950년 당시 평안남도 도민회가 신원을 보증하여 정착할 수 있었다. 홍세호도 친인척이 서울에 있어 거금을 들고 월남했다.[40] 그러나 김화성은 혈혈단신 월남하여 서울에 머물다 군입대하여 한국에 정착했다.[41]

서울에 정착할 수 있었던 가장 큰 이유는 지인 또는 가족이 서울에 자리를 잡고 있었기 때문이었다. 서울시는 1947년 7월 1일부로 이들의 서울 거주를 금지하고 지방 각도로 분산시키는 정책을 세웠다. 단, 서울시에 월남민의 친척이 거주하고 있을 경우에도 보건후생국에 서울시 거주 신청서를 제출하면 시 당국은 월남민의 생활을 보장할 수 있는지 조사해 거주여부를 결정했다.[42] 한국전쟁 발발 이후에는 이러한 조치가 무의미하기 때문에 월남민들은 서울로 모여들었다.

대구, 부산, 원주에 초기 정착한 강인덕, 정원봉, 류필립은 혈혈단신으로 월남한 경우가 많았고 그마저 군에 입대하거나 일자리를 얻어 생존할 수 있었다. 이 지역에 정착한 특별한 이유는 없었고 교통로와 전쟁기 후퇴로에 의한 정착이었다.

평고 출신 10명의 월남동기는 이미 김귀옥이 밝힌[43] 월남동기 중 민주개혁조치로 인한 경제상태 악화, 전쟁, 학업, 종교로 나타났다. 엘리트 월남민들은 이미 중산층 이상의 경제상태를 유지하면서 주로 평양이라는 도시에 살고 있었다. 해방 이후 북한정부의 개혁조치는 이들에게 '반공'적 인식을 갖게 한 주요요인이었다.

서울에 정착한 평고 출신 월남민의 경우 지인과 친척의 도움으로 남한사

---

40) 2016년 1월 27일 홍세호 구술.
41) 2016년 1월 27일 김화성 구술.
42) 김귀옥, 앞의 책, 1999, 74쪽.
43) 김귀옥, 위의 책, 1999, 406~417쪽.

회에 적응할 수 있었다. 한두진은 평양이 좁기 때문에 친인척관계, 지인들을 알 수 있다고 말했고[44] 정원봉은 이미 서울에 사무소를 연 평안남도 도민회에서[45] 신분보증사업을 실시해 월남민들의 초기 정착을 도왔다. 남한에 지인이나 친인척이 없는 사람들은 특정한 지역을 정착지로 정해놓고 월남한 것은 아니었다. 이들은 생산수단(토지)이 없는 상태에서 도시에서 일자리를 구하기 위해, 또는 국군의 후퇴로를 따라 이동하다 일정한 지역에 머물렀다.

4. 한국전쟁 이후 평고 출신 월남민들의 정착지와 그 특징

해방 직후~한국전쟁 시기 월남민들이 대거 발생한 가운데 1953년 7월 이후 휴전선이 만들어지면서 더 이상의 대규모 이동은 발생하지 않았다. 평고 출신 월남민들은 해방 직후 다양한 이유로 월남하여 소규모 모임을 가지면서 그들의 네트워크를 만들어 갔다.[46] 1947년 5월 김원규의 서울고등학교 강당에서 150여 명이 모인 가운데 남한에서 최초의 총회를 열고 동문회를 새로 발족했다.[47] 이러한 네트워크가 가능했던 이유는 월남하여 상급학교로 진학하거나 학업을 계속하는 가운데 동문들을 상급학교에서 만날 수 있었기 때문이다.

한국전쟁이 한창이었던 1952년 4월 20일 부산대학교 강당에서 평양고

---

44) 2015년 5월 6일 한두진 구술.
45) 남한은 정부수립 이후 이북오도지사를 발령하고 도민회를 운영했다. 「이북오지사발령 군수급은 추후임명 예정」, 『동아일보』, 1949년 2월 18일 ; 「이북도지사사무 개시」, 『동아일보』, 1949년 5월 22일.
46) 「1947. 10. 25. 38선을 넘어 서울에서 모인 동문들」(사진첩), 『대동강』 2, 1981.
47) 김주흥, 「20년만의 「중흥총회」에 유감—견고히 세우고 바로 키워나갈 것을 기대」, 『대동강』 1, 1980, 317쪽.

보 동창회가 열렸다.[48] 총동문회는 회원명부를 발간할 목적으로 동창회를 연다고 밝혔다. 남한사회에서 그들의 네트워크를 공고히 하고 고향을 떠나 기반이 없었던 동문들을 규합하려는 모습으로 이해할 수 있다. 이미 해방 직후 각 기수별 동기들이 서울에서 삼삼오오 모이고 있었고 피난 온 평양고보 출신들이 한자리에 모이면서 총동문회가 가능했다고 보인다.

이때 모인 사람들은 경제적으로 사정이 어려운 사람이기보다 전쟁전 월남하여 남한사회에서 자리를 잡은 사람들이 주를 이루었다.[49] 일제강점기 관료, 의사 등 이미 사회에 진출하여 엘리트의 지위를 가졌던 사람들이 부산에 피난하여 그들 스스로 모임을 조직했던 것이다. 평고 출신 구술자 중 이러한 사실을 기억하는 구술자는 없었다. 부산에 머물렀던 정원봉, 최진도도 동문회와 관련한 기억은 없었다. 이들은 당시 생계를 걱정해야 하는 처지였다. 당시의 동창회는 전쟁 이후 월남한 평고 출신을 파악하고 기존의 동문들을 확인하는 자리였다고 생각된다. 이 자리에서 전쟁 이후 월남한 평고 출신들은 선배들의 도움으로 신분을 확인받거나 생계유지에 도움을 받았을 가능성이 있다.

1953년 7월 정전협정이 맺어지자 평고 출신 월남민들은 서울로 진입하기 시작했다. 구술자들은 학업, 취업 등의 이유로 도시로 이주했다. 이들은 대체로 평양이라는 도시에 거주한 경험이 있었고, 부농의 자식이라 할지라도 농업에 관한 기술이 부족했다고 생각된다. 또한 자신의 지식수준에 따라 다양한 직업을 얻을 수 있는 기회가 있는 도시로 진입한 것으로 파악된다.

---

48) 「평양고보동문회」, 『경향신문』, 1952년 4월 17일 ; 「집회」, 『동아일보』, 1952년 4월 19일.
49) 송경복은 평양여자고등보통학교 출신으로 한국전쟁기간 부산으로 피난했다. 전쟁기 부산에서의 동창생들에 대한 기억은 경제상태가 어려워 동문회를 할 수 없다고 말했다. 월남민 구술생애사 조사연구 2016년 12월 27일 송경복 구술.

한국전쟁 이후 평고 출신들은 관계, 경제계, 의료계 등에서 두각을 나타내기 시작했다.[50] 이들은 주로 서울에 거주하면서 고등교육을 마치거나 행정고시, 외무고시, 사법고시, 전문의 시험 등에 합격하여 관직이나 전문직 종사자로 도시에 남았다. 또는 사업체를 운영하면서 사업가로 성공한 사람들도 있었다.[51] 1950년 1학년이었던 평고 출신 39회가 40대 중후반이 되었던 1980년 『대동강』에 나타난 정착지를 살펴보면 다음과 같다.

〈표 2〉『대동강』에 나타난 평양고보 출신 월남민의 정착지

(단위 : 명)

기수	총수	도시(서울·부산)	이민	도시거주·이민자 비율
4회	7	5	0	71%
5회	6	4	0	67%
6회	6	0	0	0%
7회	11	2	0	18%
8회	11	7	0	64%
9회	3	1	0	33%
10회	21	6	0	29%
11회	6	1	0	17%
12회	13	4	0	31%
13회	12	8	0	67%
14회	10	8	0	80%
15회	21	2	6	38%
16회	9	5	1	67%
17회	18	10	2	67%
18회	23	12	3	65%
19회	23	11	1	52%
20회	28	17	2	68%
21회	23	10	0	43%
22회	34	20	4	71%
23회	37	27	7	92%
24회	38	18	5	61%

---

50) 「회원명부」, 『대동강』 1, 1980.
51) 『대동강』 1호의 각종 광고, 「회원명부」를 통해 이들의 대략적인 직업을 파악할 수 있다.

25회	54	34	7	76%
26회	67	37	9	69%
27회	55	37	4	75%
28회	61	40	13	87%
29회	72	48	6	75%
30회	88	52	5	65%
31회	73	46	9	75%
32회	86	49	12	71%
33회	85	49	18	79%
34회	105	64	18	78%
35회	104	69	12	78%
36회	113	56	17	65%
37회	142	90	23	80%
38회	230	163	22	80%
39회	103	63	20	81%
총	1,798	1,075	226	72%

출처 : 평양고보 동문회, 『대동강』 창간호, 1980.

평고는 매년 약 200여 명 내외로 입학하였다. 4회~39회를 단순계산하면 약 7,000여 명 중 남한에서 확인할 수 있는 동문이 1800여 명으로 약 26%를 차지하고 있다. 그러나 한국전쟁기 많은 수의 사람들이 사망했고, 파악되지 않는 동문들을 감안했을 때 1,800여 명의 동문들은 결코 작은 수가 아니었다.

위의 표는 1980년 현재 서울과 부산에 거주하고 있는 평고 출신 월남민들을 보여주고 있다. 외국에 대사로 나가 있는 사람들, 거주지가 명확하지 않은 사람들, 서울과 부산을 제외한 도시에 거주하는 사람들은 포함시키지 않은 수치이다. 약 1,800여 명 중 59%가 서울과 부산에 거주하고 있었고, 13%인 이민자는 주로 미국·일본에 이민 간 상태였다. 약 72%가 도시지역에서 거주하고 있었다고 볼 수 있다.

학업과 취업에 따라 도시에 정착한 이들은 또 다른 사회구조에 기인한다고 볼 수 있다. 이미 서울은 귀환자, 월남민들이 뒤섞여 있는 상태였다. 다양한 사람들이 모였던 당시 도시는 지역기반이 없는 사람들에게 기회를 제공했다고 볼 수 있다. 특히, 월남민들에게는 서울 토착주민들이 소수였던 당시 상황이 '이주민'에게는 이점으로 작용했다. 이러한 사회적 조건이 평고 출신들이 기억하는 한국사회의 '특징' 즉, '기회의 평등'이 있었던 곳으로 기억하는 하나의 기재였다고 생각된다.

당시 많은 수의 월남민 중 서울의 해방촌에 소위 '이북사람'들이 모여들고 있었다. 서울에 거주하는 월남민들 중 평안도 사람들이 가장 많았다고 조사된 해방촌에는[52] 평고 출신은 거의 살고 있지 않았다. 이는 해방촌에서 정착한 사람들 중 안정되면 이 지역을 떠난다는 특징과 월남민 엘리트층은 이 지역에 거의 살고 있지 않다는 사실은[53] 평고 출신 월남민과 일반적인 월남민과의 차이를 보여준다.

해방촌에 거주하는 평안도 출신의 직업은 주로 상업에 종사하며 조부모와 부모의 직업이 농업이었던[54] 반면 평고 출신 월남민은 부모의 직업이 전문직과 상업 종사자가 다수를 이루고 있어 차이를 보인다. 또한 1980년 주요 정착지도 해방촌은 거의 없으며 그 이외의 지역에 거주하고 있어 지연에 의해 모여든 해방촌의 평안도 사람들과 구별된다.

평고 출신 월남민들은 개인의 능력과 남한사회에 적응하는 정도에 따라 정착하는 속도는 각각 달랐다. 평고 출신 월남민들은 영어를 구사할 수 있는 능력이 정착에 중요한 역할을 하게 된다. 영어를 할 수 있다는 것은 미군 또는 미국사람들과의 소통이 가능했던 것으로 당시 미제물건을 사다 팔수 있는 기회를 제공해줬고 또는 미군부대에 취직하여 생계를 이어갈 수 있었다.[55]

류필립은 월남 초기 원주에 있었지만 이후 서울의 미대사관에 취직했다.

---

52) 이문웅, 앞의 글, 46쪽.
53) 이신철, 앞의 글, 113쪽.
54) 이문웅, 앞의 글, 86쪽.
55) 2016년 1월 27일 정원봉 구술.

이때 결정적이었던 것은 그가 영어를 잘하기 때문이었는데 선교사, 아버지의 가르침, 평고시절 영어학습이 많은 도움이 되었다고 한다. 그는 이 인연으로 한국전쟁 이후 미국으로 유학을 떠난다. 류필립의 경우 일제강점기 서북지역의 기독교 수용과 관련한 선교사의 활동이 이후 삶에서 영향을 미쳤다고 볼 수 있다. 서북출신의 한 면모를 보여주기도 한다.

또한 엘리트로서 갖췄던 지식정도는 상급학교 진학에 중요한 요소로 작용했고, 각종 시험에도 쉽게 응시하여 합격할 수 있는 위치에 있었다.[56] 일단 명문대학 진학 또는 관직, 법조계, 의료계, 학계 등에 진출하면 이미 상류사회에 있었던 평고 출신들이 서로를 도와주었다고 한다.[57] 상류사회에 있었던 평고 출신들은 사업을 하는 동창들에게 큰 도움이 되었다.[58]

그렇다면 평양고보 동문회는 하나의 엘리트 네트워크로 평고 출신 월남민들이 정착하는 데 중요한 역할을 했는지 알아볼 필요가 있다. 『대동강』 1호에 실린 노태걸의 글에 따르면 막내들이(39회) 40대 후반이 되자 선후배를 챙기고 있다고 회상한다.[59] 그가 말하는 평고인의 특징을 아래와 같이 설명한다.

　　"해방 전의 평고 출신과 해방 후 출신 사이에는 뚜렷한 차이가 있는데, 해방 후 출신들이 선배들에겐 깍듯이 따르려고 하고, 후배들에겐 각별한 관심을 갖는 데 반해, 해방 전 출신들에게는 그것이 없다."
　　"평고 출신들 중에 (중략) 세인의 이목을 집중시킨 사람은 없지만 고향을 떠난 실향민의 처지에서도 어디에서나 남에게 별로 큰 도움을 주지도 않지만, 그 대신 전혀 받지도 않고서도, 충분히 남에게 뒤지지

---

56) 신원우(恩師), 「수재들만 모이는 평고」, 『대동강』 1, 1980, 87쪽.
57) 2015년 5월 13일 한두진 구술.
58) 2016년 12월 26일 김신경 구술.
59) 노태걸, 앞의 글, 100쪽.

않는 위치에서, 소위 자칭 중류 이상의 생활을 영위하고 있다."60)

1980년 이전에는 서로 돕고 사는 모습이 별로 보이지 않았다고 회상하고 있고, 한국사회에 정착해 중년이 된 이후 주위를 둘러보면서 서로를 챙기고 있다고 보고 있다. 특히, 해방 전과 후의 졸업생을 비교하는 것이 인상적이다. 해방 전 졸업생들은 이미 일제강점기 전문직 또는 상류사회에 진입하여 일정한 지위를 유지할 수 있었기 때문에 동창들에 대한 관심이 비교적 적었다고 생각된다. 그러나 해방 후 졸업생들은 불안한 사회구조에 따라 고향을 떠나 월남하여 살고 있었기 때문에 일정한 공동체가 필요했던 것으로 보인다. 평양고보 총동문회가 결집력을 보인 것은 『대동강』이 발간되는 1980년 이후라고 볼 수 있다.

한국전쟁 이후 평양고보 동문회는 매년 각 기수별 모임이 이루어졌고, 한국전쟁 이후~1978년까지 3차례의 총회가 있었다. 1979년 중흥총회를 가지고 회원명부 발간, 친목 축구대회 개최를 통해 대규모 모임을 가졌고 『대동강』 발간을 결의하여 1980년 『대동강』을 발간하고61) 총동문회를 매년 이어오고 있다. 이때부터 평양고보는 각종 사업을 통해 체육대회, 총동문회, 평양고보재건운동, 사진집62) 등을 발행하여 활발하게 활동하고 있다.

또한 평고 출신의 성공한 동문을 초청하여 강연회, 축하연 등을 열어 스스로 엘리트 의식을 재확인하고 있다. 노신영, 현승종, 이영덕 전 국무총리를 내세워 한국사회 내부에서 평양고보의 위치를 강조한다. 이외에도 많은 명사들을 전면에 내세운다.63)

---

60) 위와 같음.
61) 이선교, 앞의 글, 45쪽.
62) 평양고보 동문회, 『평고인의 발자취』, 1999.
63) 「평고를 빛낸 사람들」, 『평고인의 발자취』, 평양고보 동문회, 1999, 69~103쪽.

그러나 이들은 38선 이남 출신 엘리트와 비교하여 스스로 열등감을 갖고 있었다. 해방 이전 엘리트로서 변호사, 의사, 고위직 공무원 등 상류계층에 진출하여 능력을 인정받았지만 이외의 공직 또는 정치에 진출하기는 어려웠다. 이북 출신 엘리트들은 정치계에서 활동하고 있었지만 지역을 기반으로 하는 국회의원에 당선되기는 어려웠다. 그들은 한국정치는 여전히 지역적 기반을 바탕으로 이루어져 있다고 평가했다.[64] 그들 스스로 1950~1960년대 고위 관료로 재직하면서 지역구도를 재편하는 데 일조했지만, 역설적으로 그의 피해자이기도 했다.

한국전쟁 이후 평양고보 출신 최초의 지역구 국회의원 당선자는[65] 오정국이었다.[66] 이후 평고 출신 지역구 국회의원이 없다가 김동길이 1992년 3월 총선에서 통일국민당 후보로 강남구 갑 지역에 출마하여 당선되었다.[67] 김동길의 당선은 당시 평양고보 동문회에서 당선 축하연을 별도로 개최할 만큼 특별한 일이었다. 평양고보에서 지역구 국회의원을 배출했다는 사실은 그들이 한국사회에 안착했다고 인식하는 계기였다. 그 이후로 지역구 국회의원을 배출하지 못했다. 이는 해방 이후 한국사회에서 38선 이남 지역 엘리트들이 지역을 기반으로 성장할 수 있는 조건이 마련된 반면 38선 이북 지역 엘리트들은 개인에 의존해야하는 차이를 보여준다고 할 수 있다. 결국, 사회에서 안정적으로 정착하는 것과는

---

64) 김동성, 앞의 글, 563쪽.

65) 최초의 평양고보 출신 38선 이남지역 지역구 국회의원은 제헌국회 국회의원인 김동원이었다. 제1대 총선에서 용산구에서 한국민주당 소속으로 출마하여 당선되었고 국회부의장을 역임했다. 1950년 5월 제2대 총선에서 민주국민당 소속으로 용산구 을에 출마했지만 낙선했다. 한국전쟁기 납북되었다.

66) 오정국은 의사출신으로 1960년 제5대 민의원 선거에서 민주당 소속으로 경주에서 당선되었다.

67) 한국전쟁 이후 평양고보 출신 국회의원은 오정국, 최상업, 김동길 단 3명 뿐이다. 이 중 최상업은 1981년 3월 총선에서 민정당 소속으로 전국구 국회의원에 선출되었다.

별개로 그들이 정치적 시민권을 획득하기에 한국사회는 여전히 공고한
지역기반을 바탕으로 하고 있었다는 것을 보여준다.

평고 출신 이민자들은 주로 일본과 미국에 분포한다. 일본에 거주하는
사람들은 주로 사업을 하거나 학교에 취직해 있는 지식인이다. 일제강점기
일본어로 교육 받은 경험에 따라 일본에 유학을 떠나 그곳에 정착한
경우가 많다. 또한 일본으로 상급학교에 진학했던 사람들이 귀환하지
않고 머무른 경우가 많다고 볼 수 있다. 동문회보를 살펴보면 일본의
대학에서 교수로 재직하거나 의사로서 자리 잡은 사람들이 다수 발견되는
것을 확인할 수 있다. 평양고보 일본지회의 존재는 이를 여실히 보여주는
사례이다.[68] 한편으로는 엘리트 개인의 삶 속에 일제강점기 교육이 연속적
으로 투영된 모습을 보여준다.

미국의 경우 실향민으로서 고향을 방문하기 위한 목적으로 이민을
가거나[69] 기독교인으로서 이미 미국을 간접적으로 경험하고 호감을 가졌
던 사람들이 이민을 떠났다. 이들은 월남민으로 이미 고향을 잃었기
때문에 거주지 선택에 대한 장애요소가 없었다고 생각된다. 또한 서울에서
도 이미 지역적인 차이를 경험한 상태로[70] 언어, 문화의 차이를 경험하고
있는 상태였기 때문에 스스로 경계인으로 생각했다. 스스로 '나라 안의
이민'으로 월남을 사고하여 해외 이민과 월남을 다른 것으로 파악하지
않고 있다고 볼 수 있다. 미국에는 동부와 서부로 나뉘어 평양고보 동창회
가 유지되고 있었다. 동부는 뉴욕과 워싱턴D.C를 중심으로 운영되고
있었고, 서부는 LA를 중심으로 유지되고 있었다. 홍세호의 구술에 따르면
미국 평양고보 동창회는 1990년 이후 한국에서 대거 이민자가 유입되면서
활성화 된 것으로 파악된다.[71]

---

68) 「회원명부」, 『대동강』 1, 1980 ; 「회원명부」, 『대동강』 38, 2017.
69) 2016년 1월 27일 김화성 구술.
70) 신일철, 「우리세대의 뿌리」, 『대동강』 1, 1980, 170~171쪽.

평고 출신 월남민들은 한국전쟁 이후 학업, 취업 등의 목적으로 도시에 정착했다. 그들은 해방 이후 대규모 인구이동에 따라 사회가 변동하고 있는 사이에 개인의 능력에 따라 한국사회에 적응할 수 있었다. 지식정도는 남한정착에 중요한 요소로 작용했고 일정한 수준까지 이르면 평고 출신들의 도움을 받을 수 있었다. 이들의 정착과정은 개인이 가진 지적자본에 의한 정착과정으로 평가할 수 있다. 경제상태가 어려운 가운데 과거 학습해 온 지식을 이용하여 한국사회에 적응했고 상급학교에 진학하여 상류층으로 재진입하였다.

5. 맺음말

평양고보 출신 월남민들은 스스로 관서의 엘리트로 인식하며 월남 이후 한국사회에 적응하면서도 이러한 인식을 동문들과 공유했다. 이들은 스스로 엘리트 월남민의 대표로 인식했는데 그 이유는 한국사회에서 중산층 엘리트로서의 지위를 갖췄기 때문이었다. 평양고보 출신으로서 소위 '평고정신'을 무기로 한국사회에 적응했으며 1980년대 이후 사회 각계각층에 인사로 활동하면서 평고 동문회는 더욱 공고해졌다.

평고 출신들은 주로 평양 주변에 거주했던 경험과 대부분 지주·상인층이었던 관계로 북한의 민주개혁 조치에 대해 부정적이었고 전쟁, 학업, 경제상태 악화 등의 이유로 월남했다. 이들은 평양에서 주요인사와 교류를 가질 수 있는 조건에 있었다. 또한 가족 중 엘리트 과정을 거쳐 이미 서울에 진출한 사람들이 있거나 주변에 서울에 연고를 가졌던 사람이 있었기 때문에 월남 초기 서울에 정착할 수 있는 여건이 조성되었다.

---

71) 2016년 1월 27일 류필립·홍세호 구술.

서울에 정착하지 못하더라도 지난 과거의 학습경험이 생존의 중요한 부분으로 작용했다.

한국전쟁 이후 이들은 학업, 취업 등 다양한 이유로 도시로 진입하기 시작했다. 사실, 생산수단이 부재하기 때문에 농촌에 거주하기 어려웠다. 이에 따라 도시에 정착해 개개인의 지식정도에 따라 상급학교로 진학하거나 취업을 할 수 있었다. 평고 출신들은 전문직, 관계, 학계에 진출하면서 서울에 정착하는 비율이 높았고, 일부는 이민을 떠나면서 평고 출신 대다수는 도시에 거주했다.

이러한 경향성은 38선 이북지역 출신들이 지역에 뿌리를 내리고 살아가는 과정에서 엘리트로서 역할을 하고자 하는 욕망과는 별개로 지역적 기반이 강한 지역 엘리트들과 경쟁에서 지지기반을 형성할 수 없는 어려움과 연결되어 있다. 평양고보 출신 지역구 국회의원이 2명에 그치는 것은 결과적으로 남한사회에 정착하는 과정에서 지방 또는 농촌에 정착하기에 용이하지 않은 점과 개인의 엘리트의식이 결합하면서 정치적·사회적 성장에 있어 저해요인이 영향을 미쳤다. 평양고보 출신 엘리트는 사회적 제조건을 극복하는 과정에서 도시로 진출했고, 동문들과 네트워크를 형성하기 용이한 지역에서 정착할 수 있었다.

참고문헌

『동아일보』, 『경향신문』

『대동강』 1~37, 평양고보 동문회, 1980~2016.
『평고인의 발자취』, 평양고보 동문회, 1999.
평양고보동문회, 『지금도 대동강은 흐른다』, 범조사, 1993.
평양고보·평2중동문회, 「북방정책과 통일문제 토론회」 발표자료, 1989.

김동성, 「모교와 고향을 잃어버린 「반공의 보루」 평양고보 졸업생들의 황혼」,
　　　『월간조선』 21권 2호, 2000.
김귀옥, 『월남민의 생활 경험과 정체성 : 밑으로부터의 월남민 연구』, 서울대학교
　　　출판부, 1999.
김아람, 『한국의 난민 발생과 농촌 정착사업(1945~1960년대)』, 연세대 사학과
　　　박사학위논문, 2017.
노정현, 「한국 관료 엘리트의 가치체계와 성분에 관한 조사연구」, 『연세행정논총』
　　　6, 1979.
양정필, 「1930년대 개성지역 신진 엘리트 연구－『고려시보』 동인의 사회문화운동
　　　을 중심으로－」, 『역사와현실』 63, 2007.
역사와공간 연구소 구술자료(한두진, 강인덕, 정원봉, 김원희, 김화성, 류필립,
　　　홍세호, 이승규, 김신경, 최진도).
이문웅, 「도시지역의 형성 및 생태적 과정에 관한 연구 : 서울특별시 용산구 해방
　　　촌지역을 중심으로」, 서울대학교 사회학과 석사학위논문, 1966.
이신철, 「월남민 마을 '해방촌'(용산2가동) 연구 : 공동체의 성격을 중심으로」,
　　　『서울학연구』 14, 2000.
정순태, 「빼앗긴 이름 평양고보 동문들」, 『정경문화』, 1985. 10.

서북출신 엘리트의 해방 후 남한 관료 진출

이 봉 규

1. 들어가며 : 서북출신/월남민/관료는 누구인가

오제도[1]와 선우종원[2]. 이들은 해방 이후 소위 '사상검사'로 널리 알려졌는데, '서북'[3]출신의 '월남민'이란 사실은 상대적으로 덜 알려졌다. 이들을 서북출신, 혹은 월남민으로 파악해도 될까? 그도 아니면 종래대로

---

1) 1917년 평남 안주에서 출생한 그는 1945년 11월 3일 신의주에서 평양을 거쳐 월남하였다(북한 편집부, 「吳制道 回顧錄 <中>」, 『북한』 32, 1974. 8, 북한연구소, 154~158쪽 ; 한국논단 편집부, 「아직도 뛰고 있는 吳制道 검사 : 목숨바쳐 自由民主지킨 사상검사」, 『한국논단』 122, 1999, 163쪽). 개신교인으로 영락교회 장로였다. 보다 상세한 이력은 <표 2> 참조.

2) 1918년 평남 대동에서 출생한 그는 1945년 신부 양기남과 함께 월남하였다. 천주교인이기도 하다. 상세한 이력은 <표 2> 참조.

3) 윤정란에 의하면, "한반도의 서북지역은 행정구역상으로 평안도, 황해도, 함경도 등 북한 대부분의 지역을 일컫"고, 또한 "일반적으로 기독교계에서 서북지역이라고 지칭하는 곳은 북장로교가 관할했던 평안도와 황해도 이북지역"을 뜻한다고 하였다. 김상태의 의견을 함께 소개하며 황해도 이북지역은 재령, 장연, 안악, 은율, 송화, 신천, 황주, 봉산 등 평안도와 정서적으로도 지리적으로 가까운 지역을 말한다고도 하였다. 본고에서도 이들 구분대로 평안도 및 황해도 이북지역을 서북지역으로 간주한다. 윤정란, 『한국전쟁과 기독교』, 한울아카데미, 2015, 29~30쪽. 특히 각주 4).

사상검사, 보다 큰 틀에서 관료로 이해되어야 할까?

먼저 '서북'출신이란 점에 주목해보자. 기존 한국근현대사 연구에 의하면,[4] 평안도를 비롯한 서북출신들은 기독교와 우선 연관된다. 전근대 시기 중앙으로부터 소외되어 관계 진출 등에 있어 제약을 받던 서북출신들은 개항을 전후하여 서북지역은 여타 한반도 지역보다 빠르게 기독교를 수용하였다. 이를 계기로 서북에서는 근대 문물과 사상이 유동하였다.[5] 식민지기 흥사단계 국내조직 수양동우회가 터잡았던 서북지역은 흥업구락부 계열의 기호지역과 함께 한반도의 기독교 민족주의 세력을 대표하였다. 이들 기독교 민족주의 세력은 대체로 시민사회에 기초한 자유주의 국가건설을 지향하였다.[6] 해방 직후에는 조선민주당을 결성하여 주요 정치지도자들이 집결하였으나, 소군정과 공산주의자들의 탄압 속에 서북지역을 벗어나 상당수가 월남하였다. 이후 흥사단 단원들은 미군정청 한국인 관료의 핵심을 이루었고, 서북청년회로 대표되는 월남 반공주의 기독교인 그룹을 형성하는 것으로도 정리된다. 이승만정권기 서북출신들은 자유민주주의에 기초하는 가운데 민주당 신파세력을 형성하기에 이른다는 것이다.

---

4) 대표적으로 장규식, 『일제하 한국 기독교민족주의 연구』, 혜안, 2001 ; 김상태, 「근현대 평안도 출신 사회지도층 연구」, 서울대학교 박사학위논문, 2002 ; 윤정란, 위의 책.

5) 서북출신들의 '신흥 중간계급'은 자신들의 사회적 처지와 지향을 대변하는 새로운 언어이자 세계관으로 기독교에 주목한 것이고, 그런 까닭에 교세가 기호지방에 비해 더욱 컸다고 장규식은 언급하였다.

6) 장규식, 앞의 책. 물론 1920년대 이후 사회주의의 도입이 조선에 본격화되면서, 사회주의자들의 반종교운동에 관한 대응의 일환으로 기독교사회주의가 등장하기도 하였다. 식민지기 기독교사회주의 경험을 통하여 평남건준, 조선민주당에 관계하는 기독교 인사들은 공산주의세력에 대한 이해의 폭을 넓히는 한편, 공산주의세력과의 민족통일전선에도 유화적이었다고 평가되었다. 김선호, 「해방직후 조선민주당의 창당과 변화─민족통일전선운동을 중심으로」, 『역사와 현실』 61, 2006, 1장.

이처럼 '서북'출신이란 키워드와 관련해서 기존의 연구에서는 기독교
－민족주의－반공주의라는 주제어가 주로 연관되었다. 실제 적지 않은
서북출신 엘리트들이 해방을 앞두고 더러 식민지배에 협력하였는데도
불구하고, 이들을 식민지기 친일 이력과 관련하여 이해하기란 쉽지 않다.
가령, 미군정 관료등용 양상에 관하여 김상태는 중간관료집단에서 친일인
사가 상당수 존재하였다고 인정하면서도, 고급관료 등을 포함하여 미군정
관료로의 신규 진출 양상을 정리하면서 친일파집단을 주요 분류군에서
제외하였다. 대신 연희전문 출신, 충남 공주 영명학교 관련 인사, 개성
한영서원(송도고보)과 YMCA 및 흥업구락부 계열, 그리고 평안도 출신(흥
사단 계열)으로 나누어 파악하였다.[7]

둘째, 이들이 '월남민'이란 점에 주목해보자. 대표적으로 김귀옥은
종래 연구에서 거의 주목하지 않았던 정착촌 월남민들을 주목하여 이들의
정체성을 월남 시기와 동기, 계층적 특성, 세대 간 비교 등 구술생애사
방법을 활용하여 해명하였다.[8] 이른바 '엘리트층' 월남민들과 정착촌
월남민을 견주어 분명히 드러내기 위함이었다. 정치, 사상적 동기로 한국
전쟁 이전에 주로 월남하였다는 식의 월남민 통념에 대한 반박이기도
하였다.[9] 이후 월남민 연구는 경계넘기와 이산의 문제를 비롯하여 남한
정착과정과 주요 정착지, 그 과정에서 국가권력 등에 의하여 발생하였던
배제와 폭력의 경험, 남에서의 월남민 네트워크와 정체성 등까지도 폭넓게
다루었다.[10] 사회사적, 구술사적 지평으로 월남민 연구가 확대, 심화되었

---

7) 김상태, 앞의 글, 105~113쪽.
8) 김귀옥,『월남민의 생활 경험과 정체성 : 밑으로부터의 월남민 연구』, 서울대학교
   출판부, 1999. 특히 '엘리트' 월남민에 관한 분석은 <제5부 : 월남인 간 정체성의
   비교>의 「제13장 엘리트층 월남인은 누구인가」 참조.
9) 강정구, 「해방후 월남민의 월남동기와 계급성에 관한 연구」(한국사회학회 편,
   『한국전쟁과 한국사회변동』, 풀빛, 1992) 또한 월남민에 대한 정치사상적 월남동
   기와 한국전쟁 이전 월남이라는 통념을 반박한 연구다.
10) 대표적으로 연세대 국학연구원 역사와공간연구소가 2015년도부터 3년간 진행했

다.

그에 반해 '엘리트층'의 월남은 여전히 해방 이후에서부터 한국전쟁 이전까지의 반공주의 형성을 계기로 파악하기 쉽다. 김귀옥 역시 '엘리트층' 월남민은 정착촌 월남민에 비하여 정치, 사상적 동기11)-반소반공 투쟁 계기, 공산주의(사회주의)가 싫어서, 반동지주 및 종교인으로 판명, 개인기업 활동의 통제, 자유로운 생활 위해-에 따른 월남이 더욱 많았고, 반공주의와 체제수호에서 자신들의 정체성을 찾는다고 보았다. 월남 이전 체험이 해방 후 활동에 미치는 영향에 대해서는 별로 주목하지 못한 셈이다.

본고는 서북출신 월남민 관료12)의 특질을 파악하려는 시도의 일환으로, 종래 월남민을 핵심어로 삼아 전개하였던 연구 성과에다 서북출신 관료들의 해방 전후 행적을 교차시켜 파악하는 것을 목표로 한다. 2절에서는 해방 이후 주요 서북출신 월남민 관료를 간략히 소개한다. 이들 중 종래 별로 주목하지 않았던 서북출신 식민지 경찰관료의 회고들을 3절에서 검토한다. 연구사료의 중심에다 회고를 두는 일은 여러모로 부담스럽지만, 행정관행과 체험의 영역을 기록으로나마 살펴보기 위해서는 불가피하다.

던 <월남민 구술생애사 조사연구>팀의 성과가 이에 해당한다.

11) 趙馨·朴明鮮은 정치, 사상적 동기에 의한 월남을 해방이후 월남의 '으뜸'가는 동기로 보았다(趙馨·朴明鮮, 「북한출신 월남인의 정착과정을 통해서 본 남북한 사회구조의 변화」, 변형윤 외, 『분단시대와 한국사회』, 까치, 1985, 150쪽). 김귀옥은 종래 연구나 상식 차원에서 파악했던 정치, 사상적 월남동기가 실제 그러한지 논증하고자 하였다. 조사연구 결과 엘리트 월남민에게서 정치, 사상적 동기가 주류를 이룬다고 재차 결론지으면서도 월남시기, 즉 전쟁 중 월남한 경우에는 "비자발적 상황에 따른 피난"이 상대적으로 더 주된 월남 동기였다는 점을 강조하기도 하였다(김귀옥, 앞의 책, 413쪽).

12) 일반적으로는 관료를 엄밀하게 분석하기 위해 실적과 자격에 의해 임용되는 공무원과 정치적 정책적 목적에 영향받는 공무원으로 구분한다. 현행 국가공무원법에는 이를 경력직공무원과 특수경력직공무원으로 구분한다. 다만 이 글에서는 서북출신들이 어떠한 경험과 과정에 의해 관료로 등장하는지 주목하므로, 일관되게 법적 구분법을 따르지는 않았다.

현대사에서 행정 관료를 특정한 집단으로 설정해 이들의 공통적 특징을 추출하고 성격을 규정하는 게 과연 가능할지, 유의미할지에 대해 조심스럽다. 다만 이 글에서는 일단 식민지기 행정체험과 행정관행의 학습, 그것의 선택적 재생이란 차원에 초점을 두어 살폈다.

2. 주요 서북출신의 남한 관료 진출

서북출신 엘리트들의 해방 후 남한 관료 진출 양상에 대해서는 일찍부터 평양고보나 오산학교 등 주요 이북 학교, 나아가 이북 각지의 향토사 차원에서 출신인물들이 상당수 정리되었다.[13] 동화연구원에서는 이들을 "이북출신 행정부 고관", "경제인맥" 등으로 칭하며 『月刊 同和』에서 전모를 정리하기도 하였다. 「完全 分析 : 이북출신 行政府 고관들의 星宿圖」란 글에서는 임시정부 제2대 대통령이기도 하였던 박은식을 비롯하여 이승만과 김구의 존재는 "대한민국의 건국에 있어" "'西北人'의 얼을 단적으로 상징하는 일"로 평가되었다.[14]

또한 해방직후부터 1989년 말까지 이윤영(李允榮), 백두진(白斗鎭), 장도영(張都暎), 정일권(丁一權), 유창순(劉彰順), 노신영(盧信泳), 강영훈(姜英勳) 등 총 7명이 이북 출신 국무총리(국무총리 서리 및 내각수반 포함, 총 27명)였는데, 정일권을 제외한 나머지는 서북출신이다. 정부수립 이후

---

13) 이러한 성과들은 무수히 많다. 여기서는 『月刊 同和』 각호에 이북의 주요 중고등학교를 돌아가며 소개하면서 출신 인사들을 상세히 소개하고, 간행 당시 주요 인사들의 직업도 일부 정리하고 있어 유용하다는 점만 언급해두고자 한다. 남성들이 진학했던 교육기관 뿐 아니라, 여성교육기관까지 아우르고 있어 월남한 여성인사들의 전모를 파악하기에 특히 유용하다. 『月刊 同和』의 일부 섹션에 한하여 김귀옥이 자신의 월남민 엘리트 연구에 활용한바 있었다.

14) 金孝淑(同和研究所 상임연구위원), 「完全 分析 : 이북출신 行政府 고관들의 星宿圖」, 『月刊 同和』, 同和研究所, 1989. 11, 208~223쪽.

〈표 1〉 역대 장관 행정분야별 출신도별 분포

(단위 : 명, 1989년 11월 현재)

분야별		정무	공안	경제	사회	기타	계
출신도별	咸北	3				2	5
	咸南	2	1	8	1	4	16
	平北	11	3	5	5	2	26
	平南	6	2	10	10	2	30
	黃海	5	4	13	7	1	30
이북출신		27	10	36	23	11	107
역대장관		135	98	181	144	29	587

출전 : 金孝淑(同和硏究所 상임연구위원), 앞의 글, 215쪽.
비고 : 정무(외무, 국방, 총무, 통일, 공보, 문공, 무임소, 제2정무), 공안(법무, 내무, 중정), 경제(경제기획, 재무, 상공, 부흥, 건설, 동력자원, 농림, 과기), 사회(문교, 사회, 교통, 체신, 노동), 기타(심계, 감사, 대통령비서실)

부처 장관 및 장관급(심계원장, 감사원장, 정보부장, 안기부장, 대통령비서실장 등)에 오른 총 587명 중 107명이 이북 출신이다. 출신도별 분포를 살펴보면 함북 5명, 함남 16명에 비하여 평북 26명, 평남 30명, 황해 30명으로, 황해 남부지역을 제외한다고 하더라도 이북 출신 중에서는 서북출신들이 우위를 차지한다.

다음은 이 글에서 주로 다룬 서북출신 월남민 관료의 해방 전후 이력이다.

〈표 2〉 주요 서북출신 월남민 관료

성명/출생	구분	해방 이전	해방 이후 주요 경력
吳制道 /평남 안주	검사	평안중학졸, 早稻田大 법학졸, 신의주지법 판임관견습(서기)(40)	판검사특별임용(46), 군검경합동수사본부 검찰측책임자(50), 서울지검 부장검사(정부1부, 50), 고검 검사, 대검 검사(58) 한국반공연맹 이사, 『北韓』 편집·발행인, 제11대 아세아 반공대회한국대표, 제9대 국회의원
鮮于宗源 /평남 대동	검사	평양고보졸, 경성제대 법문학부 법학졸, 高文 사법과(42)	사법관시보 임명(45), 법무부초대검찰과장(48), 치안국 정보수사과장(50), 장면국무총리 비서실장(51), 한국조폐공사사장(60), 국회사무총장(71)
李太熙	검사	평양고보졸, 東北帝大卒, 美 예일대법과대학원졸, 高文	군정청 사법부 감찰국장, 대검 검사(48), 법무부 법무국장(49), 서울지검 검사장(49), 부산

/평남 강동		사법과	지검 검사장(50), 검찰총장(60), 檀大 법정대학장, 한국법학원 원장, 평양고보 총동창회 회장
張載甲 /평북 용천	검사	高文사법(41), 대구지법 사법관시보(42), 경성지법 검사(44), 광주지법검사(45)	군정청 사법부 감찰국 검찰관(46), 서울지검 부장검사(48), 법전편찬위원회 위원(52), 대검검사 퇴직(58)
尹宇景 [尹洪叢] /평남 양덕	군경	양덕보통卒, 경부고시합격(29), 해주署 사법계주임(36), 황해 송화署長(45)	파주, 영등포, 마포서장(46), 수도경찰청 총무과장(47), 서울시경찰국 경무과장(48), 헌병대위(49), 헌병중령(50), 서울시 경찰국장(51), 내무부 치안국장(52), 구황실재산사무총국장(53)
金虎羽 /평남 평원	군경	양덕署 경부보(33), 중화署 경부보(35), 강서署 경부보(37), 고등관 경부(38), 평양경찰서(39), 영원署長(45)	마포署長(46), 내무부치안국 수사과장, 동대문署長(50), 충남 경찰국장(50)
李益興 /평북 박천	군경	九州帝大 법문학卒, 박천署長(45)	동대문署長(45), 수도경찰청 부청장, 제1관구경찰청장, 제7관구 경찰청(이상 45), 제1사단 헌병대장(49), 서울헌병대장(50), 서울경찰국장(50), 내무부 치안국장(51), 서울부시장(52), 경기도지사(53), 내무부장관(56), 제4대국회의원(58)
李夏榮 /평북 위원	군경	明治大學 英法卒, 평북 경부, 위원署長	제1관구경찰청 부청장, 총경(48), 치안국 사찰과장(48), 치안국 수사지도과장(49), 경기도 경찰국장(50), 치안국 경찰본대장(50), 태백산지구 경찰전투사령관(51), 경남 경찰국장(53), 강원 경찰국장(54), 치안국 특수정보과장(55), 경기치안국장(56), 경찰전문학교교장(57), 전남도지사(59)
田鳳德 /평남 강서	군경	경성사범卒(32), 京城帝大 법학卒(40), 高文영과(39), 조선총독부 내무국 지방과(40), 평북 경찰부 보안과장(41), 경기경찰부 수송보안과장, 경시(45)	군정청 경무국장 겸 도경찰부 보안과장(46), 경무부 공안국 공안과장(48), 중앙선거경찰위원회(48), 헌병사령관(49), 국무총리 비서실장, 대한변협회장(69)
洪淳鳳 /평남 대동	군경	대동 남형제산면 면서기, 대동 임시고원, 평양署(19), 경부고시 합격(22), 평양署 경무과 경부보(24), 용강署 사법주임(26), 신의주署 사법계차석, 위원,초산署 사법주임(28), 경부 승진(31), 만주국행정관 부임 및 賓江省公署 경무청 경무과 企劃股長(35), 간도성 경무청 보안과차석(37), 이사	경무부 교육국 교양과장겸 국립경찰전문학교 부교장(46), 경무부 공안국 공안과장(48?), 제주비상경비사령부 총경(48), 제주경찰청장(48), 서울헌병대장(50), 경남병사구사령관(51), 내무부 치안국장(52), 반공연맹 이사(64)

		관승진 및 서평성署 보안과장(41), 중앙고등경찰학교 교관(43), 국무원 총무청 홍보처 참사관(45)	
文龍彩 /평북 정주	군경	오산중卒, 봉천군관학교 5기卒, 만주군헌병 상위(대위)	군사영어학교 부위임관, 제주도경 수사과장(47), 제주경찰서장(47), 육군장교전직(48), 제16연대장(50), 준장 예편
高秉億 /평북 의주	군경	관동군 신경헌병대 삼등헌병보(33), 하얼빈헌병대 상등헌병보(36), 신경헌병대 감독헌병보(39), 만주국 훈8등서보장, 훈7등욱일장	군정청 경무부 수사국 총무과장(46), 수사국 정보과장(47), 사상관계 및 횡령으로 검거(48), 복직(48), 제주경찰감찰청(48)
韓根祖 /팡남 강서	政官	明治大學卒(21), 日 변호사합격, 평양서 변호사(22)	평양시장(45), 남조선과도정부 사법부 총괄차장(46), 조선민주당 부당수/최고위원(48), 4~5대 국회의원(58, 60)
盧鎭卨 /평남 용강	政官	평양고보卒(20), 朝鮮辯護士試 합격(27), 明治大學卒(28), 평양서 변호사(28)	서울공소원판사(45), 대법원 대법관(46), 중앙선거위원장(48), 감찰위원회 위원장(49), 심계원장(52), 변호사(58)
鄭一亨 /평남 용강	政官	연전卒(27), 뉴욕대 신학부卒, 드루大 철학박사(35), 연전교원(37)	군정청 인사행정처장(45), 유엔파리총회 한국대표(48), 대한체신사장(50), 2~7대 국회의원, 민주당외교부장(56), 외무부장관(60), 신한당고문(66), 신민당부총재(67), 신민당고문(74)

출전 : 국사편찬위원회 한국사데이터베이스(db.history.go.kr) ; 한국역대인물종합정보시스템(people. aks.ac.kr) ; 『대한민국행정간부전모』, 국회공론사, 1960 ; 『月刊 同和』, 동화연구소, 1989.10, 300~301쪽 ; 북한 편집부, 『吳制道 回顧錄』 상/중, 『북한』 31~32, 1974 ; 최웅순, 「실향법조인」, 『북한』 175, 1986 ; 鄭一亨, 『오직 한 길로』, 新進文化社, 1970 ; 선우종원, 『격량80년』, 인물연구소, 1998 ; 尹宇景, 『晩省錄 : 단 한번 잠시 느껴본 행복감』, 도서출판 서울프레스, 1992 ; 憲兵史編纂室, 『한국헌병사 : 創設·發展編』, 憲兵司令部, 1952 ; 장신, 「조선총독부의 경찰 인사와 조선인 경찰」, 『역사문제연구』 22, 2009 ; 강성현, 「1945~50년 '검찰사법'의 재건과 '사상검찰'의 '반공사법'」, 『기억과전망』 25, 2011 ; 양봉철, 「홍순봉과 제주 4·3」, 『4·3과 역사』 17, 2017 등 참조.

서북출신 엘리트들은 해방, 38선 분할을 기점으로 서북지역에서 활동하다 월남한 인사들과 그렇지 않은 인사들－즉 서북출신이되 국외에서 활동하다 38선 이남에 정착하거나 애초 38선 이남이 주요 활동거점이었던 이들－로 구분된다. 기존 연구들에서는 서북지역에서 활동했던 엘리트, 그 중에서도 특히 조선민주당 계열의 인사들에 주목한 경향이 크다. 이 경우 서북출신들을 기독교－민족주의－반공주의로 정리하기에 용이

하다. 실제 이윤영, 한근조 등 조선민주당계열의 서북출신 인사들은 조만식과 함께 평양에서 평남건국준비위원회 활동에 착수하다, 모스크바 삼상회의 이후 좌우통일전선이 와해되고 북에서 활동이 어려워지자 월남하였다. 이들 상당수는 1920~30년대 신간회활동을 통해 민족통일전선운동에 나섰고, 민족주의에 토대를 두었다.15) 한근조는 제4차 조선공산당 평양지부 사건의 변호를 맡았는가 하면, 평남 용강 출신인 노진설과 함께 평양기독청년회에서 대중법률강좌를 열기도 하였다.16) 노진설은 조만식과 함께 평남건준 조직을 돕다가 "공산당의 박해"를 피해 46년 월남했고, 한근조 추천으로 법관이 된 후, 대법관으로 승진했다.17) 이 둘은 해방 이후 헌법기초위원을 역임하였다.

알려진 대로 서북출신 엘리트 상당수는 미군정기의 주요 관료로 활동하였다. 정일형과 이묘묵은 미군정기 서북출신들의 관료 등용에 핵심적 가교로 역할했다. 미군정 인사행정처장을 역임했던 황해 안악 출신 정일형은 해방 당시에는 평북 영변에서 건국준비위원회 책임을 맡았다가 소련군이 평양에 진주하자 월남하였다. 그의 부임 당시 7명이었던 인사과는 이후 인사행정처로 명칭을 바꾸었고, 「인사행정처의 직능 규정에 관한 건」(미군정 법령 제69호) 공포 이후 정부 공직자의 채용, 배치, 양성 등 인사 관련 규정 및 규칙 제정권한이 부여돼 권한이 커졌다고 알려졌다.18) 당시 민정장관 안재홍은 이북출신 인사만 등용한다고 정일형을 문책하기

---

15) 김선호, 앞의 글, 282~285쪽.

16) 문준영, 「헌정 초기의 정치와 사법 : 제2대 검찰총장 김익진의 삶과 "검찰독립" 문제」,『法史學硏究』34, 한국법사학회, 2006, 186~187쪽. 김익진은 충남 태생이나 1927년 7년여 판사생활을 정리한 후 평양을 거점으로 변호사활동을 펼쳤다. 이 때문에 김상태는 그를 평안도출신 인사로 분류하기도 하였다. 김상태, 앞의 글, 90쪽.

17) 최홍순, 「실향법조인」,『북한』175, 1986, 167쪽.

18) 김상태, 앞의 글, 108~109쪽, 113~118쪽 ; <정일형 이태형박사 기념사업회 (http://www.chyunglee.com)> 정일형 이력.

도 하였다. "흥사단은 물러가라", "이북놈들 제거하라"는 "공산당식 삐라"
가 자주 뿌려졌다고 정일형은 후일 회고하였다.[19] 서북출신이되 국외나
38선 이남에서 활동했던 이묘묵은 미군정에서 하지 중장의 비서 겸 통역관
으로 재직하며, 서북출신들을 관료로 진출시키는 이른바 '통역정치'를
담당했다고 알려졌다.[20] 그는 김상태에 의해 충남 공주 영명학교 관련인
사, 미국유학 출신으로 호명되었으나 친일행위 전력이 있었던 인물이기도
하였다.[21]

미군정은 효율적 점령통치, 치안 안정을 위해 경찰기구 등 종래 제도를
존속시켰다. 이 과정에서 식민지 경찰관료가 광범하게 재등용되었다.
웨드마이어 사절단 보고서에 의하면, 식민지기 경찰로 재직한 80%가
미군정 경찰로 재기용되었다.[22] 제2관구청장을 지낸 이익흥, 영등포서
서장을 역임한 윤우경, 제주4·3 진압에 나섰던 홍순봉, 경무부 공안과장을
역임한 전봉덕 등이 대표적인데, 모두 서북출신이자 친일이력의 소유자다.
이들은 식민지기 여느 말단경찰로 머무른 인사들이 아니었다. 해방이후에
는 식민지 경찰관료 경험을 바탕으로 경찰간부직, 내무부 요직에 등용된
공통점을 지녔다. 이들은 반민특위의 검거활동이 본격화될 당시 헌병대
등 군으로 몸을 피했다. 평양 출신의 백원교(白元敎), 황해 출신 노엽 등도
함께하였는데, 이후 헌병대 특무부대의 주요 인맥이 되기도 하였다.[23]
경성제대 법문과를 졸업하고 고문에 합격한 이력이 있기도 한 전봉덕이
헌병사령관으로 복무해 도움이 되었을 것이다.[24] 김진현은 "군이 필요해

19) 鄭一亨, 『오직 한 길로』, 新進文化社, 1970, 114쪽.
20) 서울신문사 편, 『駐韓美軍 30年 : 1945~1978』, 杏林出版社, 1979, 67쪽.
21) 친일반민족행위진상규명위원회가 선정한 친일반민족행위 705인명단 문화/학술 부문에 포함되었다.
22) 김진웅, 「미군정 기 국내정치에 있어 경찰의 역할」, 『大丘史學』 97, 2009, 6쪽.
23) 강혜경, 「정부수립기 경찰의 형성과 성격(1948~50)」, 『한국민족운동사연구』 41, 2004, 28쪽. 특히 각주 59).

서 데려온 인재를 골라가며 친일파라고 몰아세우는 이유가 뭐냐"고 맞서
며 이들을 서북출신 당시 채병덕(蔡秉德) 참모총장이 두둔하였다고 정리한
바 있다.[25] 이후 헌병대를 비롯하여 군은 검찰, 경찰과 함께 사상사법
기조로 '빨갱이 만들기'에 적극 가담하였다.

경찰조직이 미군정에 의해 곧장 지지받았던 것과 달리, 검찰의 역할이
인정받고 정착되기에는 다소 시일이 걸렸다. 153명의 일본인 검사가
면직된 이후 미군정은 고등문관시험, 조선변호사시험 합격자를 충원하였
고, 나아가 특별임용을 실시해 조선총독부 재판소, 검사국 서기 출신까지
검사로 충원하였다. 오제도와 선우종원은 이때 검사가 되었다. 이때까지
만 해도 식민지 검찰기구 재건에 불과한 소위 "사법기구의 한인화" 조치에
해당했다. 미군정은 헌병재판소 관할범위를 확대하는 대신 한국인재판소
와 한인 검찰기구의 위상을 약화시켰다.[26] 미군정이 영미법계의 관행에
따라 수사권을 가진 경찰 권한을 강화시켰기 때문이었다.[27] 강성현에
의하면, 정부수립 이후에야 사상검찰의 부활을 통하여 검찰권 강화가
재차 이루어졌고, 검찰 주도로 하는 사상전 활동이 본격화되었다.

> 서울지방검찰청에는 호랑님 검사가 몇 있다. "천하의 오제도"로 자타가
> 공인하는 오제도 군을 비롯하여 장재갑, 선우종원, 이주영, 정희택 등
> 제군이 사상검사로 신명을 睹하여 공산당과 싸우는 동안에 뚜렷한 한
> 개의 신념이 생겼고 그러니 신념을 가지고 일하는 이들은 두려울 것이
> 없이 용맹한 범처럼 "국가보안법"의 위력을 발휘하고 있는 것이다. (중략)

---

24) 憲兵史編纂室, 『한국헌병사 : 創設·發展編』, 憲兵司令部, 1952, 12쪽. 페이지가 장별
　　로 새로 시작해 찾기가 쉽지 않은데, 전봉덕이 헌병사령관을 맡던 시기는 "발전기
　　－헌병감, 헌병사령부시대"에 속해 있다.
25) 吉眞鉉, 『역사에 다시 묻는다 : 반민특위와 친일파』, 三民社, 1984, 166쪽.
26) 강성현, 「1945~50년 '검찰사법'의 재건과 '사상검찰'의 '반공사법'」, 『기억과전
　　망』 25, 2011, 106~114쪽.
27) 선우종원, 앞의 책, 88~89쪽.

서울지방검찰청은 (중략) 검사장 이태희군은 명지휘봉을 휘둘으고 있다. 후리후리한 키 수재의 특징인 "怪癖"이 없는 사교적인 삼십구세의 젊은 검사장은 해박한 법의 지식이 만들어주는 고집을 가지고 있다. (중략)

평남 강동에서 출생한 이태희군은 평고보를 졸업한 후 일본동북제대를 나와 고문을 파스하고 일제검사로써 오늘의 기초수련에 근면한 학구생활을 하여왔다. (중략)

작년 冬期 공비소탕작전을 지음하여 군경의 유대는 강화되었고 수사기관의 일원화문제를 위요하고 맺어진 내무 국방 법무의 사무적 유대는 다시 남로당원 자수사업을 통하여 튼튼해졌던 것이다.

마땅히 그러해야 할 것이로되 일찍이 있었던 사실처럼 경찰과 검찰이 대립하고 군과 검찰이 대립하는 일은 완전히 일소되었으니 서울지검과 서울경찰 그리고 서울지검과 군과의 유대가 지금처럼 강화된 것은 이태희군과 김태선군 그리고 이태희군과 채병덕군 사히의 튼튼한 인화의 결과라는 것을 식자들은 널리 인식하게 된 것이다.[28]

"호랑님 검사" 중에서 기사에 언급된 대로, 이태희는 평남 강동 출신이다. 식민지기 신의주지법 서기였던 오제도와 선우종원이 서북출신임은 앞서 밝힌바와 같고 서울지법 검사였던 장재갑은 평북 용천 출신이다. 그러니까 정희택[29]과 이주영을 제외한 나머지 4명이 서북출신이다. 이들 검사들을 비롯하여 검경군 간의 유대는 "남로당원 자수사업", 즉 국민보도연맹 조직 활동을 발판으로 삼아 "튼튼해졌"다. 평양 출신으로 일본육사를 졸업한 채병덕과 "일제검사로써 오늘의 기초수련"을 닦은 이태희 간 "튼튼한 인화의 결과"이기도 하였다.

오제도의 제안에 따라 특별한 법적 근거 없이 결성된 보도연맹은 '좌익

---

28) 「時光을 받는 人物群像 : 李太熙君」, 『동아일보』, 1950. 4. 24.

29) 1919년 경북 고령에서 출생. 일본 주오대학을 졸업하고 고등문관시험 사법과에 합격 후 검사로 활동하였다. 미군정기 법무부 감찰국 감찰관, 서울지검 부장검사 등을 역임하였다. 국사편찬위원회 한국사데이터베이스.

전향자단체'임을 표방했으나, 실제로는 좌익전향자 등을 사상적, 조직적
으로 통제하고 나아가 여타 좌익세력을 남한에서 '제거'하기 위한 단체였
다. 보도연맹은 1949년 4월 20일 창설된 초기 당시 내무부가 주관하고
법무부, 국방부, 검찰청이 참여하는 형태로 조직되었다. 이후 조직을
강화하려는 목적으로 보도연맹은 1949년 11월 29일 중앙본부 조직체계를
재편하였다. 이때 내무부, 법무부, 국방부 3부를 최고방침운영자로 하고,
이태희 서울지검 검사장, 장재갑, 오제도, 선우종원 검사, 김태선(金泰善)
시경찰국장, 최운하(崔雲霞) 등 6인이 최고지도위원회를 구성하였다.30)

이처럼 경찰과 검사, 군인을 주축으로 하는 소위 '극우반공체제' 성립은
익히 알려진 바나, 여기에는 서북출신으로 해방 후 관료가 된 이들의
적극적인 노력 또한 있었다. 기존 연구성과에서 정리된 대로 서북출신
엘리트들이 기독교－민족주의－반공주의를 주축으로 하는 인사들로만
주로 구성된 것이 아니었고, 친일 인사들 또한 상당하였음을 알 수 있다.

3. 식민관료의 행정체험과 해방 후 재생

앞서 살폈듯이, 해방 이후 미군정 관료가 된 이들이나 정부수립 초기
관료가 된 이들 중에는 식민지관료로서 경험을 앞서 축적하였고, 이를
월남 후 남한에서 관료 활동에 활용한 이들이 상당수 있었다. 당연히
서북출신 월남민들도 포함되었다. 여기서는 몇몇 식민지관료들의 식민지
기 행정체험이 해방 후에 선택적으로 재생되는 양상을 구체적으로 살피는
것에 초점을 두겠다.

대표적인 내무관료, 경찰관료를 보자. 식민지 경찰은 조선총독부 및

---

30) 김선호, 「국민보도연맹의 조직과 가입자」, 『역사와 현실』 45, 한국역사연구회,
    2002, 296~300쪽.

소속 관서 관리의 37.7%를 차지하였다. 나아가 조선인 경찰이 전체 조선인 관리의 43.1%에 달하였다. 때문에 장신은 "경찰이 곧 총독부 관리라 해도 무리는 아니었다"고 지적한바 있다.[31] 상당수 경찰관료들은 식민지기 조선인들에게 악질적인 인상으로 남았다. 때문에 해방 직후 경찰관서가 파괴되고 조선인경찰이 폭행당하는 등의 경우가 적지 않았다. 미군정의 미국인들은 이러한 사정을 인지하였지만, '안정'적인 점령실시를 위하여 "능률과 경험의 논리를 내세워" 식민지 경찰관료를 재등용하였다.[32] 재차 임용된 경찰 구성의 특징으로 강혜경은 첫째 식민지기 경찰관료들이 당시 직급 그대로 혹은 1계급 승진 등용되었고, 둘째 이북에서 상당수 경찰관료들이 월남했으며, 셋째 우익청년이 경찰로 등용된 점 등을 들었다.[33]

식민지 경찰관료 중에서도 고급관료는 손에 꼽힐 정도였다. 조선인으로서 식민지기 경찰 간부가 되는 것은 전시체제기에 들어서야 사례가 일부 확인된다. 관례에 맞추어 일본인 경찰관료가 승진에 우선권을 점하다가, 조선총독부는 내선일체가 실제로 구현되는 양상을 예시해야 했던 이유로 조선인을 경찰간부로 승진시키기 시작하였다. 그렇다 하더라도 경무계는 전시기 전 지역에 걸쳐 조선인이 담당하지 못하였고, 경부보로 승진할 경우라 하더라도 대개 사법계 주임을 맡았다.[34]

조선인으로 경찰서장의 직분에까지 올랐던 윤우경(尹宇景)은 일본인의 천대를 받지 않고, 관계에 나아가 입신양명하겠다는 아버지와 자신의 포부에 따라 경찰관료로 진입하였다. 식민지기 경찰에 대해 그는 "조선총독의 통치권에 기초를 두고 권력만을 행사하는 일본의 식민지 통치를

---

31) 장신, 「조선총독부의 경찰 인사와 조선인 경찰」, 『역사문제연구』 22, 2009, 146쪽.
32) 김진웅, 앞의 글, 83쪽.
33) 강혜경, 「한국경찰의 형성과 성격(1945~1953)」, 숙명여자대학교 박사학위논문, 2002, 52~56쪽.
34) 장신, 앞의 글, 170~173쪽 참조.

위한 경찰"이라 자평하였다.35) 그러면서도 그는 경찰관료가 민중의 처지
를 대변하여 억울한 일을 막는 등의 역할을 담당해야 하고, 스스로 그런
역할에 충실하고자 노력했다고 회고하였다. 사법계 주임의 업무에 대해
그는 아래와 같이 설명하였다.

> 당시 각 경찰서 사법계 주임은 검사의 지휘나 판사의 영장 없이 범죄
> 피의자의 체포, 구속, 석방, 가택수색, 압류 등을 임의로 하는 강제수사권이
> 있었고, 20원 이하의 벌금, 과료, 20일 이하의 구류 등 즉심언도는 서장의
> 직권이었으나 사법계 주임이 대행하고 있었다.
> 그리고 피의자의 구속기간은 10일이었으나 1차 연장할 수 있었으며
> 행정검속령이라는 악법을 적용하면 몇 달이라도 구속할 수 있었다. (중략)
> 당시 경부보는 관제상으로는 판임관 말단에 지나지 않았으나 사법계
> 주임으로서의 직권이 막중하였기 때문에 외부에 미치는 영향력은 서장의
> 직권을 능가할 정도였다.36)

윤우경의 말대로 사법계 주임으로서, 혹은 서장 대행으로서의 막중한
직권에 대한 탄력적 활용 여부는 자신의 판단에 달려 있었다. 그래서
1945년 3월 1일자로 황해도 송화경찰서장으로 부임한 그는 행정검속에
의해 두석 달 씩 구속되어 있던 조선인 청장년 1백여 명을 일제히 석방하는
'동포애'를 발휘할 수 있었다.37)
하지만 이런 식민지 사법행정 체험과 그 과정에서 경험한 '관행'은
해방 이후 재생되기도 하는 것이었다. 1949년부터 만 2년간 헌병장교이자
헌병사령부 제2처장으로 재직하였던 그는 이승만에 의해 1951년 6월
24일 서울시 경찰국장에 임명되었다. 당초 이승만은 그에게 내무부 치안국

---

35) 尹宇景, 「직무지침」, 『晚省錄 : 단 한번 잠시 느껴본 행복감』, 도서출판 서울프레스,
    1992, 19쪽, 28쪽.
36) 尹宇景, 위와 같음. 장신, 앞의 글, 171쪽에서도 원문의 일부가 확인가능하다.
37) 尹宇景, 「경찰서장 발령」, 위의 책, 120~123쪽.

장 임명의사를 내비쳤으나 이기붕의 "권고"로 서울시 경찰국장직에 동의
하였는데, 여기에는 3계급 특진에 대해 스스로가 느꼈던 부담감 또한
작용하였다. "경찰의 인사질서를 무너뜨린 데서 일어날지도 모를 비판이
염려"되었다는 것이다.[38] 임명 결정과정에서 그가 염려한 점, 그리고
'인사질서'와 같은 개념을 의식한 점은 식민지기 경찰관료로서 익혔으며
해방 이후 관료집단 내부에 실재했던 관행에 대해 다분히 의식했다는
것을 보여준다.

또한 국민방위군사건 당시 군법회의에 기소한 후 그는 신성모 국방부장
관에게

> 방위군 사건은 예산의 착복횡령보다도 장정의 병사 및 환자가 많았던
> 탓으로 여론이 비등해 있으니 모두 장기형을 언도했다가 추후에 정상을
> 참작해 주도록 하는 것이 민정을 진정시키는 데 도움이 될 것이니 유의하라
> 고 진언…

할 수 있었다. 식민지기 사법행정을 앞서 체험한 '관록'이 엿보이는 대목이
다. 나아가 같은 사건의 재수사 당시에도 정치인, 장성, 고급장교가 진술하
는 내용 그대로를 조서에 담아 입건하게 되면, "국가적으로 수치스러운
일이 아닐 수 없었"기에 "기밀비라는 명목으로 지출된 것은 일체 기록에
나타내지 않고 수사"하는 '재량'을 발휘하기도 한다.[39]

이들 식민지 경찰관료 중에서 경찰서장으로까지 진급한 조선인은 장신
에 의하면 식민지기를 통틀어 총 11명이다. 이중 이북출신인 4명은 모두
서북출신으로 윤우경[尹宇景], 김호우(金虎羽), 이익흥(李益興), 이하영(李夏
榮)이다.[40] 반민특위에서 지목되었던 대로 이들 경찰관료는 친일관료의

---

38) 尹宇景, 「서울시 경찰국장 취임」, 위의 책, 265쪽.
39) 尹宇景, 「국민방위군 사건」, 위의 책, 255~256쪽.

상징과도 같았다.[41] 하지만 조선인으로서는 식민지기 당시부터 치명적인 이미지에도 불구하고 '출세욕' 내지 '입신양명'과 맞물려 권한과 권력 획득에 나선 이들이 경찰관료였다.

1898년 평남 대동에서 태어난 홍순봉(洪淳鳳)은 3·1운동에 참가한 이후 관할주재소 순사들이 그를 구워삶았다. 1921년 6월 평양경찰서 순사시험에 합격한 이후, 1925년에는 1년간 오늘날 경찰대학에 해당하는 조선총독부 경찰관강습소에 본과생으로 입교해 합숙교육을 받기도 하는 등 적극성을 나타내었다. 만주사변 당시 초산경찰서 소속으로 "비적의 소탕과 진압" 등의 '작전'을 전개하였다. 중국 동북지역을 중심으로 활동하였던 조선혁명군의 국내 진입작전을 저지한 것이었다. 이러한 '공적'을 인정받아 그는 1934년 일본정부로부터 서8등(훈8등 서보훈장)과 만주사변 종군기장을 수여받고, 1935년 만주국정부로부터 건국 공로장을 받았다. 이후 관동군의 일부인 만주국 경찰 행정관으로 무려 '초빙'되었다. 그는 만주국 빈강성 경무청 경무과, 간도성 경무청 보안과에서 보안고장과 형사고장, 특고고장 등을 맡았으며, 1939년 7월에는 사무관 겸 경정(훈8등 훈7위, 일본경찰 계급으로는 경시정에 해당)으로 승급했다.[42] 당시 간도성 의용자위단 결성식에 참가한『만선일보』기사를 보자. 이 기사에는 제국일본의 경찰관료로서 홍순봉이 체험한 행정경험이 언급되어 있어 흥미롭다.

간도성은 (중략) 지난 4월 9일 이래로 匪首 양정우(楊靖宇). 김일성(金日

---

40) 이들 네 명의 자세한 이력은 <표 2> 참조.
41) 윤우경은 극단의 친일파에 속하는 인물일 경우 오히려 경찰서장에 발령되기 어렵다고 주장하였다. 尹宇景,「경찰서장 발령」, 앞의 책, 146쪽. "친일적 행동을 하거나 불친절하여 민심을 잃은 자는 절대 [경찰서장에] 등용되지 못했고, 평소에 양심을 지켜 민간의 신뢰를 받는 사람을 택해서 정략적으로 서장을 발령했던 것이다."
42) 홍순봉,『나의 생애』, 西江, 1976 ; 양봉철,「홍순봉과 제주 4·3」,『4·3과 역사』17, 제주4·3연구소, 2017. 12.

成). 최현(崔賢) 등 적단이 때때로 성내에 침입하여 무고한 양민들의 식량과 의복 기타 금품을 약탈하는 관계로 적지 않은 불안을 느끼고 있었다. 이러한 중에 간도성내 각 지방 유지들은 이에 대한 대책을 강구하고 있었는데 (중략) 제씨는 금번 당국의 양해를 얻어 전 간도성에서 명성이 높은 포수 100명을 모집하고 간도의용자위단을 조직하여 지난 20일 오전 11시에 화룡현 삼도구에서 간도성 경무청 洪 사무관(홍순봉) 이하 각지 관민 대표의 출석 하에 성대히 발회식을 거행하였다. 지난 21일부터 용약 비적 토벌차로 ○○ 방면으로 출동하였는데 이 의용자위단원들은 만주 건국 직후에 각지에서 자위단으로 비적 토벌에 상당한 공적을 나타낸 경험자들로서 간도의 치안을 하루라도 속히 안정시키기 위하여 자발적으로 비적 토벌에 나서게 된 것이다.[43]

첫째 홍순봉은 간도의용자위단 조직을 통하여 동북항일연군의 무장게릴라투쟁 저지에 주도적 역할을 맡았던 것으로 판단된다. 이를 통해 간도의용자위단이라는 조직을 반관반민의 '자발적'인 형태로 구성해내는 것을 주도했을 것이고, 만에 하나 간접적으로라도 체험한 것은 물론일 것이다.

간도의용자위단 등의 조직은 기실 제국일본이 관동군의 주도하에 만주 일원에서 전개하였던 토벌작전의 일환이었다. 만주에서의 항일무장투쟁을 저지하고자 일제가 수행한 '토벌'작전은 치표공작과 치본공작, 선무공작(사상공작)으로 크게 구분된다. 이는 관동군을 주축으로 일만군경에 의해 실시된 '1935년도 추동계 치안숙정공작' 및 1936년도 '제3기 치안숙정계획'에 나오는 개념으로, 당시 만주국군은 북부 동변도(東邊道) 지역에 최초로 적용하였다. 무력 '토벌'을 핵심으로 하는 치표공작만으로는 만주 일대의 '사상비(思想匪)' 및 '정치비(政治匪)' 대처에 한계를 지닐 수밖에

---

43) 「間島省義勇自衛團 結成式盛大히擧行」,『만선일보』, 1939. 12. 23 ; 친일반민족행위진상규명위원회 편, 『친일반민족행위진상규명보고서』 Ⅳ-19, 2009, (홍순봉) 518~519쪽. 인용문 상의 ○표식은 원문 그대로임.

없다는 사실에 고심했던 일제는 치본공작과 선무공작 등으로 치안대책을
확대하였다. 치본공작은 주민의 강제이주를 통한 무주지대(無住地帶) 설정
및 '비민(匪民)' 분리, 집단부락 건설을 통하여 무장조직을 봉쇄하고 나아가
소멸을 유도하려는 의도에서, 사상공작(선무공작)은 만주국 건국정신을
보급하고 선전하여 공산주의 및 반만항일사상의 확산을 원천적으로 차단
하려는 의도에서 구상, 적용된 것이었다.[44] 또한 치안숙정계획의 일환으
로 일제는 소위 '가촌정화자위공작(街村淨化自衛工作)'을 실시하였고 종래
중국에 존재하였던 보갑(保甲)제도를 활용하였다. 보갑제를 활용하여 일
제는 연좌제를 채택해 민간인의 '비화(匪化)'를 조기에 저지하고, 보갑제
안에 자위단을 조직해 경찰기관의 보조 세력으로 활용하였다.[45] 위 인용문
의 간도의용자위단은 이러한 만주치안대책의 일환으로 조직된 것이었다.

둘째 무장게릴라투쟁 저지활동은 앞서 만주사변 당시 조선혁명군의
국내진입 저지활동과 함께 '반만항일(反滿抗日)'의 일환이었으나, 그 과정
에서 체험한 '방공(防共)' 활동이기도 하였다. 비슷한 시기 조선에서는
'조선방공협회(朝鮮防共協會)'가 1938년 8월 15일 결성되어, '공산주의 사상
의 철저박멸'과 '황도사상의 선양'이란 목표 속에서 '반공' 논리를 개발하
고 "'사회전체'의 반공화를 본격적으로 추진"하고 있었다. 전시총동원기
구 중에서도 막대한 비용을 동반하는 전국적 단위의 사상선전기구를
당시 조선총독부가 설립한 것은 1935년 코민테른의 인민전선전술 채택에
따른 대외 정세변화, 나아가 체제내부(조선 내부)의 '사회적' 균열을 저지
하고 "사상전(思想戰)의 진용(陣容)"을 "정비(整備)"하기 위함이었다. 조선
방공협회 설립은 조선총독부 경무국의 주도로 이루어지되 "민간측을
주체로" 하는 형식을 표방하는, 반관반민의 '자발적' 조직형태를 추구하였

---

44) 任城模,「佐佐木到一과 만주국군」,『황원구교수정년기념논총 : 東아시아의 人間
像』, 혜안, 1996, 826쪽 ; 尹輝鐸,『日帝下「滿洲國」硏究』, 일조각, 1996 참조.
45) 尹輝鐸, 위의 책, 3장 참조.

다.[46)]

이처럼 사상 통제와 감시, '불온' 세력에 대한 특무활동은 식민경찰의 주요 업무였다.[47)] 더구나 만주에서 홍순봉은 방공·반만항일 특무활동을 전개하는 한편, 재만조선인 사회를 관의 후견 속에 '자발적'인 형태로 무장시키는 것을 체험하고 있었다. 전시체제기 경찰행정의 지향인 황도선 양의 '내선일체'를 강요한 것과 동시에, 관의 일부로서 그 경험에는 공산주의 저지 및 봉쇄가 동반하였다.

이런 그의 식민지 행정경험과 그 과정에서 축적된 행정 관행은 해방 이후 사라졌을까? 1946년 6월 북한에서 다시 월남하여 서울에 정착한 그는 당시 경무부장 조병옥에게 특채되어 총경에 임명, 경무부 교육국 교양과장 및 국립경찰전문학교 부교장을 담당하였다. 이후 국립경찰전문 학교에서 강의한 내용을 수록한 『경찰법대의』를 간행하고, 경찰 기관지 『민주경찰』 발행에도 주도적으로 관여하였다. 이후 경무부 공안국 공안과 장으로 근무하던 1948년 4·3 당시 조병옥 경무부장의 명령에 따라 「4·3 폭동사건 이후의 제주도 치안 대책안」을 기안하였다.[48)] 아래 인용문에 등장하는, 무장한 군경에 의한 토벌 및 체포활동을 뜻하는 '치표공작'은 바로 앞서 언급한 대로 만주에서 전개했던 치안대책이었다. 해방이전 만주에 서의 행정체험이 '공비' 소탕의 유효한 방법으로 재차 활용된 것이다.

---

46) 이태훈, 「일제말 전시체제기 조선방공협회의 활동과 반공선전전략」, 『역사와 현실』 93, 한국역사연구회, 2014, 130~142쪽.

47) 친일반민족행위진상규명위원회 보고서는 식민지 경찰관료의 국경지대 정찰, 단속, 검거 등 '방공' 활동을 민족해방운동 저지 차원에 주목하여 정리한바 있다. 『친일반민족행위진상규명 보고서 III-2 : 친일반민족행위 연구』, 친일반민 족행위진상규명위원회, 2009, 227~229쪽.

48) 양봉철에 의하면 홍순봉이 작성한 기안의 구체적 내용은 확인할 수 없고, 1948년 9월호에 고병억 명의로 된 「제주도 사태 수습에 관한 사건」(『민주경찰』 2-5, 1948. 9) 그리고 이와 "완전히 똑같은" 「경무부장 조병옥의 제주도 사태 해결에 관한 견해」[주한미육군 군정청 일반문서(1948. 7. 23), 『제주 4·3사건 자료집(미국 자료편 3)』 9]가 확인된다. 양봉철, 앞의 글, 44~46쪽 ; 홍순봉, 앞의 책, 54~61쪽.

경무부장인 조병옥 박사께서 나에게 제주도 4·3 사태에 대한 근본적인
진압책을 수립해 보라고 직접 하명이 계셨다. 나는 과거 만주 지방에서의
공비 소탕작전에 관하여 약간의 체험과 지식을 가지고 있었던 것을
토대로 하여 치표공작이니 지하공작이니 하여 공비 진압 대책을 입안하여
공안국장을 통하여 부장에게 제출하였더니 조 부장께서는 이것은 중요한
요건이니 만큼 경무부내 전체 국·과장회의에 부의하여 결정하는 것이
좋겠다고 말씀하시고 국·과장회의를 소집하여 나에게 그 안의 내용을
설명하라는 지시였으므로 나는 내가 입안한 공비 진압 근본대책 방안의
내용을 장시간에 걸쳐 설명하였던바 만장일치 무수정으로 통과되었다.[49]
(밑줄은 인용자)

홍순봉은 4·3 이후 저항이 잦아들지 않자 1948년 5월에 직접 제주도에
내려가 강경 진압에 나섰다. 이때 함께한 김정호(金正浩) 공안국장 겸
제주비상경비사령관과 제주경찰서장 문용채(文龍彩)는 만주국 중앙육군
훈련처(봉천군관학교) 출신이었고, 문용채는 평북 정주 출신이었다. 또한
양봉철에 의하면, 1948년 7월 당시 평북 의주 출신으로 관동군 신경헌병대
에 근무하였던 적이 있는 고병억(高秉億) 또한 제주경찰감찰청에 근무하고
있었다. 고병억은 완화된 '치안숙정공작'으로 말미암아 제주도내에 "완전
한 비민분리(匪民分離)"가 달성되지 못하였으므로 귀순자단체를 조직하거
나 집단부락 신설, 보갑제도 실시와 같은 정책제언을 내놓기도 하였다.[50]
이 또한 만주지역 항일무장투쟁을 저지하기 위해 관동군이 구상, 실행한바
있었던 것이었다. 이러한 구상 일부는 이범석에 의해 국회에서 진압군
작전개념으로 보고되었다. 중산간 주민을 해안으로 소개시키고 그곳에서
보갑제 실시를 통해 주민감시체계를 구축하겠다는 내용이었다.[51]

---

49) 홍순봉, 앞의 책, 57~58쪽, 101쪽.
50) 고병억, 「제주도사태 수습에 관한 사견」, 『민주경찰』 2-5, 경무부 교육국, 1948.
   9, 49~52쪽(양봉철, 앞의 글, 57~60쪽에서 재인용).
51) 제주4·3사건진상규명및희생자명예회복위원회, 『제주4·3사건진상조사보고서』,

홍순봉은 1948년 10월 6일자로 제주경찰감찰청장에 임명되었다. 제주도 출신이자 제주4·3 진압에 상대적으로 온건한 태도를 보였던 김봉호의 후임이었다. 그의 임명은 제주도경비사령부 창설과 함께 대규모 강경진압작전(초토화작전)을 준비하려는 군경강화책의 일환이었다.[52] 같은 해 12월 10·19 여수순천사건 진압경험이 있었던 제2연대가 제주에 진주하였고 작전이 본격화되었다. 강제이주, 축성 및 전략촌 구축을 통한 '비민분리', 민심수습을 위한 선무공작, 삐라살포를 통한 귀순공작, 민보단 동원 등이 이루어졌다. 1949년 제주일대를 시찰했던 함상훈은 축성으로 둘러싸인 부락의 모습을 전하며 "제주에서 경력을 싼 제주도경찰국장 홍순봉씨의 이 묘안은 확실히 전 제주도를 보루화하였고 제주도를 방위하는 데 일대 공헌이 있었다"고 평가하였는데,[53] 여기에는 만주에서의 행정체험 또한 깊이 연루되고 있었다.

이처럼 식민지기 경찰관료들은 해방 후 경찰관료로서 권한과 권력만 획득한 것은 아니었다. 식민지관료로서 체험한 행정의 제 면모와 관행들을 해방정국기 좌익들의 세력 확대를 저지하기 위해 두루 활용하였다. 행정체험은 일종의 '자산'이자 전문적인 '기술'이었다. 정부수립 당시 이승만 정권 창출에 다대한 공이 있는 것으로 평가받는 장택상이라 하더라도, 윤우경이 보기엔 "경찰 [행정 경험]은 백지이어서 총무과장 최연이 청장을 보좌"할 수밖에 없었다.[54] 최연(崔燕)은 식민지말기 경기도 경찰부 형사과장까지 승진하였고, 1938년 소위 '혜산사건'으로 3백여 독립군을 '토벌'하여 훈장을 수여받기도 한 인물이었다. 그는 1949년 반민특위에 검거되었

2003, 297쪽 ;『국회속기록』제1회 제124호, 1948. 12. 8.

52) 제주4·3사건진상규명및희생자명예회복위원회, 위의 책, 260~263쪽.

53) 「제주사태의 진상, 함상훈(상)」,『조선일보』, 1949. 6. 2 ; 김은희, 「제주 4·3전략촌의 형성과 성격」, 제주대학교 사학과 석사학위논문, 2005, 16~17쪽 ; 제주4·3사건진상규명및희생자명예회복위원회, 위의 책, 304~305쪽.

54) 尹宇景, 「전평(전국노동자총평의회)의 해체」, 앞의 책, 183쪽.

다.55) 반면 홍순봉, 문용채, 고병억 등 서북출신 경찰관료는 식민지 경찰관료 경험을 토대로, 서북청년회와 함께 제주 4·3사건 진압의 선봉에 섰다.

공비토벌작전은 제주 일원에서만 그치지 않았다. 대한민국 정부수립 직후 발생한 10·19 여수순천사건에도 강경진압과 특무활동은 확인되는 바, 여기서도 식민지기 만주군 간도특설대원들의 활동이 군경합동작전의 형태로 이어지고 있었다. 평남 강서출신 백선엽은 빨치산 토벌에 있어 간도특설대의 경험이 크게 도움되었다고 인정하기도 하였다.56)

물론 해방 이후 분단체제가 구축되는 과정에서 한국군경이 수행한 작전 일체가 만주에서의 경험만으로 토대를 이루었다 규정해서는 곤란하다. 제주 4·3과 10·19 여수순천사건 당시의 강경진압을 주도했던 주체는 또한 미군이기도 하였다. 여순사건 발생 직후 미 임시군사고문단은 '반군'을 강경 진압하기 위해 '4F 전술'(찾아서-고정시킨 후-싸워서-끝낸다 : Finding-Fixing-Fighting-Finishing)을 한국군에 하달했다. 그에 따라 여순사건 초기에는 선무공작보다는 강경진압이 주를 이루었던 것도 사실이다.57) 그런 점에서 보자면 해방 이후 서북출신 엘리트들의 식민지관료 경험은 한국군경과 미군에 의해 선택적으로 재생된 것으로도 볼 수 있다. 제국일본의 구상과 실제 구현된 제도 일체가 그 자체로 복제되었다기보다는 식민지관료의 행정체험에 의해 매개되었다. 나아가 매개된 행정체험은 해방 이후의 변화된 상황과 주요 행위자(주체)로서 미국(군)의 등장에 영향받아 각색되거나 변용되는 등 선택적으로 재생되었다.

---

55) 吉眞鉉, 앞의 책, 156쪽.
56) 안정애, 「만주군 출신 장교의 한국전쟁과 주한미군에 대한 인식」, 『한국인물사연구』 3, 한국인물사연구회, 2005, 336쪽.
57) 임송자, 「여순사건 이후 선무공작을 중심으로 본 지리산지구의 빨치산 진압」, 『한국근현대사연구』 81, 2017, 187쪽.

4. 나가며 : 월남민 관료의 정체성 만들기

서북출신 월남민 관료들은 대한민국 정부 만들기에 앞장섰다. 그들은 남한 국가정체성을 형성하는 과정에 깊숙이 개입하였다. 보도연맹, 국민 방위군사건, 4·3사건 등이 대표적 사례이다.

서북출신의 엘리트 월남민들이 기독교-민족주의-반공주의에 기초하는 인사들로만 구성되지는 않았음을 확인하였다. 본고에서 다뤘던 친일인사들, 즉 식민관료들의 경우 사정이 유독 그러했다. 윤우경은 사법계주임, 경찰서장 재직 당시의 치안 경험을 해방 이후에도 활용하였다. 홍순봉의 사례에서는 식민지기 '관행'으로서의 방공주의, 즉 식민지 반공 체험이 눈에 띈다. 해방 후 분단체제가 구축되는 궤적 속에서만 반공주의가 가시화되었던 것은 아닐지 모른다. 물론 자신과 소속공동체와 뜻이 다르다 하여 사상과 무관하게 '빨갱이'로 호명하고 '처단'했던, 그러한 반공주의 행태는 해방정국과 그 이후에 고유하고 그래서 식민지기 방공과 구별된다.

방공 및 '공비'진압 경험은 반공주의란 키워드와 연관될 뿐, 친미나 민주주의와도 곧장 연결되지 않는다. 이 또한 서북출신 상당수가 기독교 (개신교)적 전통에서 친미적, 민주주의적 입장을 견지했다는 기존 견해와 다른 대목이다. 적어도 홍순봉의 식민지기 방공과 해방정국기 반공은 곧 친미를 동반하지 않았고, 확인할 수도 없었다. 오히려 방공이 전시체제기 일본의 정책 기조이자 구체적 표출태였다고 본다면, 여기엔 서구 민주주의에 대한 제국일본의 우려와 비판이 결합되었을 것이다. 그러므로 친미가 꼭 논리적으로 반공주의와 연관되는 것은 아니다. 보도연맹의 목적은 공산사상의 '분쇄'였지만, 간사장을 맡았던 박우천의 경우에서 볼 수 있듯이 반제국주의론에 의해 사회주의적 요소를 민족주의적으로 포섭하려는 태도도 엄연했다.[58] 물론 이를 일반화시키기엔 조심스럽다. 그 외 식민관료에게도 그럴지 모를 가능성의 일단을 전망한 것에 불과하고,

관련사례가 더 수집되어야 한다.

월남동기란 측면에서도 반공적 견지에서만 이루어졌다고 결론짓기 힘들다. 양봉철의 평가대로 홍순봉의 월남동기는 복합적이었을 가능성이 더 높다. 여기에는 식민지 경찰관료로서 재직한 경험 때문에 더 이상 북에서 '정상적'인 삶을 영위하기 힘들 것이라는 당시의 전망도 포함된다. 윤우경은 식민지기에 걸쳐 경찰관료가 행한 체계적, 제도적, 물리적 폭력에 대해 해방 직후 민중들이 수행한 '대응'이 불편했다. 자타가 인정하는 '온화한' 경찰관료였던 터라 자신에게는 폭력이 가해지긴커녕 사회주의자들까지 처지를 돌봐주었으나, 그의 경력이 지속될지 단절될지 북에서는 예측하기 힘들었다. 그래서 그는 월남하였다. 그런 점에서 반공주의는 오히려 월남 이후 경찰관료로서 정착하기 위한, 나아가 '커리어'를 관리하기 위해 채택한 전략에 가까울지 모른다. 삶의 태도로서 월남은 해방 이후 생애 속에서 거듭되었을 것이다.

이는 특정지역 출신, 특정한 디아스포라 경험 자체가 주체에게 꾸준히 지배적 영향을 미쳤다기보다는 시기적으로 재생되거나, 중층적으로 결합할 수 있는 것임을 시사한다. 본고에서 다루었던 서북출신 경찰관료들에게 있어서는 태평양전쟁기 방공 경험이 해방 이후 반공으로 전유되는 것일 수 있었다. 행정체험이 '관행'의 형태로 어색하지도 않게 재생되는 것일 수 있었고, 그것이 자신과 주변에게 성과로 이해되었다.

그럼에도 서북출신의 월남민 관료의 성격을 일반적으로 규정하는 것은 여전히 몇 가지 과제를 안고 있다. 서북출신과 여타 이북출신간의 질적 차이가 있는지 여부가 적절히 검토되지 않았다. 해방정국기 월남과 이산 경험 속에서 서북출신 관료들이 네트워크를 보다 가시적 차원에서 작동시켰다 추정되긴 하나, 자신의 기록을 잘 남기지 않았던 무수한 관료들로

---

58) 후지이 다케시, 「해방직후~정부 수립기의 민족주의와 파시즘－'민족사회주의' 라는 문제」, 『역사문제연구』 24, 2010, 143~144쪽.

258 제2부 월남민의 정착 자원과 사회 연결망

인해 두터운 실증은 난망하다. 한국전쟁 이후 남한에서 이념지형이 안정화
되고서, 어떠한 변화가 발생하였는지에 대해서도 더 해명해야 한다.

참고문헌

『동아일보』『만선일보』『민주경찰』『북한』『月刊 同和』『한국논단』

『대한민국행정간부전모』, 국회공론사, 1960.
선우종원, 『격랑80년』, 인물연구소, 1998.
尹宇景, 『晩省錄 : 단 한번 잠시 느껴본 행복감』, 도서출판 서울프레스, 1992.
제주4·3사건진상규명및희생자명예회복위원회, 『제주4·3사건진상조사보고서』,
    2003.
鄭一亨, 『오직 한 길로』, 新進文化社, 1970.
친일반민족행위진상규명위원회 편, 『친일반민족행위진상규명 보고서 Ⅲ-2 : 친
    일반민족행위 연구』, 2009.
친일반민족행위진상규명위원회 편, 『친일반민족행위진상규명보고서 Ⅳ-19』,
    2009.
憲兵史編纂室, 『한국헌병사 : 創設·發展編』, 憲兵司令部, 1952.
홍순봉, 『나의 생애』, 西江, 1976.

吉眞鉉, 『역사에 다시 묻는다 : 반민특위와 친일파』, 三民社, 1984.
김귀옥, 『월남민의 생활 경험과 정체성 : 밑으로부터의 월남민 연구』, 서울대학교
    출판부, 1999.
서울신문사 편, 『駐韓美軍 30年 : 1945~1978』, 杏林出版社, 1979.
윤정란, 『한국전쟁과 기독교』, 한울아카데미, 2015.
尹輝鐸, 『日帝下 「滿洲國」研究』, 일조각, 1996.
장규식, 『일제하 한국 기독교민족주의 연구』, 혜안, 2001.

강정구, 「해방후 월남민의 월남동기와 계급성에 관한 연구」, 한국사회학회 편, 『한국전쟁과 한국사회변동』, 풀빛, 1992.

강성현, 「1945~50년 '검찰사법'의 재건과 '사상검찰'의 '반공사법'」, 『기억과전 망』 25, 2011.

강혜경, 「정부수립기 경찰의 형성과 성격(1948~50)」, 『한국민족운동사연구』 41, 2004.

강혜경, 「한국경찰의 형성과 성격(1945~1953)」, 숙명여자대학교 박사학위논문, 2002.

김상태, 「근현대 평안도 출신 사회지도층 연구」, 서울대학교 박사학위논문, 2002.

김선호, 「해방직후 조선민주당의 창당과 변화-민족통일전선운동을 중심으로」, 『역사와 현실』 61, 2006.

김선호, 「국민보도연맹의 조직과 가입자」, 『역사와 현실』 45, 한국역사연구회, 2002.

김은희, 「제주 4·3전략촌의 형성과 성격」, 제주대학교 사학과 석사학위논문, 2005.

김진웅, 「미군정기 국내정치에 있어 경찰의 역할」, 『大丘史學』 97, 2009.

문준영, 「헌정 초기의 정치와 사법 : 제2대 검찰총장 김익진의 삶과 "검찰독립" 문제」, 『法史學硏究』 34, 한국법사학회, 2006.

안정애, 「만주군 출신 장교의 한국전쟁과 주한미군에 대한 인식」, 『한국인물사연 구』 3, 한국인물사연구회, 2005.

양봉철, 「홍순봉과 제주 4·3」, 『4·3과 역사』 17, 제주4·3연구소, 2017.

이태훈, 「일제말 전시체제기 조선방공협회의 활동과 반공선전전략」, 『역사와 현실』 93, 한국역사연구회, 2014.

任城模, 「佐佐木到一과 만주국군」, 『황원구교수정년기념논총 : 東아시아의 人間 像』, 혜안, 1996.

임송자, 「여순사건 이후 선무공작을 중심으로 본 지리산지구의 빨치산 진압」, 『한국근현대사연구』 81, 2017.

장 신, 「조선총독부의 경찰 인사와 조선인 경찰」, 『역사문제연구』 22, 2009.

趙馨·朴明鮮, 「북한출신 월남인의 정착과정을 통해서 본 남북한 사회구조의 변화」, 변형윤 외, 『분단시대와 한국사회』, 까치, 1985.

후지이 다케시, 「해방직후~정부 수립기의 민족주의와 파시즘-'민족사회주의'라 는 문제」, 『역사문제연구』 24, 2010.

국사편찬위원회 한국사데이터베이스(http://db.history.go.kr)
한국역대인물종합정보시스템(http://people.aks.ac.kr)
정일형 이태형박사 기념사업회(http://www.chyunglee.com)

인민군 병사들의 경계 넘기
―월남병(越南兵)과 분단체제―

김 선 호

1. 머리말

1949년 7월 23일, 서울시 동대문에 갑자기 100여 명의 인민군 병사들이 무장을 한 채 나타났다. 길을 가던 시민들은 불안한 눈빛으로 이들을 지켜보고 있었다. 이윽고 병사들은 대열을 갖추어 서울운동장으로 들어가기 시작했다. 사실 이 날은 국방부가 주최한 "월남군인환영대회"가 거행되던 날이었다. 이 대회는 인민군에 있다가 월남한 병사들을 정부에서 공식적으로 환영하기 위해 마련되었다. 대회장에는 인민군 제복과 무장을 갖춘 123명의 병사들이 도열했다. 주석단에는 육군·해군·공군의 장성들과 이북5도지사가 자리잡았고, 국방부 군악대의 환영주악이 서울운동장에 울려 퍼졌다. 월남한 인민군 안(安) 소좌는 "여기 있는 동지들이 공비소탕에 선봉이 될 것이니 우리의 뜻있는 죽엄을 하게 하여 주십시오"라고 호소했다.[1]

이들은 불과 몇 달 전까지 "자기조국과 인민과 정부앞에 지고 있는

---

1) 「越南軍人歡迎大會盛況」, 『동아일보』, 1949. 7. 24.

위대한 군사적 임무를 수행하는 과정에서 만일 요구되는 때는 생명까지도 조국과 인민을 보위하는 데 바치겠다는 자기의 각오를 표명"한 조선인민군 군인이었다.[2] 그러나 이들은 얼마 후 "공비소탕을 위하여 뜻있는 죽엄"을 맞이하겠다고 맹세하고 있다. 이들이 말하는 공비(共匪)란 북한 정부를 지지하며 한국의 산악지역에서 빨치산 활동을 전개하고 있던 사람들을 가리킨다. 이 공비들은 얼마 전까지 자신들의 동지였다. 이들에게는 과연 무슨 일이 있었던 것일까?

이 글은 한국전쟁 전후에 조선인민군에서 월남한 병사들을 연구한 것이다. 특히 이들과 분단체제의 관계에 주목하였다.[3] 당시 한국에서는 월남한 인민군 군인을 일반적으로 "월남군인(越南軍人)"이나, "귀순병(歸順兵)"이라고 불렀다.[4] 이 글에서는 월남한 인민군 군인을 "월남병(越南兵)"이라 부르기로 한다. 조선인민군에서 월남병이 발생한 원인을 거슬러 올라가면 그 출발점은 인민군의 숙군(肅軍)에 있다. 이와 함께 인민군 병사들이 월남한 데에는 한반도의 정세변화, 북한의 정치적 상황, 남·북간의 군사적 충돌, 병사들의 개인적 상황과 가족관계 등 다양한 요인들이 영향을 끼쳤다.

해방 직후 북위 38도선은 미국과 소련의 군사적 분할선이었지만, 남과 북의 주민들은 38선을 왕래할 수 있었다. 이 시기에 38선은 국제적 분할선이지 체제의 분할선은 아니었다. 그러나 1948년에 남과 북에 각각 분단정부가 수립된 이후, 38선을 넘어가는 행위는 소속된 체제를 버리고 다른

---

2) 이상칠, 「94번 : 군인선서란 무엇인가」, 『軍官·下士官·戰士 試驗問題 問答集』, 민족보위성, 1948. 5. 9.

3) 분단체제는 분단이 단순히 국토의 양분만을 의미하는 것이 아니라, 한반도 주민의 삶을 다양한 차원에서 제약하고 규정하는 질곡으로 작용하는 구조 또는 체제를 가리키는 개념이다. 홍석률, 「1970년대 민주화 운동세력의 분단문제 인식－분단시대론과 분단체제론」, 『역사와현실』 93, 한국역사연구회, 2014, 475~477쪽.

4) 「越南軍人 오늘歡迎會」, 『동아일보』, 1950. 2. 26 ; 「北以歸順兵 國軍再教育訓練」, 『경향신문』, 1949. 1. 15.

체제를 선택하는 정치적 결단이었다. 38선은 분단체제의 분할선이자
국가의 경계선으로 변화되었다. 한반도가 남·북으로 분단된 이후, 38선을
넘나든 사람들에 대한 관심은 일찍부터 많았지만, 이것이 학문으로 연구된
것은 오래되지 않았다. 월남한 사람들에 대한 연구는 1980년대에 시작되어
1990년대부터 활발해졌고, 연구주제도 월남민으로 시작해 월남작가, 해외
귀환동포로 확장되었다.[5] 그러나 아직까지 인민군에서 월남한 병사에
대한 연구는 진행되지 않았다.

선행연구는 한국전쟁 이전에 월남한 사람들을 일반적으로 '월남인,
월남민'으로 칭했다. 월남민은 해방 이후 고향인 이남으로 돌아온 사람,
식량부족 등 생활고로 인해 월남한 사람, 북한의 '민주개혁'이나 소련에
반대해 월남한 사람 등으로 나눌 수 있다.[6] 월남민에 비해 월남병은
귀향의식이나 경제적 이유로 월남한 사람들이 아니라 대부분 반공·반북·
반소적 의식을 가지고 월남한 사람들이었고, 민간인이 아니라 북한체제를
수호하는 역할을 부여받은 군인이었다. 월남병은 북한체제를 거부하고
남한체제를 '선택'한 인물들로, 일반적인 월남민보다 강한 체제지향적
성격을 가지고 있었다. 그러므로 월남병은 분단체제의 형성과정과 특징을
새롭게 조명할 수 있는 연구주제이다.

---

5) 한국전쟁 이전에 월남한 사람들에 대한 주요연구는 다음과 같다. 이인희, 「8·15와
6·25를 전후한 북한출신 피난민의 월남이동에 관한 연구」, 『지리학논총』 13,
서울대학교 지리학과, 1986 ; 신상준, 「주한미군정청의 해외귀환동포 및 월남민
에 대한 구호행정」, 『복지행정논총』 4, 한국복지행정학회, 1994 ; 김귀옥, 『월남민
의 생활 경험과 정체성 - 밑으로부터의 월남민 연구』, 서울대학교 출판부, 1999 ;
이현주, 「해방후 인천지역의 전재동포 귀환과 사회변화」, 『인천학연구』 4, 인천대
학교 인천학연구원, 2005 ; 김효석, 「전후월남작가연구 - 월남민의식과 작품과의
상관관계를 중심으로」, 중앙대학교 국어국문학과 박사학위논문, 2006 ; 임기현,
「『한씨연대기』에 드러난 한국전쟁기 월남민의 남북한 체험」, 『한국문학이론과비
평』 57, 한국문학이론과비평학회, 2012 ; 전소영, 「해방 이후 '월남 작가'의 존재
방식(1945~1953)」, 『한국현대문학연구』 44, 한국현대문학회, 2014.
6) 김귀옥, 『이산가족, '반공전사'도 '빨갱이'도 아닌』, 역사비평사, 2004, 118~119쪽.

이 글은 월남병의 시대적 변화양상, 월남병에 대한 미군정과 한국정부의 처리방식, 그리고 월남병이 분단체제의 형성과정에서 가지는 의미를 분석한 것이다. 월남병에 대한 자료는 각종 문헌에 흩어져 있다. 이 글의 토대가 된 자료는 미군 노획문서(U. S. NARA collection of the seized documents in the Korean War)와 주한미군 정보참모부(USAFIK, G-2) 문서이다. 미군 노획문서는 주로 북한 보안국의 내부자료를 활용했다. 별도의 출처가 없는 북한자료는 국립중앙도서관이 소장하고 있는 노획문서다. 주한미군 정보참모부 문서는 주로 영인된『주한미군북한정보요약』을 활용했다. 또한 국내신문과 월남병의 회고자료도 함께 활용했다.

2. 월남병의 양상과 변화 : 반혁명세력과 반체제세력

북한의 무력기구에서 월남한 사람들은 월남 시기에 따라 조선인민군 창설 이전과 창설 이후로 구분할 수 있다. 제1차 월남병은 해방 직후 북한 보안국이 진행한 친일파와 "불순분자" 숙청과정에서 제거된 인물들이었다. 북조선5도행정국 보안국은 1945년 12월부터 전체 보안원을 대상으로 검열사업을 시작했다. 보안원의 숙청은 12월에 개최된 제1회 각 도 보안부장회의 직후 본격화되었다. 제1회 각 도 보안부장회의 이후 6개월간 보안사업의 중심은 "일제의 잔재 청산과 파쇼적·봉건적 반동세력에 대한 숙청작업"이었다. 보안국은 "보안진영에 잠입한 불순분자를 철저히 숙청"하는 작업을 추진했다. 불순분자로 규정된 사람은 "개별적 전직분자(前職分子),[7] 사리사욕분자, 관료주의분자, 종파적 파괴분자" 등이었다.[8]

---

7) 前職分子는 해방 이후 북한에서 일제시기에 관료로 활동했던 사람들을 지칭하던 용어다.

전체 보안원에 대한 검열사업 결과, 1945년 말까지 보안기구에 소속되어 있던 일제경찰 출신 가운데 41%인 3,500명이 면직되었다.[9] 1946년 상반기 동안 보안기구에서 숙청된 보안원은 2,047명에 달했다.[10] 1946년에 면직된 보안원은 총 4,254명이었는데, 1946년 말 당시 전체 보안원은 17,348명이었다.[11] 보안국이 창설된 1945년 11월 19일부터 1946년 말까지 숙청된 보안원은 총 7,754명으로, 전체 보안원의 약 44.7%가 숙청되었다. 숙청된 보안원 7,754명 중에서 일제경찰 출신은 3,500명으로 45%를 차지했다. 대표적으로, 일제경찰 출신인 보안국 감찰부장 이필현(李弼鉉)과 평남 남포보안서장 윤죽산(尹竹山)이 1946년에 보안국에서 숙청되었다.[12]

이 시기 보안원 숙청은 당시 북한지역의 무력기구가 군대와 경찰로 분화되지 않았기 때문에 중요한 의미가 있다. 당시 북한지역의 보안대·경비대·군사학교·보안간부훈련소는 모두 보안국이 관할했다.[13] 이에 따라 보안국의 검열사업 당시 보안대·경비대·군사학교·보안간부훈련소에서도 숙청이 진행되었다. 북한정치세력은 인민군의 창설 초기부터 보안원 숙청을 통해 군대 내부에 있는 이질적 인물들을 제거했다.

북한 보안국에서 숙청된 인물들은 1945년 말부터 월남하기 시작했다. 예를 들어, 강원도 인제군 남면 주민 심대흠은 일제경찰 출신이었는데, 해방 후에 "민주개혁에 대한 반항심"을 가지고 월남해 강원도 홍천군에서

---

8) 「제2회 각도 보안부장회의록」, 국사편찬위원회 편,『北韓關係史料集』9권, 국사편찬위원회, 1990, 259쪽.

9) 전현수 역,『북조선주재 소련민정청 3개년사업 총결보고(1945.8~1948.11)』1권 (정치편), 한국연구재단 기초학문자료센터, 2006, 130쪽.

10) 「제2회 각도 보안부장회의록」(1946.7.3), 국사편찬위원회 편,『北韓關係史料集』9권, 259쪽.

11) 北朝鮮人民保安局,『北朝鮮保安事業總結報告』, 北朝鮮人民保安局, 1946. 11. 19, 2쪽.

12) 北朝鮮人民保安局, 위의 글, 1946, 8쪽.

13) 보안국의 조직구성과 관할무력에 대해서는 다음 연구를 참조바람. 김선호, 「해방 직후 북한 보안국의 조직과 활동」,『역사와현실』86, 한국역사연구회, 2012.

경찰 순사로 근무했다. 또한 인제군 북면 주민 박성내의 삼촌도 일제경찰 출신으로 해방 후에 월남해 "38남에서 악질단체"에서 근무했다.14) 이들이 남한으로 넘어간 이유 중 하나는 미군정이 일제경찰 출신을 등용했기 때문이다. 해방 당시 한반도에 있던 8,000명의 조선인 경찰 가운데 5,000명이 미군정 경무부에 재임용되었다.15) 보안국에서 숙청된 일제경찰 출신들은 월남한 이후 미군정의 등용정책에 따라 주로 남한 경찰에 입문했다.16)

일제경찰 출신뿐만 아니라 각 지방의 보안대원들도 월남했다. 가령, 1947년 4월 25일까지 황해도내무부 관할에서 26명의 보안대원이 월남했다. 이들이 월남한 이유는 이들에게 최소한의 의복·식량·취침장소도 제공되지 않았기 때문이다. 대원들은 헤어진 동복을 그대로 입고 짚신을 신고 있었으며, 일정한 식사와 취침장소도 없이 38선 경비임무를 수행하고 있었다. 이에 따라 일부 대원들이 "반동분자들의 유혹에 빠져 월경 도주"하였다.17)

보안국의 검열사업으로 제거된 보안원 중 월남한 사람들의 인원은 현재까지 확인할 수 없다. 보안국에서 숙청된 3,500명에 달하는 일제경찰 출신 중 상당수가 월남했을 것이다. 그 이유는 북한정치세력이 1946년 3월부터 토지개혁과 지방인민위원회 선거 과정에서 친일파와 지주계급의 정치적·경제적 토대를 해체했고, 이로써 일제경찰 출신들의 등용 가능성이 더욱 축소되었기 때문이다.

보안원에 비해 1946년부터 1948년 2월까지 인민군계통에서 월남한 군인들은 매우 적다. 이같은 사실은 주한미군의 정보보고서를 통해서

---

14) 「북조선로동당 강원도 인제군당 상무위원회 회의록 제41호」(1949. 4. 3), 국사편찬위원회 편, 『北韓關係史料集』 3권, 국사편찬위원회, 1985, 224 ; 239쪽.
15) 브루스 커밍스 지음, 김주환 옮김, 『한국전쟁의 기원』下, 청사, 1986, 279~280쪽.
16) 브루스 커밍스, 위의 책, 1986, 279~280쪽.
17) 「一九四七年 事業關係書類(保安處)」, 국사편찬위원회 편, 『北韓關係史料集』 9권, 391~392쪽.

확인할 수 있다. 미군 정보참모부(G-2)는 1946년 11월부터 반월간으로
「북한정보요약(Intelligence Summary Northern Korea)」을 작성했는데, 이
정보보고서에서 인민군의 탈영병이 보고되기 시작한 시점은 1948년 5월
이다. 5월 한달 동안 인민군에서 상위 1명과 중위 3명 등 총 14명이
탈영해 월남했다. 7월에는 중좌 1명과 중위 1명 등 9명이 탈영해 월남했
다.[18]

그런데 인민군 탈영병은 1948년 8월에 들어서 중위 1명, 하사 1명으로
감소했다. 9월에는 탈영병이 없었고, 10월에도 특무상사 3명, 하사 1명으로
감소했다. 미군은 탈영병이 감소한 이유를 다음과 같이 분석했다. 먼저,
탈영에 대한 철저한 대책과 탈영병에 대한 보복이 적용되었기 때문이었다.
그리고 북한에서 8월 15일(해방절)과 8월 25일 선거를 준비하면서 38선
경비가 강화되었기 때문이다. 그 외에도 가족에 대한 보복의 두려움,
이익·혜택의 확대 약속, 군사재판에 회부되었을 때 징계에 대한 두려움
등이 탈영비율을 감소시켰다.[19]

인민군이 보안국에 비해 월남병이 적었던 이유는 북한의 혁명 시점과
건군(建軍) 사업의 특성 때문이다. 북한정치세력이 군대의 모체인 보안간
부훈련소를 창설한 시점은 1946년 8월이었다. 그런데, 북조선임시인민위
원회는 1946년 3월 30일에 토지개혁을 종결하였고, 8월 10일에는 「산업·교
통·운수·체신 등의 국유화에 대한 법령」을 공포하였다.[20] 토지개혁은

---

18) USAFIK, *G-2 Weekly Summary*, No.147(1948. 7. 2~7. 9), 한림대학교 아시아문화연구
　　소(이하 한림대) 편, 『주한미군북한정보요약(이하 북한정보요약)』 3, 한림대학교
　　아시아문화연구소, 1989, 542쪽 ; USAFIK, *G-2 Weekly Summary*, No.152(1948. 8.
　　6~8. 13), 한림대 편, 『북한정보요약』 4, 102쪽.
19) USAFIK, *G-2 Weekly Summary*, No.147(1948.7. 2~7. 9), 한림대 편, 『북한정보요약』
　　3, 542쪽 ; USAFIK, *G-2 Weekly Summary*, No.156(1948. 9. 3~9. 10), 한림대 편,
　　『북한정보요약』 4, 211쪽.
20) 「해방후 4년간의 국내외중요일지」, 국사편찬위원회 편, 『北韓關係史料集』 7권,
　　국사편찬위원회, 1989, 602 ; 640쪽.

제1단계 인민민주주의혁명의 대표적 개혁이며, 국유화는 제2단계 인민민
주주의혁명의 대표적 개혁이다.21) 북한정치세력은 혁명과정에서 지주·
자본가계급을 대대적으로 제거하였다. 즉, 건군 사업은 제1차 혁명의
핵심개혁이 완료되고 제2차 혁명의 핵심개혁이 진행되는 시점에 시작되
었고, 그 결과 인민군에는 보안국에 비해 이른바 '반혁명세력'이 적었다.

또한 북한정치세력은 당시 북한지역에 군사경력자가 적었기 때문에
보안국과 달리 군대에 일본군 출신을 적극 등용하였다. 대표적인 병종이
공군이다. 북한정치세력은 해방 직후부터 공군을 창설하기 위해 일본군
출신 조종사를 공산당에서 직접 관리했다. 1946년 3월에 설치된 평양학원
항공과에는 일본군 출신 조종사들이 다수 입학했으며, 항공연대에는
소련군 체계가 도입된 이후에도 많은 일본군 출신이 조종사와 상급군관으
로 근무했다.22)

그러나 월남자는 인민군에서도 발생했다. 월남 당시 인민군은 아니었지
만, 인민군 창설에 참여한 만주군 출신이 1947년도에 월남한 사례가
있다. 이 사람은 신경(新京)군관학교 제1기생 박임항(朴林恒)이다. 그는
해방 이후 남한에서 여운형(呂運亨)이 주도한 조선건국준비위원회 청년부
에서 활동했다. 박임항은 1946년에 여운형이 평양에 갔을 때 비서로
동행한 뒤, 북한정치세력의 요청으로 제1사단 창설에 참여했다. 그 후
미림자동차공장 공장장으로 근무하다 투옥된 후 공직에서 추방당했다.
그는 1947년에 남북 교역선을 타고 월남했다.23)

그렇다면 1948년 2월 8일에 인민군이 창설된 이후에는 어떤 인물들이
월남했을까? 1948년 2월 이후에 집단적으로 월남한 인민군 군관들이

---

21) 소볼레프·콘스탄티노프 외 저, 김영철 역, 『반제민족통일전선연구』, 이성과현실
    사, 1988, 178~179쪽.

22) 김선호, 「북한 공군 창설과정을 통해 본 식민지 유산의 연속과 단절」, 『현대북한연
    구』 15-2, 북한대학원대학교, 2012, 259 ; 272 ; 287쪽.

23) 佐佐木春隆 著, 姜昶求 譯, 『韓國戰秘史』上卷, 兵學社, 1977, 38~42쪽.

있다. 이들은 해방 직후에 월북했던 여운형그룹이다.[24] 1948년 5월 초에 인민군 제1사단 포병연대장 이기건(李奇建) 소좌가 월남했다.[25] 그는 신경 군관학교 1기생으로[26] 1945년 10월 초에 여운형의 지시로 월북했던 인물이다.[27]

1948년 9월에는 보안간부훈련대대부 창설에 참여했던 여운형그룹 10명 중 6명이 함께 월남했다. 월남한 인물은 중앙경위대 대대장 방원철, 보병공급부장 최창륜, 작전과장 박준호, 포병공급부 부부장 이재기, 김영택, 박창암이다. 이들은 모두 신경군관학교 제1기·2기생으로, 1947년 4월에 평양형무소에 투옥되었다가 1948년 5월 4일에 출소해 9월 23일에 집단적으로 월남하였다.[28] 앞에서 살펴본 박임항은 1947년에 먼저 월남했다. 월북했던 박승환은 평양형무소에 투옥되었다가 수감 중 사망하였다.[29] 여운형그룹이 집단 월남함으로써 인민군 내부의 만주군 장교들은 대폭 감소되었다.

1948년 12월 24일에는 인민군 방온양(方溫陽) 대위가 월남했다. 그는

---

24) 이들은 대부분 만주군 장교를 양성하던 신경군관학교 제1·2기생이다(張昌國, 『陸士卒業生』, 中央日報社, 1984, 23~24쪽 ; 199~200쪽). 이 글에서 이들을 '여운형그룹'으로 지칭한 이유는 이들이 모두 1946년에 여운형의 권유에 따라 월북했기 때문이다(한국정신문화연구원 편, 『내가 겪은 한국전쟁과 박정희정부』, 선인, 2004, 283~293쪽).

25) 「以北人民軍第一師 李參謀長逃走越南」, 『경향신문』, 1948. 5. 7.

26) 丁一權·金錫範, 『滿洲國軍誌』, 미간행, 1987, 51쪽.

27) 이기건 증언, 「南北의 對話47 : 괴뢰金日成의 登場(6)－굳혀지는 金日成體制」, 『동아일보』, 1972. 1. 27.

28) 각 인물의 직책은 월남 당시 신문에 보도된 것이며, 월남자 명단은 방원철이 증언한 것이다(「北韓人民軍將校 脱走入京」, 『동아일보』, 1948. 10. 28 ; 한국정신문화연구원 편, 앞의 책, 2004, 301~305쪽). 여운형그룹은 평양형무소에 투옥된 이후 조선건국동맹 가입여부, 여운형과의 관계, 여운형과 박승환의 관계를 집중적으로 조사받았다. 방원철, 『방원철회고록－人民軍 創設에 참여한 前後이야기』, 미간행원고, 1987, 388~393쪽.

29) 한국정신문화연구원 편, 앞의 책, 2004, 286 ; 304쪽.

일본육군사관학교 출신이었다. 그는 12월 31일자 기자회견에서 인민군의
파벌투쟁을 비판했다.30) 군관뿐만 아니라 병사들도 월남했다. 강원도
인제군 서화면 주민 이도현은 1948년 4월에 인민군에 입대했는데, 군대에
서 탈영해 월남했다. 그는 빈농 출신으로 1946년 6월에 입당한 조선신민당
당원이었다. 북조선로동당 인제군당은 이도현의 월남이 확인되자, 1949년
9월에 그를 출당시켜 당적을 완전히 제거하였다.31)

1948년까지 월남한 인민군의 특징을 분석해보면, 이들은 주로 38선
후방지역에서 나왔고, 만주군·일본군 출신 장교들이었다. 그러나 월남병
의 양상은 1949년부터 변화한다. 1949년 봄부터 38선 접경지역에 배치된
인민군과 내무성군대에서 월남병이 발생하기 시작했다. 그 이유는 1949년
부터 남·북간의 38선 충돌 양상이 달라졌기 때문이다. 38선 충돌은 1948년
까지 38선 월경과 총격전 수준에 그쳤다. 양측의 병력은 대부분 북한의
경비대와 한국의 경찰·청년단 등이었으며, 병력도 소규모에 불과했다.
충돌의 성격 역시 현지의 사정에 따른 우발적인 충돌이 많았다. 그러나
1949년의 38선 충돌은 이전처럼 자연발생적인 충돌이 아니었으며, 정규군
이 투입되었고, 연대급 병력까지 동원되었다. 또한 화력의 측면에서도
소총뿐만 아니라, 기관총·박격포·대구경포 등 군이 보유하고 있던 모든
중화기가 사용되었다. 이는 실질적으로 '교전행위'였다.32)

대표적으로, 1949년 5월 19일에 황해도 배천군 우포리에서 인민군이
38선을 넘어와 남한 군·경을 공격했다. 이날 교전은 대규모로 전개되어
새벽부터 오후 8시까지 지속되었고, 인민군이 38선 이북으로 퇴각하면서
종료되었다. 교전 결과 인민군은 11명이 전사했고, 상당수가 부상당했다.

---

30) 「人民軍內部動搖」, 『경향신문』, 1949. 1. 1.
31) 「북조선로동당 강원도 인제군당 상무위원회 회의록 제60호」(1949.9.10), 국사편
    찬위원회 편, 『北韓關係史料集』 3권, 587쪽.
32) 정병준, 『한국전쟁-38선 충돌과 전쟁의 형성』, 돌베개, 2006, 258~259쪽.

국군과 경찰은 각각 1명씩 전사했다. 이날 군·경은 인민군 하사 2명, 병사 3명, 정보원 4명을 포로로 잡았다.[33] 이처럼 1949년도의 38선 충돌은 전쟁상황과 마찬가지로 전선이 이동하고, 전사자와 포로가 발생했다. 교전에 투입된 인민군들은 남한의 군·경을 직접적으로 접했고, 전투의 참상을 목격하였다. 그리고 전선이 남·북으로 이동함에 따라 월남을 계획한 병사들은 1949년 이전보다 손쉽게 목적을 달성할 수 있었다.

예를 들어, 1949년 5월 30일에 황해도 연백군 제1889부대 제163중대 이등병 김달수가 오현(五峴) 지서를 거쳐 월남하였다. 그는 월남 이유를 다음과 같이 말했다. "나는 석달동안 38선경비대에 복무하였는데, 그간 이북군이 38선에서 유격전투를 시작한 이후 전일 백천지구전투에 참가하여 이남의 무기 우수성과 전술이 탁월함을 목격하고 이북의 허위와 형세 불리함을 통절히 느끼고 월남하였다."[34] 김달수는 바로 앞에서 살펴본 배천전투에 참전한 병사다. 1949년부터 38선 충돌이 준전시상태로 격화되면서 전투지역에서 월남병들이 발생했음을 알 수 있다.

1949년 8월에도 38선 인근의 인민군 병사들이 월남하였다. 8월 9일에는 상등병 김오봉(金五鳳)이 양양에서 월남했고, 8월 21일에는 하사 이익선(李益善)과 중사 이성국(李成國)이 철원에서 월남했다. 8월 31일에는 중사 이경섭(李景燮)이 황해도 평산에서 자동기관총 1정을 들고 월남하였다. 이들은 월남 이유에 대해 "북한은 억압정책으로써 우리를 꼬러 인민군에 편입시켰다"라고 진술했다.[35] 월남병은 1949년 여름부터 병사에서 하사관으로 확대되었고, 이들은 주로 북한체제를 반대하는 인물들이었다.

1949년 가을에는 인민군에서 요시찰을 담당하는 정치보위부 군관이

33) 「所謂人民軍越南事件續報 第二次國防部發表」, 『경향신문』, 1949. 5. 22.
34) 「國軍의 威容에 感服, 以北軍人 越南歸順」, 『동아일보』, 1949. 6. 13 ; 「北以歸順兵 國軍再敎育訓練」, 『경향신문』, 1949. 1. 15.
35) 「人民軍歸順」, 『경향신문』, 1949. 9. 4.

월남했다. 육군본부 보도과는 9월 10일에 38정치보위부장 이창옥(李昌玉) 소좌가 월남하였다고 보도하였다.[36] "38정치보위부장"은 내무성 38경비 여단에 소속된 정치보위부 장교로 판단된다. 또한 1950년 2월을 전후해 인민군 "정치보위국 직속 특수 제51부대 부대장 장인철(張仁哲) 소좌"가 월남했다.[37] 월남병은 1949년 가을부터 병사·하사관에서 군관으로 확대되었다. 또한 군대의 당사업·민청사업, 군인들의 동향 감시 등 정치사상사업을 책임지는 정치보위부 군관까지 월남했다.

한편 인민군 육군뿐만 아니라 공군에서도 월남병이 발생하기 시작했다. 현재까지 인민군 조종사 중에 월남한 것으로 확인된 인물은 4명이다. 가장 먼저 월남한 인물은 평양학원 조종사 윤응렬(尹應烈)이다. 그는 일본 소년비행병학교 15기 을(乙) 출신으로, 1947년 봄에 평양학원 항공과에 입학했다. 윤응렬은 평양학원에서 정치교육을 받았으나, 사상의 차이로 "지도원 동무"로 불리는 교관들과 부딪쳤다. 그리고 사상불순을 이유로 영창에 투옥되었다. 그는 평양학원 정치보위부 요원에게 유복한 집안형편과 형제들이 월남한 사실을 고백했다. 그 후 윤응렬은 인민군 정치보위부 심사과장에게 최종심사를 받았는데, 성분과 사상에 있어서 부적격 판정을 받았다. 그는 평양학원을 나온 후, 1948년 6월 6일에 월남했다.[38]

평양학원 조종사 이세영(李世暎)도 월남했다. 그는 지주의 아들이었고, 소년비행병학교 15기 을 출신이었다. 이세영은 1946년에 평양학원 항공대에 입대했는데, 1948년 7월경 윤응렬의 부모님을 찾아왔다고 한다. 그는 자신이 숙청당하게 되었다며 월남을 부탁했고, 1948년 8월에 월남했다.[39]

36) 「傀儡以北軍속에 南韓憧憬者많다」, 『동아일보』, 1949. 9. 11.
37) 「越南軍人 오늘歡迎會」, 『동아일보』, 1950. 2. 26 ; 「北韓의 腐敗相을 痛擊, 義擧部隊의 歡迎大會盛況」, 『경향신문』, 1950. 2. 28.
38) 윤응렬, 『상처투성이의 영광』, 황금알, 2010, 26~88쪽.
39) 윤응렬, 위의 책, 2010, 502~504쪽 ; 「4월의 6·25전쟁영웅, 이세영 공군 소령」, 『중앙일보』, 2012. 3. 30.

평양학원 조종사 고봉록(高奉綠)도 월남했다. 그는 함경남도 함흥에서 갑부의 아들로 태어났고, 대학 재학 중 자비로 조종술을 배웠다. 고봉록은 해방 직후 평양학원 항공대에 입대했으나, 출신성분 때문에 견디지 못하고 월남했다.[40]

인민군 조종사 중 전쟁 전 마지막으로 월남한 사람은 이건순(李建淳) 중위다. 그의 형·누나·처남은 이미 월남해 있었다. 이건순은 오래 전부터 처남에게 월남계획을 전달했다. 그는 천주교 신자라는 이유로 탄압받았고, 월남자의 가족이었기 때문에 진급도 어려웠다. 이건순은 1950년 4월 28일에 전투기를 몰고 김해비행장에 착륙했다. 그는 소련전투기를 몰고 월남한 공을 인정받아 5월 17일에 이승만 대통령으로부터 상금 100만원을 받았다.[41] 인민군 공군의 월남병은 주로 출신성분·사상·종교·가족(월남자) 등의 문제로 월남한 사람들이었다.

현재까지 전쟁 전 월남병의 규모를 알 수 있는 통계는 없다. 다만 1949년도에 국방부에서 언론에 발표한 인원이 있다. 국방부 정훈감은 7월 23일 월남군인환영대회에서 "사선을 돌파하고 월남한 2천여명의 새가족을 마음으로부터 맞는다"라고 발언했다.[42] 1949년 7월까지 내무성 군대와 인민군에서 월남한 병사는 총 2,000여 명임을 알 수 있다. 그 후의 월남병 규모는 알 수 없다. 2,000여 명 중에는 앞에서 살펴보았듯, 38선에서 교전 중에 포로가 된 인민군들도 포함되어 있을 것이다.

인민군 병사들이 월남한 이유는 무엇일까? 주한미군 정보참모부는 월남병들을 직접 조사해 이들의 월남 이유를 분석했다. 정보참모부가 파악한 결과, 월남 이유는 복무조건에 대한 불만, 1년 동안 진행된 끊임없는

---

40) 윤응렬, 위의 책, 2010, 133쪽.

41) 「食事時間을 틈타 高射砲集中射擊을 무릅쓰고」·「歸順飛機의 脫出經緯」, 『경향신문』, 1950. 4. 30 ; 「賞金百萬圓授與」, 『경향신문』, 1950. 5. 18.

42) 「自由와 平和의 祖國은 그대들을 질겁게 맞는다」, 『동아일보』, 1949. 7. 24.

훈련, 학교진학·장교훈련의 기회 박탈, 부양가족에 대한 특별배급의 중지, 전사(戰士) 가족들에 대한 토지개혁의 영향, 일본군 출신에 대한 차별 등이었다.[43)]

특히, 인민군은 병사들의 개인경력과 가족·친척관계를 파악해 인사배치와 진급에 활용했다. 인민군은 이력서를 통해 병사들의 사회성분·출신성분, 혼인관계, 직업경력, 학력, 혁명활동, 외국 거주·이동경력, 외국군 복무경력, 민청활동, 정당활동, 부모의 직업경력, 부인·자식·부양가족에 관한 개인정보, 부모·친척의 선거권 박탈경력, 외국·남한에 있는 친척에 관한 사항 등을 면밀히 파악했다.[44)] 따라서 한번 "불순분자"로 낙인찍힌 군인들은 군대 내에서 일상적으로 사찰을 당했고, 진급에서도 불이익을 받았다.

월남병은 만주군·일본군 출신이거나 부르주아계급·지주계급 등이었다. 윤응렬의 사례에서 보이듯, 노동당의 사상에 반대하는 인물들도 군대에서 제거된 후 월남했다. 그리고 월남자의 가족이나 종교인들도 군대에서 불이익과 감시를 받다가 월남했다. 또한 2,000여 명의 월남병 중에는 북한정치세력이 인민민주주의혁명 과정에서 배제한 "파쇼적·봉건적 반동세력, 사리사욕분자, 관료주의분자, 종파적 파괴분자" 등 이른바 '반혁명세력'도 포함되어 있을 것이다. 북한정치세력이 인민군에서 '반혁명세력'을 제거함으로써 인민군의 계급적·혁명적 성격은 한층 강화되었다.

월남병의 양상은 1949년부터 변화했는데, 월남 양상이 변화한 이유는 1948년 8~9월에 한반도에 분단체제가 출현했기 때문이다. 분단체제가 출현하면서 38선은 미·소의 군사적 분할선에서 남·북의 체제적 국경선으

---

43) USAFIK, *G-2 Weekly Summary*, No.147(1948. 7. 2~7. 9), 한림대 편, 『북한정보요약』 3, 542쪽 ; USAFIK, *G-2 Weekly Summary*, No.152(1948. 8. 6~8. 13), 한림대 편, 『북한정보요약』 4, 102쪽.

44) 조선인민군총사령부 간부부, 『조선인민군대간부 개인요향(김세찬)』, 조선인민군총사령부, 1948. 9. 25.

로 전환되었다. 분단체제 출현 이전에 북한의 노선을 반대하는 것은 정치적 문제였으나, 분단체제 출현 이후에 북한의 노선을 반대하는 것은 체제의 문제였다.

반대로 분단체제가 출현하자, 국군의 병사들도 개인적·집단적으로 월북했다. 대표적으로, 1949년 5월 5일에 춘천 제6여단 제8연대 소속 강태무(姜太武)·표무원(表武遠) 소령이 지휘하는 2개 대대가 월북했다. 1주일 뒤인 5월 12일에는 제2특무정대 기함 제508호가 월북했고, 9월 22일에는 1,900톤급 전 미해군 함정 킴볼스미스(USS Kimbal Smith)호가 월북했다. 공군의 경우, 9월 24일에 이명호 등 공군조종사 2명이 L-5 정찰기를 타고 월북했다. 또한 국군의 병사들도 개별적으로 탈영해 월북했다. 1948년 9월 1일부터 1949년 8월 말까지 총 5,268명의 병사가 국군에서 탈영했는데, 주한미대사관은 이들 중 상당수가 월북한 것으로 추정했다.[45]

1948년 9월에 분단체제가 출현하면서 월남병의 양상은 '반혁명세력'에서 '반체제세력'으로 변화하였다. 분단체제 출현 이후 월남병들은 북한의 혁명과정에서 제거되거나 혁명을 반대하는 세력이 아니라, 북한체제를 반대하는 세력이었다. 반대로 국군의 월북자들은 남한체제를 거부하고 북한체제를 선택한 세력이었다. 국가의 군대로서 인민군의 목적은 "조선민주주의인민공화국을 보위"하는 것이며 인민군에 복무하는 것은 "공민의 국가적 의무"였다.[46] 월남병들은 북한정부를 보위하는 임무와 북한공민으로서 국가적 의무를 거부하고 남한체제를 선택하였다. 이들에게 남은 문제는 남한체제 편입 여부였다.

---

45) 정병준, 앞의 책, 2006, 346~347 ; 436~439쪽.
46) 『정치상학교재(49-11) : 조선인민군의 조직과 목적 및 과업에 대하여』, 민족보위성 문화훈련국, 1949. 2, 21~23쪽.

3. 월남병의 조사와 처리 : '귀순자'와 '모략분자'

월남병은 남한에서 어떻게 취급되었을까? 월남병은 가장 먼저 38선 접경지역 이남에 위치한 수용소에 수용되었다. 월남병 수용소가 있던 대표적인 지역은 경기도 개성·옹진·포천, 강원도 강릉·춘천 등 5개 지역이다. 이들은 각 수용소에 거주하다가 중요행사가 있을 때 서울에 집결했다. 예를 들어, 1949년 7월 23일에 열린 월남군인환영대회에 참석하기 위해 5개 지역에서 출발한 월남병들이 서울로 올라왔다.[47]

월남병은 남한에 도착한 직후 미군과 국군의 정보기관에서 조사를 받았다. 월남병에 대한 조사과정은 윤응렬의 사례를 통해 구체적으로 확인할 수 있다. 윤응렬은 먼저 경기도 연백에 파견된 미군 첩보대의 한국인 첩보대원에게 간단한 신상을 진술했다. 그는 연백경찰서를 거치지 않고 첩보대원을 따라 개성에 주둔한 미군 첩보대로 인계되었다. 윤응렬은 이곳에서 미군 중위에게 북한 공군과 평양학원에 관한 정보를 진술했다. 윤응렬은 기초조사가 끝난 후 용산의 미7사단 정보처 정보참모부로 보내졌고, 이곳에서 다시 북한 사정과 항공대의 상황을 진술했다. 그는 이후 종로에 있는 HID에 보내져 휘태커(Whitaker)와 고정훈(高貞勳)으로부터 조사받았다. HID의 조사가 끝난 뒤에는 "미 공군 전략정보 한국지부"에서 재조사를 받았다. 그는 도널드 니콜스(Donald NIchols)에게 북한 공군에 관한 모든 정보를 제공한 후 비로소 풀려났다.[48]

1948년 5월에 월남한 이세영도 미군 첩보대에서 조사받았다. 윤응렬은 이세영에 대해 "월남한 후에 그는 미국 정보대에서 나와 비슷한 일을 겪고 나서 자유의 몸"이 되었다고 증언하였다.[49] 38선 접경지역에서

---

47) 「越南軍人 歡迎의 意氣衝天」, 『경향신문』, 1949. 7. 24.

48) 윤응렬, 앞의 책, 2010, 88~90쪽.

49) 윤응렬, 앞의 책, 2010, 133쪽.

월남한 보안대원들도 미군정 경찰에게 조사받았다. 1948년 6월 28일에 경기도 개성에서 여현철도보안대 분대장 현희선(玄熙善)과 부분대장 이관평(李觀平)이 월남해 개성경찰서를 찾아갔다. 그런데 개성경찰서에서는 이들이 "혹 모종의 모략성을 가진 것이 아닌가 하여 엄중 조사"하였다.[50] 1948년 9월에 집단 월남한 여운형그룹은 육군본부를 직접 찾아가 정보국 장을 면담하고 모두 「귀순자술서」를 작성했다.[51]

월남병들이 조사받은 기관은 미군·국군·경찰이었다. 윤응렬이 처음 조사받은 개성의 미군첩보대와 세 번째로 조사받은 "HID"는 사실 동일한 기관이다. 이 기관의 정확한 명칭은 "미군 제24군단 제971 CIC 파견대 (Detachment)"였다. 미군은 1945년 9월 제224 CIC 파견대를 남한에 배치하였다. 제224 CIC 파견대는 1946년 4월 1일에 제971 CIC 파견대(이하 방첩대)로 교체되었다. 미군 방첩대는 1947년 이후 대북정보를 수집하기 위해 개성, 옹진, 삼척 등지에 방첩대 지부나 분소를 설치했다.[52] 윤응렬은 1차로 방첩대 개성지부에서 조사받고, 3차로 방첩대 서울본부에서 조사받은 것이다.

미군 방첩대는 1945년 11월부터 첩보수집 업무에 참여했고, 수집한 대북첩보를 주한미군사령부 정보참모부에 보고하였다. 그 후 미군 방첩대는 1947년 3월 23일부터 공식적으로 대북첩보 수집업무를 맡게 되었고, 전담부서로 첩보과가 설치되었다. 신설된 첩보과 책임자는 위트워 (Wallace K. Wittwer) 중위가 맡았고, 그와 함께 미 육군부 관리인 휘태커 (Donald P. Whitaker)가 비공식 공동책임자로 배치되었다. 첩보과는 초기에 주요 대북정보를 월남민으로부터 얻었다. 그들은 윤응렬의 사례처럼

---

50) 「以北鐵道保安分隊長 脫出越南, 開城署에 自首」, 『동아일보』, 1948. 7. 2.

51) 한국정신문화연구원 편, 앞의 책, 2004, 310쪽.

52) 정용욱, 「해방 직후 주한미군 방첩대의 조직 체계와 활동」, 『한국사론』 53, 서울대학교 국사학과, 2007, 445~448 ; 477~478쪽.

월남민 중 중요인물의 경우, 심문을 위해 방첩대 서울본부로 보냈다.[53]

윤응렬이 두 번째로 조사받은 기관인 "미7사단 정보처 정보참모부 (G-2)"는 주한미군 사단급에 설치된 정보부서를 말한다. 미군 제24군단은 남한 진주 후에 사단의 정보참모부를 활용해 남한지역에서 각종 정보를 입수했다. 미군 G-2는 남한지역 뿐만 아니라 월남민을 면담해 북한지역의 소련군과 인민군에 대한 정보를 입수했다. 예를 들어 1948년 3월, 미군 G-2는 1주일 전에 38선을 넘어온 월남민을 조사한 결과, 북한지역에서 18~25세의 청년들을 인민군으로 모병하고 있다는 사실을 알아냈다.[54]

윤응렬이 조사받은 또 다른 미군 정보기관인 "미 공군 전략정보 한국지부"의 정식 명칭은 "미 공군 인간첩보대(USAF HUMINT : Human Intelligence)"이다. 공군 첩보대의 책임자는 해방 후에 도쿄의 CIC 훈련학교를 수석으로 졸업한 도널드 니콜스(Donald Nichols) 상사였다. 니콜스는 1946년 9월에 동경주재 극동공군사령부 제607파견대 산하 한국분견대인 K분견대 책임자로 임명되었다. 그는 미 공군의 방첩 임무를 맡아 남로당에 스파이를 침투시켰으며, 38선을 남하하는 피난민과 망명자들을 심문해 북한정보를 수집했다.[55]

이상에서 살펴본 것처럼, 미군이 월남병을 몇 단계에 걸쳐 엄격하게 조사한 이유는 두 가지였다. 첫째는 윤응렬의 사례처럼 이들로부터 북한지역과 인민군에 대한 최신정보를 입수하려는 목적이었다. 둘째는 이들 중 일부가 간첩일 가능성이 있기 때문이었다. 미군 G-2는 1948년 8월 13일자 「북한정보요약」에서 미군에 정보를 제공한 월남병 중 일부가 미군·국군의 군사시설·준군사시설의 정보를 탐지하기 위해 남파되었을

---

53) 정용욱, 위의 글, 2007, 473~476쪽.

54) USAFIK, *G-2 Weekly Summary*, No.130(1948. 3. 5~3. 12), 한림대 편,『북한정보요약』 3, 180쪽.

55) 양정심,「한국전쟁기 미 공군의 대북첩보활동-도널드 니콜스를 중심으로」, 『史林』46, 수선사학회, 2013, 418~420쪽.

것이라고 분석했다. 또한 일부 월남병은 향후에 인민군이 남침할 때 인민군에 호응하기 위해 남파된 고정간첩일 가능성이 있다고 의심했다.[56]

월남병은 미군의 조사가 끝나면 다시 국방부에서 조사받았다. 국군에서 월남병을 조사한 기관은 육군본부 정보국과 방첩대였다. 정부는 1948년 12월 7일자로 국방부 본부에 정보국을 신설하였다. 정보국은 적극적인 대북첩보활동과 탐색공작을 위해 설치된 특수부서였다.[57] 정보국은 미군 제24군단 정보참모부의 정보장교들에게 미군의 정보업무를 교육받았다. 정보국과 각 연대의 정보장교들은 정보교육을 완료한 후, 38선의 주요지점인 청단, 연안, 개성, 동두천, 춘천, 자은리, 주문진 등지에 파견되었다. 정보국은 주요지점에 "피난민 신문반"을 편성해 북한지역에서 월남하는 인물들을 조사해 북한에 대한 정보를 수집했다. 또한 정보국은 육군사관학교 8기생 중 성적우수자 30명을 선발해 군대 내부의 좌익세력을 조사하고 적발하기 위해 방첩대를 창설했다.[58]

월남병에 대한 한국정부의 처리방침은 1949년 1월 14일에 발표되었다. 국방부는 월남병 중 "모략적인 분자들을 엄중 조사하여 처단하는 동시에 개선의 여지가 있는 장병들은 포섭하여 철저한 교육과 훈련을 시키고 있다"고 발표하였다. 이승만 대통령도 이들 중 가장 사상이 온전한 자들을 교육·지도할 것이라는 입장을 밝혔다.[59]

국방부가 1949년 1월 시점에 월남병에 대한 처리방침으로 '모략분자의 처단과 귀순(歸順)장병의 포섭'이라는 양면책을 표명한 직접적인 이유는 1948년 10월 19일에 발생한 여순사건 때문이다. 여순사건으로 전남 동부지방이 순식간에 좌익의 수중에 넘어가자, 정부와 국군은 내부의 좌익에

---

56) USAFIK, *G-2 Weekly Summary*, No.152(1948. 8. 6~8. 13), 한림대 편, 『북한정보요약』 4, 102쪽.

57) 백기인, 『建軍史』, 국방부 군사편찬연구소, 2002, 120~121쪽.

58) 白善燁, 『軍과 나』, 대륙연구소출판부, 1989, 334~335쪽.

59) 「歸順以北軍激增, 國防部서 再敎育實施」, 『동아일보』, 1949. 1. 15.

대한 숙청을 시작했다. 11월 11일, 육사 졸업식에 참석한 이범석 국방부장
관은 "과거에 공산분자가 군에 잠입해 청년군인을 감염시켰다"고 보고,
"금후에도 인재 보충에 각별 유의해 불순분자의 유입을 방지"하겠다고
발언했다.[60]

　한국정부가 일부 월남병을 '모략분자'로 판단한 이유는 실제로 북한정
치세력이 월남하는 사람들 가운데 첩보원을 침투시켰기 때문이다. 이
때문에 미군 장교들과 남한 경찰은 북한 첩보원을 색출하기 위해 월남민을
끊임없이 조사했다.[61] 또한 북조선로동당과 내무성 정치보위국은 대남공
작을 위해 많은 공작원을 남파했다. 북조선로동당은 1947년 5월에 성시백
(成始伯)을 남파해 군대·정치권·경제계·문화계 등에 비밀공작원을 침투
시켰고, 내무성 정치보위국은 국군 내부에서 봉기를 일으키기 위해 1949년
10월에 최영추(崔永推)를 남파해 육군·해군·공군에 침투시켰다. 육군본부
정보국은 여순사건을 계기로 수사반을 편성해 내사를 진행했고, 정보국
방첩대는 군·검·경 합동수사진을 조직해 관련자들에 대한 증거자료를
수집했다. 남파 공작원과 첩보원들은 대부분 군·검·경 합동수사진에
의해 검거되었고, 조사 후 군법회의에 회부되었다.[62]

　미군과 국군의 거듭된 심문과 조사를 통과해 '귀순자'로 판명된 월남병
은 정부로부터 대대적으로 환영받았다. 육군본부는 1949년 7월 23일에
서울운동장에서 "월남군인환영대회"를 거행했다. 이 대회에는 123명의
월남병 대표가 참가했다. 환영대회에는 국방부장관, 국방부차관, 육군총
참모장, 해군총참모장, 경무과장, 대한청년단 부단장, 대한부인회 회장,
황해도지사가 참석했다. 월남병 육군 대표는 안병식(安炳植), 해군 대표는
김승찬 소좌, 장교대표는 김성록(金成綠) 소좌였다.[63] 국방부는 1950년

　60) 『독립신문』, 1949. 11. 13.
　61) 브루스 커밍스 지음, 김주환 옮김, 『한국전쟁의 기원』下, 청사, 1986, 312쪽.
　62) 國軍保安司令部, 『對共三十年史』, 高麗書籍, 1978, 57~58 ; 69~71쪽.

2월 26일에 다시 "월남 의거부대 환영대회"를 개최했다. 이 대회는 "월남한 인민군 장인철(張仁哲) 외 26명에 대한 군당국의 환영대회"였고, 국방부 정훈국과 육군본부 정보국이 주최했다. 대회에는 정일권 준장, 이선근 정훈국장, 장도영 정보국장이 참석했다. 월남병들은 대회가 끝난 후 을지 로에서 남대문까지 시가행진을 벌였다.[64]

'귀순자'로 판명된 월남병들은 정부의 대국민·대북 선전활동에 투입되 었다. 첫째, 월남병들은 국군이 후원한 각종 반공강연회에 연사로 참여했 다. 가령, 인민군 육군 소좌 강창남, 인민군 육군 대위 김영수(金英洙), 인민군 공군 중위 이건순은 1950년 6월 9일에 국군 제5202부대가 후원하고 경기도 양주군 민운이사회(民運理事會)가 주최한 "북한의 실정보고 강연 회"에 연사로 등단하였다.[65] 둘째, 월남병들은 대북심리전에 동원되어 선전물을 작성했다. 예를 들어, 전 38경비대 제3여단 분대정찰장 신용섭 등은 대북삐라에 "그놈들은 우리들을 속여서 언제까지나 부려먹다가 제1선으로 내몰아 개죽엄을 당하게 할려는 것이다. 이제는 더 속지 말고 용기를 내어 월남 귀순하라!"라고 썼다. 정부는 인민군의 월남을 촉진하기 위해 대북삐라에 상세한 "귀순방법"을 병기했는데, 암호는 "이승만박사 만세"였다.[66]

63) 「越南軍人 歡迎의 意氣衝天」, 『경향신문』, 1949. 7. 24 ; 「越南軍人歡迎大會盛況」, 『동아일보』, 1949. 7. 24.

64) 「越南軍人 오늘歡迎會」, 『동아일보』, 1950. 2. 26 ; 「北韓의 腐敗相을 痛擊, 義擧部隊 의 歡迎大會盛況」, 『경향신문』, 1950. 2. 28.

65) 「越南軍人講演盛況」, 『경향신문』, 1950. 6. 12.

66) 이 선전삐라는 1949년 10월 25일에 국군 비행기에 의해 해주시내 상공에 뿌려졌다. "귀순방법"은 다음과 같다. "국방군 전방 五十메-터 지점까지 와서 총을 땅에 놓고 두손을 들고 「이승만박사 만세」하고 큰 고함으로 국군이 알어들을 때까지 부르고 국군이 나오면 그 호령대로 움지기라! 귀순후에는 현재 계급에 따라 영예롭게 국군에 편입될 것이다." 북소선로동당 황해도당 선전선동부장 서필식, 「최근의 군중여론 보고에 관하여」(1949. 10. 29), 국사편찬위원회 편, 『北韓關係史料 集』 9권, 694~696쪽.

4. 월남병의 대북 특수전 : 토벌·유격전·첩보전

월남병은 미군과 국군의 수차례에 걸친 조사와 검증을 통해 '모략분자'와 '귀순자'로 구분되었다. 이 가운데 '모략분자'는 정부의 발표대로 군법회의 등을 거쳐 법에 따라 처벌되었을 것이다. 그러나 '귀순자'로 판명된 월남병은 남한체제에 편입되었다. 이들을 남한체제에 편입하는 절차와 방법은 국방부에서 입안하고 결정하였다.

국방부는 1949년 7월 25일에 월남병에 대한 편입방침을 발표하였고, 월남병에게 두 가지 선택지를 제시했다. 먼저 국방부는 "월남군인 전원을 우리 국군의 일원으로 편입·포섭하게 되었으며, 특히 공산군 계급에 해당하는 원 계급 그대로 부여"하기로 결정했다. 이와 함께 "그들의 의사를 존중하여 원하는 자에게는 타방면으로 진출하는 것도 허용하여 직업·기타도 군에서 알선"해 주기로 결정했다.[67] 이에 따라 월남병 중 일부는 국군에 편입되었고, 일부는 경찰에 입문하거나 사회로 진출했다. 경찰에 입문한 대표적인 월남병은 한태윤이다. 그는 인민군 제4사단 통계과장으로 1950년 4월에 월남했고, 경찰에 입문해 인천해안부두파출소 소장으로 근무했다.[68]

월남병이 처음으로 국군에 편입된 시기는 1949년 9월 23일이다. 이날 제1차 국군 편입식, 즉 "월남군인 제1차 육군전입과 계급수여식"이 국방부에서 개최되었다. 편입식에는 신성모 국방부장관, 채병덕 총참모장, 이북5도지사 등이 참석했다. 국방부는 69명의 월남병에게 인민군 계급 그대로 국군 계급장을 수여했다. 이날 국군에 편입된 월남병은 안병식 소좌, 이한종(李漢鍾) 등 대위 3명, 이종복(李鍾福) 등 중위 6명, 김용성(金龍成) 등 소위 20명, 특무상사 3명, 일등상사 10명, 이등상사 1명, 일·이등중사,

---

67) 「越南共産軍 國軍에 編入」, 『경향신문』, 1949. 7. 26.
68) 최태환·박혜강, 『젊은 혁명가의 초상』, 공동체, 1989, 138쪽.

하사관, 이등병 등이었다.[69]

월남병의 제2차 국군 편입식은 1949년 11월 24일에 단행되었다. 국방부는 이날 72명의 월남군인에 대한 "제2차 국군편입임관 급(及) 계급장수여식"을 거행하였다. 제2차 국군 편입식에는 신성모 국방부장관이 참석해 월남병들에게 훈시했다.[70] 1950년 4월 28일에 월남한 이건순 중위도 5월 12일 국군 공군 중위로 편입되었다.[71] 제1차·제2차 편입식을 통해 공식적으로 국군에 편입된 월남병은 총 141명이었다.

그런데 국방부는 월남병을 각 부대에 분산·배치한 것이 아니라 독립부대로 편성했다. 육군본부 정보국은 1949년 8월 5일에 월남병을 모아 첩보과 직속부대로 육군보국대대(陸軍報國大隊, 제803독립대대)를 창설했다.[72] 육군본부는 월남병들이 전국을 순회·선전하면 인민군의 '귀순'과 남한 민심의 수습에 기여할 것으로 판단했다. 보국대대는 인민군에서 "월남귀순한 장병" 550여 명(장교 52명, 사병 500여 명)으로 편성되었다. 초대 대대장은 월남 군관인 안병식이 맡았다. 정보국은 1949년 12월 9일에 여운형그룹의 방원철을 소령으로 특채해 제2대 대대장으로 임명했다. 이후 보국대대 대원들은 전국순회 강연을 시작했다.[73] 보국대대의 장교·하사관·병사들은 "전원 북한 인민군대 출신"이었다.[74]

방원철은 대대장으로 취임한 즉시 보국대대를 재편했다. 그가 보기에

69) 「아름다운同胞愛, 68名에 階級章을 授與」, 『경향신문』, 1949. 9. 24.
70) 「歸順越南軍人 第二次國軍編入式」, 『경향신문』, 1949. 11. 24.
71) 「越南歸順한 李健淳君 國軍空軍中尉로 編入」, 『동아일보』, 1950. 5. 13.
72) 보국대대에 배치된 월남병들은 제1차 국군 편입식 이전에 이미 국군에 편입되었다. 이들에게는 부대 창설과 함께 군복이 지급되었지만, 무기지급이나 군사훈련은 실시되지 않았다. 방원철, 앞의 글, 1987, 586~587쪽.
73) 국방부 군사편찬연구소, 『한국전쟁의 유격전사』, 국방부 군사편찬연구소, 2003, 69~70쪽 ; 國防部 戰史編纂委員會, 『韓國戰爭史』 1, 國防部 戰史編纂委員會, 1967, 334~335쪽.
74) 방원철, 앞의 글, 1987, 647쪽.

보국대대는 "매우 위험스러운 부대"였다. 그 이유는 부대원 중에 "진짜 귀순한 사람도 잇고, 할 수 없어 귀순한 사람도 잇으며, 위장귀순한 사람도 잇으며, 귀순한 후 심리적 변동이 생긴 사람도 잇"기 때문이었다. 방원철은 여운형그룹의 박창암을 작전주임으로 배치하고, 전체 부대원을 A·B·C 집단으로 분류해 내무반을 재편했다. 100% 믿을 수 있는 자는 A집단, 애매모호한 자는 B집단, 100% 믿을 수 없는 자는 C집단으로 분류했다. 그후 방원철은 작전참모·정보참모·인사참모와 협력해 보국대대를 장악해 나갔다.[75]

그런데 방원철은 월남병을 진정한 "대한민국 사람"으로 만들기 위해 보국대대를 "빨갱이를 잡는 토벌부대"로 만들자고 육군본부에 제안했다.[76] 이 제안이 받아들여진 결과, 보국대대는 1950년 1~2월경 제3사단에 편입되어 영남지구에서 공비토벌작전과 대민심리전을 전개했다.[77] 또한 여운형그룹의 박임항 중령도 육군 제211부대를 이끌고 1948년 11월부터 1950년 1월까지 여순사건 진압작전과 지리산 공비토벌작전을 수행하였다.[78]

보국대와 별도로, 월남한 군관들은 육군사관학교에 입학하거나 특채되어 장교로 육성되었다. 윤응렬은 육군사관학교 제7기 정규반에 입학했고, 김영택과 이기건은 육군사관학교 7기 특별반에 입학했다. 월남한 윤응렬을 조사했던 고정훈도 육사 7기 특별반에 입학했다.[79] 박임항은 월남 직후 조선민족청년단에 입단해 교무처장으로 근무하다 1948년 8월에 육사 7기 특별반에 입학했다. 그는 졸업과 동시에 대위로 임관해

---

75) 방원철, 앞의 글, 1987, 595~598쪽.
76) 한국정신문화연구원 편, 앞의 책, 2004, 324~325쪽.
77) 국방부 군사편찬연구소, 앞의 책, 2003, 69~70쪽.
78) 「李大統領 親히部隊訪問」, 『경향신문』, 1950. 1. 30.
79) 張昌國, 앞의 책, 1984, 182~183 ; 185 ; 197~198쪽.

육군본부 작전국에 배치되었다.[80] 이건순도 5월 12일에 공군 현역 중위로 특채되었다.[81]

육사 7기 특별반을 졸업한 월남병 중에는 한국전쟁 이전 38선 전투에 참가했다가 전사한 장교가 있다. 이중호(李重浩)는 해방 전에 "연안서 중공 산하 조선인부대의 장교로 있었으며, 해방 후에 한동안 북괴 인민군 장교로 있다가 공산주의를 청산하고 월남했던" 인물이다. 그는 고정훈과 함께 육사 정규 7기로 입교했다가 월반해 7기 특별반으로 편입되었다. 이중호는 전쟁 직전에 옹진전투에 참전해 인민군 선봉부대와 육박전을 벌이다 전사했다.[82]

현재까지 월남병 중에서 월남 후 남한에서 생활한 경력을 알 수 있는 인물은 매우 적다. 특히 인민군 병사출신들의 개인사는 거의 알 수 없다. 다만, 보국대대에 편성된 월남병들은 국군 병사로 한국전쟁에 참전한 기록을 확인할 수 있다. 공비 토벌을 마치고 상경한 보국대대는 1950년 5월에 1개월 동안 북한침투훈련을 받았다.[83] 전쟁 직전에는 북한이 남파하는 유격대를 저지하기 위해 전방에 배치되었다. 심상국 대위가 지휘하는 1개 중대는 제6사단, 박창암 중위가 지휘하는 중대는 제7사단에 파견되었다. 제7사단에 배치된 1개 중대는 1950년 6월 25일에 장암리에 있는 인민군 규모를 확인하기 위한 수색정찰을 나갈 예정이었으나, 북한이 남침하자 바로 전투에 투입되었다.[84]

월남병 중 일부 군관은 한국전쟁 참전 경력을 구체적으로 확인할 수

---

80) 佐佐木春隆, 앞의 책, 1977, 42쪽.

81) 「越南歸順한 李健淳君 國軍空軍中尉로 編入」, 『동아일보』, 1950. 5. 13.

82) 이중호는 38선전투에서 영웅이 된 "육탄용사"의 대표적 사례지만, 그에 관한 자료는 고정훈의 책 이외에 발견되지 않는다. 高貞勳, 『(秘錄) 軍』上, 東方書苑, 1967, 43쪽.

83) 國防部 戰史編纂委員會, 앞의 책, 1967, 334쪽.

84) 국방부 군사편찬연구소, 앞의 책, 2003, 70쪽.

있다. 한국전쟁 당시 월남병이 가장 활약한 분야는 특수전(特殊戰, Special Warfare) 분야였다. 월남병 중 박준호와 최창륜은 신경군관학교 3기생 최주종(崔周鍾)과 함께 "육본 직할 유격사령부 제1유격대대"에서 활동했다. 이 부대는 1950년 7월 중순에 육군본부 작전국장 강문봉이 박임항, 박준호, 최주종, 최창륜 등 만주군 출신들로 조직한 특별유격대였다. 대대장은 정진(鄭震) 소령이었고, 참모 겸 중대요원은 박준호·최주종·최창륜 중위였다. 제1유격대대는 8월 초에 보현산지구에 투입되었고, 10월 4일부터 충주에서 인민군 패잔병을 토벌하였다. 제1유격대대는 10월 30일에 제9사단 제28연대로 재편되었고, 공비 토벌작전에 참가했다.[85]

방원철은 개전 당시 보국대대 대대장으로 참전했고, 1950년 8월 초순에는 육군본부 작전국 작전계장으로 임명되었다. 이때 방원철은 작전국장 강문봉의 지시에 따라 예비병력을 동원해 유격대를 편성했다. 이 유격대는 동해안 상륙작전을 목적으로 편성된 "육군 독립 제1유격대대(육군 독립 명부대)"였다. 방원철은 제1유격대대에서 주로 소련제 소총·경기관총 사격술, 수류탄 투척, 상륙작전요령, 교량과 토치카 파괴법 등 군사훈련을 담당했다.[86] 월남병 김영택은 미군유격부대인 동키(Donkey)부대에서 활약했다. 그는 1952년 10월부터 당시 동키 제20부대, 일명 "구월산유격부대"에서 정보참모로 근무했다. 월남한 인민군 대위 이한종도 동키부대에서 활약했다.[87]

박창암은 보국대대 작전참모로 참전했다. 그가 지휘한 부대는 북진시 제1군단 제8사단 수색대대로 재편되어 북한지역에서 인민군 패잔병과

---

85) 국방부 군사편찬연구소, 앞의 책, 2003, 86~88쪽 ; 한국정신문화연구원 편, 앞의 책, 2004, 245~246쪽.

86) 국방부 군사편찬연구소, 앞의 책, 2003, 80 ; 96~98쪽. "명부대"는 부대장 이명흠 (李明欽) 대위의 이름에서 따온 것으로, 앞의 "육본 직할 유격사령부 제1유격대대" 와 다른 부대다.

87) 국방부 군사편찬연구소, 앞의 책, 2003, 324쪽 각주 221번 ; 412쪽 각주 456번.

공비를 토벌하였다. 수색대대장 박창암은 북한지역에서 반공치안대 대원들을 모집해 수색대대에 편입시켰다. 이들은 주로 전쟁 전에 조선민주당·조선신민당·천도교청우당에서 활동하던 반공청년들로 약 1,300명에 달했다. 수색대대는 1951년 2월부터 월악산·문경지역에서 인민군 제2군단과 공비에 대한 토벌작전을 수행하였고, 이후 전북 임실로 이동해 호남지역의 공비토벌작전에 참여했다.[88]

강창남 소좌는 전쟁 직전에 보국대대 장교로 복무했고, 개전 후에는 유격부대 교관과 부대장으로 활동했다. 강창남은 1950년 9월 20일부터 경북 안동에서 방원철의 후임으로 육군 독립 제1유격대대를 지휘해 국군의 반격작전에 참가했다. 1950년 12월 초에 육군본부 정보국은 적의 후방을 교란하기 위해 무장유격대를 편성했는데, 병력은 황해도·평안도 출신 청년 250명으로 구성되었다. 강창남은 이 유격대원들에게 유격전술을 교육했다. 또한 육군본부 정보국은 1951년 1월에 대구의 제7훈련소에서 전투정보 장병과 유격대원을 양성하기 위해 새로운 결사유격대를 창설했는데, 강창남이 유격대원들에게 인민군의 동향·군사노선·전략 등을 가르쳤다.[89]

이기건은 전쟁 당시 유격부대 교관과 특수부대 창설요원으로 활약했다. 그는 1951년 1월 초부터 강창남과 함께 대구의 제7훈련소(후에 육군정보학교)에서 유격대원들에게 인민군의 동향·군사노선·전략 등을 교육했다.[90] 1952년 초에 육군본부 작전교육국장 이용문은 특수부대를 창설하기 위해 이기건 대령, 이극성 중령, 박창암 소령, 김종벽 대위 등 50명의 기간요원을 선발해 하와이 인근 섬에서 훈련시켰다. 이들은 1952년 2월 24일부터

---

88) 朴蒼巖, 「步兵 第8師團 搜索大隊의 6·25 實戰秘話」, 『蒼巖—滿洲 朴蒼巖將軍 論說集』, 「蒼巖」刊行委員會, 2002, 907~912쪽.

89) 국방부 군사편찬연구소, 앞의 책, 2003, 93 ; 104~107쪽.

90) 全仁植, 『한국군 최초의 정규유격대 백골병단 전투상보』, 한국적산연구소, 1997, 25쪽.

7월 14일까지 미군 특수전학교에서 마르크스·레닌주의, 제2차대전 당시 드골이 알제리에서 수행한 비정규전 전례, 첩보전, 심리전 등을 교육받았다. 이기건은 8월에 귀국해 새로 창설된 육군 특수부대인 제9172부대 부대장으로 임명되었다. 제9172부대는 육군 각 사단에서 차출한 월남민 사병들로 편성되었다. 이기건은 부대를 이끌고 서남지구와 제주도의 공비토벌작전에 참여했고, 동해안에서 대북첩보작전을 수행했다.[91]

월남한 인민군 조종사들은 대부분 국군 조종사로 활약했다. 윤응렬은 공군 소위로 참전해 1951년부터 F-51기를 몰고 인민군의 보급로 차단작전, 적진·후방 공습작전에서 활약했다.[92] 이세영은 F-51기 조종사로 참전했다가 인민군 대공포에 맞아 전사했다. 이건순도 공군 중위로 참전했는데, 미 공군첩보대 책임자 니콜스와 함께 특수전 분야에서도 활약했다.[93] 이처럼 월남병들은 한국전쟁 당시 주로 국군과 미군의 특수전 분야에서 활약했다. 국군과 미군이 월남병을 특수전 분야에 활용한 것은 이들이 인민군의 전략·전술·작전·무기에 정통한 인물들이었기 때문이다.

1953년에 한국전쟁이 끝났을 때, 월남병 군관들은 국군에서 대위~대령 계급으로 진급해 있었고, 연대장이나 사단장을 맡고 있었다. 월남병들은 휴전 이후에는 정부로부터 사상적 의심을 받지 않았고 국군에서 장성으로 승진했다. 예를 들어, 김영택은 육군 준장으로 병참감을 역임했고, 이기건은 준장으로 사단장을 역임했다. 박임항은 육군 중장으로 군사령관을 역임했고, 윤응렬은 공군 소장으로 공군사관학교 교장을 역임했다.[94]

월남병들은 한국전쟁 기간 동안 국군 장교와 병사로 참전해 과거의 동료였던 인민군과 싸움으로써 남한체제에 대한 지지를 행동으로 증명하

---

91) 국방부 군사편찬연구소, 앞의 책, 2003, 89~91쪽.
92) 윤응렬, 앞의 책, 2010, 148 ; 151 ; 156 ; 192쪽.
93) 윤응렬, 앞의 책, 2010, 128~130 ; 133 ; 503~504쪽.
94) 韓鎔源, 『創軍』, 博英社, 1984, 232~235 ; 243쪽.

였다. 또한 월남병들은 생사를 오가는 전투를 치르면서 남한체제에 대한 확고한 정체성을 가지게 되었다. 특히, 월남병 군관들은 유격부대·대북첩보부대·유격대훈련소의 장교로 임명되어 인민군·공비에 대한 유격투쟁·토벌작전·대북첩보작전을 수행하면서 철저한 반공·반북의식을 형성하게 되었다. 월남병들은 한국전쟁을 거치면서 대한민국 국민임을 전과(戰果)로 증명하였고, 이로써 남한체제에 확고히 편입되었다.

5. 맺음말

조선인민군의 월남병은 시기에 따라 각각 다른 양상을 드러냈다. 1946년에는 보안국에서 숙청된 일제경찰 출신들이 집중적으로 월남했다. 월남병의 양상은 1948년 9월에 분단체제가 출현하고 38선 충돌이 준전시상태로 격화되면서 '반혁명세력'에서 '반체제세력'으로 변화하였다. 월남병들은 미군정과 국군에서 여러 차례 심층적인 조사를 받았고, 조사를 통과한 사람들은 '귀순자'로 인정받아 남한체제에 편입되었다. 그리고 월남병들은 좌익을 토벌하면서 자신들의 월남이 완전한 '귀순'임을 증명하고 대한민국 국민으로 인정받고자 노력했다.

한국전쟁이 발발하자, 월남병들은 대부분 국군으로 참전했고, 주로 특수전 분야에서 활동했다. 육군본부는 인민군의 전술과 작전에 능숙한 월남병 출신 장교들을 유격부대와 대북첩보부대의 창설요원·지휘관·교관으로 임명했다. 이들은 월남한 우익청년들에게 인민군의 무기·군사노선·전략 등을 교육해 이들을 유격대원으로 육성했다. 또한 월남병 출신 장교들은 이들을 직접 지휘해 인민군·공비에 대한 유격투쟁·토벌작전·대북첩보작전을 전개하였다. 월남병들은 전쟁과정에서 인민군과 직접 전투를 벌이면서 완전히 반북·반공의 전사(戰士)로 재탄생하였다. 예전의 동료

였던 인민군에 대항해 쌓은 전과는 월남병에게 가장 확실한 '귀순'의
신분증명서였다. 그리고 이들은 생사가 오고가는 전투를 경험하면서
남한체제에 대한 확고한 지지와 정체성을 갖게 되었다.

인민군의 월남은 북한의 '민주기지'와 남한의 '반공기지'를 동시에
강화하였다. 북한체제에 적합하지 않고 이를 반대하는 인물들이 월남함으
로써 인민군은 '노동자·농민의 아들·딸로서 조직된 군대'로 건설되었
고95) 북한의 '민주기지'는 강화되었다. 반면에 반공·반북의식을 가진
인물들이 편입됨으로써 국군은 '실지(失地)를 회복할 민국정부(民國政府)
의 군대'로 건설되었고96) 남한의 '반공기지'는 한층 강화되었다. 1948년
이후에 출현한 분단체제는 남과 북의 정치·경제·사회·문화체제를 이질화
시키면서 자체의 유지기반을 마련해 나갔다. 그리고 이질화되어간 두
체제는 상호간의 대립과 경쟁을 통해 그 기반을 확대하고 강화했다.97)
북한체제와 남한체제는 인민군의 병사들이 월남함으로써 더욱 이질화되
었다. 결국 월남병은 분단체제의 결과물이자 분단체제를 강화한 동력
중 하나였다.

---

95) 김일, 「조국보위의 튼튼한 성벽인 조선인민군」, 『조국보위를 위하여』 창간호,
    조국보위후원회 중앙본부, 1949. 10, 33쪽.
96) 「李總理 尹議員韓委와 協議」, 『동아일보』, 1949. 3. 10.
97) 강만길, 『고쳐 쓴 한국현대사』, 창비, 2006, 258쪽.

참고문헌

『경향신문』·『독립신문』·『동아일보』·『매일경제』·『중앙일보』

『軍官·下士官·戰士 試驗問題 問答集』, 민족보위성, 1948. 5. 9.

『정치상학교재(49-11) : 조선인민군의 조직과 목적 및 과업에 대하여』, 민족보위성
　　　　문화훈련국, 1949. 2.

김일, 「조국보위의 튼튼한 성벽인 조선인민군」, 『조국보위를 위하여』 창간호,
　　　　조국보위후원회 중앙본부, 1949. 10.

방원철, 『방원철회고록-人民軍 創設에 참여한 前後이야기』, 미간행원고, 1987.

北朝鮮人民保安局, 『北朝鮮保安事業總結報告』, 北朝鮮人民保安局, 1946. 11. 19.

전현수 역, 『북조선주재 소련민정청 3개년사업 총결보고(1945.8~1948.11)』 1권(정
　　　　치편), 한국연구재단 기초학문자료센터, 2006.

조선인민군총사령부 간부부, 『조선인민군대간부 개인요항(김세찬)』, 조선인민군
　　　　총사령부, 1948. 9. 25.

한림대 아시아문화연구소 편, 『주한미군북한정보요약』 3·4권, 한림대 아시아문화
　　　　연구소, 1989.

강만길, 『고쳐 쓴 한국현대사』, 창비, 2006.

高貞勳, 『(秘錄) 軍』上, 東方書苑, 1967.

國軍保安司令部, 『對共三十年史』, 高麗書籍, 1978.

국방부 군사편찬연구소, 『한국전쟁의 유격전사』, 국방부 군사편찬연구소, 2003.

國防部 戰史編纂委員會, 『韓國戰史』 1, 國防部 戰史編纂委員會, 1967.

국사편찬위원회 편, 『北韓關係史料集』 3·7·9권, 국사편찬위원회, 1985·1989·1990.

김귀옥, 『이산가족, '반공전사'도 '빨갱이'도 아닌』, 역사비평사, 2004.

김선호, 「북한 공군 창설과정을 통해 본 식민지 유산의 연속과 단절」, 『현대북한연
　　　　구』 15-2, 북한대학원대학교, 2012.

김일 외, 『붉은 해발아래 창조와 건설의 40년』 1, 조선로동당출판사, 1981.

朴蒼巖, 『蒼巖-滿洲 朴蒼巖將軍 論說集』, 「蒼巖」刊行委員會, 2002.

백기인, 『建軍史』, 국방부 군사편찬연구소, 2002.

白善燁, 『軍과 나』, 대륙연구소출판부, 1989.

브루스 커밍스 지음, 김주환 옮김, 『한국전쟁의 기원』上, 청사, 1986.

소볼레프·콘스탄티노프 외 저, 김영철 역, 『반제민족통일전선연구』, 이성과현실
　　사, 1988.

양정심, 「한국전쟁기 미 공군의 대북첩보활동-도널드 니콜스를 중심으로」, 『史
　　林』 46, 수선사학회, 2013.

윤응렬, 『상처투성이의 영광』, 황금알, 2010.

張昌國, 『陸士卒業生』, 中央日報社, 1984.

全仁植, 『한국군 최초의 정규유격대 백골병단 전투상보』, 한국적산연구소, 1997.

정병준, 『한국전쟁-38선 충돌과 전쟁의 형성』, 돌베개, 2006.

정용욱, 「해방 직후 주한미군 방첩대의 조직 체계와 활동」, 『한국사론』 53, 서울대
　　국사학과, 2007.

佐佐木春隆 著, 姜昶求 譯, 『韓國戰秘史』上卷, 兵學社, 1977.

최태환·박혜강, 『젊은 혁명가의 초상』, 공동체, 1989.

한국정신문화연구원 편, 『내가 겪은 한국전쟁과 박정희정부』, 선인, 2004.

韓鎔源, 『創軍』, 博英社, 1984.

홍석률, 「1970년대 민주화 운동세력의 분단문제 인식-분단시대론과 분단체제
　　론」, 『역사와연실』 93, 한국역사연구회, 2014.

제3부
월남민의 정체성과 분단의식 변화

월남민의 서사
─출신지와 이산가족, 전쟁 체험을 중심으로─

한 성 훈

1. 분단과 월남민

우리는 역사의 끝에서 지난 과거의 흔적을 찾고 있다. 20세기 이래 한반도는 식민과 해방, 분단으로 점철된 역사다. 1972년 7·4남북공동성명과 1991년 남북기본합의서 등 통합을 위한 시금석이 없지 않았지만, 이 세기의 가장 비극적인 일본 제국주의의 식민지 유산과 남북한의 적대적인 분단 상황은 계속되고 있다. 국제사회에서 자본주의와 사회주의는 여러 가지 형태로 진행 중이며 한반도에서 이 대립은 지속되고 있다. 대결과 반목, 불신은 화해와 협력, 신뢰로 나아가지 못했다. 이런 과정에서 가장 중요한 경험을 가진 집단 중의 하나가 북쪽에서 남쪽으로 이주한 월남민이라고 할 수 있다.

1990년 10월 16일부터 제2차 남북고위급회담이 북한에서 열렸다. 판문점을 경유해 개성역에서 특별열차를 타고 평양으로 향한 대표단 일행 중에 한 명인 임동원은 40년 만에 북녘 땅을 보면서 감개무량한 마음으로 흥분을 감추지 못했다. 압록강가의 한 산골, 평안북도 위원군에서 독실한 기독교 집안의 장남으로 태어난 그는 17살 때인 1950년 겨울 국군이 평양을 철수할 때 교회를 지키기 위해 월남을 포기한 아버지(임의영)를 뒤로 하고 남쪽으로 내려왔다.[1] 고위급회담에 참가한 남측 대표단 가운데 강영훈 총리와 홍성철 장관도 북쪽에 가족을 둔 사람들이었다. 북한은 회담을 마친 후 예정에 없이 이북 출신 남측 관계자들의 가족을 데리고 와서는 만남을 주선했다.

이 상봉은 북측이 남측 대표단에게 알리지 않은 만남이었는데, 회담 대표인 강영훈 총리는 평양으로 떠나기 전에 가진 기자간담회에서 "대표들의 재북가족 상봉 불가" 방침을 밝히기도 했다. 그렇지만 대표단의 이산가족 만남은 남측이 만약을 대비해 사전에 내부에서 논의한 사안이었다. 대표단이 방북하기 바로 전날, 회담 준비 결과를 보고하는 모임이 청와대에서 있었다. 이 자리에서 서동권 안기부장은 대표단의 가족 상봉이 자연스럽게 이루어지는 것이 좋을 것이라는 의견을 제시했고, 노태우 대통령은 이들의 만남을 허락했다.[2] 문제는 언론에서 불거졌다. 회담을 마치고 대표단이 서울에 돌아온 그 다음주, 일부 신문에서 강영훈 총리가 평양에서 누이동생을 만난 것을 특종으로 터뜨렸다. 방송과 신문에서 이 문제를 다루었고 언론은 대표단의 도덕성을 문제 삼았다.[3]

정부가 집계를 시작한 1988년 이후부터 현재까지 북한에 거주하는 가족을 만나기 위해 이산가족으로 신청한 사람은 전체 132,899명이다. 2018년 9월말 기준으로 이 중에서 살아있는 사람은 56,591명이다.[4] 지금도 이산가족이라고 신청하는 사람이 있는 것은 월남민 중에서 자신의 신원을 정부에 등록하지 않은 사람들이 그동안 많았기 때문이다. 어디서나 제도와

---

1) 임동원, 『피스메이커』, 서울 : 중앙북스, 2008, 140~142쪽.

2) 임동원, 위의 책, 2008, 199쪽.

3) 『중앙일보』, 1990. 10. 22 ; MBC, 1990. 10. 22.

4) 이산가족정보통합시스템 이산가족등록현황 https://reunion.unikorea.go.kr/reuni/home/pds/reqststat/view.do?id=265&mid=SM00000129&limit=10&eqDataDiv=REQUEST&eqIndex=0&page=1.(검색일 2018. 11. 1).

현실은 정확하게 들어맞지는 않는다. 월남민 중에서 1세대라고 할 수 있는 이산가족의 전체 규모는 정확히 알 수 없다.

해방 이후 이북에 들어서는 정치 체제가 사회주의를 지향하면서 이런 사회에서 더 이상 발붙일 수 없는 사람들이 가장 먼저 월남했다. 치밀하게 남쪽 행을 준비한 사람들은 가족 전부가 옮겨온 경우였고, 갑작스레 온 사람들은 혈혈단신으로 넘어와 나중에 가족을 만나기도 했다. 이에 비해 한국전쟁 중에, 문자 그대로 '란'을 피해 남쪽으로 떠난 이들은 그야말로 이산가족이 된 경우가 많았다. 이런 분석은 개별적인 경향이어서 모든 월남인에 대한 전수 조사를 하지 않는 이상 정확한 통계를 추산하기는 어렵다. 남한에서 일정기간 정착한 이후 북미지역이나 다른 나라로 이주한 경우도 마찬가지다. 그들은 저마다 개인적인 이유로 대한민국을 떠난 동포이자 월남민으로 살고 있다.

월남민의 시각과 행위를 규정하는 데 영향을 미친 출신지와 이산가족 상봉, 전쟁체험을 중심으로 월남민의 서사를 살펴보자.[5] 고향은 바꿀 수 없는 숙명이고 이북이라는 출신지가 남한에서 갖는 규정력은 분단 상황에서 어떤 방식으로든 영향을 끼치고 있다. 이산가족 문제는 분단 상황과 남북한 체제에 종속된 개인사의 속사정을 들여다볼 수 있게 한다. 월남민에게는 돌이킬 수 없는 이별의 분기점이 한국전쟁이었다. 가족을 그리워하면서 이산가족 신청을 주저하는 사람이 있고, 정부에 자신들의 존재를 정확하게 밝히지 않는 이들도 있다.

---

5) 이 글에서 인용한 월남민의 구술은 연세대학교 역사와공간연구소에서 실시한 월남민 구술생애사 조사 연구사업에서 채록한 구술 자료의 일부이다.

2. 출신지 : '이북'이라는 숙명

월남민을 바라보는 시선은 여러 갈래다. 주변 여건들은 어떤 행위의 계기라고 표현할 수 있다. 그들은 자신들의 위치를 어디에 두고 있는가? 이 질문은 자기 정체성의 일부에 대한 맥락을 말한다. 우선은 고향에 대한 우리 사회의 보편적 인식이라는 조건에 관심을 가져보자. 한국인에게 '고향이 어디인가'라고 하는 것은 출신 지역이 갖는 사회정치적 배경의 중요한 요소 중 하나이다. 자신이 처한 상황에서 남쪽을 선택하는 것이 출신지로부터 비롯된 것임을 감안하면, 어떤 결정을 내리고 행동하는 데에 영향을 끼치는 것이 태어나고 자란 곳이다.

전직 고위공무원 강인덕은 출신지에 대한 자신의 정체성이 확고하다. 1932년생인 강인덕은 평안남도 대동군 용연면 소리 출신으로 한국전쟁이 발발한 직후 인민군에 징집될 뻔한 평양고등보통학교(평양고보) 3학년 시절에 남쪽으로 왔다. 그의 자기 증언은 자부심으로 가득하다.[6]

> 난 프라이드를 갖고 있는 사람이에요. 우리나라 근대화는 북쪽에서 했거든.… 특히 기독교의 영향은 북쪽에서 시작했단 말이야. 그러니까 조선 근대화의 선구자는 평안남북도란 말이야. 난 거기 출신이거든. 그렇기 때문에 북쪽 사람들이 지금 뭐 저런 체제에서 아무것도 못하는 것 같지마는, 저 사람들에게 기회를 준다면 우리 선배들이 했던, 안창호 선생이나 조만식 선생이 했던 거와 같은 그런 역할을 충분히 해낼 수 있는 인물들이 저쪽에 있다. 난 그렇게 보는 거야.… 경제적인 지원을 해준다고 하면 통일 이전에 충분히 상당한 경제적인 성장을 이룩할 수가 있을 것이다, 그런 의미에서 나는 북쪽에 대해서 당장 흡수통일해선 안된다고 하는 거지. 북쪽 사람들이 다시는 제3등 국민 대접 받지 않도록… 나는 내가 여기 와서도 평안도 사람이라는, 그 프라이드를 한 번도 난

---

6) 강인덕 구술(2015. 5. 28), 이봉규, 서울시 종로구 삼청동 북한대학원대학교.

버린 적이 없고, 아마 내 죽을 때까지 유지할거야.

강인덕이 자신의 이력서에 자신 있게 쓰는 것은 대한민국의 안전 보장을 위해 선구적인 역할을 한 '중앙정보부' 근무와 '평안도' 출신이라는 두 가지 사항이다. 출신 지역으로서 이북에 대한 그의 자긍심은 조선의 근대화와 기독교의 영향, 선구자들에 대한 존경 속에 있는데 마음 한켠에는 이런 것들이 나름대로 북한 인민을 존중하는 태도로 이어진다. 겉보기에는 이북 출신이라는 것에 신경 쓰지 않는 사람도 있지만, 내면세계는 대부분 이와 다른 것이라고 볼 수 있다.

집단은 자신의 생존을 위해 중요하고 출신지가 맺어주는 관계의 사회적 방식은 매우 다양하다. 이북이라는 출신지는 네트워크의 강력한 자산이기도 하다. 이들의 경우 남한사회에서 성취를 얻기 위해서는 상당 정도 자신들의 원래 관계에 의존할 수밖에 없다. 이는 월남민들의 사회적 지위의 정도에 따라 압박이 되는 동시에 자산이 되기도 한다. 이북5도민회와 그 산하의 시·군민회, 장학회, 친목 모임까지 나름대로 촘촘한 조직을 만드는 것도 출신지 네트워크를 통한 존재 방식이다.

정치적 이유로 해체되었지만 서북청년회가 생존과 정치적 이념을 바탕으로 조직되었고, 아직도 가장 활발한 집단 정체성을 유지하고 있는 영락교회를 보면 월남민 공동체의 사회적 관계를 충분히 가늠할 수 있다. 이외에도 중요한 결정에 도움을 주고받는 공식/비공식 모임이 상당한 것으로 추정할 수 있다. 평양고보를 비롯한 학연 네트워크 또한 강한 유대와 지속적인 교류 속에 있다. 평양고보 출신들은 매년 『대동강』이라는 잡지를 발행하고 있으며, 해외에 거주하는 사람들까지 회원 동정을 파악해 싣고 있다. 그들 사이에서 고향의 정서는 곧 정치적 의미뿐만 아니라 먹고사는 이해관계로 발전하기도 한다.

1995년 2월 임동원 전 장관은 김대중 이사장의 제의로 아태평화재단

사무총장으로 취임할 때, 이북 출신 지인들로부터 "매일 밤낮으로 걸려오는 수많은 전화에 시달렸다." 그의 선택을 지지하는 사람도 있었지만 '변절자'나 '배신자'로 몰며 비난하는 내용이 대부분이었다. 독재와 권위주의 정권에서 일한 그의 이력이나 활동으로 봤을 때 김대중과 같이 일한다는 것은 매우 놀라운 결정이었기 때문이다. 임동원은 자신이 회원으로 가입해 있는 "평안북도 출신 지도급 인사 모임"에서 자신의 거취를 얘기했는데, 대부분이 부정적이었고 "앞으로는 이 모임에 나오지 않기를 바란다"며 면박을 당한 경험을 털어놓았다.[7]

이북이라는 출신지는 월남민이 자아와 세계를 인식하는 기본적인 준거 틀이다. 그들은 북한 땅에는 갈 수 없지만 다른 곳에서 가족들을 만난다. 정확한 규모는 알 수 없지만 상당히 많은 월남민이 이북의 가족과 서신을 주고받았고, 그 이후 중국 등지에서 가족을 만났다. 오동선은 잠깐이면 될 줄 알고 원산에서 혼자 미군의 배를 타고 다른 피난민과 함께 포항에 도착했다. 40여 년이 지난 후 이북에 두고 온 부인을 중국 단둥에서 만났는데, 그때가 소련을 비롯한 국가사회주의 체제가 무너지는 1990년대 초반이었다.[8] 그는 1919년 8월 함경남도 영흥군 진평면에서 태어나 조선무선공학원을 졸업하고 삼화라디오상회(삼화전기공업)를 설립했다. 1950년 12월 아내와 딸 넷, 국군이 원산에 입성하던 10월 10일에 태어나 두 달밖에 되지 않은 아들을 남겨두고 원산항 부둣가에서 큰 딸과 헤어졌다.

일반적으로 알려지지 않았을 뿐이지 2000년 이후 북한에서 나온 가족을 중국에서 만나는 경우도 허다했다. 미국에 사는 지인을 통해 서신을 주고받았던 송○만은 2000년 즈음 이북에서 헤어진 여동생을 두만강가의 중국 도문에서 한차례 만났다. 1932년 8월생인 송○만은 함경북도 성진시

---

7) 임동원, 앞의 책, 2008, 318~319쪽.

8) 오동선 구술(2015. 3. 5), 한성훈, 서울시 강남구 논현동 삼영빌딩 삼화지봉장학재단 ; 오동선, 『지봉자전』, 서울 : 삶과꿈, 2005.

쌍포리에서 태어나 성진공업전문학교 2학년 때 전쟁이 발발하자 인민군
에 징집되었다. 북한에서 선전하는 것처럼 자원해서 군에 입대한 경우도
있지만, 그렇지 않은 경우도 상당하다. 그는 후퇴하는 도중 군대에서
흩어져 고향으로 돌아가 부모를 만났는데 한 달 쯤 후에 국군과 함께
피난길에 올랐다. 남한에 정착한 이후 여동생을 통해 돌아가신 부모의
기일을 알게 된 그는 음력 제사를 모셔왔고 동생에게는 '양력으로 지내든
가 추모만 하라'고 말했다.9)

평안남도 중화가 고향인 김○렬에게는 죽기 전에 만나보고 싶은 것이
어머니이고 가보고 싶은 곳이 고향이다. 1932년 3월 평안남도 중화군에서
태어난 그는 1950년 12월 4일 평양에서 동네 사람들과 피난을 왔다.
가족들과 떨어져 혼자 와서는 군에 입대했고 전쟁이 끝난 후 여동생이
오빠를 찾는 광고를 신문에 실었는데, 휴가 나온 때에 그것을 알게 되어
가족들을 다시 만났다.10) 고향이 나타내는 것은 "삶의 장으로서 조화된
공간이다." 이 공간은 선조들에 대한 회상에 의해 깊이를 얻고 미래에
대한 그리움과 계획에 의해 가깝기도 하고 먼 지평들이 생기는 시간을
포함하는 공간이다.11) 사례에서 보듯이 사건의 맥락이라는 측면에서
1990년대 이후와 2000년 6·15남북공동선언은 월남민들에게 또 다른 행위
를 선택할 수 있는 정치사회변동을 가져왔다.

1·4후퇴 직전 김○운은 쪽배를 타고 동료들과 함께 고향땅을 떠났다.
1919년(호적상 1926년)생인 김○운은 함경남도 단천군 이중면 출신으로
1950년 겨울 여해진에서 배를 타고 주문진으로 왔다.12) 단천 지역 일대에서
치안대와 우익활동을 한 사람들과 그 가족 67명이 한 어선에 가득 타고

---

9) 송○만 구술(2016. 1. 22), 한성훈, 부산시 서구 부민동 재부이북5도연합회.
10) 김○렬 구술(2016. 1. 11), 한성훈, 부산시 서구 부민동 재부이북5도연합회.
11) 김우창, 『체념의 조형 : 김우창 문학선』, 파주 : 나남, 2013, 139쪽.
12) 김○운 구술(2015. 10. 28), 한성훈, 부산시 남구 민락동 구술자 자택.

여해진 포구에서 주문진으로 왔다. 그는 거주하는 지역에서 동네 이웃들에게 자신이 월남민 출신이라는 것을 애써 숨기고 있다.

부산시 임시수도기념관에서 피란민 거주지인 우암동 주민의 삶과 공간을 다룬 책을 발간할 때 자료는 기꺼이 제공했지만, 김○운은 가까운 주변 사람들에게는 이북 출신이라는 것을 함부로 얘기하지 않는다.[13] 철저한 반공주의자이기도 한 그의 자녀가 오히려 이런 경향을 더욱 심하게 갖고 있다. 이웃사람들에게 옛날 자신의 고향이 지금 북한의 실체와 중첩되어 인식되는 것을 두려워하기 때문이다. 남한사회에 널리 퍼져있는 북한에 대한 부정적인 이미지는 과거의 이북 출신을 현재에 구속하기에 이른다.

이북 출신이라는 고정불변의 사실은 긍정과 부정의 방식으로 작동한다. 북쪽과 상반된 남쪽, 남한체제 그 자체가 월남민에게는 인식의 틀을 규정하는 하나의 기준이 되었다. '자신에게 유리하게 작용할 것이 없다'라는 판단에 이르면 월남민은 기꺼이 출신지를 숨기는 데 익숙하다. 굳이 밝힐 필요가 없는지도 모른다. 지난 시절 반공체제에서 지위가 높은 공직에 있었다면, 그가 소명해야 할 일은 한 두 가지가 아니었을 것이다. 자신의 상황이나 경험을 기록으로 남기는 경우도 흔하지 않았고, 남긴다 하더라도 비공식적이었다. 강인덕의 구술에서 보듯이, 월남민이 면담이나 증언을 기록으로 남긴 인물들은 대부분 남한의 정치사회변동 과정에서 자신들만의 정체성을 끊임없이 재구성하면서 살아온 사람들이다.

---

13) 임시수도기념관, 『우암동 사람들의 공간과 삶』, 부산 : 신흥기획, 2014.

3. 이산가족 : 북쪽의 가족과 남쪽의 삶

이별이 길다. 잠시 다녀온다던 송관호는 아직까지 꿈을 이루지 못하고 있다. 1983년 KBS 이산가족찾기 생방송과 이북5도민회 이천군민회에서 헤어진 가족을 찾으려고 했지만 실패했고, 이제 그는 다른 세상에서 만남을 기대하며 살고 있다.14) 그이 뿐이겠는가. KBS <전국노래자랑> 프로그램의 사회자 송해는 전쟁 때 구월산에 은신한 인민군 패잔병을 피해 인근 마을 또래 청년들과 며칠씩 집을 떠났다가 돌아오는 생활을 반복하고 있었다. 1950년 12월 7일쯤 폭격기(쌕쌕이)가 기승을 부리던 날 그는 또 다시 집을 나섰다.15)

그날도 여느 때처럼 대문에 서서 '엄마, 나 며칠 다녀올게' 하고 외쳤다. 누이동생이 마루 끝에 앉아 있었고 어머니는 그 옆에 서서 '조심하라'고만 하셨다. 예닐곱번 그 짓(피란)을 했으니 어머니도 금방 돌아올 거라 믿었을 게다. 그 짧은 당부가 마지막 인사가 될 줄은 꿈에도 몰랐다.

1949년 해주음악전문학교 성악과에 입학한 송해는 합창단원으로 매년 경연대회가 열리는 평양 모란봉 극장에 섰다. 50여 년이 더 지난 2003년 이북을 방문한 그는 평양 모란봉 공원에서 <전국노래자랑>을 열었다. 그의 꿈은 통일이 되면 고향인 황해도 재령에서 <전국노래자랑>을 진행하는 것이다. 이념을 몰랐던 그는 예술이 좋았다. 이산가족 연구에서 보듯이, 이들에게 이북의 고향과 가족(어머니)은 이념과 시간을 뛰어넘는 초월적인 기억의 표상이기도 하다.16)

---

14) 김종운, 『전쟁포로-송관호 6·25전쟁 수기』, 서울 : 눈빛출판사, 2015.
15) 송해, 「뚫고 가까스로 피란 내려와 통신부대 입대… 내가 휴전 전보 첫 타전」, 조선일보 특별취재팀, 『나와 6·25』, 서울 : 기파랑, 2010, 301~302쪽.
16) 김귀옥, 「한국전쟁과 이산가족 : 지역에서 이산가족의 기억과 고통」, 김귀옥

1971년 8월 12일 대한적십자사는 한국전쟁과 한반도 분단으로 남쪽과 북쪽에서 헤어져 사는 가족들의 실태를 파악하고, 서로 소식을 전하거나 상봉하기 위한 목적으로 '이산가족 찾기 운동'을 시작했다. 최초의 이산가족 상봉은 대한민국과 조선민주주의인민공화국 적십자사 간의 합의에 따라 1985년 9월 21일 고향방문단과 예술공연 교환 행사가 이루어지면서 열렸다. 남한의 이산가족 50명이 군사분계선을 넘어 이북으로 가고 북한의 이산가족 50명이 이남으로 왔다. 상봉 과정에서 평양에 간 남측 고향방문단 가운데 35명이 북한의 가족과 친척 41명을 만났고, 서울에 온 북측 고향방문단 가운데 30명이 남한의 가족과 친척 51명과 재회했다. 이 상봉은 남북한을 중심으로 한 것이고 해외에 있는 동포들의 이산가족 상봉은 1984년에 이루어졌다.[17]

남한 고향방문단 50명 중에는 지학순 주교를 비롯해 각계 인사들이 포함되어 있었다. 지학순은 한국전쟁이 발발한 1950년 9월 국군에 지원, 입대한 후 전투에 참가해 북진하는 도중 고향을 찾았으나 어머니는 사망하고 가족들은 흩어진 뒤였다. 1952년 2월 횡성 전투에서 부상을 입고 후송되었는데, 병원에서 남동생 지학삼을 만났다.[18] 그는 1943년 3월 함경남도 원산 인근에 있는 덕원신학교에 편입했는데, 1949년 5월 북한 정권이 신학교를 폐쇄하자 학업을 중단하고 월남을 시도했다. 지학순은 월남 도중에 체포되어 5개월간 옥살이를 한 후 윤공희와 다시 월남을

외, 『동아시아의 전쟁과 사회』, 서울 : 한울, 2009, 91~96쪽.

17) 북미지역 월남민의 초기 내용에 대해서는 다음을 참고한다. 고마태오, 『43년만의 귀향 : 고마태오 신부의 두 번째 북한 방문기』, 서울 : 빛들, 1992. 고마태오는 고종옥 신부의 세례명이며 1984년 3월 북미주 이산가족 상봉단의 일원으로 평양을 방문했다. 1930년 경기도 개풍에서 태어난 그는 요현에서 해방과 동시에 자기 마을 한가운데를 38도선이 가로지르며 설치되는 것을 목격했다.

18) 1921년 평안남도 중화군 중화면 청화동에서 지태린(父)과 김태길(母)의 6남매 중 넷째(2남)로 태어난 지학순은 월남한 이후 서울 성신대학(가톨릭대학교 신학대학)에 입학했다.

시도해 성공했다.

1924년 평남 진남포 용정리에서 출생한 윤공희 대주교는 지학순 주교와 함께 '이중첩자'의 도움으로 38도선을 넘어 1950년 1월 17일 서울에 도착했다.[19] 그는 자신의 증언에서 북한체제를 명백히 반대했고 '공산주의' 이상을 믿지 않았다. 지학순은 이산가족 상봉 당시 누이동생(지용화)을 만나서는 이념의 깊은 골을 확인해야만 했다. 남북한 간에 제1차 이산가족 상봉은 2000년 8월 15일부터 8월 18일까지 이루어졌고 현재까지 20차례 만남이 있었다. 여태까지 이산가족 상봉에 참여한 가족들은 2,200여 명으로, 이는 이산가족정보통합시스템에 등록된 이산가족 13만여 명의 1.7%에 불과하다.

월남민 중에는 이산가족 상봉을 신청하지 않은 사람들이 있다. 그들 중 일부는 이북5도민회 활동을 하면서도 이산가족 신청은 하지 않는다. 증언 자료를 보면 이런 경우는 여러 가지 이유 때문이라고 볼 수 있다. 그들은 자신들이 이산가족 상봉을 신청하면 북한에서 사실 확인을 하는 과정에서 가족들이 공개되어 위험에 처할 것이라고 예상한다. 1931년 2월 함경남도 해주에서 태어나 루씨고등여학교와 최승희 무용학교를 다닌 최○실은 평양 철수 때 미군 짚차를 타고 부산까지 내려왔다. 그가 남한에 와서 이름을 바꾸고 이북의 가족을 찾지 않은 이유는 자신 때문에 남아 있는 가족들이 '반동 가족'이 될 것이기 때문이었다.[20]

이○욱은 1929년 3월생으로 평북 용천군 내중면에서 태어났다. 그는 해방 이후 북한 체제가 수립되는 초기 교회에서 애국가를 부르다가 분주소

19) 이북에서 벌어진 종교 박해와 신학교 탄압, 이들의 자세한 월남 과정에 대해서는 다음을 참고한다. 윤공희, 「인민군이 성당 찾아와 반동분자 색출에 협조하라 요구」, 월간조선, 『60년 전, 6·25는 이랬다』, 2010년 6월 월간조선 별책부록, 2010, 112~121쪽 ; 윤공희 구술(2015. 5. 6), 이세영, 전남 나주시 광주가톨릭대학교 주교관.

20) 최○실 구술(2015. 1. 28), 한성훈, 서울시 영등포구 여의도동 구술자 자택.

에 불려간 적이 있고, 신앙에 대한 박해 때문에 전쟁 때 교회 권사의 제안으로 이남 행을 결심했다. 1950년 겨울 그는 19살 나이로 평양−원산−철원을 거쳐 의정부 수용소에 도착했다. 그는 이렇게 말한다.[21]

> 그거 여기서 연락 간 걸 그 이북에서 다 알거든, 알게 되면 더 괴롭힌 거지. (중략) 달러를 갖다 줘도, 달러를 뺏어 가가지고. 그 없어지면 또 얘기하는 거야 (돈 보내달라고) 또 자꾸 가져오라고 연락하는 거라. 거 연락하면 누가 뭐 자꾸 주나. 한두 번은 더 주지. 그 다음엔 안 주게 되면 자꾸 괴롭히는 거라. 그러게 되면 그래서, 그런 말이 자꾸 들리고 그래서 나는 아예 신청도 안하고, 나는 뭐 솔직히 부모님 뭐 좀 살다가 돌아가셨다 그러는데, 거 뭐 형님들한테 뭐 해봐야 돈도 그런 돈도 없거니 와. 거 해봐야, 이자(이제) 그 식으로 괴롭만 당하는 거라.

남한에서 이북에 존재하는 부모형제를 찾을 때에 북한은 그들을 우호세력으로 보지 않는다. 기본계층과 핵심계층, 적대계층이라는 인민의 성분으로 볼 때 월남자 가족은 적대계층 1부류와 기본계층 2부류, 3부류에 해당한다.[22] 적대계층 제1부류는 부농, 지주, 민족자본가, 친일친미 반동 관료 출신으로서 6·25때 월남한 자의 가족이다. 기본계층 제2부류의 월남민 가족은 노동자나 농민출신으로서 6·25때 범법행위를 하고 남쪽으로 간 자의 가족이며, 제3부류는 2부류와 동일한 출신 성분이지만 범법행위를 하지 않고 남한으로 이주한 자의 가족을 말한다.[23] 둘째, 또 다른

---

21) 이○욱 구술(2016. 1. 11), 한성훈, 부산시 서구 부민동 재부이북5도연합회.
22) 김덕홍, 『나는 자유주의자이다』, 서울 : 집사재, 2015, 138~146쪽.
23) 북한은 1958년 12월 2일 평양에서 열린 열성분자 대회에서 전 인민을 3계층으로 나누었고 51개 범주로 세분화했다. 1980년 10월 51개 범주에서 감시대상 13개 부류를 추가해 인민의 성분을 64개로 세분화해서 관리하고 있다. 핵심계층은 8·15해방 이전의 노동자와 빈농 출신, 북한의 노동당원, 혁명애국열사 유가족, 당−정−군의 기관 근무자, 6·25전사자 유가족 등이다. 기본계층은 노동자와 사무원, 기술자, 농민, 전문직(의사 등), 하위 행정 간부, 과거 중소상인, 중농,

이유는 남한의 삶과 현실 생활 속에서 갖는 무용론이다. 70년 가까이 헤어진 가족을 '지금 만나서 무얼 어떻게 하겠느냐'고 하는 의식은 점점 구조화되어 가는 남북한 분단체제의 제도화 경향이라고 볼 수 있다.

김○필은 아버지의 뒤를 이어 재부이북5도연합회에서 평안남도민회 일을 수년째 보고 있다. 일선에서 은퇴한 이후 매일 사무실에 출근하는 그의 보람은 이 일밖에는 없다. 1936년 11월 평안남도 중화군에서 태어난 그는 1950년 12월 5일 우익치안대장을 한 아버지와 둘이서 남으로 왔다.[24] 전시에 우익치안대 활동을 하고 이북에 남아 있는 것은 목숨을 걸어야 하는 상황을 의미한다. 북한은 유엔과 국군이 일시적으로 이북 지역을 점령한 때에 이들을 도운 사람들을 '반동분자'로 처리했다. 그는 이산가족 상봉 신청을 하지 않았지만 그렇다고 이북 출신이라는 관계망을 끊고 살아갈 수는 없다. 그의 활동은 막연하지만 이북5도민회나 남북관계에 어떤 도움이 될 것이라는 제도적 기대감 속에서 이루어진다.

2003년 중국의 중개인을 통해 이북의 동생에게 편지를 전달한 김○복은 자신이 이북에서 전사자로 되어 있음을 알았다. 전쟁 때 사망한 것으로 공식 처리된 것이다. 그는 1931년 5월생인데 평안북도 정주 출신으로 인민군 징집을 피해 숨었다가 1950년 겨울 국군과 함께 내려왔다.[25] 이 일로 인해 그의 가족은 전사자 유가족으로서 핵심계층에 속하게 되었다. 북한에서 공식적으로 사망한 사람이 남한에서 이산가족 상봉을 신청한 것이 알려지면 모든 것이 발각된다. 이처럼 남쪽으로 온 사람들 중에는

월남자 가족(2, 3부류), 중국과 일본 귀화민 등이다. 적대계층은 8·15이전의 친일 관료와 친미 분자, 부농, 지주, 출당자, 반당반혁명분자, 정치범, 종교인, 월남자 가족(1부류)이다. 자세한 내용은 다음을 참고한다. 한성훈, 「신해방지구 인민의 사회주의 체제 이행」, 『북한연구학회보』 20-2, 서울 : 북한연구학회, 2016, 98~99쪽.

24) 김○필 구술(2016. 1. 12 ; 2016. 3. 11), 한성훈, 부산시 서구 부민동 재부이북5도연합회.

25) 김○복 구술(2016. 1. 12), 한성훈, 부산시 서구 부민동 재부이북5도연합회.

이북에서 전사자로 처리된 경우가 있다. 이럴 때 북한의 가족들은 당국으로부터 좋은 대우를 받는다. 앞서 인민의 성분에서 살펴 본대로 6·25전사자 유가족은 핵심계층에 속하기 때문이다. 이런 현상은 실재와 상관없이 현실을 규정하는 분단체제의 제도가 갖고 있는 또 다른 측면이라고 할 수 있다.

남한사회가 월남민에 대해 갖는 부정적인 측면도 생각해 볼 필요가 있다. 앞서 언급한 김○운의 경우처럼 자신들이 이북 출신이라고 주변 이웃에 알려지는 것은 여러모로 좋은 배경이 되지 못한다. 북한체제나 북한 사람을 긍정의 시선으로 보지 않는 남한 사람들의 태도는 예나 지금이나 이산가족들에게도 크게 영향을 끼친다. 남북관계가 좋지 않을 때에 이런 현상은 더욱 심해진다. 평범한 월남민들이 자신의 출신지를 밝히지 않으려고 하는 것은 이 때문이다. 이북에서 왔다고 하면 이웃들이 이상하게 여기는 게 지역 공동체에서 보통 빚어지는 일이다. 이런 식의 행동은 생존 기술에 구속되는 월남민의 인식이라고 할 수 있다.

1982년 미국으로 이민을 간 김○웅은 1995년 4월, 11박 12일 동안 평양을 방문해 버스 운전수를 하고 있는 남동생을 45년 만에 만났다. 약 40명이 함께 방북했는데 10여 명 정도가 가족을 만났다. 1929년 8월 5일생인 그는 흥남시 구룡동에서 태어나 국군이 조직한 학도병 훈련을 받은 후 흥남에서 목포, 거제도로 피란을 왔다.[26] 1982년 미국으로 이민을 떠난 그는 이후 캐나다에 있는 전충림이 북미에서 이북에 있는 사람들의 가족을 찾아주는 사업을 신문과 평양에 다녀온 사람을 통해 알게 되었다. 1992년경 그는 전충림에게 북한의 동생에게 편지를 보냈고 6개월 뒤에 동생이 쓴 편지를 전해 받았다.[27]

---

26) 김○웅 구술(2016. 2. 17), 한성훈, 미국 뉴욕주 플러싱, 금강산 식당(138-8 Northern Blvd, Flushing, NY 11354).

27) 캐나다에서 해외 이산가족찾기 활동을 한 전충림에 대해서는 다음을 참고한다.

현재 남한의 이산가족은 북한의 이산가족과 자유롭게 만날 수 있는 기회가 보장되어 있지 않다. 하지만 해외에 거주하는 동포는 북한을 방문해 헤어진 가족을 만날 수 있다. 어떤 가족은 일 년에 한 두 번씩 정기적으로 평양에서 서로를 만날 수 있기 때문에 그들은 더 이상 이산가족이 아니라고 말한다.[28] 북한의 조선해외동포원호위원회가 중심이 되어 남한 이외 지역에 거주하는 이산가족들의 만남을 주선한다.

남북한이 이산가족 상봉을 언제까지나 과거 회귀적인 방식으로 해결할 수는 없다. 독일의 사례에서 알 수 있듯이, 이산가족들 사이의 서신교환부터 방문과 만남, 교류가 보장되어야 한다.[29] 이산가족에 관한 인도적 조치는 남북관계에서 정치 분야와 분리되어야 하는 것이 바람직하다. 여러 가지 이유가 있겠지만 이북의 가족과 상봉을 원하면서도 그렇게 하지 못하는 행위를 '분열된 의식'이라고 부를 수 있다. 가족을 만나고 싶어 하면서도 막상 이산가족으로 등록하지 않는 것은 이산가족 상봉이 전형적으로 월남민의 의식과 행위의 이중 기준이기 때문이다. 반공(반북)의 입장에서 북한체제를 부정하면서도 이북5도민회 업무를 보는 것 또는 북한에 대한 적대의식을 갖고 있으면서도 가족들을 지원하는 행위 양식은 분열된 자의식의 중첩된 현상이라고 볼 수 있다.

4. 전쟁 체험 : 실존과 삶의 분기점

월남민에게 전쟁은 삶과 인식의 또 다른 기준점이다. 한국전쟁이라는

전충림, 『세월의 언덕 위에서』, 서울 : 한겨레신문사, 1996.

28) 신은미, 『재미동포 아줌마 또 북한에 가다』, 서울 : 네잎클로바, 2015, 338~343쪽.

29) 에곤 바 저, 박경서·오영옥 역, 『독일 통일의 주역, 빌리 브란트를 기억하다』, 서울 : 북로그컴퍼니, 2014.

역사적 사건을 준거로 하는 행위들은 시간의 흐름에 따라 조금씩 변하기 마련인데, 생애사에 걸쳐 나타나는 전쟁 서사에 주목해보자. 강원용 목사에게 전쟁은 악(惡)이다. 전쟁은 다른 무엇보다 "인간의 가치를 부정하고 인간에 대한 신뢰를 파괴시킨다." "인간이 믿고 있는 모든 아름다운 세계를 파기시켜 버린"다.30) 인민군이 서울을 점령했을 때 그 치하에 있었던 그는 월남하기 전 이북에서 겪은 종교 탄압을 그대로 당했다. 전쟁은 그의 종교관에서 도저히 용납할 수 없는 것이었다.

모든 전쟁이 그렇듯이 서광선 목사가 전쟁 때 받은 훈련은 "완전히 폭력 그 자체"였다.31) 1931년 4월 평안북도 강계에서 출생한 서광선은 평양 성화신학교 재학 시절 전쟁을 겪었는데, 미군이 후퇴할 때 평양을 떠났다. 그는 "평양에 남아있어야 할 이유가 하나도 없었"고 "지옥과 같은 북한에서 나와야 되겠다"고 해서 코트 한쪽에는 성경책, 다른 한쪽에는 영한사전을 넣고서 혈혈단신 미군의 화물차 꼭대기에 매달려 다른 피난민들과 함께 평양을 탈출했다.

1951년 해군 통신병으로 입대한 서광선은 진해에서 훈련을 받았는데, 교육하는 군인들이 일본 해군 출신이었다. 일본식으로 훈련시키는데, 그들은 '전쟁은 폭력이다' 이런 식의 사고방식을 가지고 신병들에게 '폭력을 배우도록 했다.' '폭력을 당하면서 폭력을 행사하는 것을 배우게 하는 것이 전쟁 훈련'이었다. 군대 훈련에 관한 그의 인식은 정확하다. 일본의 훈련은 병사들의 자주성을 빼앗고 억압하며, 채찍과 질책으로 전진시키는 것 이외에는 어떤 것도 고려되지 않았다. 맹목적인 복종을 강요하는 정신주의는 독선과 비합리성, 폭력을 조장할 뿐이었다.32) 일본 제국주의

---

30) 강원용, 『빈들에서 1』, 서울 : 열린문화, 1993, 295쪽.
31) 서광선 구술(2015. 1. 20), 김아람, 서울시 서대문구 봉원사길 구술자 사무실.
32) 후지와라 아키라(藤原 彰) 저, 엄수현 역, 『일본군사사』, 서울 : 시사일본어사, 1994, 141~147쪽.

가 식민지 조선에 심은 군국주의와 군대교육은 위계화되어 있고 이런 권위체제는 한국전쟁 당시 병사들에게 익숙한 것이었다.

'전쟁에서 인간의 본성은 무엇인가?' 강원용과 서광선 뿐이겠는가. 전쟁터를 지나온 사람들에게는 평생동안 남아 있는 질문일 것이다. 기원전 431~404년 스파르타는 아테네와 전쟁을 일으킨다. 27년 동안 지속된 펠로폰네소스 전쟁을 기록한 투키디데스(Thucydides)는 인간이 어떤 환경에서 본성을 드러내는지, 그 본성이 어떤 것인지 통찰했다.[33] 잔혹함의 밑바닥을 드러내고 난폭함의 한계를 뛰어 넘는 것이 바로 전쟁이다. 전쟁은 평범한 사람들이 선택한 것이 아니다. 정치지도자의 책임이 가장 크다. 한국전쟁에서 군사적 모험주의로 전면전을 선택한 이북의 김일성과 지도자들뿐만 아니라 남한의 정치지도자 또한 그 책임으로부터 예외일 수 없다. 전쟁을 예방하지 못했고 남쪽 땅에 사는 사람들의 목숨을 제대로 지키지도 못했다. 응당 했어야하는 정치의 본분을 다하지 않은 것을 부인할 수 없다.

이북에서 내려온 월남자 신분은 전시에 인민군이 남한을 점령했을 때 '불안'으로 점철되어 있다. 이북의 체제를 피해 남쪽으로 왔는데 다시 그 체제의 통치 속에 놓이게 된 경우 초조함은 남달랐다. 박영숙은 작은아버지가 남한의 창군 일원인 박기병(朴基丙)이었던 탓에 이북에 남아 있다 곤욕을 치를지 모르는 불안감이 더했고 더 이상 평양에서 살 수 없었다. 1932년 평양에서 태어난 박영숙은 1942년 평양의 일본 자동차회사 기술자

---

33) "이런 고통은 사람의 본성이 변하지 않는 한 잔혹함에서 정도의 차이가 있고, 주어진 여건에 따라 양상이 달라져도 되풀이되고 있으며 언제나 되풀이 될 것이다. 번영을 누리는 평화 시에는 도시든 개인이든 원하지 않는데 어려움을 당하도록 강요받는 일이 없으므로 더 높은 도덕적 수준을 유지한다. 그러나 일상의 필요가 충족될 수 없는 전쟁은 난폭한 교사(敎師)이며, 사람의 마음을 대체로 그들이 처한 환경과 같은 수준으로 떨어뜨린다."(투키디데스 저, 천병희 역, 『펠로폰네소스 전쟁사』, 고양 : 숲, 2011, 286~287쪽.)

로 근무하던 아버지가 사망하자 어머니를 따라 만주로 이주했고, 해방
직후 평양으로 돌아왔다. 평양의 분위기는 점점 불안해져 갔고 '공산정권'
이 강화되는 것을 느낀 그의 어머니는 남쪽 행을 결심했다.[34] 서울에
온 이후 다른 곳으로 피란을 떠나지 못하고 장충동 집에 머문 그는 인민군에
게 붙들려갈까 봐 늘 초조했다. 이북에서 내려왔고 작은 아버지가 한국군
고위장교이니 북한이 점령하면 그냥 놔두지 않을 것이기 때문에 당했던
불안한 3개월을 그는 "생애 가장 긴 암흑기"라고 표현했다.

인민군이 서울을 점령했을 때 이북 출신들이 겪은 고통은 김동건에게도
마찬가지였다. 평양 출신인 그는 월남민이 많이 모여 사는 종로의 종각
뒤편에 거주했다. 전쟁이 나고 피란길에 올랐지만 한강다리가 폭파되어
다시 집으로 되돌아 올 수밖에 없었다. 인민군이 전격적으로 서울을
점령하자 그의 가족은 불안에 휩싸였다. "집에 오는 길엔 도살장에 끌려오
는 소가 된 기분"이었다.[35] 한강에 빠져 죽은 사람들, 물에 잠긴 탱크,
젓가락처럼 휜 철교, 의용군 징집과 처벌, 전쟁고아가 될지 모르는 참혹한
현실이었다.

이승만 정부가 한강다리를 폭파할 당시 공병대 연락장교였던 김○신은
새벽 폭발이 있은 그날 아침 흑석동에서 자기 생애에 가장 비참한 참상을
목격했다. 1919년 7월 11일 평양시 미림동에서 태어난 그는 1948년 친구들
과 함께 원산에서 고성을 거쳐 남쪽으로 왔다. 통의부의 공병장교 모집
안내를 보고 입대한 이후 육사 8기로 임관해 공병대에서 근무하였고,
전쟁 발발 후 한강 다리를 폭파할 때 가담했다. 부산 임시수도 시절에는
영도 등지에 피난민 주거 지역을 조성할 때 대규모 판자촌을 만들었다.

---

34) 박영숙, 「우리 가족은 금붕어의 生死에 운명을 걸 정도로 약한 존재였다」, 월간조
　　선, 『60년 전, 6·25는 이랬다』, 2010년 6월 월간조선 별책부록, 2010, 56~63쪽.
35) 김동건, 「지금도 어린 아이들의 고생을 보면 눈물부터 난다」, 월간조선, 『60년
　　전, 6·25는 이랬다』, 2010년 6월 월간조선 별책부록, 2010, 98~105쪽.

1988년에 그는 미국으로 이민을 떠났고 1995년에 처와 아들이 북한을 방문했다.[36] 자신이 관여한 일이지만, 한강교 폭파가 잘못되었다고 지금 후회하고 있지만, 어려움을 강요당한 전시에는 이런 것을 마음을 담아둘 수 없었다.

전쟁은 수많은 사람들의 삶을 통째로 바꾸어 버렸다. 보통 그렇듯이 전쟁터에서 벌어지는 일들은 일상에서 쉽게 겪을 수 있는 것이 아니다. 전장의 체험이 가치관에 미치는 영향은 인생의 전환을 가져오기도 한다. 박영숙에게는 "탈주와 이주"로 점철된 사춘기 시절의 전쟁 경험이 인생의 방향을 설정하게끔 했다. 그가 "봉사하는 삶, 여성을 위한 삶을 살겠다고 결심하게"된 원동력이 전쟁이었다.[37] 전쟁은 어린 그에게 피란과 공포, 죽음에 대한 생각을 일찌감치 경험하게 해주었고 자신이 가야 할 길을 빨리 자각하도록 만들었다. 한국전쟁이 삶의 이정표를 바꾸어 놓은 셈이다.

끔찍한 전쟁 속에서 죽음의 공포를 느껴야 했던 가톨릭 신자들은 '죄를 고백'하는 것으로 실존의 문제를 바라보았다. 인민군이 서울을 점령한 6월 28일부터 2~3일 동안 명동성당 고해소에는 사람들의 줄이 끊이지 않았다. 3개월 전에 사제서품을 받은 윤공희는 아침을 먹은 후 저녁에 잠들 때까지 신자들의 죄 고백을 들어야했다.[38] 총알 자국이 수없이 박힌 아버지의 얼굴을 어루만지며 서광선 목사는 "'다시는 전쟁이 없는 세상을 만들겠습니다. 하나님, 도와주십시오"라고 소리 질렀다.[39] 그는 전쟁을 겪으며 무신론적 실존주의에 빠졌다. 피란지 부산에서 들은 목사들의 설교는 "회개하라"가 전부였다. '아버지가 무슨 죄가 있어서 총살당하

---

36) 김○신 구술(2016. 2. 23), 한성훈, 미국 뉴욕주 플러싱, 금강산 식당(138-8 Northern Blvd, Flushing, NY 11354).

37) 박영숙, 앞의 글, 2010, 56~63쪽.

38) 윤공희, 앞의 책, 2010, 117쪽.

39) 서광선 외, 『대동간 건너, 요단강 넘어 : 서용순 목사 순교 60주년 추모문집』, 서울 : 동연, 2010, 35쪽.

고 내가 무슨 죄가 있어서 이렇게 고생하는데, 그냥 죄가 있다고 윽박지르고 회개하라고, 통성기도 하라'는 소리에 그는 "기독교가 이런 건가"라고 회의했다. 희망의 메시지는 물론이고 앞으로 어떻게 될 것인지, 전망 같은 것은 하나도 있을 리 없었다.[40] 절망 속에서 한국 교회가 부르짖은 것은 결국 '회개하라'는 개인의 속죄밖에 없었다. 그는 전쟁에서 피란이라는 것은 정말 밑바닥 인생이라고 증언하고, 이 경험에서 철학적으로 종교의 언어가 갖는 의미를 신학 연구의 주제로 삼았다.

1950년 6월 25일 전면전이 벌어진 날 아침 명동성당에서 미사를 드린 박명자는 그날 밤부터 서울대병원으로 실려 온 부상병을 돌보기 시작했다.[41] 사흘 후 병원을 접수한 인민군은 7월에 접어들어 후방에 병원을 세운다고 의사와 간호사들을 끌고 갔다. 철원과 평양을 거쳐 압록강 근처까지 인민군과 함께 후퇴한 그는 탈출을 감행해 평양으로 와서 국군을 만났고 우여곡절 끝에 다시 서울로 돌아왔다. 그 이후의 삶을 덤으로 주어진 것이라고 생각한 그는 나병 환자촌을 찾아다니며 봉사활동을 했고, 1980년대 이후에는 임종 환자를 도왔다. 전쟁은 그의 아버지를 빼앗아갔고 자신의 "정신세계를 더없는 황폐감으로 얼룩지게 했다."

강인덕에게도 "평생 '공산주의 공부'를 업으로 삼게 된 계기"는 전쟁이었다.[42] 평양고보 3학년 때 인민군 징집을 피해 아버지가 파놓은 집 근처의 굴에서 4개월여를 보낸 그는 유엔군이 고향을 점령하자 피신처에

---

40) 서광선 구술(2015. 1. 20), 김아람, 서울시 서대문구 봉원사길 구술자 사무실. 서광선은 미국 유니온신학대학에서 자유주의 신학을 바탕으로 종교와 언어의 합리성, 종교적인 언어가 갖는 의미를 철학적으로 밝히는 주제로 신학을 전공했다. 국내에 들어와서 현영학, 서남동, 안병무, 문익환, 유동식 등과 함께 민중신학의 철학적 기반을 세웠다.

41) 박명자, 「지옥으로 끌려가던 의사와 간호사들」, 조선일보 특별취재팀, 『나와 6·25』, 서울 : 기파랑, 2010, 136~140쪽.

42) 강인덕, 「평생 '공산주의 공부'를 업(業)으로 삼게 된 계기」, 월간조선, 『60년 전, 6·25는 이랬다』, 2010년 6월 월간조선 별책부록, 2010, 242~249쪽.

서 나왔다. 집안의 장(長)형을 제외한 세 형제가 해방 직후부터 서울로
떠났고, 그는 1950년 12월 초순 '서울로 가라'는 아버지의 말에 따라
평양고보 친구들의 도움으로 평양에서 기차를 타고 수색까지 왔다. 그가
형들을 만난 것은 영락교회에서였다. 대구로 피란 와서 학도병에 지원한
그는 '가고파'의 작곡가 김동진의 소개로 정훈국장인 이선근을 만나 정훈
국으로 갔고, 미군 1사단 예하부대에 배치되어 의정부와 연천 일대에서
재건 사업을 담당했다. 전쟁이 끝난 후 정훈국에서 KBS 대북방송을 시작했
는데, 육군본부에서는 "공산주의에 대한 공부를 시킬 사람을" 찾고 있었다.
그는 "'공산주의 공부를 하면 학비를 대준다'고 해서" 체계적으로 공부하
기 시작했다. 6·25는 그의 "가족을 두 쪽으로 갈라놨다." 그리고 "생업(生業)
으로 '공산주의 연구'를 하게 된 것도 6·25때문"이었다. 강인덕은 전쟁이
우리 민족과 자기 자신, 그리고 가족에게 업(業)으로 남아 있음을 말한다.[43]

강인덕은 기독교 집안에서 자랐고 형들은 일제강점기 말기에 평안남도
와 황해도 일대에서 활동한 비밀결사 조직인 '조국해방단'에서 항일운동
을 했다. 김일성의 4촌 동생 김원주가 참여해 만든 항일 조직이 조국해방단
이었다. 강인덕의 넷째 형과 김원주는 막역한 사이였고, 1972년 11월
남북조절위원회 회의 때 남북대화 사무국장으로 평양을 방문한 강인덕은
전쟁 때 서울에서 납북당한 넷째 형이 처형될 뻔했지만 김원주의 도움으로
살아난 얘기를 들었다. 그의 형은 노동당 학교에서 당사를 공부하며
가르치고 있었다.[44]

전쟁이 일어나면 평소에 우리가 알 수 없는 일들이 벌어진다. 이런
일들은 경험하지 않은 사람들이 믿지 못할 일이라고 말하는 그것이다.
인간이 가진 이성의 한계와 상상 저 너머에서 숱한 일들이 벌어지기

43) 강인덕 구술(2015. 5. 22), 이봉규, 서울시 종로구 삼청동 북한대학원대학교.
44) 조국해방단에 대해서는 김일성의 회고록에 자세한 내용이 기술되어 있다. 김일성,
『세기와 더불어 (계승본) 8』, 평양 : 조선로동당출판사, 1998.

때문이다. 상상하지 못한 일들이라고 했을 때, 근래에 들어서 이 서술에 가장 적합한 연구는 개인의 체험-비극이나 고통, 원한-에 초점을 둔 서사의 분석일 것이다.[45] 전쟁을 미시적으로 들여다보는 것은 고통이나 아픔, 상처 심지어 원한까지도 개개인에게 남은 유산이기 때문이다. 분단 과정이 한반도 정치공동체에 끼친 가장 큰 영향은 수많은 사람들의 인생을 뒤바꾸어 놓은 데에 있다. '전환', '분기점', '이정표' 이런 어휘가 가장 적합하게 들어맞는 것이 월남민에게 끼친 전쟁의 영향이고 이것은 진행 중이다.

5. 맺음말

이 글은 월남민의 출신지인 이북과 이산된 가족, 전쟁 체험이라는 차원에서 그들의 서사를 분석한 것이다. 그들의 인식과 행위를 설명하는 것은 지금의 자신과 남북한 사회를 어떻게 바라보고 있는지 또 일상적으로 이루어지는 행위에 어떤 의미가 있는지 이해하기 위해서다. 북쪽에서 남쪽으로 옮겨온 공간의 이동은 상대(반대) 세계로 들어가는 것을 의미한 다. 다르게 표현하자면 세계를 인식하는 '기준의 변동'이라고 할 수 있다. 사고의 체계를 이루는 인식과 관점이 달라지는 것이다. 월남민은 남북한 체제 수립과정을 경험한 사람들이고 현재의 분단과 앞으로의 통합이라는 양극 사이에서 변증법으로 이해할 수 있는 게 이들의 삶이다.

---

45) 2000년 이후 개별 연구는 대략 다음과 같다. 표인주 외,『전쟁과 사람들 : 아래로부 터의 한국전쟁연구』, 서울 : 한울, 2003 ; 김귀옥 외,『전쟁의 기억 냉전의 구술』, 서울 : 선인, 2008 ; 이임하,『전쟁미망인, 한국현대사의 침묵을 깨다 : 구술로 풀어 쓴 한국전쟁과 전후 사회』, 서울 : 책과함께, 2010 ; 박찬승,『마을로 간 한국전쟁』, 파주 : 돌베개, 2011 ; 한성훈,『가면권력 : 한국전쟁과 학살』, 서울 : 후마니타스, 2014.

월남민은 이북의 사회주의 체제 이행과 한국전쟁을 겪으면서 남쪽으로 왔다. 그들의 행위는 종교나 이념, 경제적 이해관계를 바탕으로 하거나 짧은 피난이 주된 동기였다. 남한에서 월남민에게 일정정도 구속된 환경을 조성하는 게 이북이라는 고향이다. 북한 출신이라는 바꿀 수 없는 사실이 여전히 남한에서 긍정과 부정의 방식으로 이들에게 작용하고 있으며, 이산가족 상봉과 마찬가지로 양면의 성격을 띠고 있다. 자연스럽게 고향을 밝히고 가족들을 만나고 싶지만, 남한 정치공동체의 현실과 북한 당국의 월남민 가족에 대한 조치에 따라 그들의 행위는 달라진다.

인간의 귀속 본능은 공동체 형성의 주요한 심성이다. 가족과 친척, 자신이 나고 자란 동네는 언젠가 다시 돌아갈 운명과 같은 것이라고 생각하는 경우가 있다. 이산가족 상봉이 이뤄지기 이전에도 그들 중에 일부는 가능하다면 모든 연줄을 동원해서 이북의 부모형제를 만나고 돈을 보내주었다. 경제력이 있고 정보를 가진 남쪽의 가족은 일본과 중국, 미주에서 중개인을 통해 비공식적으로 북쪽의 가족을 만나고 편지를 주고받았다. 그들에게는 국경이라는 경계가 자신들의 의지를 꺾지 못하도록 만들었다.

전쟁은 월남민이 남한에 정착한 이후에도 지속적으로 영향을 끼친 경우가 많았는데, 불안과 고통스런 전장의 체험은 실존의 문제를 제기하는 인생의 전환점이 되었다. 가치관의 변화와 함께 구체적인 삶의 목표를 이끄는 큰 사건이 전쟁 체험이었다. 남북한의 정치체제가 어떤 수식으로 이산가족의 만남을 제한하더라도 인류애에 반하는 정당성을 확보할 수는 없을 것 같다. 그들은 잠깐이면, 조금만 기다리면 다시 고향과 가족에게 돌아갈 줄 알았다. 70여년 가까이 돌이킬 수 없는 발걸음이 될 것이라는 미래의 현재를 전혀 상상하지 못했다. 이 서사는 정도의 차이는 있겠지만 월남민 자신들의 정체성을 이루는 근간이 되어왔고, 그들의 인식과 행위는 남북한의 사회변동과 끊임없이 상호작용하고 있다.

참고문헌

강원용, 『빈들에서 1』, 서울 : 열린문화, 1993.

강인덕, 「평생 '공산주의 공부'를 업(業)으로 삼게 된 계기」, 월간조선, 『60년
　　　전, 6·25는 이랬다』, 2010년 6월 월간조선 별책부록, 2010.

고마태오, 『43년만의 귀향 : 고마태오 신부의 두번째 북한 방문기』, 서울 : 빛들,
　　　1992.

김귀옥, 『이산가족-반공전사도 빨갱이도 아닌』, 서울 : 역사비평사, 2004.

김귀옥 외, 『전쟁의 기억 냉전의 구술』, 서울 : 선인, 2008.

김귀옥, 「한국전쟁과 이산가족 : 지역에서 이산가족의 기억과 고통」, 김귀옥 외,
　　　『동아시아의 전쟁과 사회』, 서울 : 한울, 2009.

김덕홍, 『나는 자유주의자이다』, 서울 : 집사재, 2015.

김동건, 「지금도 어린 아이들의 고생을 보면 눈물부터 난다」, 월간조선, 『60년
　　　전, 6·25는 이랬다』, 2010년 6월 월간조선 별책부록, 2010.

김우창, 『체념의 조형 : 김우창 문학선』, 파주 : 나남, 2013.

김일성, 『세기와 더불어 (계승본) 8』, 평양 : 조선로동당출판사, 1998.

김종운, 『전쟁포로 : 송관호 6·25전쟁 수기』, 서울 : 눈빛출판사, 2015.

박명자, 「지옥으로 끌려가던 의사와 간호사들」, 조선일보 특별취재팀, 『나와 6·25』,
　　　서울 : 기파랑, 2010.

박영숙, 「우리 가족은 금붕어의 生死에 운명을 걸 정도로 약한 존재였다」, 월간조
　　　선, 『60년 전, 6·25는 이랬다』, 2010년 6월 월간조선 별책부록, 2010.

박찬승, 『마을로 간 한국전쟁』, 파주 : 돌베개, 2011.

서광선 외, 『대동간 건너, 요단강 넘어 : 서용순 목사 순교 60주년 추모문집』,
　　　서울 : 동연, 2010.

송　해, 「뚫고 가까스로 피란 내려와 통신부대 입대… 내가 휴전 전보 첫 타전」,
　　　조선일보 특별취재팀, 『나와 6·25』, 서울 : 기파랑, 2010.

신은미, 『재미동포 아줌마 또 북한에 가다』, 서울 : 네잎클로바, 2015.

에곤 바 저, 박경서·오영옥 역, 『독일 통일의 주역, 빌리 브란트를 기억하다』,
　　　서울 : 북로그컴퍼니, 2014.

오동선, 『지봉자전』, 서울 : 삶과꿈, 2005.

윤공희, 「인민군이 성당 찾아와 반동분자 색출에 협조하라 요구」, 월간조선, 『60년
　　　전, 6·25는 이랬다』, 2010년 6월 월간조선 별책부록, 2010.

이임하,『전쟁미망인, 한국현대사의 침묵을 깨다 : 구술로 풀어 쓴 한국전쟁과
　　　전후 사회』, 서울 : 책과함께, 2010.

임동원,『피스메이커』, 서울 : 중앙북스, 2008.

임시수도기념관,『우암동 사람들의 공간과 삶』, 부산 : 신흥기획, 2014.

전충림,『세월의 언덕 위에서』, 서울 : 한겨레신문사, 1996.

투퀴디데스 저, 천병희 역,『펠로폰네소스 전쟁사』, 고양 : 숲, 2011.

표인주 외,『전쟁과 사람들 : 아래로부터의 한국전쟁연구』, 서울 : 한울, 2003.

한성훈,『가면권력 : 한국전쟁과 학살』, 서울 : 후마니타스, 2014.

한성훈,「신해방지구 인민의 사회주의 체제 이행」,『북한연구학회보』20-2, 서울 :
　　　북한연구학회, 2016.

함석헌,『함석헌전집 4』, 서울 : 한길사, 1988.

후지와라 아키라(藤原 彰) 저/엄수현 역,『일본군사사』, 서울 : 시사일본어사, 1994.

『중앙일보』, 1990. 10. 22.

MBC, 1990. 10. 22.

월남 서북지역민들의 역사적 정체성
재확립과 강화, 1960~1970년대

윤 정 란

1. 머리말

월남 서북지역민들의 역사적 정체성은 서북지역을 중심으로 형성되었
다. 서북지역은 행정구역상 평안도, 황해도, 함경도 등 북한 대부분의
지역을 가리키지만 월남기독교인들에게는 평안도와 황해도를 의미한
다.[1] 평양이 중심지였던 서북지역은 단군과 기자의 땅으로 한민족의
발상지이자 문명의 전초기지로서 인식되었다. 그럼에도 불구하고 이
지역은 오랫동안 정치적, 사회적으로 한반도의 주변에 불과했다. 이와
같은 서북지역의 독특한 역사적 배경 때문에 이곳의 지역민들은 기독교를
어느 지역보다 적극적으로 수용하였다. 이로 인해 19세기말 이후 이곳의
지역민은 한반도의 주변인에서 중심인으로 전환하였다. 그러한 과정에서
그들은 민족의 미래를 지도해야 한다는 강한 선민의식을 가지게 되었다.[2]
1900년대 애국계몽운동을 주도했던 서북학회는 기관지『서우』를 통해
서북지역은 근대문명의 전초기지이며 한민족의 발상지라는 것을 강조하

---

1) 대한예수교장로회,『영락교회 50년사, 1945~1995』, 영락교회, 1998, 29쪽.
2) 윤정란,『한국전쟁과 기독교』, 한울아카데미, 2015, 217쪽.

면서 이 지역민들이 한민족의 중심이라고 강조하기 시작했다. 박은식은
『한국통사』에서 평안도는 "고조선의 인문이 제일 먼저 열린 곳으로 남도
의 치소는 평양으로 예전에는 왕검성이라 불리던 곳"이라고 했다.3) 지역의
연대감을 강조하기 위해 주장되었던 단군 중심의 지역사는 신채호의
근대 민족의 역사관과 결합됨으로써 민족의 역사가 되었다. 이로써 서북지
역의 역사는 1908년 이후 민족사로 외연을 확장하기 시작했다. 서북지역의
대표적인 근대 민족운동가 안창호는 "평양에 聰俊子弟를 모아서 단군과
고구려의 민족정신을 함양하자", "신대한의 영웅을 양성하자"고 주장하
였다. 그래서 평양이 한민족의 발상지이므로 이곳에서 신민회의 첫 교육사
업을 시작했다고 한다.4)

　안창호의 영향을 받은 평안북도 정주 출신의 이광수는 서북지역의
중심인 평양에 대해 "우리 조국의 발상지요 최대 문화의 개화지였다.
古神道의 건전한 국민정신이 여기서 발하여 여기서 꽃피었다"고 하면서
평양은 "우리 민족국가, 민족정신, 민족문화의 발생지"라고 주장하였다.5)
1945년 광복 이후 월남 서북지역민들의 거점을 서울에서 마련한 한경직과
1946년 11월 조직된 반공청년단체인 서북청년회의 위원장이던 선우기성
도 그들의 역사적 정체성을 서북지역의 근대민족운동의 지도자였던 안창
호, 이승훈, 조만식 등에게서 찾았다.6) 이와 같이 월남 서북지역민들은
자신들이 태어나고 성장했던 서북지역을 한민족의 발상지이자 문명의
전초기지로 여기면서 자신들이 한민족을 구원하고 선도해야 한다는 선민
의식을 가지고 있었다. 서북지역민들이 월남한 이후에는 반공주의와
결합되면서 그와 같은 역사적 정체성은 더욱 확고해졌다.

3) 박은식 저·이장희 역, 『한국통사』, 박영사, 1974, 42쪽.
4) 이광수, 「도산 안창호」, 『안창호평전』, 청포도, 2004, 244쪽.
5) 위의 책, 244쪽.
6) 윤정란, 앞의 책, 220~226쪽.

 월남 서북지역민들의 이와 같은 역사적 정체성이 재확립되고 강화된
것은 박정희 정권 시기였다. 이 시기에 월남 서북지역민들이 주장했던
역사적 정체성은 확고한 민족사의 정통성이 되었고 아래로까지 규율화되
었다. 이렇게까지 될 수 있었던 것은 박정희 정권의 강한 국가주의에
있었다.

 박정희 정권은 1961년 5·16 군사정변을 통해 탄생되었다. 여기에 주도적
인 역할을 한 세력이 월남 서북지역민들이었다. 아울러 이 정변을 성공시키
기 위해 후방에서 총력전을 펼친 것은 월남 서북지역 기독교인들이었다.
월남 서북지역 기독교인들은 한국전쟁 당시 군종제도를 통해 한국 군대와
매우 밀접한 관계를 맺기 시작했다. 군 지휘관들은 군목들에 대해 매우
우호적이었다. 이러한 관계에 있던 교회와 군대는 박정희 정권의 탄생에
주도적인 역할을 했고 그 중심에는 월남 서북지역민들이 있었다. 박정희
정권이 강조했던 반공, 국가, 민족 등의 통치이념은 월남 서북지역민들에
의해 뒷받침되었다. 이는 다시 말해서 월남 서북지역민들의 역사적 정체성
이 박정희 정권의 국가주의에 의해 민족사의 정통성이 됨과 동시에 아래로
까지 내면화되었던 것이다.

 지금까지 박정희의 통치 이념이었던 반공, 민족, 국가 등과 관련된
연구 성과는 많이 축적되었다. 특히 반공민족주의에 대해 학계에서는
많은 관심을 가지고 연구를 진행하였다. 대부분의 연구들은 박정희 정권이
내세운 반공민족주의는 민족주의로서 볼 수 없다는 관점에서 진행되었다.
그러나 이와 같은 대다수의 연구에 의문을 제기하며 박정희 정권의 민족주
의는 민족주의로 평가해야 한다는 주장도 나왔다. 예를 들어 김보현은
박정희 시대의 민족주의는 냉전시대 체제경쟁을 통해 경쟁 상대를 흡수,
통합하려는 "냉전주의의 특수한 지역적 양상"으로서 미국 정부가 아이젠
하워 정권 2기 이후 구체화시킨 제3세계와 조응하는 기획이었다고 했다.
즉 박정희 정권의 민족주의는 자본주의와 공산주의의 대립을 '민족주의적

것'과 '반민족주의적 것'으로 여긴 민족통합구상이었다는 것이다.[7] 강정인은 박정희가 표방한 민족주의는 "민족과 국가가 강고하게 결합된 국가민족주의"였다고 규정했다.[8]

그런데 여기서 아직 학계의 관심이 미치지 못한 것은 박정희 정권과 월남 서북지역민들과의 관계 부분이다. 박정희 정권의 특성을 이해하기 위해서는 월남 서북지역민들에 대한 이해도 필수적이다. 앞서 언급한 바와 같이 박정희 정권은 월남 서북지역민들의 주도적인 역할에 의해서 창출되었으며, 정권의 통치이념도 그들에 의해서 뒷받침되었다. 월남 서북지역민들은 박정희 정권을 주도적으로 창출함으로써 그들의 역사적 정체성을 재확립하고 강화했던 것이다. 그렇다면 어떤 과정을 통해서 월남 서북지역민들은 그들의 역사적 정체성을 재확립하고 강화했던 것일까? 본 연구에서는 이에 대해 구체적으로 다루어보고자 한다.

2. 박정희 정권의 창출과 월남 서북지역민들

서론에서 언급한 바와 같이 박정희 정권의 탄생에 주도적인 역할을 한 세력이 월남 서북지역민들이었다. 그들은 군사정변을 주도한 육사 5기, 8기의 중심세력이었다. 그리고 이들의 정변을 성공시키기 위해서 미국, 국내의 여론을 환기시키는 데 중요한 역할을 한 세력이 월남 서북지역민들이 주도하던 개신교회였다. 그래서 대다수의 월남 서북지역민들이 군사혁명위원과 1961년 5월 20일 발표한 혁명내각에 포함되었다.

---

7) 김보현, 「박정희 정권기 경제개발 : 민족주의와 발전, 그리고 모순」, 성균관대학교 박사학위논문, 2005.
8) 강정인, 「박정희 대통령의 민족주의 담론 : 민족과 국가의 강고한 결합에 기초한 반공·근대화 민족주의 담론」, 『사회과학연구』 20 : 2, 2012, 41쪽.

〈표 1〉 군사혁명위원들의 출신[9]

지위	이름	출신	참고
고문	김홍일	평북 용천	예비역 육군 중장
	김동하	함북 문산	예비역 해병 소장
위원	장도영	평북 용천	육군 중장
	박정희	경북 구미	육군 소장
	김종오	충북 청원	육군 중장
	박임항	함남 홍원	육군 중장
	김신	황해도 해주	공군 중장
	이성호	함북 성진	해군 중장
	김성은	경북 창원	해병 중장
	정래혁	전남 곡성	육군 소장
	이주일	함북 경성	육군 소장
	한신	함남 영흥	육군 소장
	유양수	전남 광주	육군 소장
	한웅진	전남 장성	육군 중장
	최주종	함북 성진	육군 준장
	김용순	경남 하동	육군 중장
	채명신	황해도 곡산	육군 중장
	김진위	강원 강릉	육군 중장
	김윤근	황해 은율	해병 준장
	장경순	충남 서산	육군 중장
	송찬호	평남 평양	육군 소장
	문재준	함남 함흥	육군 대령
	박치옥	황해도 황주	육군 대령
	박기석	평남 평양	육군 대령
	손창규	전남 이리	육군 대령
	유원식	경북 안동	육군 대령
	정세웅	서울	해군 대령
	오치성	황해 신천	육군 대령
	길재호	평북 영변	육군 중령
	옥창호	서울	육군 중령
	박원빈	함북 청진	육군 중령
	이석제	평북 삭주	육군 중령

위 <표 1>에서 나타난 바와 같이 군사혁명위원회에 포함된 총 32명 중 월남 서북지역민들이 21명으로 거의 3분의 2에 해당되었다. 그리고

---

9) 「군사혁명위원」, 『경향신문』, 1961년 5월 19일자.

혁명내각에도 월남 서북지역민들은 다음 <표 2>와 같이 다수를 차지하였
다.

<표 2> 혁명내각 장관들의 출신[10]

지위	이름	출신	참고
국가재건최고회의 의장	장도영	평북 용천	실각 이후 도미
국가재건최고회의 부의장	박정희	경북 구미	국가재건최고회의 의장, 제5·6·7·8·9대 대통령
외무부	김홍일	평북 용천	1967년 신민당 마포지구 조직원, 7대 국회의원, 1970년 신민당 전당대회의장, 8대 국회의원, 1980년 국정자문위원
내무부	한신	함남 영흥	64년 이후 군단장, 육군전투병사령관장, 합참의장, 아세아자동차사장 및 회장, 대한중석사장
재무부	백선진	평남 평양	63년 이후 동일교역회장, 종합기술개발공회장 및 사장, 한국해외건설사장, 삼호주택회장
법무부	고원증	만주 통화	62년 이후 문화방송사장, 대한소년단이사, 변호사
문교부	문희석	충남 아산	국방부 전사편찬위원장, 건국대총장
건설·부흥부	박기석	평남	63년 이후 주택공사 총재, 국방부 건설본부장, 원호처장, 석유화학지원공단 이사장
농림부	장동순	전북 김제	재건회의운영 기획분과위원장, 공화당사무총장, 국회의원, 국회부의장
상공부	정래혁	전남 곡성	62년 이후 6군단장, 육군사관학교교장, 2군사령관, 한국전력사장, 국방장관, 국회의원
보사부	장덕승	평북 의주	서울적십자병원장, 62년 별세
교통부	김광옥	함북 명천	63년 이후 해사교장, 해본작전참모부장, 해군수참모장, 함대사령관, 부산수산대학장
체신부	배덕진	황해 해주	63년 이후 육본통신감, 안보회의수석위원 겸 사무국장
사무처장	김병삼	전남 진도	
공보부장	신홍선	경기 개성	62년 이후 육군관리참모부장, 1군단장, 3군단장, 함참본부장, 육사교장, 총무처장관

위 <표 2>에서와 같이 혁명내각에 선정된 15명 중 월남 서북지역민들이
10명이었다. 이중 장도영은 같은 해 6월 정변 주도세력에 의해 해임되었다
가 중앙정보부에 의해 반혁명 혐의로 기소되었다. 이 사건이 「장도영

---

10) 대한민국 공훈사발간위원회, 『대한민국 역대 3부요인총감』, 1993년.

일파 반혁명사건」이었다. 사건에 연루되어 재판에 회부된 사람들은 대다수가 육사 5기 출신들이었다. 이회영, 이희영, 박치옥, 최재명, 안용학, 노창점, 이성훈, 김일환, 소안호 등이었다. 장도영은 실각 이후 도미하였다. 박치옥, 문재준, 김일환 등은 무기징역, 이희영은 15년형을 받았으나 모두 보석으로 석방되었다. 그리고 사건 관련자들은 육사 동기들의 인맥으로 다시 사회 요직을 차지하였다. 이회영은 통일부 장관, 이희영은 원호처장, 송찬호는 외무부 장관, 박치옥, 노창정, 최재명 등은 국영기업체 임원으로 발령받아 활동했다.11)

<표 2>에 나타난 바와 같이 「혁명내각」에 포함되어 있는 월남 서북지역민들은 장도영 실각과 상관없이 박정희 정권에서 정치, 사회, 경제 분야에서 요직을 차지하며 정치적, 사회적, 경제적으로 막대한 영향력을 가졌던 것으로 볼 수 있다.

또한 국민을 개조시키기 위한 국민운동을 전개하기 위해 군사정권은 1961년 국가재건최고회의 산하에 재건국민운동본부를 두었다. 이 조직에는 학계, 문학계, 언론계 등의 대표적인 지식인들로 구성되었다.12) 재건국민운동본부 고문에는 1962년 서북의 대표적인 지도자인 조만식의 부인 전선애가 추대되었다.13) 박정희 정권 시기 종교계, 학계, 문예계, 경제계의 사회지도층에는 월남 서북지역민들이 많이 포함되어 있었다. 그러므로 박정희 정권의 핵심 브레인 역할에 많은 월남 서북지역민들이 포함되어 있었다고 할 수 있다. 1960년대 초반에 실시한 정치엘리트의 출신에 관한 조사에서 대상자 316명 가운데 월남 서북지역민들이 20퍼센트가 넘었다. 이는 총 남한인구 중에서 월남인구가 차지하는 비율의 10배에 해당되었다.14)

11) 박기석, 『정암유성 : 정암 박기석 회상록』, 박기석, 2000, 235쪽.
12) 허은, 「5·16 재건기 국민운동의 성격」, 『역사문제연구』 11, 2003, 12쪽.
13) 「조만식 선생 미망인 재건본부고문으로」, 『동아일보』, 1962년 4월 11일자.

강정인은 이러한 특성을 가진 정권을 이끌던 박정희에 대해 역대 대통령 중에서 민족주의 담론을 가장 적극적으로 생산하고 광범위하게 유통시킨 인물로 평가하고 있다.[15] 1961년 9월 박정희는『혁명과업완수를 위한 국민의 길』이라는 소책자를 통해 "우리 한민족은 단군 이래 같은 핏줄을 이어받은 겨레요. 언어와 문화와 역사를 같이하는 단일민족이고 공동운명체"라고 하면서 민족적 긍지를 가지고 공동이념으로 뭉칠 것을 강조하였다.[16] 그는 자신의 저작『우리 민족의 나갈 길』(1962),『국가와 혁명과 나』(1963),『민족의 저력』(1971),『민족중흥의 길』(1978), 그리고 많은 연설문, 휘호 등을 통해 '민족', '민족주의' 담론을 지속적으로 생산하였다.[17]

민족과 민족주의 담론은 박정희 정권의 반공과 경제발전을 위한 정당화로서, 국민을 최대한으로 동원하기 위한 정치적 도구로서 활용되었다. 군사정권은 "혁명공약"에서 "반공을 국시의 제1의"로 삼을 것이라고 밝혔다. 이 공약에서 반공의 대상은 반민족적인 북한정권이었다. 북한정권은 외세인 소련을 맹목적으로 추종하고 남한의 동족을 학살하기 위해 전쟁에 광분하면서 민족사와 민족 고유의 문화를 부정하는 반민족세력이었다. 그러므로 북한 정권에 반대하는 반공은 민족주의적인 것이었으며, 박정희가 내세운 경제발전은 승공통일을 위한 필수적 전제조건이었다고 할 수 있다.[18] 박정희 정권에 의해 생산, 유포, 그리고 내면화되었던 민족주의는 월남 서북지역민들이 19세기말 이후부터 추구해 왔던 지역의 역사적 정체성이 재확립되고 강화된 것과 깊은 관련이 있었다.

---

14) 김건우,『사상계와 1950년대 문학』, 소명출판, 2003, 79쪽.

15) 강정인, 앞의 논문, 36쪽.

16)「혁명과업완수를 위한 국민의 길」,『경향신문』, 1961년 9월 15일자.

17) 최연식,「박정희의 '민족' 창조와 동원된 국민통합」,『한국정치외교사논총』28 : 2, 2007, 44쪽.

18) 강정인, 앞의 논문, 56~58쪽.

3. 독립유공자 포상과 월남 서북지역민들의 역사적 정체성의 재확립

박정희 정권은 1962년부터 독립유공자 포상을 실시함으로써 정권의 역사적 정체성이 곧 월남 서북지역민들의 역사적 정체성임을 공식적으로 드러냈다. 포상자 대다수가 서북지역 출신들이었으며, 특히 의병 관련 독립유공자는 경기 이남지역이 많았지만 근대민족운동 관련 독립유공자 대부분은 서북지역민들이었다. 다른 지역에 비해 수적인 면에서 가장 압도적인 곳이 평안도였다. 박정희는 1962년 3·1절 기념사에서 독립유공자 포상과 함께 "三一運動을 비롯하여 解放以後의 反共鬪爭, 四月義擧, 그리고 五一六軍事革命 등은 모두 一貫된 燦然한 民族蜂起의 산記錄"이라고 강조했다.[19] 이 지역 출신들은 3·1운동, 해방 이후 반공투쟁, 4·19 지지, 5·16 군사정변에 주도적으로 참여하고 군사정권을 창출했다. 박정희의 기념사는 국가적인 차원에서 월남 서북지역민들의 역사적 정체성을 재확립하는 것이었다. 이승만 정권에서 포상된 인물은 한국인으로 이승만과 이시영 뿐이었고, 나머지는 이승만이 해방 이전 미국에서 활동할 때 그의 주도로 만든 한국친우회, 기독교인친한회, 그리고 한미협회 등에서 활약한 미국인, 영국인, 캐나다인들이었다.[20] 외국인들 대다수는 미국인들이었다.

---

19) 「민족중흥을 기약」, 『동아일보』, 1962년 3월 1일자.

20) 1950년에 9명의 미국선교사, 모리스 윌리엄(Maurice William), 일라이 밀러 모우리 (Eli Miller Mowry), 제이 제롬 윌리암스(Jay Jerome Williams), 존 스태거즈(Jhon W. Staggers), 찰스 에드워드 러셀(Charles Edward Russel), 폴 프레드릭 더글라스(Paul Fredrick Douglass), 프레드 돌프(Fred A. Dolph), 허버트 아돌프스 밀러(Herbert Adolphus Miller), 호레이스 뉴튼 알렌(Horace Newton Allen), 호머 베잘렐 헐버트 (Homer Bezaleel Hulbert), 2명의 영국선교사 프레데릭 해리스(Frederick B. Harris, 영국), 어네스트 토마스 베델(Ernest T. Bethell, 영국), 1명의 캐나다선교사 올리버 알 에비슨(Oliver R. Avison, 캐나다) 등이 선정되었다. 1953년에 동양인으로 장개석이 포함되었다. 국가보훈처, 「독립유공자공적조서」, 『공훈전자사료관』 (http://e-gonghun.mpva.go.kr/user/ContribuReportList.do?goTocode=20001), 2018년

이승만은 일제강점기 민족운동 내에서 평안도를 중심으로 한 서북파와
대립했던 경기 이남지역을 대표했고, 이시영도 마찬가지였다. 즉 다시
말해서 이승만 정권의 역사적 정체성은 경기 이남지역과 그들을 도와준
대다수의 미국인들과 영국인, 캐나다인이었다. 대한민국 정부 수립의
가장 큰 공로자는 경기 이남출신들과 미국이었던 것이었다. 4·19 이후의
장면 정권은 신정부 수립경축일을 기념하여 김창숙(경북 성주), 이강(평남
용강), 신숙(경기 가평), 김중화(평남 중화), 유임(경북 안동), 김성숙(평북
철산), 장건상(부산), 조경한(전남 승주), 김학규(평남 평원), 오광선(경기
용인), 유석현(충북 충주) 등 11인에게 포상하였다. 그러나 이들에게는
서훈이 아닌 포상에 그쳤을 뿐이었다.[21] 당시 독립유공자 포상 기준을
두고 많은 논란이 있었다. 이에 경기 이남을 대표하던 독립운동가 김성숙과
유석현은 독립유공자 포상 선정 기준에 문제가 많다며 포상을 거부하기도
했다. 유석현은 이승만 정부는 뚜렷한 정책의 목표가 있었으나 장면
정부는 지향하고자 하는 바가 모호하다면서 비판하였다.[22]

이후 많은 독립유공자에게 건국훈장을 수여한 것은 전술한 바와 같이
박정희 정권에서였다. 건국훈장을 받은 인물들의 대다수가 평안도를
중심으로 한 월남 서북지역민들이었다. 1962년 1월 24일 국가재건최고회
의는 내각사무처가 발의한 상훈계획에 따라 독립운동 및 건국사업유공자,
4·19 의거 희생자, 5·16 혁명 유공자, 문화유공자, 공무수행유공자 등에
대한 포상을 심사하기로 결정하였다.[23]

독립유공자 포상을 위해 1, 2차에 걸쳐 심의가 이루어졌다. 1차 심의회에

5월 13일 접속.

21) 「독립운동자 표창」, 『경향신문』, 1960년 9월 30일자.

22) 「나는 독립투쟁의 거성들」, 『경향신문』, 1960년 10월 1일자 ; "허식없는 애국자
유석현옹", 『경향신문』, 1960년 10월 7일자.

23) 박은영, 「한국원호정책의 전개와 정치적 활동(1948~1963)」, 연세대학교 대학원
사학과 석사학위논문, 2016, 38쪽.

는 강원도 철원 출신의 문교부 차관인 이승우가 위원장이었으며, 위원으로
는 황우돈(충남 서천), 장도빈(평남 중화), 이병도(경기도 용인), 신석호(경
북 봉화), 유홍열(경기도 장단), 홍이섭(서울) 등의 사학자들이었다. 평안도
출신으로는 장도빈 뿐이었다. 2차 심의회에서 위원장은 김병삼, 부위원장
은 박영석 등이었으며, 위원으로는 정부측(외무부, 내무부, 국방부, 문교
부, 농림부, 보사부, 공보부 등의 차관), 사학계(황의돈, 장도빈, 신석호,
유홍열, 홍이섭), 언론계(김세완, 김증한, 김용구, 민재정, 김동석) 등이었
다.24)

1, 2차 심의에 걸쳐서 204명이 대상으로 선정되었다.25) 국가보훈처의
공훈전자사료관의 독립유공자공적조서에서26) 가장 많은 대상자를 배출
한 지역별로 보면 경기 25건, 평남 24건, 경북 22건, 평북 21건, 황해도
17건, 전남 11건, 전북 10건, 충북 10건, 충남 10건, 경남 8건, 강원도
7건, 함남 7건, 함북 4건 등이었다. 이중에서 가장 많이 선정된 지역이
경기, 평남, 평북, 경북, 황해도 등이었다. 경기도는 의병 활동이 거의
절반에 해당하는 9건이며, 경상북도도 8건에 해당한다. 반면 평북은 2명이
며, 황해도는 2건에 불과하다. 이렇게 본다면 이북지역에 속하는 평안도,
황해도 등은 대부분이 근대민족운동 계열에 속하는 인물이 선정되었다고
볼 수 있다.

포상 대상자가 발표되자 상훈심의회를 둘러싸고 논란이 일어났다.
즉 가장 문제가 된 것은 이병도였다. 독립유공자들이 그가 이완용의
일가이기 때문에 사퇴해야 한다고 했다. 또한 독립유공자 표창은 박정희
친일경력을 덮기 위한 기만책이라는 말도 나왔다.27)

---

24) 「해방 후 최대의 성사」, 『경향신문』, 1962년 2월 24일자.

25) 박은영, 앞의 논문, 40쪽.

26) 「독립유공자공적조서」, 『공훈전자사료관』(http://e-gonghun.mpva.go.kr/user/Con
    tribuReportList.do?goTocode=20001), 2018년 5월 13일 접속.

27) 강만길, 『역사가의 시간』, 창비, 2010, 160~161쪽.

이에 정부에서는 이를 수용해서 1963년 1월 독립운동유공자 심사기준 제정심의회를 발족시켰다. 1963년부터 1976년까지 독립유공자 상훈심의회는 정부관계자, 독립유공자, 사학자, 언론인 등을 중심으로 구성되었다. 1963년 정부측에서는 내각사무처장인 김병삼, 문교부차관 이승우, 보사부 차관 한국진, 내각사무처차장 박영석, 원호처 차장 윤영모가 참여하였다. 독립유공자로는 이갑성, 김승학, 김홍일, 김학규, 오광선, 사학계에서는 신석호, 황의돈, 장도빈, 유홍열, 홍이섭, 언론계로는 동아일보, 조선일보, 한국일보, 경향신문, 서울신문, 대한일보 등에서 참여하였다.[28] 이전과 달리 독립유공자를 포함시켜 심사를 좀 더 정확하게 하려고 하였다. 독립유공자측에서는 이갑성과 오광선을 제외하고 김승학, 김홍일, 김학규 등이 모두 평안도 출신이었다.

1963년에 261명, 1968년에는 106명 등이 선정되었다.[29] 1960년대에 수적으로 가장 많이 선정된 지역 순으로 보면 평북 103건, 평남 65건, 경북 54건, 경기 52건, 황해 44건, 충남 40건, 서울 35건, 충북 26건, 경남 19건, 함북 17건, 함남 15건, 강원도 15건 등이었다. 총 76건에 달하는 의병 숫자도 이남지역이 거의 68건에 해당되었고, 이북지역은 7건에 불과하였다. 나머지 1건은 미상이었다. 이렇게 보면 독립유공자 숫자가 가장 많은 지역이 평북지역이었으며, 그 뒤를 이은 지역이 평남지역이었다. 1977년에는 105명이 선정되었다. 이중에서 의병으로 받은 포상자가 24건인데, 모두 경기 이남지역에 속하였다.

1960년대와 1970년대 독립유공자 포상자 수 총 678건 중에서 가장 많은 지역 순으로 보면 평북 111건, 평남 75건, 경북 68건, 경기 62건, 황해 55건, 충남 47건, 전남 41건, 서울 36건, 충북 32건, 경남 24건, 전북

---

28) 내각사무처, 「독립유공자포상계획」(의안번호 : 제34호, 1963년 1월, 제4회) ; 박
    은영, 앞의 논문, 43~44쪽.
29) 윤선자, 「광복 후 애국선열 선양정책 재조명」, 『사학연구』 100, 2010, 370쪽.

23건, 함북 22건, 강원 21건, 함남 18건 등이었다. 이중에서 의병 활동으로
받은 포상자수는 이남지역이 압도적이었다. 총 100건 중에서 이남지역이
92건이었고 이북지역은 7건에 불과하였다. 나머지는 미상이었다. 박정희
정권은 이와 같이 독립유공자를 포상함으로써 정권의 역사적 정체성을
명확하게 한 것이었다. 독립유공자 포상을 수여받은 인물들은 이제 지역의
영웅이 아니라 민족의 미래를 주도하는 건국의 영웅이 되었던 것이다.
특히 그동안 서북지역에서 근대 정치, 사회를 주도하던 인물들은 이제
민족을 대표하고 미래 세대의 영웅으로 자리매김되었던 것이다.

　이어서 이러한 내용을 책자로 펴내서 국가적 차원에서 민족사의 정통성
을 확립하고자 하였다. 1967년 3월 정부에서는 독립유공자 사업기금법을
제정함과 동시에 동 기금운용 위원회를 구성하였다. 그리고 독립유공자
및 그 유족에 대한 생계보조, 장학사업, 주택건립, 묘지보수 등의 사업과
함께 그 산하에 독립운동사 편찬위원회를 설치하였다. 1969년 4월부터
동 위원회 활동이 시작되었다. 동 위원회는 독립운동 유공자와 사학자들로
다음과 같이 구성되었다. 처음에는 고문, 위원장, 위원 등으로 구성되었다
가 사망 등으로 변동이 생겨 위원회를 다시 구성하였다. 새 위원회에는
고문, 위원장, 위원 이외에 사무국장, 연구실장, 조사실장, 편찬실장, 서무
실장 등을 두었다. 위원회 구성은 <표 3>과 같았다.

　총 33인 중에서 출신을 알 수 없는 3명을 제외하고 30명 중에서 11명이
월남민 출신이었고 이중 8명이 평안도 출신이었다. 동 위원회는 1970년부
터 1978년까지 총 10권을 발간하였다. 1970년 의병항쟁사, 1971년 3·1운동
사(상·하), 1972년 임시정부사, 1973년과 1975년 독립군전투사 상·하,
1976년 의열투쟁사와 문화운동사, 1977년 학생운동사, 1978년 대중투쟁사
등이었다.[30]

---

30) 조동걸, 위의 글, 231쪽.

<표 3> 독립운동사편찬위원회 위원들의 출신[31]

지위	1969년	1971년	1977년	출신	참고
고문	이갑성		이갑성	경북 대구	독립운동, 친일
	이인		이인	경북 대구	독립운동
	곽상훈		곽상훈	부산 동래	독립운동
	백낙준		백낙준	평북 정주	사학, 친일
	이범석			서울	사망, 독립운동
	이규갑			충남 아산	독립운동
위원장	이은상		이은상	경남 마산	사학자, 친일
위원	안재환		안재환	평남 안주	독립운동
	이병헌		이병헌	경기도 평택	독립운동
	김상기		김상기	전북 김제	사학
	조시원		조시원	경기도 양주	독립운동
	이선근		이선근	경기도 개풍	사학, 친일
	이강훈			강원도 김화	1972년 연구실장, 독립운동
	노복선		노복선	평남 진남포	독립운동가
	박기성		박기성	충북 진천	독립운동가
	김성균			충북 청주	사학자
	홍이섭		홍이섭	서울	사학자
	장호강		장호강	평북 철산	독립운동
	조일문		조일문	함남 영흥	독립운동
	강주진		강주진	경북 상주	정치학자
	박영준		박영준	경기도 파주	독립운동
	최현배			경남 울산	사망, 국어학자
	구성서			경기도 광주	사망, 독립운동
	김정국			평북 용천	사망, 독립운동
	김양선			평북 의주	사망, 독립운동
		유봉영		평북 철산	언론인
		이화익		황해도 장연	독립운동
		신석호		경북 봉화	사학자
			김용국		
			김종국		
			추헌수		연세대 정치외교학과
			최영희	평남 평양	한림대
사무국장			권영창		
연구실장			이강훈		
조사실장			이홍렬		
편찬실장			조성준		
서무실장			유윤상		

특히 3·1운동사에서 평안도 지방에 대해서는 서울 다음으로 개화운동
이 가장 먼저 들어와 뿌리를 내리고 그 여파가 황해도 안악까지 미쳤다고
기술하였다. 평안도 지방의 특성에 대해서는 확고한 반일정신과 높은
민족정신을 들었다. 이와 같이 반일정신과 민족정신이 높았던 것은 민족자
본이 일찍부터 성장하고 있었기 때문이라고 설명하였다. 그것은 농민
중에 소작농이 적고 자작농이 많아서 비교적 균형을 이루고 있었기 때문에
1920년대 전반기 사회주의 사상 혹은 운동이 출현한 이후에도 이 지역에서
는 이 운동이 발하지 않았다고 설명했다.[32]

이와 같이 자작농이 많았던 것은 일제의 토지조사사업과 관련이 깊었다
는 것이다. 일제는 토지조사사업을 통하여 토지의 근대적 소유권제도를
마련했는데, 지주를 판정할 때 종래 수조권자가 개재한 토지에 대해서는
그 수조권자를 지주로 인정하였고, 그것이 개재되지 않은 토지에 대해서는
경작자를 소유권자로 인정하였다. 당시 수조권자에 해당하는 양반, 관료,
지주 계층이 절대 다수였던 경기, 삼남지방에서는 경작 농민들이 모두
소작농으로 전락했다. 반면에 그러한 토지가 거의 없었던 서북지방에서는
경작 농민이 모두 토지 소유권자가 된 것이다. 이와 같이 자작농이 많았던
서북지방에서는 삼남지방보다 사회, 경제적 여건이 좋았기 때문에 3·1운
동 이후에도 지속적으로 민족주의 운동이 지속되었다. 또한 평안도는
만주, 중국 등 해외 독립전선과 근거리 접선지대였으므로, 임시정부가
수립되자 이를 지지하는 홍보선전, 비밀결사조직, 군자금 모연, 임정
정령 혹은 지령의 집행 등 여러 가지 활동을 전개하였으며, 임시정부의
연통제를 통해 독립운동을 이어나갔다고 서술되어 있다.[33] 즉 평안도

---

31) 조동걸, 「독립운동사편찬위원회의 존폐와 저술활동」, 『한국사학사학보』 24,
　　2011, 230쪽.
32) 독립운동사편찬위원회, 『독립운동사 : 삼일운동사(상)』, 독립유공자사업기금운
　　용위원회, 1971, 495~499쪽.
33) 위의 책, 495~499쪽.

지방은 근대화와 근대민족운동을 선도한 지역이었다는 것이다. 평안도를 중심으로 하는 서북지역의 역사적 정체성은 남한 정부의 역사적 정체성이며 나아가 민족사의 정통성이라는 의미였다.

4. 월남 서북지역 출신 학자들의 학교 교육정책 주도와 적극적인 참여

월남 서북지역민들의 역사적 정체성은 박정희 정권의 강력한 국가주의를 통해 확산되고 규율화되었다. 이는 학교 교육을 통해서 이루어졌다. 학교 교육에 이와 같은 역사적 정체성을 반영하기 위하여 박정희 정권은 「국민교육헌장」 선포를 통해 교육이념을 제시하고 이를 현실에서 구현하기 위하여 문교부에서는 관련된 교육정책을 수립하였다. 이러한 과정에서 다수의 월남 서북지역 출신 학자들이 참여하였다. 당시 북한에서는 민족사의 정통성을 가르치는 북한 국정교과서라고 할 수 있는 『조선통사』가 이미 간행되어 사용되고 있었다. 여기에 반해서 반공주의에 철저한 월남 서북지역민들의 역사적 정체성을 확립하고 이를 확산, 규율화할 수 있는 교과서가 필요했다.

이에 대해서는 1970년대 국사교과서 간행에 적극적으로 참여했던 월남 서북지역 출신의 사학자 김철준의 모습을 통해서 당시의 상황을 엿볼 수 있다. 1954년 한우근과 함께 『국사개론』을 출간했던 김철준은 북한의 국사교과서를 분석하면서 느낀 것은 계급투쟁 일색이며 이민족과의 항쟁사 위주로 서술되어 있어 한국 문화의 특색을 제대로 반영하지 못하고 있다고 비판한 바 있다.[34] 그는 학문적인 것뿐 아니라 일상에서도 전투적

---

34) 윤종영, 『국사교과서 파동』, 혜안, 1999, 43쪽.

일 정도로 반공주의자의 모습을 보였다고 알려져 있다. 그의 제자들 기억에 따르면 어떤 학생이 빨간 베레모를 쓰고 학교에 갔을 때 그 모자를 다시는 쓰지 말 것을 요구했다고 한다. 또 어떤 학생은 갑자기 장학생 명단에서 제외되었는데, 그 이유가 평소 빨간색 옷을 입었기 때문이라고 학생들 사이에서 이야기가 된 적이 있었다고 전해진다.[35]

이와 같이 반공주의에 투철했던 월남 서북지역 출신의 학자들이 대거 참여했던 문교부의 교육정책은 1973년에서 1981년에 이르는 제3차 교육 과정에 그대로 반영되었다. 철학, 사학, 역사교육 전공 교수들에 의해 정책이 입안되고 구체적인 교육과정이 수립되었다.

정책을 입안하는 데 중요한 역할을 한 인물은 철학 전공자인 박종홍이었 다. 그는 박정희의 통치이념을 제시한 「국민교육헌장」(이후 헌장) 제정과 유신체제의 철학적 명분을 제공한 대표적인 월남 서북지역 출신의 학자이 며, 박정희의 교육문화담당 특별보좌관을 지냈다. 『한국민족문화백과사 전』에 따르면 그는 평양고등보통학교를 졸업하고 교사생활하다 경성제국 대학 법문학부 철학과, 동대학원 졸업 후 이화여자전문학교 강사, 교수, 문과과장을 역임하고 해방 후에는 서울대학교 문리과대학 문학부장, 대학원장 등을 지낸 것으로 되어 있다. 그는 그의 제자이며 당시 특별보좌 관이던 임방현과 함께 1972년 10.17 조치를 『시경』과 『서경』의 고사를 빌려 10월 유신이라 부를 것을 건의한 것으로 알려져 있다. 박종홍은 유신 이후에 박정희 정권의 철학적 뒷받침에 앞장섰다.[36]

「헌장」을 학교교육에 반영하기 위하여 박정희는 "국적있는 교육"을 주장했고, 이에 따라 문교부에서 국사교육강화위원회를 설치하였다. 이 위원회에서 작성한 연구결과보고서는 유신 이후 제3차교육과정에 그대로 반영되었다. 이 과정에서 월남 서북지역 출신 사학자들은 교육정책과

---

35) 이송희(신라대학교 사학과 교수), 2018년 5월 18일 구술.
36) 한홍구, 『오직 한 사람을 위한 시대 : 유신』, 한겨레출판, 48쪽.

교육과정에 필요한 연구결과보고서를 작성하고 교과서 집필진을 선정, 추천하는 등 적극적으로 참여하였다.

참여 인물로는 경기도 개풍 출신의 이선근, 함남 함주 출신의 김성근, 평양 정주 출신의 이기백, 평남 용강 출신의 이광린, 평남 평양 출신의 한우근, 평남 평원 출신의 김철준, 황해도 배천 출신의 김용섭, 평남 평양 출신의 이원순 등이었다. 대다수는 평안도 출신들로서 한국사학자 제1세대들에 속했다. 이들에 의해 많은 한국사학자들이 양성되었다. 이 중에서 김성근과 이원순 등은 역사교육학자들이었고 나머지는 모두 한국 사학자들이었다.

이기백과 한우근은 각각 『한국사신론』(1967)과 『한국통사』(1970)를 간행하여 1960년대말 이후 역사학계와 지식인 사회를 주도하며 한국사를 대표하는 학자가 되었다.[37] 한우근은 1959년 7월부터 서울대학교 교수로 재직하면서 국사학계에서 많은 제자를 양성했다. 이기백은 안창호의 영향을 받아 평북 정주학교를 설립한 남강 이승훈의 종손이며, 함석헌이 촉망하던 이찬갑의 아들이었다. 그의 동생은 국문학계를 대표하던 이기문 이었다.[38]

김철준은 1963년 11월부터 서울대학교 사학과로 옮겨 한국사연구와 많은 제자를 양성하였다. 1954년 한우근과 함께 『국사개론』을 간행함으로써 1950년대 한국사 연구를 주도하였다.[39] 이광린에 대해서는 『두산백과』에 따르면, 그는 1964년 서강대학교로 옮겨 1989년 정년퇴임 할 때까지 사학과 교수로 재직하였으며, 한국의 개화기 연구의 개척자라는 평가를 받았고 이기백, 차하순 등 동료 교수들과 함께 서강사학의 전성시대를

---

37) 김용섭, 「역사의 오솔길을 가면서 : 해방세대 학자의 역사연구 역사강의」, 지식산
    업사, 2011, 36~37쪽.
38) 오산중·고등학교, 『오산팔십년사』, 1987, 407쪽.
39) 김용섭, 앞의 책, 36쪽.

이끌었다고 되어 있다. 이광린은 서북지역의 역사를 한국근대사로 정립하였다.[40] 이기백은 고대사, 한우근은 조선후기, 이광린은 근대사 등에서 괄목할만한 연구성과를 냈다.

김철준과 한우근의 공저인『국사개론』, 이기백의『한국사신론』, 한우근의『한국통사』등에서 서북지역의 중심지인 평양을 고조선이 성장하고 부흥해 간 중심지였다고 설명하고 있다. 단군왕검은 고조선의 군장으로서 태양신을 나타내는 환인의 손자로 묘사하고 있다.[41] 이광린은 관서지방 신흥상공인층의 성장을 주목하면서 새로운 사회의 주체가 등장하고 있음을 밝혀냈다. 즉 평양을 중심으로 한 서북지역은 민족국가의 발상지이며 새로운 문명과 사상을 어느 지역보다 빨리 받아들인 곳이었다는 것을 학문적으로 정립했던 것이다.

박정희는「헌장」을 선포하면서 교육이념을 제시하였다.「헌장」이 공개되자 당시 여론에서도 이를 받아들이는 입장이었다. 당시 김동수 목사는『기독교사상』에서 마련한 좌담회에서「헌장」제정의 필요성에 대해 다음과 같이 주장했다.

> 교육헌장과 교육평준화가 정책으로 이루어졌는데 이런 것을 만드는 데 있어서 권위주의가 행사하지 않을 수 없는 우리의 불가피한 상황이 있지 아니한가 생각됩니다. 그것은 아직 민주화가 안되었기 때문이기보다는 하나의 권위체가 약하고 무능함으로 획일적일 수 밖에 없지 않았는가 하는 것입니다.[42]

이와 같이 일반 여론이 크게 부정적이지 않았던 것은 1960년대 베트남전에서 남북한 군사대결, 무장공비 침투, 비무장지대에서 수백 회에 걸친

---

40) 김수태,「이광린의 한국근대사상사연구」,『서강인문논총』46, 2016, 399쪽.
41) 이기백,『한국사신론』, 일조각, 1967, 23쪽.
42) 박형규,「격동과 소란의 1년」,『기독교사상』12 : 12, 1968, 94쪽.

군사적 충돌 등과 같은 남북한 군사대결 등의 위기의식 때문이었다.
특히 1968년 1월 김신조 일당의 청와대 습격사건은 남한사람들에게 큰
충격을 주었다. 예를 들어 작가 박문일은 『기독교사상』에 「반공정신」이라
는 글을 통해 국민 모두가 정신적인 반공 태세를 갖출 수 있을 때 반공의
위기를 극복할 수 있을 것이라며 적극적인 반공정신을 주장했다.[43]

이와 같은 분위기에서 여론의 어느 정도 지지를 받으면서 1968년 박정희
는 새로운 국민상을 위한 「헌장」을 선포했던 것이다. 1968년 1월 18일
박정희는 「헌장」 제정을 문교부장관이던 권오병에게 지시하였다. 문교부
에서는 같은 해 6월 20일부터 학계의 중진 약 40명으로 구성된 준비회를
조직하였다. 준비회에서는 군사, 정치, 사회, 경제, 법률, 교육, 철학 등
7개 분야의 전문위원 7명을 위촉한 후 헌장 제정 요강에 따른 논문을
작성, 제출하도록 했다. 헌장'의 문안은 박종홍을 중심으로 이인기, 유형진
등이 주도하였다.[44]

박종홍을 중심으로 제정된 「헌장」이 교육이념으로 제시되자 문교부는
1969년 하반기에 각급학교 교육과정의 개정에 관한 기본계획을 세웠다.
국사교육을 통해서 민족주체성의 함양과 민족문화에 대한 긍지 등을
더욱 효과적으로 가르치겠다는 것이었다. 같은 해 12월 월남 서북지역
출신의 사학자들인 한우근, 이기백은 이우성, 김용섭 등과 함께 「중고등학
교 국사교육개선을 위한 기본방향」이라는 정책연구보고서를 작성하여
제출하였다. 그들은 교과과정의 시안을 작성하면서 민족의 주체성 강조,
세계사적인 시야에서 민족사의 서술, 내재적 발전, 인간 중심의 역사,
민중의 활동과 참여 등의 기본원칙을 정했다.[45]

---

43) 박문일, 「반공정신」, 『기독교사상』 12 : 3, 1968, 126쪽.
44) 홍윤기, 「국민교육헌장, 왜 그리고 어떻게 만들어졌나」, 『내일을 여는 역사』
    18, 2004, 112~115쪽.
45) 장신, 「해제 중고등학교 국사교육개선을 위한 기본방향」, 『역사문제연구』 36,
    2016, 432~433쪽.

1971년 12월 6일 박정희가 국가비상사태를 선포하자,[46] 이틀 후인 8일 문교부 장관 민관식은 국가비상사태에 대비한 교육계획의 기본방침으로 「안보교육체제강화」, 「학원질서 확립」, 「새가치관 확립」 등의 시행을 각급학계에 시달했다.[47] 14일에 그는 "격변하는 국제정세와 북괴의 남침준비에 광분하는 양상은 국가안보에 중대한 위협이 되고 있다"고 지적하고 "모든 교직원과 학생들이 비상사태를 똑바로 인식하고 교육의 모든 영역에 걸쳐 안보교육체제를 시급히 정비 강화하여 반공민주이념에 투철한 애국애족의 정신을 견지하고 자조 자주 자립의 굳건한 민족주체성 확립에 열성을 다해줄 것"을 교육목표로 제시했다. 「새가치관의 확립」은 "나라의 융성이 나의 발전의 근본"이라는 국가관을 배양해야 한다는 의미였다.[48]

1972년 3월 7일 박정희는 지방장관회의에서 농촌개발의 강조와 중점투자에 대해 강조하면서 국적있는 교육을 주장했다. 그는 "지금까지 우리의 교육지도이념은 뚜렷하지 못하며 국적없는 교육을 해왔다"고 하면서 "우리의 교육은 만국공통의 국민을 만드는 것이 아니라 대한민국의 충실한 국민을 만들어야 한다"라고 강조했다.[49]

이에 문교부에서는 국적있는 교육을 위해 1972년 5월 초 국사교육강화위원회를 조직하였다. 이 위원회는 5월 10일 문교부 회의실에서 첫 모임을 갖고 위원장으로 이선근, 부위원장으로 강우철 등을 선출하였다. 사업계획으로 국사교육과정, 국사교과내용, 국사학습지도, 국사대중화정책 등을 확정하였다. 국사교육강화위원회 위원은 학계에서 이선근, 박종홍, 장도환, 김성근, 고병익, 이기백, 한우근, 이우성, 김철준, 강우철, 김용섭,

---

46) 「대통령 특별담화 전문」, 『매일경제』, 1971년 12월 6일자.
47) 「교련 철저·학교마다 방공대」, 『동아일보』, 1971년 12월 8일자.
48) 「사격·행군훈련, 간호교육강화」, 『동아일보』, 1971년 12월 14일자.
49) 「박대통령 훈시 새마을 정신으로 농촌개발」, 『동아일보』, 1972년 3월 7일자.

이원순, 최창규, 이현종, 정부측에서는 한기욱, 박승복 등으로 구성되었
다.50)

<표 4> 국사교육강화위원회 위원들의 출신

지위		이름	출신	참고사항
위원장		이선근	경기도 개풍	
위원	학계	김성근	함남 함주	
		고병익	경북 문경	
		이기백	평양 정주	
		이광린	평남 용강	
		한우근	평남 평양	
		김철준	평남 평원	
		김용섭	황해도 배천	
		최창규	충남 청양	
		이우성	경남 밀양	
		강우철	인천 강화	
		이원순	평남 평양	
	정부	이현종		국사편찬위원회 실장
		박종홍		대통령 특별보좌관
		장동환		대통령 비서관
		한기욱		대통령 비서관
		박승복		국무총리 비서관

위원회에 참여한 학자들 총 12명 중 8명이 월남 서북지역 출신들이었으
며, 특히 평안도 출신들이 다수를 점하였다. 박종홍은 전술한 바와 같이
「헌장」을 입안했던 박정희의 통치 이념을 뒷받침한 인물이었다. 따라서
이 위원회는 대통령 특별보좌관인 평안도 출신의 박종홍을 중심으로
학자들의 3분의 2에 해당하는 월남 서북지역 출신들이 참여하고 있었다.
즉 대다수가 월남 서북지역 출신들이었다.

위원회에서는 선정된 사업을 집중적으로 연구하기 위해 소위원회 구성
을 위한 위원을 추천하였다. 이에 강우철, 이광린, 최창규, 김철준, 이원순,

---

50) 윤종영, 「국사교육강화정책」, 『문명연지』 2 : 1, 2001, 275~276쪽.

한우근 등 6명의 소위원회가 구성되었다. 소위원회는 5월 17일 첫 모임을 가진 후 문교부로부터 300만원 연구비를 지원받고 연구 활동을 시작하였다.[51] 22일에 소위원회는 역사의 주체를 민족으로 단일화시켰다. 이들이 역사의 실천 주체를 민족으로 잡은 이유는 현실 문제를 해결할 민족적 철학 및 규범을 역사에서 찾고 통일 후에 생길 사관 문제 등에 대비하기 위해서였다.[52]

7월 6일 소위원회는 「국사교육 강화를 위한 건의 내용(제1차)」이라는 건의문을 문교부에 제출하였다. 그것은 정책과 관련된 것으로서 민족주체 의식의 확립과 미래 세대에 대한 자주적 민족사관을 제시하였다. 소위원회가 제안한 민족사관 확립에 중점을 둔 건의 내용은 각급학교에 그대로 실시되었다.[53]

1973년 5월초 소위원회는 제2차 건의문을 제출하였다. 이 건의문은 국사교육 내용 선정의 기본관점, 국사의 중심 개념, 국민학교 국사교육 내용 전개의 준거, 중·고등학교 국사교육 내용 전개의 준거 등의 국사교육 내용을 다룬 연구보고서였다. 그리고 이 건의문과는 별도로 「학교교육을 중심으로—국사의 중심개념」이라는 연구보고서도 제출하였다. 이 보고서는 학교교육에서 다루어야 할 국사의 중심 개념을 항목별로 제시한 것이었다. 이것은 1974년도에 발행된 초·중·고 국사교과서 내용의 기본이 되었고, 제3차 교육과정의 국사교육에 반영되었다.[54]

즉 박정희가 「헌장」에서 제시한 교육이념은 문교부의 주도하에 교과서에 반영되었던 것이다. 여기에는 강한 민족주의가 반영되어 있었다. 문교부는 국사편찬위원회 및 국사교육강화위원회와 협의해서 집필진을 선정

---

51) 위의 논문, 275~276쪽.
52) 「민족을 주체로 강화된 국사교육의 큰 목표」, 『경향신문』, 1972년 5월 26일자.
53) 윤종영, 앞의 논문, 281쪽.
54) 위의 논문, 282~289쪽.

하였다. 그리고 일선 국사교사들에 대한 연수를 실시하였다. 국사교육과
정 해설은 국사편수관이 담당했고, 국사교과서는 집필자들이 담당하였다.
국민학교는 강우철, 중학교의 고대는 김철준, 조선 차문섭, 근·현대 이현
종, 고등학교 고대와 고려는 김철준, 조선 한영우, 근현대 윤병석, 국사교수
법 이원순 등이 맡아서 강의했다.55) 이들에 의해 집필된 교과서는 이전
월남 서북지역 출신 사학자들과 역사학자들이 집필했던 책을 토대로
서술되었다. 예를 들어 한우근은 1970년에 국사교과서를 집필한 바 있으
며, 이 국사교과서를 토대로 1974년 이후의 국사교과서가 작성되었다.
특히 1974년 이후의 국사교과서에는 고조선이 흥기한 지역으로 대동강
유역 즉 평양으로 명시되어 있었다.

1976년 안호상을 비롯한 임승국, 박시인 등이 국사학계를 향하여 식민주
의 사관론자 및 민족 반역자라고 비난하기 시작했다. 1978년 안호상은
"국사의 고칠 점과 국사교과서 내용 시정에 관한 건의서"를 대통령, 국무총
리, 그리고 문교부장관에게 제출하였다. 이어 1981년 8월 31일에도 안호상
은 권정달 국회의원을 비롯한 18인 명의로 "국사교과서 내용 시정 요구에
관한 청원" 문건을 국회 문공위원회에 제출하였다. 시정해야 할 부분
중에서 고조선과 관련된 내용에 대해서는 다음과 같았다. 첫째, 단군과
기자는 실존인물이다, 둘째, 단군과 기자의 영토는 중국 북경까지였다.
셋째, 왕검성은 중국 요녕성에 있었다 등이었다.56)

그런데 이들 주장은 월남 서북지역 출신들의 한국사학자들로서는 도저
히 받아들일 수 없는 것이었다. 민족국가의 발상지인 평양을 중국 요녕성으
로 바꾼다는 것은 있을 수 없었다. 평양은 월남 서북지역민들이 반드시
다시 되찾아야 하는 자신들의 역사적 정체성이 된 민족국가, 민족정신의
발상지였다. 따라서 승공통일을 이루기 위해 고조선의 수도 평양을 국사교

---

55) 위의 논문, 293쪽.
56) 윤종영, 앞의 책, 1999, 12~22쪽.

과서에서 절대로 수정할 수가 없었던 것이다. 평양은 또한 "조선의 예루살
렘"57)이었기 때문에 월남기독교인들의 입장에서도 공산정권으로부터
반드시 수복해야 하는 성지였다. 그러므로 평양은 민족국가의 발상지이자
조선의 예루살렘이었기 때문에 월남 서북지역민들 입장에서 '고조선의
수도는 평양'이라는 문장은 절대적인 불변의 진리가 되어야 했다.

5. 어린이대공원에 세워진 이승훈과 조만식 동상, 그리고 기념사업

전술한 바와 같이 박정희는 교육이념을 제시한 「헌장」 선포 이후 "국적
있는 교육"을 강조함으로써 "민족중흥의 역사적 사명을 띤" 새로운 민족을
주장하였다. 구체적인 교육정책을 통해 이를 아래로부터 내면화하려고
하였다. 동시에 놀이를 통한 어린이 교육을 위해 1973년 어린이대공원도
설립하였다. 이는 디즈니랜드를 모방해서 만든 것이었다.

1973년 5월 4일 서울시는 어린이대공원 개원을 공고했다. 공원에는
놀이동산, 달로케트, 회전컵, 풍차놀이, 회전그네, 요술집, 아기차, 꼬마기
차, 팽이놀이, 바즈카포, 하늘차, 청룡열차, 미니레일, 번개차, 두꺼비차
등이 설치되었다.58) 5월 5일 개원식에서 박정희는 "어린이는 나라의
보배요, 희망"이라고 하면서 "우리 어린이들은 슬기롭고 건강하게 자라서
나라의 일꾼이 되고 훌륭한 국민이 되어야 한다"고 강조했다.59) 즉 새로운
민족의 일원이 되라는 당부였다.

---

57) 「朝鮮의 「예루살렘」 平壤에 老會婦人會 各種大會開催」, 『동아일보』, 1934년 9월
   5일자.
58) 양택식, 「어린이대공원 개원 공고」, 『경향신문』, 1973년 5월 4일자.
59) 「박대통령, 어린이대공원 개원식서 치사」, 『매일경제』, 1973년 5월 5일자.

어린이들이 대공원에서 놀면서 보고 배울 수 있는 동상도 건립하였다. 이는 박정희 정권의 교육이념에 부합하는 인물이어야 했다. 당시 국무총리였던 김종필은 어린이대공원 개원 전 공사 현장을 돌아보면서 "역사상 유명한 위인들의 상을 세워 어린이들에게 감명을 줄 수 있도록" 하라고 서울시장 양택식에게 지시하였다.[60]

김종필은 1960년대부터 동상건립에 많은 관심을 가지고 이를 지지하고 후원하였다. 1964년 5·16 3주기를 맞이하여 김종필은 역사 속 인물들의 석고상을 만들어 도열시키자는 아이디어를 냈다. 김종필은 유럽을 방문했을 때 다양한 서구 문화 정책과 기념물, 영웅의 기록화 등을 관람하고 이에 착안해 국가관 형성과 민족적 자부심을 고양시키는 사회교육적 방법으로서 동상 건립을 추진하고자 하였다. 그래서 중앙청에서 남대문에 이르는 중간녹지대에 석고상 37점이 세워졌다. 1966년부터는 '애국선열 조상건립' 운동이 전개되기 시작하였는데, 김종필이 정부측 인사로 참여하였다. 동상 건립을 위해 17명의 위원으로 구성된 '애국선열조상건립위원회'가 조직되었다. 민관 공동의 조직이었던 위원회 총재에 김종필이 추대되었다. 김종필이 추대된 후 이 위원회의 활동은 본격화되었다. 그러다 김종필은 얼마 후에 '국민복지회'사건과 관련되어 일체의 공직에서 사퇴하면서 위원회 총재직도 그만두었다. 그러다 1971년 김종필이 국무총리로 임명되면서 다시 동상 건립에 적극적으로 참여하게 되었다. 1970년대에 들어서면서 위원회의 위원들이 교체되면서 전술한 박종홍도 위원으로 선임되었다. 1972년 5월 최종으로 건립된 동상 인물은 세종, 이순신, 을지문덕, 김유신, 강감찬, 이이, 정몽주, 정약용, 이황, 유관순, 신사임당, 사명당, 원효, 김대건, 윤봉길 등 총 15명이었다. 이중에서 근대 민족운동과 관련된 인물로는 유관순과 윤봉길뿐이었다.[61]

---

60) 「어린이 대공원에 위인 동상 세우라」, 『매일경제』, 1973년 2월 20일자.
61) 정호기, 「박정희시대의 '동상건립운동'과 애국주의」, 『정신문화연구』 30 : 1,

이와 같은 동상 건립운동과 함께 어린이대공원에 월남 서북지역민들의 역사적 정체성이라고 할 수 있는 이승훈과 조만식의 동상이 건립되었다. 이승훈과 조만식은 김종필의 말대로 "역사상 위대한 인물"이며 박정희의 말대로 "훌륭한 국민"의 사표가 되는 인물이 되었다. 1970년대 어린이대공원에 건립된 동상은 공산당이 싫다고 외치다가 북한 간첩에게 총에 맞아 삶을 마감한 이승복, 추운 겨울날 아버지와 산길을 함께 걷다 아버지가 먼저 쓰러지자 자신의 옷을 덮어준 후에 아버지와 함께 세상을 떠난 정재수 어린이, 유관순 등의 동상이 세워졌다. 유관순의 석고상은 공예가 이순석이 기증한 것이며,[62] 정재수와 이승복 어린이 제자(題字)는 김종필이 썼다. 이승훈과 조만식 동상의 제자는 박정희가 썼으며, 박정희는 건립운동에도 적극적으로 참여하였다. 그래서 이 두 동상 건립은 거의 국가적 차원에서 이루어졌다고 볼 수 있다.

이곳에 이승훈과 조만식의 동상이 건립될 수 있었던 것은 월남 서북지역민들의 적극적인 노력 때문이었다. 1962년부터 1970년까지의 독립유공자 포상에서 대한민국장을 수여받은 인물들은 모두 23명이다. 이중에서 이승훈과 조만식이 선정된 것은 월남 서북지역민들의 정치·사회적인 영향력 때문이었다고 할 수 있다.

이승훈 동상이 건립될 때 때 마침 경북 성주에서 유림들의 주도로 김창숙 기념관 개관식과 사적비 제막식이 거행되었다. 그런데 이를 두고 『경향신문』은 사설에서 이승훈의 동상 제막식에는 국가원로급 11명, 정치, 사회적으로 유명한 370여 명의 집행위원, 사회명사 4백명의 지도위원 등으로 대성황을 이루고 전국적인 방송과 주요 언론에서 다루었는데 "항일구국운동의 영남 유림의 상징적 존재"인 김창숙에 대해서는 정치, 사회적인 관심이 없는 것에 대하여 불만을 표시하였다. 그리고 부통령을

2007, 343~348쪽.

62) 「이순석 6회 석미전」, 『동아일보』, 1973년 5월 21일자.

지낸 이시영의 기념사업이 전혀 이루어지지 않는 것에 대해서도 아쉬워했다.[63]

월남 서북지역민들은 그들의 역사적 정체성이라고 할 수 있는 이승훈과 조만식을 전 국민에게 민족의 지도자로 알리기 위해 정계에서부터 학생들에 이르기까지 동상건립을 위한 모금운동을 시작했다. 이승훈 동상 건립은 처음에는 오산학교 동창들 중심으로 진행되다가 정부와 국민들의 참여가 이루어지면서 민족적인 사업으로 이루어지게 되었다.

1973년 12월 오산학교 동창회에서는 이승훈 동상재건위원회를 조직하였다. 위원회의 명예회장은 김홍일, 회장은 한경직, 위원장은 허순오 등으로 결정되었다. 동창들의 주도하에 각계 인사들을 총망라하여 800여 명의 지도위원과 재건위원을 구성하고 사업을 전개하였다.[64] 동시에 그들은 이승훈을 지역의 영웅이 아닌 민족의 영웅으로 만들고자 하였다. 지역에서 나아가 민족의 영원한 영웅으로 기억되도록 하였다. 1973년 외솔회에서 간행하는 『나라사랑』 제12집은 남강 이승훈 특집호로 꾸몄다. 평전은 이기백, 함석헌, 조기준, 한기언 등 6명이 작성하였다.[65]

각 언론기관에서는 이승훈 동상 건립에 대한 민족적인 의미를 보도하여 전 국민적 운동이 되도록 하였다. 김정렴 비서실장, 홍종철 전 사정 담당 특별보좌관, 김성환 한은총재 등 각계인사들이 성금을 보냈다. 박정희와 국무총리 김종필도 이 사업에 동참하였다. 이외에 대한금융단, 전국경제인연합회, 대한상공회의소, 한국무역협회 등에서도 각각 1백5십만원씩 기부했다. 동아일보 김상만 사장, 일신산업 주창균 사장, 재일교포 사업가 이찬오 등을 비롯한 많은 사회 저명인사 300여 명의 협찬이 있었다. 그래서 1974년 5월 15일 기공식을 가지고 같은 해 10월 3일에 동상이

---

63) 「남강, 심산 두 별」, 『경향신문』, 1974년 9월 30일자.
64) 오산중·고등학교, 앞의 책, 570쪽.
65) 외솔회 편, 『나라사랑』 12, 1973.

제막되었다. 동상은 조각가 민복진에 의해 만들어져 어린이대공원에
건립되었다.[66] 제막식에는 김종필을 비롯하여 위원회 명예회장인 김홍일
전 신민당 총재, 구자춘 서울시장, 한경직, 김두일 동아일보사 부사장
등 관계인사와 2천여 명의 오산중고교생, 5백여 명의 시민들이 참석하였
다.[67]

이승훈의 동상에는 1929년 이광수가 쓴 글과 "남강 이승훈 선생 동상
재건위원회"에서 쓴 글이 새겨져 있다. 위원회의 글은 평남 용강 출신으로
서『사상계』편집 주간을 지낸 안병욱이 작성하였다.[68] 이광수는 이승훈을
추모하면서 그의 생애, 그리고 그를 기리는 오산학교 동창들의 뜻을
강조한 반면, 위원회에서 쓴 글은 "민족의 위대한 별", "나라의 밝은
등불", "우리 민족의 정신적 기념비" 등으로 민족사의 위대한 인물로
그렸다.

> 남강 선생은 우리 민족의 위대한 별이요 나라의 밝은 등불이다. 그는
> 하나님을 믿고 섬긴 독실한 종교인이요 민족의 독립을 위하여 생애를
> 바친 뛰어난 애국자요 젊은이를 가르치는 데 온갖 정성을 다한 훌륭한
> 교육자요 민중의 복지를 위하여 분투노력한 사회봉사자였다.
> 선생의 뛰어난 정신과 빛나는 인격은 우리 겨레의 거울이요 자랑이다.
> 1939년 평안북도 오산학교에 선생의 동상을 세웠었으나 잔인무도한
> 일제는 1943년 이것을 강제로 철거하였다.
> 오직 나라사랑의 일념으로 일관하신 선생님은 서기 1930년 5월 9일
> 67세를 일기로 세상을 떠나셨다.
> 이제 서울 보광동에 재건된 오산학교의 동창들과 사회유지들의 정성과
> 힘을 모아 선생의 동상을 원형대로 다시 세워 우리 민족의 정신적 기념비로
> 삼는다.

---

66) 오산중·고등학교, 앞의 책, 571~572쪽.
67) 「남강 이승훈 선생 동상 제막」, 『동아일보』, 1974년 10월 3일자.
68) 오산중·고등학교, 앞의 책, 572쪽.

『조선일보』편집주필인 선우휘는 이승훈의 동상 기공식을 앞두고 "앞으로 어린이대공원에 남강의 동상이 서게 되면 우리 국민은 그 형상을 통하여 예보다 더 남강의 정신에 접할 계기를 가지게"된다고 『조선일보』에 글을 썼다.[69]

조만식에 대해서는 가족들과 친지들의 주도로 생신기념 및 공덕을 받드는 현양회를 통해 매년 그 뜻을 기리다 1966년 이후부터는 월남 서북지역 기독교인들의 대표인 한경직을 중심으로 영락교회에서 매년 조만식 선생 경모회를 개최하였다. 경모회에서는 "항일투쟁과 반공투쟁에 일생을 바친" 인물로 매년 조만식을 추모했다. 1969년 '고당 조만식선생 경모회'에서는 매년 2월 1일을 「고당의 날」로 지정했다. 1970년에 조만식은 독립유공자로 선정되었고 대한민국장이 수여되었다. 그가 독립유공자 훈격 중 가장 상위의 대한민국장을 받은 것은 다음과 같은 공적 때문이었다.[70]

育英事業, 국산장려, 언론 기타 曺선생의 반일 반공정신과 사업은 자타가 공인하는 바임
以北傀儡에게 타격을 주는 견지에서도 육중하게 授勳함이 가함.

즉 일제강점기 민족의 지도자로서 광복 이후 북한공산당에게 죽임을 당한 상징적인 인물이었기 때문에 조만식에게 대한민국장을 수여했던 것으로 보인다.

1976년 1월 12일 서울 중구 코리아나 호텔 8층에서 조만식 기념사업회 발기인대회가 열렸다. 발기인 대표는 한경직이었다. 동 사업회는 동상건립, 장학사업, 물산장려운동을 본받아 근검절약을 위한 사회정화운동

---

69) 선우휘, 「남강 이승훈선생의 동상 기공에 붙여」, 『조선일보』, 1974년 5월 14일자.
70) 국가보훈처 공훈전자사료관 독립유공자조서 http://e-gonghun.mpva.go.kr/user/ContribuReportDetail.do?goTocode=20001(2018년 6월 1일 접속).

등을 전개한다고 밝혔다.[71]

동상 건립에는 박정희를 비롯한 사회저명인사들과 사회유명단체들이 참여하였다. 정일권, 민복기, 최규하, 신직수, 김치열, 신형식, 구자춘 등을 비롯한 거의 200명에 가까운 사회저명인사들이 기금을 냈다. 그리고 대한금융단, 전국경제인연합회, 대한상공회의소, 한국무역협회, 서울형사지방법원, 서울민사지방법원 등을 포함한 여러 단체들, 이화여고, 광성중고등학교 등을 비롯한 여러 학교들, 극동방송국, 동아일보, 조선일보, 중앙일보 등의 주요 언론사 등에서 후원하였다. 이로써 정계, 재계, 사법계, 언론계, 교육계 등 정치·사회적으로 영향력있는 인물과 단체들에 의한 기금 조성으로 동상이 건립되었다. 1976년 9월 20일 어린이대공원 팔각정 옆 뜰에서 조만식 동상 건립 기공식이 진행되었다. 동상 건립 기공식이 20일 오후 3시 어린이대공원에서 구자춘 서울시장, 김홍일 전 신민당 총재, 노기남 대주교 등이 참석한 가운데 이루어졌다.[72]

동상제막식은 12월 7일 하오 어린이대공원에서 열렸다. 정일권 국희의장, 민복기 대법원장, 황산덕 문교부장관 등을 비롯해서 2천여 명의 학생과 일반 시민이 참석한 가운데 열렸다. 각계 성금 3천여 만원의 예산을 들여 건립되었다. 고당 조만식의 왼손에는 성경책이 안겨 있었고 오른손은 북녘 하늘을 가리켰다. 통일을 상징하기 위해서 이렇게 제작했다고 설명했다.[73] 동상 건립문에 조만식은 "우리 겨레의 영원한 사표며 자랑"이라고 새겨져 있다.

　　고당 조만식 선생은 1883년 2월 1일 평남 강서군에 나시어 나라와
　　겨레를 위해 일생을 바치셨다. 독실한 신앙과 숭고한 인격 투철한 의지와

---

71) 「고당기념사업회발기인대회」, 『동아일보』, 1976년 1월 12일자.
72) 「고당 조만식 선생 동상 건립」, 『동아일보』, 1976년 9월 18일자.
73) 「고당 조만식 선생 동상 제막식」, 『매일경제』, 1976년 12월 7일자.

실천궁행하는 자력갱생정신 일본제국주의에 대한 비폭력저항과 자유민
주통일을 위한 투쟁은 살아있는 교훈이다.… 해방 후 북한정치수반과
조선민주당 당수로 추대되어 민주통일 국가건설에 몸바쳤으며 공산세력
의 박해와 맞서 이북동포들과 운명을 함께 하고저 끝내 순교적 사랑으로
스스로를 희생하셨으니 민족중흥을 지향하는 우리겨레의 영원한 사표며
자랑이시다.

평남 평양 출신으로 오산학교를 졸업한 언론인 홍종인은 조만식 동상
개막식을 기념하는 글에서 조만식을 "평양에 남아 평양을 지킨 반공의
화신"으로 그렸다.[74] 동상 건립운동을 위해 조직된 조만식기념사업회는
1977년에 법인이 되었다. 사업회 목적은 "조국의 자주독립"과 "승공통일"
을 위한 "영도자"로서 조만식의 업적을 기념하고 그의 민족정신을 널리
알리기 위한 것이었다.[75]

본 회는 민족정기선양에 있어서 사표가 되시고 조국의 자립독립과
승공통일을 위하여 영도자가 되시는 위대한 고당 조만식선생의 업적을
기념하고 그 고유한 민족정신을 널리 전승함을 목적으로 한다.

위와 같은 목적을 위하여 다음과 같은 사업 전개를 목표로 삼았다.[76]

1. 고당선생의 유적자료를 수집하고 보관하는 일
2. 기념 건조물의 설치
3. 전기화 사당연구 서적의 간행
4. 그 밖에 본회 목적 달성에 필요하다고 인정하여 이사회가 결정하는
   사업

---

74) 홍종인, 「조만식선생 동상제막식에 붙여」, 『조선일보』, 1976년 12월 8일자.
75) 국가기록원 소장 자료, 법인전출입관계철(BA0206506), 134쪽.
76) 위의 자료, 135쪽.

사업회의 이사장은 한경직이었으며, 부이사장은 유달영(국정자문위
원)과 박재창(전 평남도지사)이었다. 이사로는 전선애, 김인득(한국스레트
회장), 황성수(변호사), 이한빈(전 부총리), 오재경(전 문공부장관), 조진석
(오산중고이사장), 박승환(부국건설회장), 박충진(의학박사), 조연명(고당
차남), 감사로는 김경래(주식회사 금토일 사장)와 오형근(고려농사 사장)
등이었다.77) 이외에 월남 서북지역민들의 역사적 정체성이라고 할 수
있는 김구와 안창호 등의 동상도 남산과 도산공원 등에 건립되었다.

지역의 영웅에서 민족의 영웅이 된 이승훈과 조만식은 1970년대 국사교
과서에도 실리게 되었다. 1977년 인문계고등학교 국사에 "근대교육의
발달"에서 이승훈의 정주 오산학교를 안창호의 평양 대성학교, 이용익의
서울 보성학교, 김약연의 간도 명동학교 등과 함께 "항일구국의 민족족의
교육"에 대한 대표적인 사례로 들었다. 조만식에 대해서는 "민족운동의
성장"이라는 주제에서 "민족적 역량을 향상시킬 수 있는 경제적 기반은
민족 산업의 육성과 진흥"을 통해 이루어질 수 있었다고 하면서 대표적인
사례로 조만식의 조선물산장려운동을 들었다.78)

6. 맺음말

1960~70년대 월남 서북지역민들의 역사적 정체성은 박정희의 강한
국가주의에 의해 민족사의 정통성이 되었다. 월남 서북지역민들은 서북지
역의 중심인 평양에 대해 '민족국가, 민족정신, 민족문화'의 발상지라는
자부심을 가지고 민족을 구원하고 선도해야 한다는 선민의식을 가졌다.
이 지역민들이 월남한 이후에는 반공주의와 결합되면서 그와 같은 역사적

---

77) 위의 자료, 153쪽.
78) 문교부, 『인문계고등학교 국사』, 한국교과서주식회사, 1977, 189~214쪽.

정체성은 더욱 확고해졌다. 월남 서북지역민들은 박정희 정권의 창출을 통해 그들의 지역적 역사적 정체성을 민족사의 정체성으로 확고하게 만들었다. 그것은 다음과 같은 과정을 통해서 이루어졌다.

첫째는 독립유공자 포상과 독립운동사 편찬을 통해서 이루어졌다. 박정희 정권은 1962년부터 독립유공자 포상을 실시함으로써 정권의 역사적 정체성이 곧 월남 서북지역민들의 역사적 정체성임을 공식적으로 드러냈다. 포상 대상은 의병운동에서 1945년까지 독립운동에 참여했던 인물들이었다. 의병 관련 독립유공자는 경기 이남지역이 대다수를 차지하였다. 반면에 근대민족운동 관련 독립유공자들은 거의 서북지역 출신들이었다. 박정희는 1962년 3·1절 기념사에서 5·16 군사정변이 3·1운동을 계승한 해방 이후의 반공투쟁, 4월 의거를 계승한 것임을 밝혔다. 즉 이 정권은 전 민족이 참여했던 근대민족운동에서 출발했음을 강조한 것이었다. 독립유공자 포상을 수여받은 인물들은 이제 지역의 영웅이 아니라 민족의 미래를 주도하는 건국의 영웅이 되었다. 평양을 중심으로 서북지역에서 근대 정치·사회를 주도하던 인물들은 민족을 대표하고 미래 세대의 민족적 영웅으로 자리매김 되었다. 나아가 독립운동사 편찬을 통해 이들의 역할은 민족사의 정통이 되었다. 이로써 월남 서북지역민들의 역사적 정체성은 민족적 정통성으로 확고하게 재확립되었다.

둘째는 월남 서북지역민들의 역사적 정체성은 박정희의 강력한 국가주의를 통해 확산되고 규율화되었다. 이는 학교 교육을 통해서 이루어졌고 월남 서북지역 출신의 학자들은 정책을 주도하고 적극적으로 참여하였다. 박정희는 「국민교육헌장」 선포를 통해 교육이념을 제시하고 이를 현실에서 구현하기 위하여 교육정책을 수립하였다. 정책 수립에서 구체적인 정책 입안에 이르기까지 월남 서북지역 출신 학자들이 대거 참여하였다. 반공주의에 투철했던 월남 서북지역 출신들의 학자들이 대거 참여했던 문교부의 교육정책은 1970년대 제3차 교육과정에 그대로 반영되었다.

이들에 의해 제작된 국사교과서에는 월남 서북지역민들의 역사적 정체성의 기원이라고 할 수 있는 평양이 고조선의 흥기 지역으로 명시되었다. 이에 안호상을 비롯한 일부 인사들이 국사학계를 식민주의 사관론자 및 민족반역자라고 비난하기 시작했다. 문제는 평양과 단군에 대한 것이었다. 단군은 실존인물이며, 고조선의 수도는 대동강 유역의 평양이 아닌 중국 요녕성이라고 주장했다. 그러나 평양은 월남 서북지역민들이 반드시 다시 수복해야 하는 역사적 정체성의 기원지였다. 아울러 평양은 월남 서북지역 기독교인들에게 공산주의자들에게 잃어버린 조선의 예루살렘이었다. 그래서 그들에게 평양은 반드시 수복해야 할 성지였다. 따라서 월남 서북지역민들의 입장에서 승공통일을 이루기 위해 고조선의 수도는 평양이라는 것을 국사교과서에서 절대로 수정할 수 없었다. '고조선의 수도는 평양'이라는 문장은 절대 불변의 진리가 되어야 했다.

마지막으로는 어린이대공원의 동상 건립과 기념사업을 들 수 있다. 박정희는 '민족중흥의 역사적 사명을 띤' 새로운 민족을 주장하였다. 이는 구체적인 교육정책을 통해 아래로부터 내면화하려고 하였으며, 놀이를 통한 교육을 위해 어린이대공원도 설립하였다. 이 공원에는 역사상 어린이들이 보고 배울 수 있는 인물의 동상도 건립되었다. 선정된 동상은 이승복, 정재수 어린이, 유관순, 이승훈, 조만식 등이었다. 이중에서 이승훈과 조만식은 월남 서북지역민들의 역사적 정체성이었다. 1962년부터 1970년까지 독립유공자 포상자 중 대한민국장에 해당하는 인물은 모두 23명이었지만 위 두 인물이 선정된 것은 월남 서북지역민들의 정치, 사회적인 영향력 때문이었다. 그들은 초기에 이승훈과 조만식을 그들 지역을 대표하는 인물로 추모하였으나 1970년대에 들어서면서 민족의 영웅으로 만들었다. 어린이대공원에 동상을 건립하기 위해서 국민 성금 모집 운동을 전개하였다. 이에 박정희를 비롯한 정계, 사회저명 인사, 사회유명단체들이 참여하여 동상을 건립하였다. 이승훈과 조만식 동상의 제자는 박정희가 직접 작성함으로써 민족적 지도자이자 사표임을 국가적 차원에서 공인하였다. 이에 이승훈과 조만식은 서북지역 출신의 대표적인 근대 민족지도자인 김구, 안창호와 함께 1970년대 국정 국사교과서에 실렸다. 이로써 이승훈과 조만식은 지역의 영웅에서 민족의 영웅이 되었다. 이와 같은 방법을 통해 월남 서북지역민들은 그들의 역사적 정체성을 민족사의 정통성으로 만드는 데 성공하였다. 이와 같은 과정을 거쳐 월남 서북지역민들의 역사적 정체성은 1960년대에서 1970년대에 재확립되고 강화되었다.

참고문헌

「교련 철저·학교마다 방공대」, 『동아일보』, 1971년 12월 8일자.

「대통령 특별담화 전문」, 『매일경제』, 1971년 12월 6일자.

「朝鮮의 「예루살렘」 平壤에 老會婦人會 各種大會開催」, 『동아일보』, 1934년 9월 5일자.

「고당 조만식 선생 동상 건립」, 『동아일보』, 1976년 9월 18일자.

「고당 조만식 선생 동상 제막식」, 『매일경제』, 1976년 12월 7일자.

「고당기념사업회발기인대회」, 『동아일보』, 1976년 1월 12일자.

「나는 독립투쟁의 거성들」, 『경향신문』, 1960년 10월 1일자.

「남강 이승훈 선생 동상 제막」, 『동아일보』, 1974년 10월 3일자.

「남강, 심산 두 별」, 『경향신문』, 1974년 9월 30일자.

「독립운동자 표창」, 『경향신문』, 1960년 9월 30일자.

「민족을 주체로 강화된 국사교육의 큰 목표」, 『경향신문』, 1972년 5월 26일자.

「민족중흥을 기약」, 『동아일보』, 1962년 3월 1일자.

「박대통령 훈시 새마을 정신으로 농촌개발」, 『동아일보』, 1972년 3월 7일자

「박대통령, 어린이대공원 개원식서 치사」, 『매일경제』, 1973년 5월 5일자.

「사격·행군훈련, 간호교육강화」, 『동아일보』, 1971년 12월 14일자.

「어린이 대공원에 위인 동상 세우라」, 『매일경제』, 1973년 2월 20일자.

「이순석 6회 석미전」, 『동아일보』, 1973년 5월 21일자.

「조만식 선생 미망인 재건본부고문으로」, 『동아일보』, 1962년 4월 11일자.

「해방 후 최대의 성사」, 『경향신문』, 1962년 2월 24일자.

「허식없는 애국자 유석현옹」, 『경향신문』, 1960년 10월 7일자.

「혁명과업완수를 위한 국민의 길」, 『경향신문』, 1961년 9월 15일자.

국가기록원 소장 자료, 법인전출입관계철(BA0206506).

내각사무처, 「독립유공자포상계획」(의안번호 : 제34호, 1963년 1월, 제4회).

국가보훈처 「독립유공자조서」 『공훈전자사료관』(http://e~gonghun.mpva.go.kr/user/
    ContribuReportDetail.do?goTocode=20001 (2018년 6월 1일 접속)

국가보훈처, 「독립유공자공적조서」, 『공훈전자사료관』(http://e-gonghun.mpva.go.
    kr/user/ContribuReportList.do?goTocode=20001), 2018년 5월 13일 접속.

강만길, 『역사가의 시간』, 창비, 2010.

강정인, 「박정희 대통령의 민족주의 담론 : 민족과 국가의 강고한 결합에 기초한
    반공·근대화 민족주의 담론」, 『사회과학연구』 20 : 2, 2012.

김건우, 『사상계와 1950년대 문학』, 소명출판, 2003.

김보현, 「박정희 정권기 경제개발 : 민족주의와 발전, 그리고 모순」, 성균관대학교
    박사학위논문, 2005.

김수태, 「이광린의 한국근대사상사연구」, 『서강인문논총』 46, 2016.

김용섭, 『역사의 오솔길을 가면서 : 해방세대 학자의 역사연구 역사강의』, 지식산
    업사, 2011.

대한예수교장로회, 『영락교회 50년사, 1945~1995』, 영락교회, 1998.

독립운동사편찬위원회, 『독립운동사 : 삼일운동사(상)』, 독립유공자사업기금운
    용위원회, 1971.

문교부, 『인문계고등학교 국사』, 한국교과서주식회사, 1977.

박기석, 『정암유성 : 정암 박기석 회상록』, 박기석, 2000.

박문일, 「반공정신」, 『기독교사상』 12 : 3, 1968.

박은식 저·이장희 역, 『한국통사』, 박영사, 1974.

박은영, 「한국원호정책의 전개와 정치적 활동(1948~1963)」, 연세대학교 대학원
    사학과 석사학위논문, 2016.

박형규, 「격동과 소란의 1년」, 『기독교사상』 12 : 12, 1968.

서울특별시장 양택식, 「어린이대공원 개원 공고」, 『경향신문』, 1973년 5월 4일자
선우휘, 「남강 이승훈선생의 동상 기공에 붙여」, 『조선일보』, 1974년 5월 14일자.
오산중·고등학교, 『오산팔십년사』, 1987.
외솔회 편, 『나라사랑』 12, 1973.
윤선자, 「광복 후 애국선열 선양정책 재조명」, 『사학연구』 100, 2010.
윤정란, 『한국전쟁과 기독교』, 한울아카데미, 2015.
윤종영, 「국사교육강화정책」, 『문명연지』 2 : 1, 2001.
윤종영, 『국사교과서 파동』, 혜안, 1999.
이광수, 「도산 안창호」, 『안창호평전』, 청포도, 2004.
이기백, 『한국사신론』, 일조각, 1967.
이송희(신라대학교 사학과 교수), 2018년 5월 18일 구술,
장 신, 「해제 중고등학교 국사교육개선을 위한 기본방향」, 『역사문제연구』 36,
    2016.
정호기, 「박정희시대의 '동상건립운동'과 애국주의」, 『정신문화연구』 30 : 1, 2007.
조동걸, 「독립운동사편찬위원회의 존폐와 저술활동」, 『한국사학사학보』 24, 2011.
최연식, 「박정희의 '민족' 창조와 동원된 국민통합」, 『한국정치외교사논총』 28 :
    2, 2007.
한홍구, 『오직 한 사람을 위한 시대 : 유신』, 한겨레출판. 2014.
허 은, 「5·16 재건기 국민운동의 성격」, 『역사문제연구』 11, 2003.
홍윤기, 「국민교육헌장, 왜 그리고 어떻게 만들어졌나」, 『내일을 여는 역사』 18,
    2004.
홍종인, 「조만식선생 동상제막식에 붙여」, 『조선일보』, 1976년 12월 8일자.

북미주 이민 월남민의 민족통일운동과
이산가족 찾기 사업
-'분단 디아스포라'의 관점에서-

김 성 보

1. 머리말

한반도에서 1945~1953년간 분단과 전쟁기에는 대규모로 남북간 인구 이동이 발생했다. 대다수의 월남민과 월북민은 자발적이기보다는 정치사 회적 대립과 군사적 충돌을 피해 불가피하게 고향을 버리고 이주하여 타지에 정착할 수밖에 없었다. 그런 점에서 이들은 사프란이 정의한 바, "추방된 소수 집단 공동체"라는 의미에서 '디아스포라'의 범주에 속한다.[1] 다만 월남민과 월북민 대다수는 조선민주주의인민공화국 영토 에서 추방되었으나 같은 민족 구성원들이 살고 있는 대한민국 영토로 이주했다는 점에서 특징이 있다. 즉, 일반적인 디아스포라와 달리 이들은 모국의 분열로 인해 발생한 분단국가 내부에서 집단 이동했다는 특징을

---

[1] 디아스포라의 개념에 대해서는 Safran, William, "Diasporas in Modern Societies : Myths of Homeland and Return," Diasporas 1(1), 1991, pp.83~99 ; 윤인진, 『코리안 디아스포라-재외한인의 이주, 적응, 정체성』, 고려대학교출판부, 2004, 4~8쪽 참조.

지닌다. 이 때문에 이들의 특징과 성격을 이해하기 위해서는 디아스포라 중에서 하나의 유형으로 '분단 디아스포라'라는 개념을 설정하여 살펴볼 필요가 있다.

남북 이산을 디아스포라 개념으로 접근한 최초의 본격적인 연구로는 김귀옥의 연구를 들 수 있다.[2] 그는 특히 재일조선인을 '분단과 전쟁의 디아스포라'라는 관점에서 분석한 바 있다.[3] 조지영은 월남민들이 원래 살고 있었던 장소를 떠나 새로운 주거지로 이동하여 정착한 점, 남북에 별도의 국가가 건설되어 국외 아닌 국외가 되었다는 점에서 이들을 넓은 의미의 디아스포라로 보았으며, 이들이 한반도의 역사적 특수성으로 초래된 남북간의 이산으로 발생한 점에서 '분단 디아스포라'로 명명하였다.[4]

이 글에서는 '분단 디아스포라'라는 용어를 원용하되, 이들이 주로 다음의 특징을 지닌 집단으로 설정하고자 한다. 즉, '분단 디아스포라'는 (1) 정치사회적 대립으로 인한 분단국가 형성과정에서 발생하며, (2) 그로 인해 분단의 트라우마가 그들의 정체성에 큰 영향을 미치며, (3) 민족·국가 정체성의 분열을 겪으면서, 자신이 속한 국가에 대해서는 국민적 귀속감을, 원 거주지에 대해서는 탈정치화된 감성으로서 '고향'에 대한 귀속감을 유지하는 집단으로 간주한다.

---

2) 김귀옥은 남북 이산가족을 디아스포라의 관점에서 볼 수 있다고 파악하며, 나아가 이들이 사프란이 정의한 이산자보다 더 이산자다운 특성을 지닌다고 지적한다(김귀옥, 『이산가족, '반공전사'도 '빨갱이'도 아닌…』, 역사비평사, 2004, 24쪽).

3) 김귀옥, 「분단과 전쟁의 디아스포라–재일조선인 문제를 중심으로」, 『역사비평』 91, 2010.

4) 조지영, 「월남화가들의 분단 디아스포라 의식과 작품 연구 : 최영림, 황유엽, 장리석 중심으로」, 숙명여자대학 석사학위논문, 2013. 김보영도 '분단 디아스포라'라는 용어를 사용했는데, 그에 대해 개념 정의를 하지는 않았다. 김보영, 「분단과 전쟁의 유산, 남북 이산(분단 디아스포라)의 역사」, 『역사학보』 212, 2011.

'분단 디아스포라'로서 월남민은 1차로 남한에 정착하게 되는데, 그들 중 일부는 다시 외국으로 재이주하여 2차 정착하는 경우가 있다. 학술적으로 입증되지는 않았지만, 통상 월남민들의 주된 2차 정착지는 미국으로 알려져 있다. 한번 뿌리 뽑힌 사람들은 이민의 길을 선택하기 쉬우며 사회경제적 어려움과 안보의 불안감 속에 자유와 풍요로움을 표상하는 미국을 이주지역으로 선호했을 개연성이 크다. 그리고 미국 선교사 등과 네트워크가 강한 평안남북도 등 이북출신 주민들의 경우에 상대적으로 미국 이민의 기회를 얻기에 더 용이했으리라 추정할 수 있다. 그러나 이러한 추정은 어디까지나 입증되지 않은 하나의 가설에 불과하며 이에 대해서는 면밀한 실증적인 연구가 필요할 터이다.

이 글은 지금까지 학술적인 연구대상에서 소외되어있던 미국·캐나다 등 북미주 이민 월남민들에 주목하여, 그들을 '분단 디아스포라'의 관점에서 조명해보는 구술 사례 연구이다. 모국을 떠난 지 오랜 세월이 지났음에도 해외로 이주한 대다수의 월남민들은 여전히 '고향'에 대한 관심을 쉽게 포기하지 못하며 살아가고 있다. 본문에서 다루겠지만, 이들 중 상당수는 강한 반공·반북한 의식을 지니고 있으며, 무력의 방법에 의해서라도 북한을 붕괴시키고 한반도가 통일되기를 희망하기도 한다. 그런가 하면 북미주 이민 월남민의 일부는 민족의 화해와 협력, 평화 통일에 적극적인 의지를 표명하며 민족통일운동에 직접 참여하거나 이를 지지하는 태도를 보인다. 이념적 성향이 어느 쪽이건 고향과 한반도에 대한 관심이 그들의 의식 속에서 중요한 비중을 차지한다는 점은 공통적이다. 이들 중에는 고향과 이산가족에 대한 그리움으로 인해, 해외 시민권자의 자격을 활용하여 직접 북한을 방문하는 '모험'에 나선 경우도 있다. 북미 이민 월남민들은 한반도에서 발생한 '분단 디아스포라'의 성격과 특징을 이해하는 데 하나의 중요한 사례가 될 터이다.

분단 문제와 관련해서 북미주 한인사회에 대해서는 그들의 통일운동에 주목한 연구들을 참고할 수 있다. 『미주동포 민족운동 100년사』는 북미 한인사회에서 민족민주운동, 특히 북한과 교류하며 통일운동에 적극적으로 나선 인물들과 단체들에 대해 풍부한 내용을 담고 있다. 크리스 박은 미주 한인사회의 민주화운동과 통일운동 활동을 실증적으로 분석했다. 허은경은 북한정부가 1973년 이후 미국과의 직접 교섭에 나서면서 미국의 대북정책에 영향력을 발휘하고 대미관계에 중재역할을 할 수 있는 인적자원으로서 '재미동포'들을 적극 활용하였음을 밝혔다. 이 연구성과들은 북미 이민 월남민의 관점에서 접근한 연구는 아니지만, 통일운동이나 이산가족 찾기 사업에 관여한 월남민들의 활동과 북한의 정책을 이해하는 데 도움이 된다.[5]

이 글은 문헌자료보다는 월남민 스스로의 목소리가 담긴 구술채록, 인터뷰 기사에 주로 의존한다. 월남민 구술생애사 조사연구단은 2016년과 2017년에 미국 로스엔젤레스·워싱턴·뉴욕, 캐나다 토론토에서 북미 이민 월남민 41명을 구술 채록했다.[6] 이들 중에서 민족통일운동과 남북이산가족찾기사업에 적극 참여하거나 민주화·통일 문제에 적극적인 생각을 해온 한인들의 구술 내용에 주목하고자 한다. 아울러 그 반대편에서 반공·반북 운동에 투신하거나 의견을 같이 해온 한인들의 구술도 검토한다. 주요 구술자 11명의 명단은 아래와 같다.

---

5) 선우학원·노길남·윤길상, 『미주동포 민족운동 100년사』, 일월서각, 2009 ; Chris H. Park, 「1970년대 미주 한인의 사회운동과 통일론」, 연세대학교 사학과 석사학위 논문, 2011 ; 허은경, 『북한의 재미동포정책 연구 : 1973-1994』, 북한대학원대학교 박사학위논문, 2016.

6) 미국 서부출장(로스엔젤레스)은 2016년 1월 23일~31일간 진행했으며, 총 13명을 구술했다. 면담자는 이준희, Elli Kim, 김성보, 김은아이다. 미국 동부출장(워싱턴, 뉴욕)은 2016년 2월 14일~24일간 진행했으며, 총 19명을 구술했다. 면담자는 한성훈, 권준희, 김세림, 김지훈이다. 이에 더하여 2016년 3월 10일·15일에는 권준희가 뉴욕에서 2명을 구술채록했으며, 2017년 1월 20~23일, 3월 25일에 한성훈이 캐나다에서 7명을 구술 채록했다.

〈표 1〉 연구 인용 구술자 명단

연번	성명	출생연도	출신 지역	이민연도	이민 이후 첫 생활 지역 및 대표 경력
1	류필립	1925	평양	1953	로스엔젤레스, USC 도서관 사서, 시립도서관 관장
2	함성국	1929	평양	1956	보스턴, 미국연합감리교회 세계선교부 아세아 태평양지역 총무, 재미동포전국연합회 초대 회장
3	전순영	1927	중국 룽징(龍井)	1962	토론토, 전충림과 함께 해외동포 이산가족 찾기회 사업
4	유태영	1930	황해도 안악	1964	뉴욕, 브롱스교회 설립, 재미동포 동부연합회장
5	문영조	1938	강원도 원산	1965	로스엔젤레스, Hartwell Company 직원
6	백승배	1941	황해도 연백	1969	로스엔젤레스, 파라마운트 연합감리교회 설립, 『민족통신』 창간·운영에 동참
7	오인동	1939	황해도 옹진	1970	미시간, 하버드의대 정형외과 조교수, 인공고관절 수술법 개발, Koreas-2000 결성
8	김철웅	1929	함남 원산	1982	뉴욕, 갤러리 운영, 뉴욕주 이북5도민회 함경도민회 회장
9	김화성	1932	평남 강서	1982	알레스카, 세탁소 운영
10	김봉건	1927	평북 초산	1984	로스엔젤레스, 재미 이북5도민회 연합회 회장
11	강창진	1927	황해도 해주	1984	오렌지 카운티, 대한민국육사8기회 회장

* 구술 일시와 장소, 면담자는 글 말미에 밝힘.

이외에 동국대학교 통일연구원 기초연구사업팀이 2006년부터 진행한 한인사회 통일운동사 구술채록7) 등을 참고한다. 재미 연구자 김동수의 「북미 이산가족의 북한 고향방문 조사보고」는 북미의 이산가족 찾기 사업에 참여해서 북을 방문했던 20여 명에 대한 개인 면담과 800여 명에 보낸 우편 설문조사방법에 의거한 조사보고로서 이산가족 찾기 사업을 이해하는 데에 도움이 된다.8)

본론에서는 우선 '분단 디아스포라'로서의 북미 이민 월남민들의 성격을 이해하기 위한 전제로서 북미 이민 한인사회에서 월남민들이 차지하는 비중과 그들의 상호 교류, 미국 이민 시점과 계기 등을 간략히 살펴본다.

---

7) 김하영 외,『구술로 본 해외 한인 통일운동사의 재인식 : 미국지역』, 선인, 2010.
8) 김동수,「북미 이산가족의 북한 고향방문 조사보고」,『월간 사회평론』92권 10호, 1992.

그 다음 이들이 북미 이민 이후에도 과연 지속적으로 분단·통일문제를 인식하면서 자신들의 '분단 디아스포라'로서의 정체성을 유지하고 있는 지 그 여부를 살펴보면서 특히 북미에서의 남북화해 및 통일운동에 월남민들이 어느 정도 관여해왔는지 확인해본다. 그리고 마지막으로 북미 이민 월남민들이 미국 또는 캐나다의 시민권자, 영주권자로서의 지위를 활용하여 어떻게 북한 고향 방문에 나섰는지, 그리고 이러한 행동이 한반도와 북미간 화해협력에 어떤 의미가 있는지 조망해본다.

2. 월남민 구술자들의 북미주 이민 시기와 동기

한국 외교부 자료에 의하면, 2016년 말 기준으로 미국 재외동포는 2,492,252명, 캐나다 재외동포는 240,942명으로, 총 2,733,194명이 북미주에 거주하고 있다. 특히 미국에서는 로스엔젤레스에 66만 명, 뉴욕에 44만 명이 거주하며, 캐나다에서는 토론토에 12만 명이 거주하고 있다.[9] 북미주 한인중에서 월남민 또는 이북 출신이 차지하는 비중은 얼마나 될까? 퀘이커교도로서 미국으로 이민하여 통일운동에 참여한 은호기는 이에 대해 아래와 같은 의견을 밝힌 바 있다.

> "미국에 이민 온 동포들 인구특성이 여기에 이북 사람이 많아요. 지금은 안 그렇지만 옛날에는 그랬어요. 그러니 이상하게 용산고등학교 애들이 많더라구. 그 해방촌 아닙니까? 이북에서 피난 와서 용산고등학교 많이 나왔어요.… 말하자면 그 사람들이 어차피 고향을 떠난 사람이니까 서울 떠나는 것이 그렇게 힘든 문제가 아냐. 그래서 이북 사람이 많더라고. 그 다음에는 호남 사람들이 많아. 어차피 그 한국에서 차별하니까.…"

---

9) 외교부 재외동포과, 『재외동포 현황』, 외교부, 2017, 14쪽, 19쪽.

(은호기)[10]

이북 사람들은 한번 고향을 떠났으니 다시 쉽게 이민할 수 있었고, 호남 사람들은 한국에서 차별을 받아 많이 미국으로 떠난 사람이 많다는 것이 그의 의견이다. 이러한 인식은 재미 한인사회에서 널리 퍼져있는 것으로 보이는데, 실제 통계상으로도 그런 특징이 확인될 수 있을까? 아쉽게도 재미 한인들의 출신 지역을 통계 조사한 연구는 찾을 수가 없다. 다만 아래 몇 가지 사항을 통해 약간의 추론은 가능하다.

재미 한인 중에서 호남출신의 비중이 크다는 점은 사실에 가까운 것으로 보인다. 예를 들어 남가주 호남향우회는 스스로 캘리포니아의 100여 만 명 한인들 중 25만여 명에 달하는 호남권 재미동포들의 구심체임을 자부한다.[11] 반면에 이북 출신 또는 월남민이 실제로 미국내에서 많은 비중을 차지한다고 보기에는 어려운 점이 있다. 1989년도에 미주동포 이산가족찾기 후원회는 미주지역 이산가족을 약 10만 명으로 추산했다.[12] 그리고 워싱턴의 국제전략화해연구소가 1999년 9월부터 산하 단체인 글로벌 갤럽여론조사센터를 통해 재미동포이산가족 실태를 조사한 결과, 이산가족은 전체 미주 한인의 5~10%를 점하는 것으로 나타났다.[13]

미국 한인사회에서 이북 출신과 호남 출신이 함께 두드러지는 것은 그들의 실제 인구 비중보다는 강한 내부 결속력과 활발한 향우회 활동 등으로 상대적으로 더 부각되기 때문으로 보인다. 호남 출신 못지않게

---

10) 은호기 구술(김하영 외, 앞의 책, 2010, 131쪽).
11) 「美 남가주 호남향우회 "화순전남대병원 자랑스럽다"」, 『아시아경제』, 2016. 5. 25.(http://www.asiae.co.kr/news/view.htm?idxno=2016052511041891348)
12) 「미주동포 이산가족찾기 후원회 고강희 회장 "재미동포-북한가족 편지왕래 큰 보람"」, 『동아일보』, 1989. 1. 24. 미국 인구센서스에 따르면 1990년도의 재미한인인구는 798,849명이다(윤인진, 앞의 책, 2004, 210쪽).
13) 통일뉴스, 2001. 6. 21.

이북 출신들은 미국내 각지에 향우회 조직이 있어 상호 교류를 하고 있다. 재미 남가주 평안북도도민회가 1990년에 창설된 점에서 알 수 있듯이, 그 교류는 이들이 노년기에 접어든 뒤에 더 활발해지는 것으로 보인다. 미국의 이북 출신 향우회로는 재미 이북 5도도민회 연합회, 재미 남가주 이북5도민회, 남가주 평안북도도민회, 워싱턴주 이북도민회, 시카고 이북도민회연합회,14) 재미함경향우회15) 등이 확인된다.

이북 출신중에는 학연을 통해 상호교류를 하는 경우도 있는데; 대표적인 예로는 평양고등보통학교 동문회를 들 수 있다. 이 동문회의 회지인 『대동강』 28호(2007)에 실린 동문회 명부에 따르면, 미주 서부분회에는 109명이 가입되어 있으며, 사망한 42명의 명단도 함께 실려 있다. 미주 동부분회에는 53명이 가입되어 있다. 서울에서 발간하는 회지『대동강』은 동문의 결속을 다지는 한편 지속적인 반공 반북 기사를 통해 북에 대한 적대감을 재생산하는 데 기여하고 있다.16)

그렇다면 미국과 캐나다에 거주하는 월남민들은 주로 어느 시점에 이민의 길을 떠나왔을까? 제2차 대전 종전 이후 한인의 미국 이민사는 1965년을 경계로 전기와 후기로 구분된다. 1945년부터 1950년 한국전쟁을 거쳐 1965년 미국 이민법이 개정되기 전까지의 전기에는, 미군과 결혼한 한인 여성, 전쟁고아·혼혈아·입양아 등의 아동, 대학 유학생 등의 미국 이민이 두드러진다. 1965년 미국 이민법 개정 이후에는 유학생, 객원 간호사와 의사 신분으로 미국에 건너온 한인들이 영주권을 취득하게 되었고, 이들이 국제결혼한 한인 여성들과 더불어 한국에 남은 가족을 초청하면서 1970년대 이후 급증하는 한인 이민의 토대를 마련했다.17)

---

14) 『미주 한국일보』, 2016. 4. 29.
15) 재미함경향우회는 북한 당국과 협의하여 방북행사도 진행한다(『재외동포신문』, 2004. 6. 9).
16) 평양고등보통학교 출신 월남민들의 활동과 『대동강』 발행에 대해서는 이준희, 「평양고보 출신 엘리트의 월남과정과 정착지」, 『학림』 42, 2018 참조.

캐나다에는 1960년대 말 이후 한인 이민이 본격화되었고, 특히 초기 10여 년 동안 토론토에 상당수의 파독 광부들이 유입되었다.[18] 먼저 구술자들 중에서 민족통일운동과 남북이산가족찾기사업에 적극 참여하거나 의견을 같이한 인물들의 북미주 이민 시점을 확인해보자.

평양 출신으로 성화신학교에 다니다가 1·4후퇴 때 월남한 함성국은 해병대에 입대하여 남한사회에 대한 소속감을 가지게 되었고, 미국에 6개월 간 군사유학을 다녀온 뒤 1956년에 미국으로 다시 유학을 가서 웨슬리안대학교에 문학석사를, 보스턴대학교에서 신학석사·박사 학위를 취득했다. 이후 그는 미국 연합감리교 세계선교부에서 활동하였다(함성국 구술).

유태영은 황해도 안악군 출신으로 3대 기독교 집안에서 성장했다. 그는 성화신학교를 다니다가 월남하여 다시 신학을 전공했으며 동두천 미7사단 군목으로 복무했다. 그는 5·16 쿠데타 이후 박정희 정권 아래에서 미국 유학이 일부 개방되자 1964년에 미국 유학의 길을 택했다. 그는 생활고로 혈액은행에 취직했으나 다시 마음을 돌려 브롱스 교회를 창립하여 목회 활동을 했다(유태영 구술). 강원도 원산에서 태어난 문영조는 해방 후 학교에서 사회주의 사상을, 집에서 자유주의 사상을 배우며 이념적으로 혼란스러운 소년기를 보내다가 전쟁이 나자 월남했다. 그는 4·19 민주혁명 당시 연세대 학생회장 입후보자로서 운동에 참여했고 4·19 이후 문과대 학생회장 활동을 했다. 그는 졸업 후 정부에서 요주의인물로 감시의 대상이 되고 가족들이 미국으로 먼저 이민하자, 고민 끝에 1965년에 뒤따라 미국으로 이민했다(문영조 구술).

백승배는 황해도 연백 출신으로 전쟁시 월남하여 인천중학교와 제물포고등학교를 졸업했다. 그는 제물포고에서 교장 김영희의 영향을 많이

---

17) 유영렬 편, 『북미주한인의 역사(상)』, 국사편찬위원회, 2007, 129쪽.
18) 유영렬 편, 『북미주한인의 역사(하)』, 국사편찬위원회, 2007, 290쪽.

받았는데, '정직한 사람이 되라'는 그의 교훈을 평생 잊지 않고 살아왔으며 이상촌 건설에도 관심을 가지게 되었다.[19] 그는 이후 감리교신학대학을 졸업하고 목회를 하다가 1969년에 미국으로 유학하게 된다. 그는 뉴저지의 드루신학원을 다니며 자유주의적이며 진보적인 교리를 접했으며, 졸업 후에 캘리포니아에서 한인교회 목회 활동을 했다(백승배 구술). 오인동은 황해도 옹진에서 태어나 제물포고와 가톨릭대 의대를 졸업했다. 인천의 제물포고에는 월남민 자제들이 많이 입학한 학교인데, 그 또한 인생관 형성과정에서 교장 길영희의 영향을 많이 받았다고 구술했다. 그는 1970년 미국으로 건너가 하버드의대 정형외과 조교수를 지냈고, 인공고관절수술법을 개발하여 11종의 발명특허를 획득하며 부(富)를 얻을 수 있었다(오인동 구술).

중국 동북 룽징(龍井) 출신인 전순영은 해방 후 북한의 소호진으로 이주했다가 1947년에 다시 월남했다. 남편 전충림이 와이즈맨 클럽 회장으로 활동하며 캐나다인과 친해져서 이를 계기로 초청을 받아 캐나다로 가게 되자 함께 1962년에 이주했다. 당시 전충림은 한국 정치에 거부감이 컸고 이에 더하여 이북에 남은 누나와 상봉할 기회를 찾고자 캐나다로 이주했다고 전순영은 증언한다. 전충림은 1967년에 토론토에서 연합교회를 세워 장로로 활동했으며, 1973년에 『뉴코리아 타임즈』를 출간하면서 한국 민주화운동에 나서게 된다(전순영 구술).

위에서 소개한 인물들은 대부분 기독교적 배경을 가지고 있으며 신학 전공을 위해 유학생이 되거나 의사 신분으로 미국에 이민을 가서 주로 교회를 중심으로 활동한 유사성을 지닌다. 또한 전충림·전순영 부부의 예에서 확인되듯이 이산가족 상봉의 가능성을 찾아 이민을 간 경우가 있으며, 문영조의 사례는 1960년대에 등장한 군사정부에 대한 거부감이

---

19) 길영희의 교육사상에 대해서는 이천일, 「교육실천을 통해 본 길영희 교육사상에 관한 고찰」, 『교육사상연구』 29-1, 2015 참조.

미국 이민을 선택하게 하는 하나의 계기가 됨을 보여준다.

구술자 중에서 민족통일운동과 이산가족찾기사업에 적극적인 인물들이 주로 1950~1960년대에 북미주로 이민을 한 경우라면, 북미주에서 반공·반북운동에 나선 구술자들은 상당수가 1970년대 말~1980년대 초에 이민했다는 점이 흥미롭다.

대표적으로 김봉건과 강창진은 군 장교로 복무하다 퇴역한 이후 1984년에 도미했다. 재미 남가주 평안북도도민회 초대 회장을 역임한 김봉건은 일제하에 비행기를 헌납할 정도로 대지주이자 친일경력자인 집안에서 출생했으며, 해방 후 토지개혁으로 집안이 몰락하면서 월남했다. 남한에서 그는 서북청년회에 가입해서 반공활동에 나섰으며, 육사 7기로 입대하여 군인의 길을 걸었다. 그는 전두환 정부 수립 이후 입지가 좁아진데다가 자녀들이 미국에 거주하여, 미국 이민을 선택했다. 도미 이후 그는 재미 남가주 육군동지회 회장, 재미 이북 5도도민회 연합회 회장, 재미 한국 6·25 참전동지회 회장, 자유민주민족회의 미서부지회 대표의장, 민주평화통일정책자문회의(LA) 자문의원, 대한민국 재향군인회 미서부지회 회장, 재미동포 애국단체 연합회 공동대표 회장, 자유대한지키기 국민운동본부 미서부지부 대표회장 등의 직책을 가지고 미국내 진보적인 한인사회의 각종 활동에 대한 반대활동에 전력을 기울이고 있다. 그는 통일을 위해서라면 전쟁을 불사해야 한다고 보고 있으며 자신도 참전할 의사가 있다고 할만큼 강한 반공의식을 유지하고 있다(김봉건 구술). 월남하여 서북청년회 활동을 하다가 육사 8기로 입대하여 군 생활을 한 강창진은 1964년 퇴역하여 김종필을 도우면서 서남 목장을 운영했다. 그는 전두환 정부의 박해를 받자 미국으로 이민했다. 그는 북한이 국가가 아니라 '깡패집단'이라고 보며, 평화적 방법으로는 통일이 불가능하여 전쟁을 불사해야 한다고 주장했다(강창진 구술).

김봉건과 강창진처럼 반공·반북 운동에 적극 나서지 않더라도 북한에

대해 극단적인 거부감을 가진 재미 한인들은 상당수이다. 유태영은 한인들
이 미국으로 이민하게 된 가장 큰 이유가 '잘 살아보자'는 것이기 때문에
이들이 민족문제·통일문제에 관심을 가지기 힘들 수밖에 없었다고 보며
'동포사회'가 거의 '반공, 반북, 친미' 일색이라고 증언한다.[20] 구술자
중에서 비교적 이른 시기인 1953년도에 도미한 류필립의 예를 들면,
그는 부유한 기업인 집안에서 성장하며 평양고등보통학교를 졸업한 뒤
월남하여 교사 생활을 하다가 1949년에 미국 대사관에서 근무했다. 이를
계기로 그는 1953년에 도미하여 워싱턴대학교에서 사회학을 전공하고
이어 버클리대학원을 졸업했으며 미국 주립도서관에서 근무하다가 정년
퇴임했다. 그는 북한이 "할아버지 때부터 내려오는 조폭들이 다 해먹는
나라"이기에 평화적으로 대화할 상대가 아니라고 본다. 다만 그 역시
남북이 통일되어야 한다는 신념은 확실했다(류필립 구술). 그 외에도
북한에 부정적인 시각을 가진 인물들은 구술자 중에서도 상당수였다.
흥미로운 점은 류필립처럼 비교적 이른 시기에 도미한 경우에는 반공·반
북의식이 강하더라도 자신의 생활에 충실한 편인 반면, 김봉건·강창진처
럼 1970년대 말 이후 뒤늦게 미국에 이민한 인물들이 오히려 더욱 반공·반
북운동에 적극적이라는 점이다. 미리 이민하여 터를 잡은 가족의 초청으로
뒤늦게 노년의 나이에 미국에 이민을 하는 경우에는 생계에 얽매일 필요가
없고 도민회나 향우회 활동 등을 통해 정치적인 발언을 할 기회가 많으며,
오랜 기간 남한사회에서 강한 반공·반북 의식을 축적하는 시간이 있었다
는 점이 그런 양상으로 나타나는 것으로 보인다.

---

20) 유태영 구술(김하영 외, 앞의 책, 2010, 91쪽).

3. 북미주 이민 월남민의 민족통일운동

재미 한인사회의 전반적인 반공, 반북의 분위기 속에서 진보적인 통일운동에 나서는 인사는 재미 한인사회에서 따돌림당하는 경우가 일반적이다. 그럼에도 불구하고, 소수이지만 1980~1990년대에 북미주 한인사회의 민족통일운동에 적극 나선 인물들은 어떤 계기와 사회의식 속에서 그런 길을 걷게 된 것일까?

1980년대에 북미주 한인사회에서 두드러지게 나타난 현상 중 하나는 북한과의 접촉과 교류가 눈에 띄게 양성화 내지 공식화되었다는 점이다. 한국에서와는 달리 미국 시민권을 가진 동포는 카터 행정부가 1976년 북한 여행 금지 조치를 해제하였기 때문에 1970년대 후반부터 많은 수가 북한을 방문할 수 있었다.[21] 남북관계가 상당히 경직되어 있을 시기 미국에 살면서 북한을 방문한 초기 한인 인사들은 고향이 북쪽이었던 실향민 인사였거나 이산가족인 경우가 많았다.[22]

북한정부는 북미교섭을 적극 추진하게 되는 1973년부터 재미동포사회와의 적극적인 교류를 도모하기 시작했다. 특히 1980년 10월 조선로동당 제6차 대회에서 고려민주연방공화국 창립방안이 발표된 뒤에 해외 한인들과의 교류는 더욱 적극 추진되었다. 1981년 8월 조국전선중앙위원회 제67차 회의에서 민족통일촉진대회 소집을 제의하는 사회단체들의 연합성명이 발표되었고, 1982년 2월에는 조국평화통일위원회 이름으로 북과 남, 해외 정치인들의 100인 연합회의 소집제안이 담긴 성명이 발표되었다.

100인 연합회의 참가자 명단에는 미국 대표로 '한국인교회연합회' 고문 김성락의 이름이 눈에 띈다. 이 행사는 결국 실현되지 못했으나, 김성락은 이미 1981년에 미국의 조국통일촉진회 회장이자 한국인교회연

---

21) 유영렬 편, 앞의 책, 2007, 237~238쪽.
22) 김하영, 「재미동포 통일운동의 성과와 전망」, 『평화학연구』 9권 2호, 2008, 189쪽.

합회 고문으로서 평양을 방문한 바 있다. 그는 평양의 신암동 목사 가정에서 태어나 숭실전문학교와 평양신학교를 졸업했으며, 미국인 선교사의 알선으로 미국 유학을 했다. 그후 귀국하여 평양신앙교회 목사 생활을 하다 1937년에 다시 미국으로 건너가 최초의 미국 이민교회인 로스엔젤레스 한인연합장로교회 담임목사로 활동했다. 미국의 정계에서도 널리 알려졌고 미국정부에게서 연봉급을 받는 유일한 한인이기도 했다.[23] 그는 당시 방북 사실을 보도하지 않기를 바랄 정도로 조심스러웠으나, 평양신학교 동기동창인 국가부주석 강양욱 목사를 만나 북에 성경과 찬송가를 전해준 것을 계기로 민족문제에 적극적인 자세를 취하게 되었다. 그는 1986년부터 조국통일 북미주협회 고문으로 활동했다. 미국내 한인 기독교계의 중심 인물의 한 명으로서 통일운동에 헌신하여, 북에서 조국통일수상자가 되었다.[24]

한편 1981년 3월에는 워싱턴 D.C.에서 해외동포학자 민족통일 심포지엄이 열려 북한 학자들이 미국에 왔고, 같은 해 11월에는 오스트리아 비엔나에서 '북(한 당국)과 해외 동포 기독자 간의 대화'가 이루어졌다. 후일 비엔나 회의로 일컬어지는 이 모임은 북한 정부 대표와 미주의 기독교 지도자들이 공식적으로 처음 만났다는 점에서 의미가 크다. 해외동포학자 민족통일 심포지엄의 참가자들은 단체 방북을 한 다음 그 결과를 『분단을 뛰어넘어』라는 제목의 단행본을 1984년에 로스엔젤레스에서 현지에서 출판했다. 이 책은 미주 동포사회에 북한을 알리는 데 크게 기여했다.[25] 이 책의 저자들은 대부분 이북이 고향인 월남민들이다.

---

23) 김홍곤·강현만, 『민족과 하나』, 평양 : 금성청년출판사, 2003, 427~428쪽.
24) 김홍곤·강현만, 위의 책, 2003, 428~430쪽.
25) 유영렬 편, 앞의 책, 2007, 238쪽.

〈표 2〉『분단을 뛰어넘어』 목차와 저자의 고향

저자명	제목	고향
최익환	귀향	함북 경성군 주을
전충림	혈육이 묻혀 있는 땅	중국 룽징(龍井) *누님 댁은 함남 금야군(옛 영흥)
정동규	옥봉누님께	함북 경성군 주을
홍동근	미완의 귀향일기	평북 피현군
양은식	민족화해의 실마리를 찾아서	평양
선우학원	대동강의 기적	평양
김기항	꿈을 다짐한 방문길	평남 문덕군 문덕
전순태	선죽교에는 아직도 핏자욱이	경기도 개성

출전 : 양은식 편저,『분단을 뛰어넘어』, 고려연구소, 1984.

위 책의 저자들은 1987년에 결성되는 조국통일 북미주협회(통협) 창립을 주도하게 된다. 선우학원, 양은식, 홍동근, 김현환, 전순태, 서정균, 김동수 등이 주도하여 로스앤젤레스 선한사마리아교회에서 이 협회를 결성했다.26)

1997년에는 로스앤젤레스, 시카고, 뉴욕에서 활동해온 목회자, 기독교인들이 중심이 되어 재미동포전국연합회(KANCC)가 결성되었다. 결성시기의 주동적인 인물들은 함성국(뉴욕), 현준기(로스앤젤레스), 윤길상(시카고), 유태영(뉴욕), 김현환(로스앤젤레스), 김봉호(뉴욕) 등이다.27) 파라마운트 한인연합감리교회의 백승배 목사도 이 단체의 임원으로 활동했다. 뉴욕 중심의 동부지역 연합회(이준무 회장)에도 함성국, 유태영 등과 같은 목회자들과 기독교인들이 참여했다. 이들 중에서 함성국, 유태영, 백승배는 앞에서 언급한대로 월남민에 해당한다.

북미주 이민 월남민들은 북한 체제를 피해서 남한사회로 내려오고 이어 자본주의 진영의 중심 국가인 미국 또는 그 이웃인 캐나다로 이민을 간 사람들이다. 또한 그들중 상당수는 기독교인들이다. 그런 '분단 디아스

---

26) 선우학원·노길남·윤길상, 앞의 책, 2009, 216~217쪽.
27) 선우학원·노길남·윤길상, 위의 책, 2009, 271쪽.

포라' 중에서 북한과의 교류와 통일운동에 적극 나서는 사람들이 생기게 된 배경은 무엇일까? 그들에게는 어떤 계기가 있었을까?

자유주의적이며 진보적인 기독교관을 지니고 있던 백승배가 통일운동에 나서게 된 계기는 캐나다 토론토의 이산가족찾기회를 알게 되어 이 기구를 통해 1990년 고향을 방문해서 가족을 만나게 되면서부터이다. 그는 이를 계기로 통일희년운동 등에 참여했다(백승배 구술). 백승배는 1993년에 고향 방문기를 출간했는데, 이 책에서 "준비해야 한다. 무조건 끌어안을 수 있는 마음의 준비를 해야 한다. 준비 없이 받는 통일은 또 하나의 비극과 분열을 내포하고 있을 뿐이다. 만나야 한다. 끌어안아야 한다. 그래야 참다운 해방이다"라고 피력했다.28)

유태영은 본래 보수적인 기독교인이었으나 함석헌의 영향을 받아 세속적인 교회에 비판적인 의식을 가지게 되었다. 그는 교인들이 "내세에 대한 기본을 소홀히 하지 않으면서 현세적인 사명을 깨우쳐서" 신앙과 사회활동을 병행하는 목회를 지향했다. 그는 미국 이민 뒤에 중국, 홍콩, 쿠바 등을 방문하여 이북에 남겨둔 가족을 찾고자 노력했다. 그러다가 1990년 조국통일범민족연합 활동에 관심을 가지게 되고, 홍동근 목사를 통해 이북의 가족 소식을 접하게 되어 고향 방문을 했다. 그는 북한을 30여 차례 방문했는데, 황석영에게 소설『손님』의 모티브를 제공해준 인물이기도 하다(유태영 구술).

함성국은 1961~1971년간 한인들이 아닌 백인들의 교회에서 담임을 맡고, 1971~1975년에 연세대 연합신학원장을 역임했으며, 미국교회협의회 동북아시아위원회 위원장, 인권위원회 위원장, 평화·정의·통일 동포교회연합 회장 등을 역임했다. 그가 고향을 방문한 시기는 1987년이다(함성국 구술).29) 그는 "화해를 하는 것이 기독교의 가장 중요한 선교 사명"이라

---

28) 백승배,『아! 내 고향 우리 고향』, 예루살렘, 1993, 250쪽.
29) 함성국의 경력은 선우학원·노길남·윤길상, 앞의 책, 2009, 342~343쪽에서도

는 자세에서, 남북의 화해에 나서게 되었다고 구술한 바 있다.[30)]

　미국교회협의회(NCCUSA)에서 1992~1993년 2년 동안 회장직을 역임하며 클린턴 대통령과 여러 번 만나 북한에 대한 '평화적인 포용정책'을 강조하여 나름의 영향력을 행사했던 이승만 목사는 북한 체제에 대한 거부감을 보편적인 인권의 맥락에서 남북화해운동으로 승화시킨 경우에 해당한다. 그는 목사였던 부친이 순교하는 장면을 목격한 뒤 1950년 12월에 평양에서 월남했으며, 해병대에서 근무하다가 1956년 미국으로 유학하여 신학을 전공한 다음 목사가 되었다. 그는 1960년대 초에 흑인민권운동에 참여하면서, 흑인민권운동이 박해를 받는 흑인만 아니라 박해를 가하는 이들도 함께 해방시키는 운동이라는 마틴 루터 킹의 신념에서 큰 영향을 받았다. 그는 "피해자가 되었기 때문에 화해와 용서를 통해서 관심을 가지고 새로운 사회를 만들기 위한 운동을 해야 할 책임이 있다고 하는 생각이 흑인민권운동을 통해서 제게 온 거예요. 그때부터 남북화해운동에 나서게 되었"다고 구술한 바 있다.[31)]

　백승배와 유태영은 상대적으로 진보적인 기독교 신앙을 가지고 있으면서 이북의 가족을 만나게 되는 계기로 민족통일운동에 적극 나서게 되었다. 그리고 함성국과 이승만은 '화해와 용서'라는 기독교적 사명감을 남북화해와 통일운동으로 승화시킨 경우에 해당한다. 이상의 네 인물이 목회자로서 신앙적 차원에서 남북의 화해를 추구하고 고향 방문을 계기로 더욱 적극적으로 통일운동에 나선 인물이라면, 앞서 언급한 오인동은 의료인으로서 북에 의료 지원을 해주며 통일운동에 나선 사례이다. 그는 1992년도에 재미한인의사회가 북에 "학술교류차, 또는 가서 우리가 도울 수 있는 거는 좀 도와야 되겠다 하는 차원에서 회장단이 거기를 방문한다"는

확인할 수 있다.

30) 함성국 구술(김하영 외, 앞의 책, 2010, 62쪽).
31) 이승만 구술(김하영 외, 위의 책, 2010, 49쪽).

소식을 듣고 같이 가보자는 제안에 본인도 북한에 대해 "궁금허구, 또 사회의식두 좀 있을 때가 돼서" 북한을 방문했다. 그 후 북한에 의료지원사업을 하면서, 통일운동에 적극 뛰어들었다. 그는 1997년 통일연구기구 'Korea-2000'을 결성해 클린턴과 오바마정부에 '한반도 정책 건의서'를 전달하기도 했다. 오인동은 핵무기 문제를 둘러싼 북미관계에 대해 아래와 같은 견해를 피력했다.

> "북이 도대체 1960년서부터 그냥, 평화협정, 74년서부터 협정허자 그러는데, 50년 동안 핵 얘기도 없고 핵 의욕만 있을 때는 왜 안됐냐 이거야. 그래 핵을 갖다가 강요해서 할 수 없는 선택으루다 맨든 것이 북핵 아니야? 해서 내가 미국에 준 선물이라고 했잖아. 근데 평화협정하자고, 그거 안 된대. 그럼 뭐야. 평화협정도 안되고 핵 폐기 얘기도 하니까. 미국은 핵 폐기되는 걸 원하지도 않아. 그 꽃놀이패를 놓치면 안된다고. 이거를 우리가 봐야 된대는 거지."(오인동)

오인동은 북미관계 개선과 한반도 통일에 낭만적인 기대를 가지고 있지 않다. 위에서처럼 핵 폐기에 대한 미국 정부의 본심을 의심하며, 남북한이 노회한 미국의 국제정치를 제대로 인식하고 대응해야 함을 강조한다. 그는 자신의 방북 경험을 기록하여 『평양에 두고 온 수술가방』(창비, 2010)을 출간한 바 있으며, 통일국호를 '꼬레아(Corea)'로 삼는 운동을 전개하고 있다(오인동 구술).

이처럼 북미주에서 통일논의를 먼저 시작한 인물들은 기독교인들이 다수였으며, 특히 고향이 이북인 월남민들이었다. 이들은 상대적으로 진보적인 학교 교육이나 신학 연구, 미국 시민운동 등의 영향을 받아 남북문제를 '화해'의 관점에서 바라보는 관점을 형성했으며, 미국 시민권자로서의 존재조건을 활용하여 북한을 '고향'으로서 방문하면서 민족통일운동에 적극 헌신하게 된 경우가 많았다. 박명수에 의하면, 당시 군부

체제에서 진보적인 민주 통일운동은 자유롭지 못했고, 비교적 자유로운
해외 교포들을 통해 이 운동이 확대되었다. 즉, "북에 두고 온 고향을
사모하던, 외국 시민권을 가진 한국인들"이 "외국에서 불기 시작한 데탕트
의 열기를 이용하여 북한을 방문"했고 이것이 주요한 계기가 되어 민주
통일운동이 확대되었다.[32)

4. 북미주의 이산가족 찾기 사업과 고향 방문

북미주 이민 한인사회가 북한 정부와 접촉하여, 이산가족 찾기 사업이
실현된 것은 1979년 이후이다. 이 사업을 주도한 조직은 북미주의 두
비영리 민간단체들이다.

하나는 1979년 말에 토대가 마련되어 1980년부터 활동해온 토론토
소재 '해외동포 이산가족 찾기회'(Organization for the Reunification of
Separated Korean Families)이며, 다른 하나는 1987년부터 활동해온 로스엔젤
레스 소재 '북미조국통일협의회 소속 이산가족 위원회'(One Korea Movement
Committee for Separated Korean Families)이다. 이 두 단체를 상대하는 북의
기관은 평양의 '해외동포원호위원회'(Committee for aid to Koreans Abroad)
였다.

'해외동포 이산가족 찾기회'는 캐나다 토론토에 거주하던 전충림이라
는 한 개인의 고향 방문에서부터 단초가 마련된다. 전충림(1923~1995)의
출생지는 만주 용정인데, 부친 전택후 목사가 캐나다 선교사를 따라
문천에서 그곳으로 이주한 다음 출생했다. 1947년에는 도문으로 이주해서
전순영과 결혼한 뒤, 청진과 서호진으로 이주했다가 월남했다. 그의 부모

---

32) 박명수, 「반공, 통일, 그리고 북한선교−한국기독교교회협의회(NCCK)와 한국기
독교총연합회(CCK)의 비교연구」, 『성결교회와 신학』 21, 2009, 121~122쪽.

는 뒤이어 1·4후퇴시기에 교인들과 함께 월남했다. 그는 남한에서 전순영의 외삼촌인 배민수 금융조합연합회 회장의 비서실장을 지내고 조선일보 업무국장을 지냈다. 그는 1962년에 캐나다 선교사의 도움으로 캐나다행 방문비자를 얻어 캐나다에 들어간 다음 2년 후에 영주권을 받을 수 있었다. 1965년까지 캐나다에는 한인이 70여 명에 불과했는데,33) 토론토에서 한인연합교회 목회를 하며 한인들의 중심 역할을 했다. 그리고 1973년부터 *The New Korea Times*를 발행하며 반유신 민주화운동에 나섰다(전순영 구술).

그의 민주화 언론활동은 북에도 알려졌을 터인데, 1976년 마침 몬트리올 올림픽에 참가한 북측대표가 그에게 누이 전일림의 편지와 사진을 전해주었다. 그리고 1979년 평양에서 세계탁구선수권대회가 열리자 김재준 등과 상의하에 언론인 대표로 참가하여 누이 등 가족과 상봉했다. 당시 김재준은 "누군가가 먼저 가야 한다. 그래야 문이 열리지 않겠는가"라고 그에게 방북을 권유했다고 한다. 전충림은 방북 뒤에 선우학원, 김재준, 이승만 등과 상의하여 '해외교민이산가족찾기회'를 조직했다. 1980년 1월에 5명의 이산가족 찾기를 신청해서 3명의 가족을 확인하여, 이들이 북한을 방문하여 첫 상봉사업이 성사되었다. 그후 그는 평생 이산가족찾기 사업에 전념하였고, 그의 사후에는 아내 전순영이 뒤를 이어 사업의 명맥을 유지하고 있다.34)

전충림은 *The New Korea Times*를 통해 매주 해외이산가족 찾기 사업을 홍보했다. 북에 있는 가족을 찾는 사람은 본인의 성명, 주소, 인적사항과 북의 가족의 성명, 관계 옛주소 등을 적어서 해외이산가족 찾기회로 연락하면, 그 내용을 이북으로 알려 각 도, 시, 군에 있는 해외동포원호위원

33) 윤인진, 앞의 책, 2004, 274쪽.
34) 정지영, 「해외 이산가족의 아버지, 어머니 전충림, 전순영」, 『월간 말』 2007. 8, 212~217쪽.

회에서 이산가족의 생사 여부를 알려주고 찾아주는 방식이었다.[35] 1982년
5월 시점에는 이산가족 찾기 신청자가 1천 명을 돌파했다. *The New Korea
Times*에 따르면, 대부분의 방문자는 재미교포이며 캘리포니아가 압도적으
로 많으며, 그 다음이 뉴욕주이었다. 이산가족 찾기회는 "가족을 찾아
북을 찾아가는 교포들에 대한 북측의 처우는 많이 개선"됐으며 "가족과의
체류기간의 무제한, 관광여행에의 가족동행, 가족의 외화사용 자유화"
등이 가능하다고 홍보했다. 또 북한의 가족에 대한 송금 자유화를 밝히면서
"본회를 경유한 송금은 본회가 책임지고 가족의 수령증을 단시일내에
받게 된다"고 밝혔다.[36] 1988년 시점에는 토론토의 이산가족찾기회를
통해 북의 가족을 찾은 북미주 한인이 2천 명을 넘어섰다.[37]

전충림의 이산가족찾기회가 전담하던 북미주 이산가족의 고향 방문
사업은 1980년대 후반부터 점차 다원화한다. 1987년 로스엔젤레스에서
창립한 조국통일 북미주협회(통협)는 산하에 이산가족 위원회를 만들어,
인도적인 상봉사업을 시작했다.[38]

한편 1988년 3월에는 뉴욕에 본부를 둔 미주동포 이산가족찾기 후원회
가 조직되었다. 이 단체는 "정치성을 완전히 배제, 이산가족의 생사 확인
작업만을 목적으로" 이승만 목사, 고강희 박사, 성토마스 신부, 심재호

---

35) "작년 6월초, 나는 우연히 캐나다에 이산가족찾기회가 있다는 말을 친한 친구로부
   터 듣게 되었다. 이북에는 평양을 위시하여 각 도, 시, 군에 해외동포 원호위원회라
   는 상설기관이 10여년전부터 있어 이산가족들의 생사여부를 알려주고 찾아준다
   는 것이었다. 나는 그들에게 내가 찾고자 하는 나의 부모 형제들의 이름, 연령,
   과거의 주소지를 적어서 생사소식을 알아봐 줄 것을 편지로 의뢰하였다. 그후
   약 2개월반 가량 지난후 나에게 형제 자매들의 생사소식과 함께 편지와 사진이
   날아왔다."(사무엘 한, 「나의 북한 방문기」, *The New Korea Times*, 1982. 5. 22.)
36) *The New Korea Times*, 1982. 5. 29.
37) 전충림, 『세월의 언덕 위에서』, 한겨레신문사, 1996, 200쪽 ; 『동아일보』, 1989년
   1월 24일자 기사에도 "지난 5, 6년 동안 총 2천여 명이 알게 모르게 북한에
   갔다 왔다"는 고강희 미주동포 이산가족찾기 후원회 회장의 발언이 확인된다.
38) 선우학원·노길남·윤길상, 앞의 책, 2009, 216~217쪽 ; 김동수, 앞의 글, 56쪽.

『일간 뉴욕』발행인 등 한인 인사 85명이 발기한 단체로서, 뉴욕 주정부에
비영리단체로 등록하고 활동하였다. 회장은 고강희가, 총무는 심재호가
담당했다. 고강희는 "이산가족찾기는 통일을 전제로 해야 하며, 이것을
바탕으로 남북한 기능단체들의 교류가 이루어지게 되면 실질적인 통일을
향해 한걸음 다가서게 되는 것"이라고 자신의 관점을 피력했다.39) 이
단체는 1989년에 2천 명 이상의 신청을 받아 북에 접수하여 4백여 명의
소재를 파악했다고 보도되었다. 북한 정부는 1980년대 후반에 해외동포들
의 북한 방문을 적극 주선하고 자본유입도 환영하는 자세를 취했고,
그러한 흐름이 해외동포의 이산가족 상봉사업 확대로 이어짐을 알 수
있다.40) 그리고 1988년 노태우 대통령의 '민족자존과 통일번영을 위한
대통령 특별선언'(7.7. 선언)은 고향 방문을 꺼려하던 북미주 이산가족들로
하여금 거리낌 없이 북한 방문을 할 수 있는 분위기를 조성해준 것으로
보인다. 이 선언에는 "남북 동포간 상호 교류 및 해외 동포의 자유로운
왕래를 위한 문호 개방", "이산가족 문제의 적극 해결"이 포함되어 있었다.
한편 미국 정부는 1989년 8월에 재미동포의 고향방문 가족상봉 등 인도적
차원의 단체방북을 허용하였다.41)

　1980년대 후반부터 공개적으로 확대된 북미주의 이산가족 고향방문
사업은 북미주 한인사회의 북에 대한 증오감, 거부감을 어느 정도 약화시키
고 남북화해, 미북간 교섭의 증진을 촉구하는 분위기 조성에 기여한
것으로 보인다. 1992년 1월 시점에 토론토의 이산가족 찾기회와 로스엔젤
레스의 북미조국통일협의회를 통해 북한의 가족을 방문한 미국이나 캐나
다 거주 이산가족의 수는 약 4천 명에 이르렀다.42) 방문자 중에는 해외의

39) 『한겨레신문』, 1988. 7. 3.

40) 『동아일보』, 1989. 1. 24.

41) 민병용, 「연혁으로 보는 미주 이민 100년사(1903~2003)」, 『미주 한인이민 100년
　　사』, 한미동포재단·미주 한인이민 100주년 남가주 기념사업회, 2002, 644쪽.

42) 김동수, 앞의 글, 1992, 56쪽.

가족을 놔두고 북한에 정착한 사례도 2명 확인된다.[43]

1992년 1월에 이들중 800명을 대상으로 설문을 우송하여 223명의 응답을 받은 재미 연구자 김동수의 조사보고에 따르면, 북한을 방문한 북미 한인들은 북한에 대한 이미지가 다소 긍정적으로 전환하였다. 6개의 항목, 즉 "통일의 염원이 강하다, 무료교육의 혜택을 받는다, 무료의료 혜택을 받는다, 기본생활 보장이 되어있다, 외세에 의존하지 않는다, 일반적으로 평등을 누린다"고 하는 여섯 항목은 방문 전보다 방문 후에 더 긍정적으로 바뀌었다. 부정부패가 없는 편이다라는 항목은 미세하지만 긍정에서 약간 부정으로 바뀌었다.[44] 5개의 항목, 즉 "남침의 위험이 있다, 강제 혹사를 당한다, 월남가족은 차별을 받는다, 종교는 허용되지 않는다, 개인의 자유가 없다"는 북에 대한 부정적인 인식 항목은 그렇지 않다는 방향으로 변화했다. 다만 "산업기술이 후진적이다, 전체적으로 가난하다, 수령에 대한 찬양이 지나치다"는 항목은 미세하지만 더욱 부정적으로 나타났다.[45] 방문 만족도는 "크게 유익했다"는 대답이 171명 (78.3%)이었다. 가족 상봉의 기쁨이 방문 만족도에 반영된 것으로 보인다. 그리고 이들 대다수는 "남북정부는 이산가족 문제를 정치적으로 이용하고 있다"는 주장에 절대 동의(79명, 39.1%)하거나 동의(72명, 35.6%)하였으며, 통일 없이 이산가족 문제가 해결될 수 없다는 인식(140명, 72.2% 동의 ; 32명, 16.5% 반대)을 보여, 이산가족 방문이 민족 화해에 기여하는 방향으로 작용하고 있음을 확인할 수 있다.[46]

김동수는 그의 조사보고를 마무리하면서 설문에 응한 이산가족은 그들이 월남할 때 20대 초반의 청년으로서 전쟁 와중에 강제로 또는 갑자기

---

43) 정지영, 앞의 글, 2007, 216쪽.
44) 김동수, 앞의 글, 1992, 62쪽.
45) 김동수, 위의 글, 1992, 63쪽.
46) 김동수, 위의 글, 1992, 64~67쪽.

피신한 사람이 과반수(112명, 51.4%)이고 의도적, 계획적으로 월남한 사람
은 76명(34.9%)에 불과하다는 점을 하나의 근거로 해서, 현재 이산가족의
대부분은 남북의 이념갈등이나 사상대립의 주산물이 아니며, 분단의
피해자일 뿐이라고 보았다. 그리고 응답자의 과반수가 "이산가족이 통일
의 주역이 되어야 한다"고 절대 동의(76명, 36.3%)하거나 동의(43명, 21.1%)
한 점을 지적하면서, 고향을 방문하고 온 후 이들이 민족문제에 깊은
관심을 가지게 되고 "근래 이산가족 중에 통일운동이 가장 강력하게
추진되는 이유는 가족 방문의 직접 소산이라고 볼 수 있다"고 보았다.
북미 이산가족들의 고향 방문이 북에 대한 이해를 도왔고, 이들 이산가족이
민족 화해와 조국 통일의 교량 역할을 할 수 있다는 결론이다.[47]

이상의 조사보고는 200명 이상의 설문조사에 의거한 점에서 신뢰도가
높다 하겠다. 다만 간략한 설문조사 방식이기에 방북과 이산가족 상봉
경험이 방문자들의 북한·통일 인식에 어떤 영향을 미쳤는지 구체적으로
파악하기에는 어려운 점이 있다. 이를 보완하기 위해 본 사업단이 구술채록
한 내용 중에 이에 관련된 부분을 소개한다.

한동상은 인민군 장교로 입대했다가 포로가 된 이후 미8군에 들어가
통역장교로 활동한 경력을 가지고 있는 의사인데, 북한을 방문했을 때
도둑이 없는 안정된 모습을 보면서 북한에 대해 우호적이며 진보적인
의식을 가지게 되었다. 조정현은 도로공사에서 근무하다가 이북의 가족을
찾기 위해 미국으로 이주했는데, 2002년 평양을 방문하여 가족과 재회할
수 있었다. 그는 자신의 가족들이 '반동분자 가족'이어서 고생을 많이
할 것으로 생각했으나, 막상 평양에서 의사 생활을 하는 가족의 모습을
보고 남북교류에 우호적인 인식을 가지게 되었다.

뉴욕주 이북5도민회 함경도민회장을 역임한 김철웅은 월남하여 미군

---

47) 김동수, 위의 글, 1992, 68~69쪽.

생활을 했으며 베트남전쟁기에 베트남에 가서 사업을 한 인물이다. 그는
북한이 최악의 상황에 처해있던 1995년 '고난의 행군' 시기에 북한을
방문했으며, 그 어려운 상황을 직면하고 북한에 대한 부정적인 인식이
더 굳어졌다. 그는 전쟁으로 북한을 통일시켜야 한다고 주장하면서도,
막상 전쟁 피해에 대해 질문하자 한반도에서 전쟁이 일어나지는 않아야
한다고 구술한다(김철웅 구술). 평양고등보통학교 출신으로 국민방위군
에 끌려갔던 김화성은 면직사업을 하다가 고향방문을 위해 미국 영주권을
취득했고, 북에서 가족을 만날 수 있었다. 그는 평화 통일의 가능성을
매우 부정적으로 보았으며, 미국에서 어울리는 동창생들이 대부분 보수적
이어서 그들과 생각이 충돌되지 않으려고 유의하는 자세를 보였다(김화성
구술).

　김동수의 설문조사에서 확인되듯이 방북과 이산가족 상봉은 남북화해
에 대체로 기여하는 방향으로 작용했지만, 위의 구술 사례에서 드러나듯
때로는 북한에 대한 부정적인 인식을 더욱 강화하는 역작용을 낳기도
했다. 특히 '고난의 행군' 시기에 방북한 월남민들의 경우 더욱 그러했을
터이다.

　한편 북미 한인의 이산가족 찾기 사업이 북미주에서 긍정적인 평가가
이루어지고 있던 시점에 막상 북한 내부에서는 이 사업에 대한 전면적인
재검토 작업에 들어간 점이 주목된다. 조국통일 북미주협회에서 이산가족
상봉사업을 하던 양은식은 1991년도에 북측의 요청에 따라 방북했는데,
북측에서는 이산가족 사업을 총괄했더니 "자기네 쪽으로 상당히 부정적
으로 작용이 됐다"는 것이었다.

　　"부정적으로 작용이 됐다는 것은, 여기 미국동포들이 반가워서 그렇겠
　지만, 이산가족을 찾았다 해서 이제 방문하면서 이민가방과 같은 그런
　커다란 가방으로 세 개, 네 개 이렇게 끌고 와서 각자 북의 자기네 가족들한

테 주고 돈도 몇 천 불에서 몇 만 불까지 주는 사람이 생기니까, 자기네는
다 그저 평등하게 산다 하는 게 하나의 주의인데, 갑자기 그런 돈 받은
사람이 특수층으로 이렇게 되고 또 거기 동네에서 아주 화합이 깨지더라.
물론 좋은 점들도 많이 있지만 그런 일 때문에 자기네들이 최종적으로는
더 이상 못하고 중단할 수밖에 없다고 이런 말을 들었어요.… 5년 하다가
끝나버리고 말았습니다.… 같은 아파트에 사는데 갑자기 이 사람은 외국제
물건들이 갑자기 많아지고 돈도 많아서 당에도 갖다 바치는 사람도 있고
그러니까, 이제 상당히 혼란이 생기고…"(양은식)[48]

북에서 대체로 '복잡한 계층'에 속하는 월남자 가족은 자신의 성분을
공개적으로 드러내기를 꺼려했을 터인데, 미국에서 북을 방문한 월남자를
가족들이 갑자기 상봉하게 되고, 그에게서 받은 선물이 물질적 혜택이
되는 상황에 처하게 되면서, 주민간 화합이 깨지게 되는 문제가 발생했다.
심지어 전쟁시기에 한국군이 들어왔을 때 치안대장 활동을 한 사람도
나타나서 가족을 상봉하는 일도 생겼고, 이에 항의들이 들어오기도 했다는
것이다.[49] 본 사업팀의 면담에 응한 북미 월남민 구술자중에서 북한을
방문한 인물 가운데에는 부모가 자산가에 속하는 경우가 여럿 확인된다.
북의 해외동포 원호위원회가 이산가족의 성분과 상관없이 광범하게 이산
가족을 찾아주고 상봉하게 한 것은 사실로 보인다. 한편 방북자들이
귀국한 뒤에 북한에 대해 부정적인 견해를 드러내는 사례들이 늘어난
것도 북한 정부의 경계심을 증폭시켰다.

북한정부가 북미 이산가족 찾기 사업에 대해 부정적인 평가를 내리게
되면서 1990년대 초반에 이 사업은 갑자기 위축되었다. 캐나다의 전충림을
통한 이산가족 찾기 사업은 1992년 후반기까지 지속되었음을 *The New
Korea Times* 광고를 통해 확인할 수 있으나, 1993년 1월에는 이 사업단체가

---

48) 양은식 구술(김하영 외, 앞의 책, 2010, 229~230쪽).
49) 양은식 구술(김하영 외, 위의 책, 2010, 230~231쪽).

'해외동포 조국방문위원회'로 개편되었다. 조국통일 북미주협회의 이산 가족 찾기 사업은 전면 중단되었다. 이 사업이 재개하는 것은 1997년도에 조국통일 북미주협회를 계승하여 재미동포전국연합회가 결성된 뒤이다. 이 단체는 북미관계를 대리하는 준 영사관 기능을 담당하였으며, 이산가족 찾기 사업은 이 단체로 창구가 일원화되었다.[50]

현재까지 북한을 방문한 북미 월남민의 숫자가 얼마인지는 확인되지 않는다. 다만 전충림·전순영 부부가 맺어준 이산가족이 1만여 명, 딸린 가족을 합치면 수만 명을 헤아린다고 알려져있어 그 규모를 가늠할 수 있을 뿐이다.[51]

5. 맺음말

본 사업단의 구술 채록에 응해준 북미주 이민 월남민들은 대부분 미국 사회에 적응해 생활하면서도 꾸준히 '조국'인 한국과 '고향'인 북한의 소식에 관심을 기울이며 '분단 디아스포라'로서의 삶을 살고 있음이 확인 된다. 11명의 구술 채록을 통해 북미주 이민 월남민들의 '분단 디아스포라' 인식을 일반화할 수는 없겠으나 그 인식의 특징을 파악하는 데에는 어느 정도 도움이 되었다.

구술자 중에서 민족통일운동과 이산가족 찾기 사업에 적극적인 인물들 이 주로 기독교적인 배경 아래 1950~1960년대에 북미주로 이민을 한 경우라면, 북미주에서 반공·반북운동에 적극 나선 구술자들은 오히려 1970년대 말~1980년대 초에 이민한 경우가 많았다.

북미주 한인사회에서 북한지역을 고향으로 둔 월남민들은 대다수가

---

50) 선우학원·노길남·윤길상, 앞의 책, 2009, 216~217쪽, 271쪽, 442쪽.
51) 정지영, 앞의 글, 2007, 213쪽.

반공·반북 의식을 지속적으로 유지하고 있다. 그 분단의식은 청소년 시절 북한에서의 체험을 통해 정립되었다기보다는 월남 이후 남한의 반공·반북적인 정치문화와 이민 이후 북미주 한인사회의 전반적인 보수적 분위기에 영향을 받은 것으로 보인다. 이들 중에는 무력 통일의 필요성을 강조한 한인도 있는데, 그의 대북관은 이민 이전에 군 장교로서 오랜 생활을 해온 경험이 반영되었다.

소수이기는 하지만 북미주 이민 월남민들은 민족통일운동의 중심 역할을 해왔다. 이들은 비록 반공의식을 가지고 있으면서도 상대적으로 진보적인 시민의식을 지녔거나, 기독교의 '화해'의 정신에 입각한 경우, 또는 본래 강한 반공주의자였으나 북한 고향 방문 등을 계기로 민족의식이 반공의식보다 우위에 서며 남북화해와 민족통일운동에 적극 나서게 되는 경우에 해당한다.

북미주 이민 월남민을 대상으로 한 이산가족 찾기 사업은 이산가족 상봉, 고향 방문이라는 비정치적 정서에 호소하면서 북미주 한인사회에 큰 반향을 일으켰다. 북한을 방문한 이산가족들의 대북인식은 비교적 긍정적으로 전환하였다. 북으로서는 대미 직접대화에서 재미동포사회의 도움을 얻을 수 있는 발판을 마련하는 데 도움이 되었다. 그러나 그 후유증도 컸다. '고난의 행군' 시기에 방북한 한인들은 북한의 어려운 생활상을 목격하고 북한에 대한 반감이 더욱 커진 경우가 있다. 후유증은 북한사회 내부에서도 발생했다. 1980년대 후반부터 이산가족 찾기 사업의 규모가 커지자, 북한에서는 전쟁 뒤에 덮어두었던 월남민과 그 가족들의 문제가 다시 불거지게 되었다. 그리고 방북자들이 귀국하여 북한에 대해 부정적인 표현을 하는 사례들이 늘어나자 북한 정부는 방북자들을 경계하게 되었다. 이는 일시적인 사업 중단으로 이어졌고 1997년 이후 재개되었지만 북한정부가 보다 강하게 사업을 통제하는 방향으로 귀결되었다.

이상의 검토를 통해 북미주 한인사회에서 월남민들은 '분단 디아스포라'로서의 정체성을 비교적 강하게 유지해왔다고 결론을 내릴 수 있다. 이들은 비록 미국·캐나다 등 북미주로 이민했지만 '고향'인 북한에 지속적인 관심을 기울이며 살아왔으며, 그 관심은 각자의 경험과 사회의식에 따라 때로는 강한 반공·반북 의식과 활동으로, 때로는 하나의 민족으로서 남북간 화해와 협력에 기여하는 모습으로 표출되어 왔다.

참고문헌

구술 자료

강창진 구술, 2016년 1월 25일, 로스엔젤레스 평화의 교회, Elli Kim 면담
김봉건 구술, 2016년 1월 23일·28일, 로스엔젤레스 자택, 이준희 면담
김철웅 구술. 2016년 2월 17일, 뉴욕주 플러싱 금강산식당, 한성훈 면담
김화성 구술, 2015년 1월 27일, 로스엔젤레스 주님의 교회, 김성보 면담
류필립 구술, 2016년 1월 27일, 남가주 주님의 교회, 이준희 면담
문영조 구술, 2016년 1월 26일, 로스엔젤레스 평화의 교회, Elli Kim 면담
백승배 구술, 2016년 1월 24일, 포모나시 언약의 교회, 김성보 면담
오인동 구술, 2016년 1월 23일, 캘리포니아 신은미 댁, 김성보 면담
유태영 구술, 2016년 2월 20일, 뉴저지 자택, 한성훈 면담
전순영 구술, 2017년 1월 20일, 토론토 자택, 한성훈·김성보 면담
함성국 구술, 2016년 2월 19일, 뉴욕 자택, 한성훈 면담

정기간행물, 단행본

『미주 한국일보』『재외동포신문』『동아일보』『한겨레신문』『아시아경제』
The New Korea Times
김귀옥, 『이산가족, '반공전사'도 '빨갱이'도 아닌…』, 역사비평사, 2004.
김하영 외, 『구술로 본 해외 한인 통일운동사의 재인식: 미국지역』, 선인, 2010.
김홍곤·강현만, 『민족과 하나』, 평양 : 금성청년출판사, 2003.
백승배, 『아! 내 고향 우리 고향』, 예루살렘, 1993.

선우학원·노길남·윤길상,『미주동포 민족운동 100년사』, 일월서각, 2009.

양은식 편저,『분단을 뛰어넘어』, 고려연구소, 1984.

유영렬 편,『북미주한인의 역사』(상·하권), 국사편찬위원회, 2007.

윤인진,『코리안 디아스포라-재외한인의 이주, 적응, 정체성』, 고려대학교출판
　　부, 2004.

전충림,『세월의 언덕 위에서』, 한겨레신문사, 1996.

정지영,「해외 이산가족의 아버지, 어머니 전충림, 전순영」,『월간 말』 2007. 8.

논문

김귀옥,「분단과 전쟁의 디아스포라-재일조선인 문제를 중심으로」,『역사비평』
　　91집, 2010.

김동수,「북미 이산가족의 북한 고향방문 조사보고」,『월간 사회평론』 92권 10호,
　　1992.

김보영,「분단과 전쟁의 유산, 남북 이산(분단 디아스포라)의 역사」,『역사학보』
　　212호, 2011.

김하영,「재미동포 통일운동의 성과와 전망」,『평화학연구』 9권 2호, 2008.

민병용,「연혁으로 보는 미주 이민 100년사(1903~2003)」,『미주 한인이민 100년사』,
　　한미동포재단·미주 한인이민 100주년남가주기념사업회, 2002.

박명수,「반공, 통일, 그리고 북한선교 -한국기독교교회협의회(NCCK)와 한국기독
　　교총연합회(CCK)의 비교연구」,『성결교회와 신학』 21호, 2009.

이천일,「교육실천을 통해 본 길영희 교육사상에 관한 고찰」,『교육사상연구』
　　29-1호, 2015.

조지영,『월남화가들의 분단 디아스포라 의식과 작품 연구: 최영림, 황유엽, 장리석
　　중심으로』, 숙명여자대학 석사학위논문, 2013.

허은경,『북한의 재미동포정책 연구 : 1973-1994』, 북한대학원대학교 박사학위논
　　문, 2016.

Chris H. Park,「1970년대 미주 한인의 사회운동과 통일론」, 연세대학교 사학과
　　석사학위논문, 2011.

Safran, William, 1991, "Diasporas in Modern Societies : Myths of Homeland and Return,"
　　Diasporas 1(1).

출 전

이세영, 「해방~한국전쟁기 인천 지역 월남민의 정착과 네트워크 형성」, 『동방학지』 180집, 연세대학교 국학연구원, 2017.

김세림, 「1950년대 공주 유구지역의 피난민 정착촌 형성과 직조업」, 『학림』 42집, 연세사학연구회, 2018.

차철욱, 「부산지역 피란민 유입과 피란민 공간 만들기-우암동 피란여성을 중심으로」, 『석당논총』 63집, 동아대학교 석당전통문화연구원, 2015.

김아람, 「38선 넘고 바다 건너 한라산까지, 월남민의 제주도 정착 과정과 삶」, 『역사문제연구』 35호, 역사문제연구소, 2016.

양정필, 「월남 개성인의 정착과정과 開城의 遺産」, 『학림』 42집, 연세사학연구회, 2018.

이준희, 「평양고보 출신 엘리트의 월남과정과 정착지」, 『학림』 42집, 연세사학연구회, 2018.

이봉규, 「서북출신 엘리트의 해방 후 남한 관료 진출」, 『학림』 42집, 연세사학연구회, 2018.

김선호, 「한국전쟁 전후 조선인민군의 월남병과 분단체제의 강화」, 『역사문제연구』 36호, 역사문제연구소, 2016.

한성훈, 「월남민의 서사-출신지와 이산가족, 신념, 전쟁 체험을 중심으로」, 『사림』 60호, 수선사학회, 2017.

윤정란, 「월남 서북지역민들의 역사적 정체성 재확립과 강화, 1960~1970년대」, 『학림』 42집, 연세사학연구회, 2018.

찾아보기

필자(논문 게재순)

이세영 | 숭실대학교 사학과 강사
김세림 | 연세대학교 사학과 박사과정
차철욱 | 부산대학교 한국민족문화연구소 부교수
김아람 | 연세대학교 국학연구원 전문연구원
양정필 | 제주대학교 사학과 교수
이준희 | 제주대학교 사학과 강사
이봉규 | 울산대학교 역사문화학과 강사
김선호 | 한양대학교 비교역사문화연구소 연구조교수
한성훈 | 연세대학교 역사와공간연구소 전문연구원
윤정란 | 서강대학교 종교연구소 연구원
김성보 | 연세대학교 사학과 교수

연세국학총서 117

분단시대 월남민의 사회사
정착, 자원, 사회의식

김 성 보 편

초판 1쇄 발행 2019년 2월 28일

펴낸이 오일주
펴낸곳 도서출판 혜안

등록번호 제22-471호
등록일자 1993년 7월 30일

주소 ⓟ 04052 서울시 마포구 와우산로 35길 3(서교동) 102호
전화 3141-3711~2
팩스 3141-3710
이메일 hyeanpub@hanmail.net

ISBN 978-89-8494-622-4 93910
값 30,000 원